五訂版

Looking from Trial Example

裁判例からみる
相続税法

Inheritance Tax Act

池本 征男・酒井 克彦 共著

一般財団法人 大蔵財務協会

五訂版はしがき

　団塊世代といわれる昭和22年から24年に生まれた者は、出生した当時806万人であった。この世代は、今や75歳以上の後期高齢者となっている。

　現時点での団塊世代人口は600万人ほどであるが、現在の平均寿命は男性が81.64歳、女性が87.74歳であるので、単純に考えてあと5年から10年の間にこのうちのかなりの数の者について相続が発生することが想定され得る。

　相続の数が多くなるにつれ、相続税に関する事案も増加するであろうことが容易に想像できよう。また、相続放棄や限定承認、遺贈寄附といった多様な相続の形態も増加することになるであろう。

　そのような多様な相続事案が多数発生することが予想される中にあって、相続税・贈与税に係る盤石な実務を展開するためには、法令・通達の理解のみならず、裁判例や裁決例の知識が欠かせないものとなろう。

　四訂版を世に問うてからはや4年が過ぎようとしている。その間、多くの読者を得た本書ではあるが、このたび情報のアップデートとして、近時の税制改正や注目すべき事案を新たに盛り込んでリニューアルすることとした。五訂版となる本書は、これらの税制改正や裁判例の動向を踏まえ改訂を行ったものである。本書が相続税・贈与税実務の参考になれば幸甚である。

　なお、改訂作業に当たっては、大蔵財務協会編集局の大いなるご尽力を賜った。ここに同協会の諸氏に感謝の意を申し上げる次第である。

令和6年12月

池　本　征　男
酒　井　克　彦

四訂版はしがき

　我が国の現在の経済状況は、長引くデフレからの脱却ができていないところに、新型コロナウイルス感染症のパンデミックが生じたことにより、大打撃を受けている。なお、同ウイルス感染症が流行する前、一定程度の景気の上向きが認められたものの、その恩恵を社会全体で享受できていたかというと疑わしいといわざるを得ない。そのような社会経済状況が格差社会を招来し、格差が固定化されてきたといわれている。

　そもそも、現代の租税に期待される機能の一つに所得再分配があるが、相続税や贈与税がかかる機能の一翼を担っているのは事実である。そのような意味において、これらの資産課税の有する意義は一層強調されるべきかもしれない。いわば相続税や贈与税に係る課税ベースの拡充がこの文脈では肯定され得る。

　他方で、中小企業が我が国の法人企業の多くを占めることに鑑みると、中小企業の業況が我が国経済の状況を占っているとみることもできよう。また、我が国の全雇用の70％が中小企業によって支えられていることを考えてみても、中小企業の維持発展は重要な問題である。そうであるとするならば、中小企業が事業承継に係る租税負担ゆえに立ちいかなくなることは避けなければならない。そこで、事業承継税制がここ数年のうちに拡充を果たしてきたのである。また、高齢者に資産が滞留しているとするならば、経済活性化のため、高齢者から若年層への資産移転をスムーズに図れるような施策の充実も求められよう。かような要請には、教育資金や結婚・子育て資金の一括贈与に係る贈与税非課税措置などが意味を有するであろう。

　ところが、見方を変えれば、事業承継税制や一括贈与非課税制度は、前述の格差解消にブレーキをかけることにもなりかねない。現下の相続税制には、このような種々の政策的方向性が施策間の衝突を招くというある種の矛盾がビルトインされているのである。もっとも、そこには単純に二者択一の議論が所在しているわけではない。諸外国では相続税ないし遺産税の縮減や廃止

が議論されており、我が国への影響なども注目されるところであるが、現実的な議論として当面は、これら相続税制に突き付けられた諸課題を大局的視角から俯瞰しながら個別の政策的意義の再検討を行うことによってでしか乗り超えることはできないであろう。

　さて、本書は、『裁判例からみる相続税・贈与税』を『裁判例からみる相続税法』と改題し、四訂版として発刊するものである。おかげさまで読者の好評を得、これまで改訂を重ね、平成25年9月に三訂版を刊行してから、はや7年が過ぎた。時代も平成に終わりを告げ、新しい令和という時代を迎えた。その間、主に注目すべき相続税法等の改正としては、結婚・子育て資金の一括贈与に係る贈与税非課税措置の創設、住宅取得資金に係る贈与非課税枠の拡大、国内に住所を有しない者に対する相続税及び贈与税の納税義務の見直し、特定の一般社団法人等に対する課税制度の創設、法定調書制度の改正、事業承継税制の改正などがなされてきたが、何よりも、平成31年度（令和元年度）税制改正に大きなインパクトを与えたのが、民法（相続法）改正であった。すなわち、民法の約40年ぶりの大改正により、配偶者の居住権を保護するための措置が設けられ、遺産分割や遺言制度、遺留分制度に関する改正がなされたことで、相続税制もこれを受ける形での改正がなされた点は特筆すべきであろう。また、制度の解釈や評価手法、租税回避否認を巡って議論された租税訴訟も増えた。

　本書は、これらの税制改正や裁判例の動向を踏まえ大幅な改訂を行ったものである。

　改訂作業に当たっては、大蔵財務協会編集局の大いなるご尽力を賜った。ここに同協会の諸氏に感謝の意を申し上げる次第である。

　　令和2年12月

池　本　征　男
酒　井　克　彦

三訂版はしがき

　租税法は、社会経済の状況に応じて変容を見せるものである。

　近年の我が国の冷え込んだ景気状況や高齢化社会に特有の社会保障費等の増大に伴い、我が国の財政状況は、未曾有の公債依存体質となっている。また、経済格差が社会問題化となる状況にあり、これが放置できない程の拡張を見せているところでもある。

　このような社会経済状況に対応すべく、税制には大きな期待が寄せられている。具体的にいえば、税制の持つ資金調達機能と富の再分配機能とが改めて注目されており、特に相続税法の改正により上記の問題の改善が期待されているところである。例えば、基礎控除の引下げが多くの国民的関心を集めていることは周知のとおりである。

　この点は、平成24年8月22日に公布された社会保障の安定財源の確保等を図る税制の抜本的な改革を行うための消費税法等の一部を改正する等の法律21条《資産課税に係る措置》が、資産課税について、「格差の固定化の防止、老後における扶養の社会化の進展への対処等の観点からの相続税の課税ベース、税率構造等の見直し及び高齢者が保有する資産の若年世代への早期移転を促し、消費拡大を通じた経済活性化を図る観点からの贈与税の見直しについて検討を加え〔る〕」とするところにも現われているとおりである。

　さて、本書の二訂版が刊行されてから既に3年が経過した。3回目の改訂に当たる本書には、平成23年度から平成25年度までの税制改正等が盛り込まれている。注目すべき具体的改正項目としては、平成24年度改正における連帯納付義務の見直し、延納及び物納申請の見直しや、平成25年度改正におい

て決定された相続税の基礎控除額の引下げ及び税率の改正、未成年者控除、障害者控除の見直し、相続時精算課税制度の対象の拡充、教育資金の一括贈与に係る贈与税非課税措置、小規模宅地等の特例制度、非上場株式等に係る相続税等の納税猶予制度の改正などが挙げられる。思えば、平成23年度税制改正で議論されていた積み残しの多くが平成25年度改正で手当てされた点に見られるように、東日本大震災の影響や政局の変動の影響を大きく受けたこの3年間であった。経営承継円滑化法等の影響を色濃く受ける事業承継税制の改革期にあるという点も強調されるべきであろう。なお、租税手続面で忘れてならないのは、平成23年12月の国税通則法改正である。当然ながら、相続税・贈与税も大きな影響を受けている。各種手続規定をはじめ、更正・決定手続の整備、更正の請求制度の大幅な見直しも行われたところである。

　本書は、これらの改正項目に加えて最近の注目すべき裁判例を収録するなど大幅に補正を行ったものである。

　本書の改訂は、大蔵財務協会編集局のご尽力なかりせば成し得なかったものである。ここに同協会の諸氏には御礼を申し上げる次第である。

　平成25年8月

池　本　征　男
酒　井　克　彦

二訂版はしがき

　本書の初版を発行して2年が過ぎた。その間、平成20年10月には、中小企業における事業承継が円滑になるようにする法律（いわゆる「経営承継円滑化法」）が施行されて、相続における遺留分の民法特例や相続税・贈与税における非上場株式等の納税猶予制度が設けられた。平成21年4月には経済危機対策が取りまとめられ、同年6月にはその内容を盛り込んだ改正法が成立し、住宅取得のための時限的な贈与税の軽減措置が講じられた。また、平成22年度においては、①相続税の障害者控除額の増額や②定期金に関する権利の評価が見直されたほか、租税特別措置について、③小規模宅地等の課税価格の計算特例の見直し、④住宅取得等資金の贈与を受けた場合の非課税限度額の拡充、⑤非上場株式等に係る相続税・贈与税の納税猶予制度の改正などが行われている。このように、相続税及び贈与税に関しては、比較的大きな改正が行われたし、昨年に実施された第45回衆議院選挙においては政権交代が実現し、今後とも税制が大きく変わろうとしている。「平成22年度税制改正大綱～納税者主権の確立に向けて～」では、税制改革に当たっての基本的な考え方のほか、中長期的な改革の方向性が示されており、相続税・贈与税については、格差是正の観点から、相続税の課税ベースや税率構造の見直しを目指すとともに、現役世代への生前贈与による財産の有効活用などを含め、贈与税のあり方についても見直すこととしている。今後の税制改正が注目されるところである。

　この二訂版は、平成20年度から平成22年度までの税制改正等や最近の裁判例を踏まえて大幅に補正・加筆するとともに、その他の箇所もできる限りの

見直しを行ったものである。二訂版の発行に当たり、大蔵財務協会の編集局の諸氏には数々のご助力を賜った。心からお礼を申し上げる。

平成22年5月

池 本 征 男
酒 井 克 彦

は　し　が　き

　相続税は、相続、遺贈又は死因贈与により財産を取得した者に対して、その財産の取得の時における価額（時価）を課税価格として課される直接税である。遺産の無償取得に担税力を見出して課税するものであり、個人所得課税を補完するものと考えられている。また、贈与税は、個人から贈与により財産を取得した者に対して、その取得財産の価額（時価）を課税価格として課される直接税であり、生前贈与による相続税の回避を防止する意味で、相続税を補完するものと考えられている。このように相続税法は、一つの法律の中に相続税と贈与税という二つの税目に関する課税を定めている点に特色がある。

　相続税法は、所得税法や法人税法と異なり条文数が少なく、特別措置も余り多くないのであるが、民法や財産評価などの専門的知識を必要とするため、難しい税法であると考えがちである。しかも、相続税の申告者数は約4万5千人（死亡者に対する課税件数の割合4.2％）、贈与税の申告者数も約40万5千人（いずれも平成17年度）程度であるから、相続税や贈与税は、多くの者が接する税でもない。しかし、人は、自分の死後少しでも多くの財産を子孫に残したいと思っているし、できるだけ子孫に税負担をかけないで財産を渡したいという気持ちも強い。そういう意味で、相続税や贈与税は、国民の関心の高い税であるともいえる。

　ところで、平成19年11月20日付け税制調査会「抜本的な税制改革に向けた基本的考え方」では、相続財産に適切な負担を求めるという観点から、基礎控除や税率構造の見直しを答申しているところであり、これを受けて、平成20年度の税制改正要綱では、平成21年度税制改正において、相続税の課税方式を遺産取得課税方式に改めるなど、相続税の総合的な見直しを検討するとしている。また、贈与税についても、一年間の贈与につき暦年ごとに課税することを原則としつつも、平成15年度には親から子への生前贈与を促す"贈

与税と相続税の一体化"ともいうべき相続時精算課税制度が導入されている。子どもが働き盛りのうちに、親から財産を譲り受けて大いに消費してもらい、経済の活性化に役立てようとするものである。

　このように、近年、相続税や贈与税に係わる税制は大きく変わろうとしている。本書は、税制の抜本的な見直しの時期を迎えるに際して、大学で税法等を学ぶ学生やすでに税務の仕事に従事している方々が、相続税や贈与税の基本的仕組みを正しく理解できるように、相続税法の理論と計算を見ていくものである。本書では、裁判例を多く取り上げているが、それは裁判例が税法の解釈・適用の宝庫であるからである。課税処分を巡っては納税者と課税当局の間に見解の対立があり、そこでの当事者の主張・立証を踏まえた上で、裁判所の事実の認定と税法の解釈についての判断が示されるのである。判決文に示された当事者の主張及び裁判所の判断を詳細に分析することによって、税法を正しく理解できるというわけである。

　本書の執筆に当たっては、第1章から第6章までを池本が、第7章から第11章までを酒井がそれぞれ責任分担した。そして、本書で取り上げた主要な裁判例及び裁決例については、コメントを付しているが、各分担者の見解を述べていない。読者の方々自らが当事者の主張や裁判所等の判断の当否について検討し、相続税法について理解を深めてほしいからである。

　最後に、本書の出版を快く引き受けてくださった大蔵財務協会の諸氏には、厚くお礼を申し上げたい。

　　平成20年5月

　　　　　　　　　　　　　　　　　　　　　池　本　征　男
　　　　　　　　　　　　　　　　　　　　　酒　井　克　彦

〔凡　例〕

1　法令等は令和6年6月21日現在による。
2　法令等の引用に当たっては、次の略号を用いた。

　　相法…………相続税法
　　相令…………相続税法施行令
　　相規…………相続税法施行規則
　　所法…………所得税法
　　所令…………所得税法施行令
　　法法…………法人税法
　　法令…………法人税法施行令
　　措法…………租税特別措置法
　　措令…………租税特別措置法施行令
　　措規…………租税特別措置法施行規則
　　通則法………国税通則法
　　通則令………国税通則法施行令
　　徴収法………国税徴収法
　　民………………民法
　　戸籍…………戸籍法
　　会社…………会社法
　　経営承継円滑化法（円滑化法）
　　　…中小企業における経営の承継の円滑化に関する法律（本文中は「経営承継円滑化法」と記し、（　）内において「円滑化法」と記している。）
　　経営承継円滑化法施行規則（円滑化規）
　　　…中小企業における経営の承継の円滑化に関する法律施行規則（本文中は「経営承継円滑化法施行規則」と記し、（　）内において「円滑化規」と記している。）
　　災免法…………災害被害者に対する租税の減免、徴収猶予等に関する法律

災免令………… 災害被害者に対する租税の減免、徴収猶予に関する法律の施行に関する政令
新型コロナ税特法
　…新型コロナウイルス感染症等の影響に対応するための国税関係法律の臨時特例に関する法律
国外送金法…… 内国税の適正な課税の確保を図るための国外送金等に係る調書の提出等に関する法律
相基通………… 相続税法基本通達
所基通………… 所得税基本通達
措通…………… 租税特別措置法関係通達
評基通………… 財産評価基本通達
民集…………… 最高裁判所民事判例集
集民…………… 最高裁判所裁判例民事
行集…………… 行政事件裁判例集
訟月…………… 訟務月報
税資…………… 税務訴訟資料
判時…………… 判例時報
判タ…………… 判例タイムズ
金判…………… 金融・商事判例
平成25年所法等改正附則
　…所得税法等の一部を改正する法律（平成25年法律第5号）附則
平成31年所法等改正附則
　…所得税法等の一部を改正する法律（平成31年法律第6号）附則
令和5年所法等改正附則
　…所得税法等の一部を改正する法律（令和5年法律第3号）附則
令和6年所法等改正附則
　…所得税法等の一部を改正する法律（令和6年法律第8号）附則

〔本文目次〕

第1章　相続・贈与の基礎知識

1　相続税法を学ぶに当たって……………………………………………………1
2　近年の民法（相続法）の改正…………………………………………………3
3　相続の開始と相続人……………………………………………………………6
　(1)　相続の開始…………………………………………………………………6
　(2)　相続人………………………………………………………………………7
　(3)　相続権を失う場合…………………………………………………………9
　(4)　相続の承認と放棄…………………………………………………………10
　(5)　相続人の不存在……………………………………………………………12
4　相続分……………………………………………………………………………13
　(1)　法定相続分…………………………………………………………………13
　(2)　代襲相続分…………………………………………………………………16
　(3)　指定相続分…………………………………………………………………16
　(4)　特別受益者の相続分………………………………………………………17
　(5)　寄与分………………………………………………………………………19
　(6)　特別の寄与…………………………………………………………………20
5　遺贈と遺留分……………………………………………………………………20
　(1)　遺贈…………………………………………………………………………20
　(2)　遺言の方式…………………………………………………………………21
　(3)　遺留分………………………………………………………………………22
　(4)　遺留分に関する民法の特例（経営承継円滑化法）……………………24
6　遺産の分割………………………………………………………………………27
　(1)　分割の手続…………………………………………………………………27
　(2)　分割の方法…………………………………………………………………28
　(3)　遺産分割の遡及効…………………………………………………………28
　(4)　遺産分割前における預貯金の払戻し……………………………………29
7　贈与………………………………………………………………………………29

第2章　相続税と贈与税の納税義務

1　相続税法の基本的な仕組み……………………………………31
2　我が国における相続課税等の沿革……………………………31
　(1)　相続税・贈与税の創設………………………………………31
　(2)　シャウプ税制…………………………………………………32
　(3)　法定相続分課税方式の採用…………………………………32
　(4)　相続時精算課税制度の導入…………………………………33
　(5)　暦年贈与の生前加算期間の見直し…………………………33
3　相続税・贈与税の納税義務の成立と確定……………………35
4　相続税・贈与税の納税義務者と課税財産の範囲……………36
　(1)　個人と法人……………………………………………………36
　(2)　納税義務者の分類……………………………………………39
5　財産の所在………………………………………………………47

第3章　相続税の課税の対象

1　相続又は遺贈によって取得した財産…………………………53
2　みなし相続財産…………………………………………………79
　(1)　生命保険金等…………………………………………………80
　(2)　退職手当金、功労金など……………………………………83
　(3)　生命保険契約に関する権利…………………………………88
　(4)　定期金に関する権利……給付事由が発生していないもの…89
　(5)　保証期間付定期金に関する権利……給付事由が発生しているもの…89
　(6)　契約に基づかない定期金に関する権利……………………90
　(7)　その他…………………………………………………………90
3　相続財産法人から分与を受けた財産…………………………91
4　特別寄与者が特別寄与料を受けた場合………………………91
5　相続開始前7年以内に被相続人から贈与により取得した財産…91
6　相続時精算課税の適用を受けた財産…………………………93

7　贈与税の納税猶予を受けていた農地等、事業用資産又は非上場株式等……………………………………………………………………94
  8　教育資金の一括贈与の非課税特例を受けていた場合における管理残額……………………………………………………………………95
  9　結婚・子育て資金の一括贈与の非課税特例を受けていた場合における管理残額……………………………………………96
 10　相続税の非課税財産………………………………………………96
  (1)　財産の性質、国家的見地又は国民感情から非課税とするもの………96
  (2)　公益性の立場から非課税とするもの……………………………100
  (3)　公益信託の受託者が遺贈により取得した財産…………………101
  (4)　社会政策的な見地から非課税とするもの………………………102

第4章　贈与税の課税の対象

  1　贈与により取得した贈与財産……………………………………110
  2　贈与による財産の取得時期………………………………………117
  3　みなし贈与財産……………………………………………………128
  (1)　生命保険金等………………………………………………………129
  (2)　定期金………………………………………………………………130
  (3)　低額譲受け…………………………………………………………130
  (4)　債務免除等…………………………………………………………138
  (5)　その他の利益の享受………………………………………………140
  (6)　信託に関する権利…………………………………………………150
  4　贈与税の非課税財産………………………………………………156
  (1)　法人から贈与を受けた財産………………………………………157
  (2)　扶養義務者から生活費や教育費として贈与を受けた財産………157
  (3)　公益事業用財産……………………………………………………157
  (4)　公益信託の受託者が贈与により取得した財産…………………157
  (5)　心身障害者共済制度に基づく給付金の受給権…………………158
  (6)　公職選挙の候補者が贈与を受けた財産…………………………158
  (7)　特定障害者扶養信託契約に基づく信託受益権…………………158

(8)　社交上必要と認められる香典等···159
　(9)　相続開始の年に被相続人から贈与を受けた財産·····························159
　(10)　直系尊属から住宅取得等資金の贈与を受けた場合の非課税··········159
　(11)　直系尊属から教育資金の一括贈与を受けた場合の非課税··············162
　(12)　直系尊属から結婚・子育て資金の一括贈与を受けた場合の非
　　　課税··164
　(13)　災害により被害を受けた財産··165

第5章　相続税の課税価格の計算

1　相続税の課税価格···167
2　相続税の課税価格の計算···178
　(1)　遺産の取得が分割等により確定している場合（分割協議等が成立
　　　しているなど）···178
　(2)　遺産が未分割の場合··182
3　小規模宅地等の課税価格の計算の特例···183
　(1)　適用対象者··184
　(2)　小規模宅地等···184
　(3)　限度面積（措法69の4②）···185
　(4)　課税価格に算入する価額（措法69の4①）··································186
　(5)　特定事業用宅地等（措法69の4③一、措令40の2⑦～⑩）········186
　(6)　特定同族会社事業用宅地等（措法69の4③三、措令40の2⑯～⑱）····193
　(7)　日本郵便株式会社に貸し付けられている郵便局舎の敷地の用に
　　　供されている宅地等··194
　(8)　特定居住用宅地等（措法69の4③二、措令40の2⑪～⑮）········194
　(9)　貸付事業用宅地等（措法69の4③、措令40の2⑲～㉑）···········204
　(10)　適用要件··205
4　特定計画山林の課税価格の計算特例···209
　(1)　特定森林経営計画対象山林の適用対象者（措法69の5①②）·········209
　(2)　特定受贈森林経営計画対象山林の適用対象者（措法69の5①②）····209
　(3)　適用要件··210

5 特定土地等及び特定株式等に係る相続税の課税価格の計算特例等……………………………………………………………………211
  (1) 概要……………………………………………………………………211
  (2) 相続税の課税価格に算入すべき価額（措令40の3③）……………212
6 債務控除……………………………………………………………………213

第6章　相続税額の計算

1 相続税の総額の計算方法………………………………………………221
2 遺産に係る基礎控除……………………………………………………222
3 相続税の総額の計算……………………………………………………225
4 各相続人等の相続税額の計算…………………………………………225
  (1) 相続税額の2割加算…………………………………………………226
  (2) 暦年課税分の贈与税額控除…………………………………………227
  (3) 配偶者の税額軽減……………………………………………………229
  (4) 未成年者控除…………………………………………………………235
  (5) 障害者控除……………………………………………………………237
  (6) 相次相続控除…………………………………………………………240
  (7) 外国税額控除…………………………………………………………242
  (8) 相続時精算課税適用者に係る贈与税額控除………………………243
  (9) 医療法人の持分についての相続税の税額控除の特例……………244

第7章　相続時精算課税

1 相続時精算課税の概要…………………………………………………249
  (1) 相続時精算課税の目的………………………………………………249
  (2) 相続時精算課税の内容………………………………………………250
  (3) 適用対象者……………………………………………………………251
  (4) 適用対象となる財産等………………………………………………253
  (5) 適用手続………………………………………………………………253

2 相続時精算課税における贈与税額の計算··················254
　(1) 相続時精算課税に係る贈与税の課税価格··················254
　(2) 相続時精算課税に係る贈与税の基礎控除··················255
　(3) 相続時精算課税に係る贈与税の特別控除額··················255
　(4) 相続時精算課税に係る贈与税の税率··················256
3 相続時精算課税における相続税額の計算··················260
　(1) 相続時精算課税に係る相続税の課税価格··················260
　(2) 相続時精算課税に係る土地又は建物の価額の特例··················260
　(3) 相続時精算課税に係る債務控除（相法21の15②）··················262
　(4) 相続時精算課税に係る相続開始前7年以内の贈与加算··················262
　(5) 相続時精算課税に係る贈与税の税額に相当する金額の控除及び
　　　還付··················263
4 相続時精算課税における相続税の納税に係る権利又は義務の
　承継等··················266
　(1) 相続時精算課税適用者が特定贈与者よりも先に死亡した場合······266
　(2) 贈与により財産を取得した者が「相続時精算課税選択届出書」
　　　の提出前に死亡した場合··················267
5 住宅取得等資金の贈与を受けた場合の相続時精算課税の特例···267
　(1) 制度の目的··················267
　(2) 制度の内容··················268
　(3) 特例の適用要件··················269
6 直系尊属から贈与を受けた場合の贈与税の非課税規定との
　併用··················270

第8章　贈与税の課税価格と税額の計算 (暦年課税)

1 贈与税の課税価格の計算··················276
　(1) 贈与税の課税価格··················276
　(2) 相続開始の年に被相続人から贈与を受けた財産··················276
　(3) 贈与税の税額の計算··················277
2 贈与税の基礎控除··················277

3　贈与税の配偶者控除……………………………………………………280
　(1)　贈与税の配偶者控除の趣旨……………………………………280
　(2)　贈与税の配偶者控除の適用要件………………………………280
　(3)　店舗兼住宅等の贈与に係る配偶者控除の計算………………281
　(4)　居住用不動産と同時に居住用不動産以外の財産を取得した場合…288
　(5)　適用手続………………………………………………………288
　(6)　民法改正と配偶者控除………………………………………295
4　贈与税の税率と税額の算出方法………………………………………296
5　外国税額控除……………………………………………………………300
6　特定土地等及び特定株式等に係る贈与税の課税価格の計算の特例等……………………………………………………………………300

第9章　申告と税金の納付

1　相続税の申告等…………………………………………………………302
　(1)　申告書の提出…………………………………………………302
　(2)　申告書の記載事項及び添付書類……………………………312
　(3)　相続税の期限後申告の特則…………………………………314
　(4)　相続税の修正申告の特則……………………………………314
　(5)　更正の請求の特則……………………………………………315
　(6)　更正及び決定の特則…………………………………………328
　(7)　更正及び決定の特則…………………………………………337
　(8)　特定非常災害の指定を受けた災害の発生に伴う申告期限の延長等の特例………………………………………………………337
2　贈与税の申告等…………………………………………………………338
　(1)　申告書の提出…………………………………………………338
　(2)　申告書の記載事項及び添付書類……………………………339
　(3)　贈与税の期限後申告及び修正申告の特則…………………340
　(4)　贈与税の更正の請求の特則…………………………………340
　(5)　贈与税の更正・決定等の期間制限の特則…………………341
3　相続税と贈与税の納付…………………………………………………341

- (1) 相続税又は贈与税の納付時期································· 341
- (2) 連帯納付義務·· 342
- 4 延納·· 347
  - (1) 延納の許可の要件·· 347
  - (2) 延納の手続··· 348
  - (3) 延納の許可又は却下の処分·································· 348
  - (4) 延納税額に対する利子税····································· 349
  - (5) 延納期間及び延納利子税····································· 349
  - (6) 連帯納付義務者が連帯納付義務を履行する場合の延滞税を利子税に代える措置·· 351
- 5 物納·· 351
- 6 納税の猶予（事業承継税制を除く。）······························ 355
- 7 贈与税の申告内容の開示··· 355
  - (1) 開示請求者··· 355
  - (2) 開示の内容··· 355
- 8 相続税及び贈与税の調査··· 356
  - (1) 相続開始の通知··· 356
  - (2) 保険金、退職手当金などの支払調書の提出············· 356
  - (3) 職員の質問検査権·· 356
  - (4) 官公署等への協力要請·· 357
- 9 相続税及び贈与税に関する罰則································ 360
  - (1) 脱税犯·· 360
  - (2) 無申告犯··· 361
  - (3) 秩序犯·· 361
  - (4) 両罰規定··· 362
  - (5) 秘密漏えい犯·· 362
- 10 租税回避等の防止規定·· 362
  - (1) 同族会社等の行為計算の否認等··························· 362
  - (2) 特別の法人から受ける利益に対する課税··············· 370
  - (3) 人格のない社団又は財団等に対する課税··············· 370
  - (4) 国外財産調書·· 383

第10章　相続税・贈与税の納税猶予の特例（事業承継税制）

1　農地等の相続税・贈与税の納税猶予の特例（農業承継税制）……… 385
2　農地等を相続した場合の相続税の納税猶予の特例………………… 387
　(1)　趣旨……………………………………………………………………… 387
　(2)　特例の概要……………………………………………………………… 387
　(3)　適用要件………………………………………………………………… 388
　(4)　適用手続………………………………………………………………… 389
　(5)　納税猶予期間中の手続………………………………………………… 389
　(6)　納税猶予税額の全部の納期限の確定………………………………… 390
　(7)　納税猶予税額の一部の納期限の確定………………………………… 390
　(8)　営農困難時貸付けの特例……………………………………………… 390
　(9)　納税猶予を適用している場合の特定貸付けの特例………………… 391
　(10)　納税猶予を適用している場合の都市農地の貸付けの特例………… 391
3　農地等を贈与した場合の贈与税の納税猶予の特例………………… 392
　(1)　趣旨……………………………………………………………………… 392
　(2)　特例の概要……………………………………………………………… 392
　(3)　適用要件………………………………………………………………… 393
4　非上場株式等についての相続税・贈与税の納税猶予等
　（法人版事業承継税制）……………………………………………………… 394
　(1)　趣旨……………………………………………………………………… 394
　(2)　制度の概要……………………………………………………………… 394
　(3)　特例承継計画の策定と提出…………………………………………… 397
　(4)　贈与……………………………………………………………………… 398
　(5)　会社、後継者、先代経営者の要件…………………………………… 398
　(6)　非上場株式等の取得株数要件………………………………………… 402
　(7)　申告等要件……………………………………………………………… 402
　(8)　納税猶予分の税額計算………………………………………………… 403
　(9)　税務署長及び都道府県知事への報告………………………………… 405
　(10)　猶予期限の確定………………………………………………………… 406
　(11)　猶予税額の免除………………………………………………………… 408

(12)　担保の提供 ··· 408
5　個人の事業用資産についての相続税・贈与税の納税猶予及び
　免除の特例（個人版事業承継税制）······································· 409
　(1)　趣旨 ··· 409
　(2)　制度の概要 ··· 409
　(3)　特定事業用資産 ·· 410
　(4)　個人事業承継計画の策定・提出・確認 ······························· 411
6　個人の事業用資産についての贈与税の納税猶予及び免除 ········ 411
　(1)　制度の概要 ··· 411
　(2)　贈与者（先代事業者等）の要件（措法70の6の8①、措令40の7の
　　　8①）··· 412
　(3)　特例事業受贈者（後継者）の要件（措法70の6の8②）··············· 412
　(4)　適用手続 ·· 413
　(5)　納税猶予分の贈与税額の計算（措法70の6の8②、措令40の7の8
　　　⑧～⑩）·· 414
　(6)　猶予税額の納付―猶予期限の確定（措法70の6の8③④）············ 415
　(7)　猶予税額の免除（措法70の6の8⑭⑯～⑳）····························· 416
7　個人の事業用資産の贈与者が死亡した場合の相続税の課税の
　特例 ··· 417
　(1)　趣旨 ··· 417
　(2)　制度の概要 ··· 417
8　個人の事業用資産についての相続税の納税猶予及び免除 ········ 418
　(1)　制度の概要 ··· 418
　(2)　被相続人の要件（措法70の6の10①、措令40①の7の10①）·········· 418
　(3)　後継者である相続人等の要件（措法70の6の10②）···················· 418
　(4)　適用手続 ·· 419
　(5)　納税猶予分の贈与税額の計算（措法70の6の10②、措令40の7の10
　　　⑨～⑬）·· 420
　(6)　猶予税額の納付―猶予期限の確定（措法70の6の10③④⑩）········· 422
　(7)　猶予税額の免除（措法70の6の10⑮～⑳）····························· 423
　(8)　小規模宅地等の課税価格の計算特例との適用関係 ················· 424
9　山林についての相続税の納税猶予等及び免除 ······················ 425

(1)　特例の概要………………………………………………………… 425
　(2)　適用対象となる被相続人及び林業経営相続人……………… 426
　(3)　適用手続………………………………………………………… 427
　(4)　納税の猶予期限の到来………………………………………… 427
　(5)　猶予税額の免除………………………………………………… 428
10　医療法人の持分についての相続税・贈与税の納税猶予及び免除 428
　(1)　相続税の納税猶予及び税額控除……………………………… 428
　(2)　贈与税の納税猶予及び税額控除……………………………… 429
　(3)　贈与税の課税の特例…………………………………………… 430
11　特定の美術品についての相続税の納税猶予及び免除………… 430

第11章　財産の評価

1　評価の原則……………………………………………………………… 431
　(1)　概観……………………………………………………………… 431
　(2)　時価主義の意義………………………………………………… 432
　(3)　課税時期………………………………………………………… 432
　(4)　時価の意義……………………………………………………… 433
2　法定評価………………………………………………………………… 442
　(1)　規定の概観……………………………………………………… 442
　(2)　地上権、永小作権……………………………………………… 442
　(3)　配偶者居住権等………………………………………………… 443
　(4)　定期金に関する権利…………………………………………… 443
　(5)　立木の評価についての特例…………………………………… 446
3　時価評価の取扱い……………………………………………………… 447
　(1)　財産評価基本通達と財産評価………………………………… 447
　(2)　財産評価の原則………………………………………………… 463
　(3)　主な評価方法…………………………………………………… 479
4　土地及び土地の上に存する権利……………………………………… 484
　(1)　宅地の評価……………………………………………………… 484
　(2)　農地等の評価…………………………………………………… 520

(3)　宅地の上に存する権利の評価………………………………… 528
5　家屋及び家屋の上に存する権利………………………………… 534
　(1)　家屋の評価……………………………………………………… 534
　(2)　貸家の評価……………………………………………………… 535
　(3)　建築中の家屋…………………………………………………… 535
6　居住用の区分所有財産（分譲マンション）…………………… 543
7　株式及び株式に関する権利など………………………………… 546
　(1)　上場株式………………………………………………………… 547
　(2)　気配相場等のある株式………………………………………… 552
　(3)　取引相場のない株式…………………………………………… 553
　(4)　出資の評価……………………………………………………… 592
　(5)　株式に関する権利……………………………………………… 593
　(6)　公社債及び証券投資信託の受益権…………………………… 595
　(7)　貸付金債権の評価（評基通204）……………………………… 597
　(8)　ゴルフ会員権の評価（評基通211）…………………………… 601

巻末付表………………………………………………………………… 603

用語索引………………………………………………………………… 609

裁判例・裁決例索引…………………………………………………… 619

〔裁判例・裁決例目次〕

	番号	事例名称	場所	月日	出典	頁数
第2章	①	共同相続人間において相続分を譲渡した者は、「相続又は遺贈により財産を取得した者」に当たるとされた事例	大阪地裁	令和4年4月14日	税資272号順号13701	36
			大阪高裁	令和4年12月2日	税資272号順号13781	
			最高裁(三小)	令和5年6月7日	判例集未登載	
	②	財産の贈与を受けた者の住所が国内にあるか否かが争われた事例(武富士事件)	最高裁(二小)	平成23年2月18日	集民236号71頁	42
	③	贈与財産を海外送金した場合の財産の所在地は国内か国外かが争われた事例	東京高裁	平成14年9月18日	訟月50巻11号3335頁	48
第3章	④	被相続人名義の預金口座から相続開始前に引き出された金員は、相続財産に当たるか否かが争われた事例	東京高裁	平成30年7月11日	税資268号順号13168	55
	⑤	不動産賃貸業の事業主は被相続人であるから、その事業収益等に起因する親族等名義の預貯金等及び株式は相続財産を構成するとされた事例	東京地裁	令和2年1月30日	税資270号順号13376	58
	⑥	被相続人が生前に所得税の更正処分取消訴訟を提起し、相続開始後に更正処分が取り消されたため、訴訟承継人である相続人が受領することとなった所得税額等の還付金は、相続財産を構成するかどうかが争われた事例	大分地裁	平成20年2月4日	民集64巻7号1822頁	62
			福岡高裁	平成20年11月27日	民集64巻7号1835頁	
			最高裁(二小)	平成22年10月15日	民集64巻7号1764頁	
	⑦	事業廃止後も小規模企業共済掛金を掛け続けた場合の共済金等は本来の相続財産に該当するとした事例	千葉地裁	令和4年11月18日	税資272号順号13743	67
	⑧	介護型老人ホームの入居者死亡に伴う入居一時金の返還金は相続財産に当たるとされた事例	東京高裁	平成28年1月13日	税資266号順号12781	70
	⑨	配当期待権は金銭に見積もることのできる経済的価値があるから、相続税の課税財産に含まれるとされた事例	大阪地裁	令和3年11月26日	税資271号順号13636	72
			大阪高裁	令和4年5月26日	税資272号順号13719	

	番号	事例名称	場所	月日	出典	頁数
第3章	⑩	被相続人が生前において推定相続人の債務を返済したことは、生前贈与であるか立替金であるかが争われた事例	静岡地裁	平成17年3月30日	税資255号順号9982	76
	⑪	自動車総合保険契約に基づいて受領した死亡保険金は、一時所得かみなし相続財産かが争われた事例	国税不服審判所	平成11年12月6日	裁決事例集58号79頁	81
	⑫	相続財産とみなされる退職手当金等は、死亡退職に基づくものに限られるかどうかが争われた事例	最高裁（三小）	昭和47年12月26日	民集26巻10号2013頁	85
	⑬	庭内神しの敷地部分は、相続税法12条1項2号の「墓所、霊びょう又は祭具並びにこれらに準ずるもの」に当たるとされた事例	東京地裁	平成24年6月21日	判時2231号20頁	97
	⑭	相続財産の寄附を受けた公益法人が当該財産につき公益を目的とする事業の用に供しているかどうかが争われた事例	大阪高裁	平成13年11月1日	判時1794号39頁	107
第4章	⑮	被相続人と内縁関係にある者が相続人から受け取った金員は、贈与により取得した財産に該当するか否かが争われた事例	大阪地裁	昭和52年7月26日	行集28巻6＝7号745頁	110
	⑯	自家用車の購入に際して息子名義で登録したことは購入資金の贈与に該当するかどうかが争われた事例	国税不服審判所	平成27年9月1日	裁決事例集100号	113
	⑰	主張・立証責任の分配の観点から金地金の贈与の時期が判定された事例	京都地裁	平成27年10月30日	税資265号順号12750	117
	⑱	有価証券の取得は低額譲受けに該当するとして贈与税の決定処分がされた後に、当該契約の錯誤無効を理由に処分の取消しを求めることができるか否かが争われた事例	高松高裁	平成18年2月23日	訟月52巻12号3672頁	121
	⑲	土地建物を贈与する旨の公正証書は、真実贈与の意思で作成されたものではなく、所有権移転登記の時期に贈与があったとされた事例	名古屋高裁	平成10年12月25日	訟月46巻6号3041頁	125
	⑳	「著しく低い価額」とは、時価の2分の1未満の価額をいうのか否かが争われた事例	横浜地裁	昭和57年7月28日	訟月29巻2号321頁	131
	㉑	相続税評価額を対価とする親族間の土地の譲渡は、低額譲渡に当たるか否かが争われた事例	東京地裁	平成19年8月23日	判タ1264号184頁	133

	番号	事 例 名 称	場 所	月 日	出 典	頁数
第4章	㉒	同族会社の代表者が従業員から株式を額面価額で買い取った場合、時価と買取価額の差額が低額譲受けに当たるか否かが争われた事例	仙台地裁	平成3年11月12日	判時1443号46頁	136
	㉓	社団医療法人の増資に係る出資の引受けは著しく低い価額の対価で利益を受けたことに当たるとされた事例	最高裁（二小）	平成22年7月16日	集民234号263頁	142
	㉔	同族会社に対して時価より著しく低い価額で財産が譲渡され、その譲渡を受けた会社の資産価額が増加した場合には、「対価を支払わないで又は著しく低い価額の対価で利益を受けた」といえるとされた事例	東京地裁	平成26年10月29日	訟月63巻12号2457頁	147
			東京高裁	平成27年4月22日	訟月63巻12号2435頁	
			最高裁（一小）	平成28年10月6日	税資266号順号12912	
	㉕	米国ニュージャージー州法に準拠して孫を受益者とする信託の設定行為は相続税法4条1項にいう「信託行為」に当たるかどうかが争われた事例	名古屋高裁	平成25年4月3日	訟月60巻3号618頁	152
第5章	㉖	相続財産の主要部分を占める株式が暴落によってほとんど無価値となったため、相続人が自己の固有財産を処分して相続税を納付しなければならない事態に追い込まれたとしても、暴落前の株式評価額に基づく課税額をそのまま維持して徴収金を保持したことが適法であり、これにより公法上の不当利得が成立するものと解することはできないとされた事例	大阪高裁	昭和62年9月29日	行集38巻8＝9号1038頁	168
	㉗	土地の売買契約成立後代金完済前に売主が死亡し、特約によって代金完済時に土地の所有権が買主に移るとされていた場合の相続財産は、土地の評価額によらず売買代金請求権であるとされた事例	最高裁（二小）	昭和61年12月5日	訟月33巻8号2149頁	172
	㉘	相続開始後に相続人が不動産売買契約を解除した場合の相続税の課税対象となる財産は、土地ではなく、売買残代金請求権であるとされた事例	東京地裁	令和2年10月29日	税資270号順号13474	174
			東京高裁	令和3年7月14日	税資271号順号13586	
			最高裁（一小）	令和4年3月3日	税資272号順号13681	

	番号	事 例 名 称	場 所	月 日	出 典	頁数
第5章	㉙	代償分割により取得した代償金について相続税の課税価格に算入すべき金額が争われた事例	国税不服審判所	平成3年4月30日	裁決事例集41号302頁	179
	㉚	成年後見人が事業の用に供していた土地は特定事業用宅地等に該当するか否かが争われた事例	横浜地裁	令和2年12月2日	税資270号順号13489	188
			東京高裁	令和3年9月8日	税資271号順号13600	
			最高裁(三小)	令和4年3月15日	税資272号順号13688	
	㉛	有料老人ホームに入居したことにより居住の用に供されなくなった家屋の敷地は小規模宅地等の課税価格の計算特例が適用されないとされた事例	東京地裁	平成23年8月26日	税資261号順号11736	197
	㉜	土地区画整理事業等の施行による仮換地指定に伴い、被相続人等の居住の用に供されていた土地及び仮換地が相続開始の直前に更地である場合には、小規模宅地等の課税価格の計算特例の適用を受けることができるか否かが争われた事例	最高裁(三小)	平成19年1月23日	集民223号53頁	200
	㉝	小規模宅地等の課税価格の計算特例を適用して相続税の申告書を提出した後に、適用対象地を差し替えることができるか否かが争われた事例	東京地裁	平成14年7月11日	訟月50巻7号2192頁	205
			東京高裁	平成15年3月25日	訟月50巻7号2168頁	
			最高裁(三小)	平成17年3月29日	税資255号順号9977	
	㉞	保証債務は債務控除の対象となるか否かが争われた事例	東京地裁	平成15年4月25日	訟月51巻7号1857頁	215
			東京高裁	平成16年3月16日	訟月51巻7号1819頁	
			最高裁(二小)	平成18年8月30日	税資256号順号10493	
第6章	㉟	「遺産が未分割であることについてやむを得ない事由がある旨の承認申請書」の提出期限が争われた事例	東京地裁	平成13年8月24日	税資251号順号8961	232

章	番号	事例名称	場所	月日	出典	頁数
第7章	㊱	相続時精算課税に係る贈与税相当額の還付金請求権は、相続開始の日の翌日から起算して5年を経過した時点で時効消滅するとされた事例	東京地裁	令和2年3月10日	税資270号順号13391	263
			東京高裁	令和2年11月4日	税資270号順号13476	
			最高裁（三小）	令和3年6月1日	税資271号順号13571	
	㊲	相続時精算課税方式が否定され、暦年課税方式によって税額を計算すべきとされた事例	神戸地裁	平成25年11月13日	税資263号順号12332	271
			大阪高裁	平成26年4月25日	税資264号順号12465	
第8章	㊳	贈与税の基礎控除額が贈与額とは無関係に一律の定額であることなどが不合理な差別となるとの主張が排斥された事例	大阪地裁	平成12年2月23日	税資246号908頁	278
	㊴	贈与された持分が建物全体のうちの居住用部分の割合以下であって、相続税法基本通達21の6―3ただし書の特例の適用がある場合には、贈与された土地持分の全部を自用地として評価すべきであるとされた事例	東京地裁	平成4年10月28日	判時1449号82頁	284
	㊵	居住の用に供していない土地家屋に係る贈与税の配偶者控除の適用が否認された事例	国税不服審判所	平成8年4月15日	裁決事例集51号12頁	289
	㊶	居住用不動産該当性が否定された事例	静岡地裁	平成19年7月12日	税資257号順号10752	292
			東京高裁	平成20年2月21日	税資258号順号10899	
			最高裁（二小）	平成20年7月4日	税資258号順号10983	
	㊷	贈与税の累進課税は憲法14条及び29条に反するものではないとされた事例	大阪地裁	平成12年2月29日	税資246号1103頁	297
			大阪高裁	平成12年11月22日	税資249号718頁	
			最高裁（二小）	平成13年6月29日	税資250号順号8937	
第9章	㊸	相続税法27条《相続税の申告書》にいう「相続の開始があったことを知った日」の意義	東京地裁	昭和47年4月4日	税資65号691頁	304

番号	事例名称	場所	月日	出典	頁数
㊹	相続財産の全容が判明しない場合における相続税の申告方法	大阪高裁	平成5年11月19日	行集44巻11＝12号1000頁	307
㊺	当初の遺産分割による申告に錯誤があったとして改めて遺産分割をした場合に、そのことを理由に更正の請求をすることができるか否かが争われた事例	東京地裁	平成21年2月27日	判タ1355号123頁	317
㊻	遺産分割成立後の更正の請求は、遺産分割成立前の申告に係る課税処分取消判決で認定された課税価格に基づいて相続税額が過大になるかを判定すべきであるとされた事例	東京地裁	平成30年1月24日	民集75巻7号3283頁	320
		東京高裁	令和元年12月4日	民集75巻7号3313頁	
		最高裁（一小）	令和3年6月24日	民集75巻7号3214頁	
㊼	被相続人の死亡後に認知の裁判が確定して相続人に異動が生じた場合に、被認知者に対する相続税の課税がその除斥期間経過後にされたものとして取り消された事例	東京高裁	平成14年11月27日	税資252号順号9236	329
㊽	相続人が無能力者である場合の相続税の申告期限と更正決定との関係	最高裁（二小）	平成18年7月14日	集民220号855頁	334
㊾	相続税法34条1項の連帯納付義務には補充性がないとされた事例	名古屋高裁金沢支部	平成17年9月21日	訟月52巻8号2537頁	344
㊿	相続税の調査は、相続財産から生じる相続人の所得に係る所得税の調査を実質的に含むものとされた事例	東京地裁	令和3年5月27日	訟月69巻6号715頁	357
		東京高裁	令和4年1月14日	訟月69巻6号695頁	
		最高裁（三小）	令和4年7月26日	税資272号順号13738	
51	被相続人と同族会社との間の地上権設定契約は、相続税法64条1項を適用して否認することができるとされた事例	大阪地裁	平成12年5月12日	訟月47巻10号3106頁	363
		大阪高裁	平成14年6月13日	税資252号順号9132	
		最高裁（三小）	平成15年4月8日	税資253号順号9317	

第9章

	番号	事例名称	場所	月日	出典	頁数
第9章	㊽	同族会社の株主である予定相続人が同社に行った債務免除については、同族会社等の行為計算の否認規定が適用されないとされた事例	浦和地裁	昭和56年2月25日	行集32巻2号280頁	366
			東京高裁	昭和58年8月16日	税資133号462頁	
			最高裁(一小)	昭和62年5月28日	訟月34巻1号156頁	
			東京高裁	昭和62年9月28日	税資159号833頁	
			最高裁(二小)	平成2年7月13日	税資180号44頁	
	㊾	法人の設立時期、被相続人の年齢、地上権の存続期間等の事実を総合勘案すると、本件地上権設定契約は、経済的・実質的にみて明らかに不自然・不合理なものであるとして相続税法64条の適用が認められた事例	大阪地裁	平成15年7月30日	税資253号順号9402	372
			大阪高裁	平成16年7月28日	税資254号順号9708	
	㊿	相続税法64条1項の適用は、経済的、実質的見地において、当該行為又は計算が純粋経済人の行為として不自然、不合理なものと認められるか否かを基準として判断すべきであるとされた事例	大阪地裁	平成18年10月25日	税資256号順号10552	379
			大阪高裁	平成19年4月17日	税資257号順号10691	
			最高裁(一小)	平成20年10月16日	税資258号順号11052	
第11章	㊺	相続税法22条にいう「時価」とは、不特定多数の当事者間で通常成立すると認められる価額をいうとされた事例	東京地裁	平成7年7月20日	行集46巻6号=7号701頁	433
	㊻	贈与当時における目的土地の時価を課税価格として贈与税の賦課決定がされた後に、贈与前から当該土地に設定されていた根抵当権が実行されて、受贈者は売得金の一部の還付だけしか受けられないことになったとしても、そのことによりいったん有効に成立した課税処分が後発的に無効となるものではないとした事例	名古屋高裁	昭和55年10月29日	訟月27巻4号654頁	438
	㊼	通達は法規としての性格を有するものではないから、課税処分が評価通達の趣旨に反するとしても、その効力は左右されないとした事例	東京地裁	昭和45年7月29日	訟月16巻11号1361頁	447
			東京高裁	昭和48年3月12日	税資69号634頁	
			最高裁(三小)	昭和49年6月28日	税資75号1123頁	

	番号	事例名称	場所	月日	出典	頁数
第11章	㊳	通達による画一的な事務処理が確立している場合に、特段の合理的な理由がなく、特定の者に対してのみこれによらずに、不利益な処分をすることは平等原則に違反するものとして適切でないとした事例	名古屋地裁	平成元年3月22日	税資169号939頁	454
	㊴	評価通達によらないことに合理性があるとした事例	東京地裁	平成4年3月11日	判時1416号73頁	458
	㊵	節税目的で取得した不動産の相続税評価について財産評価基本通達6を適用した事例（いわゆるタワマン事件）	東京地裁	令和元年8月27日	民集76巻4号421頁	464
			東京高裁	令和2年6月24日	民集76巻4号463頁	
			最高裁（三小）	令和4年4月19日	民集76巻4号411頁	
	㊶	財産評価基本通達6の適用が否認された事例	東京地裁	令和6年1月18日	判例集未登載	473
			東京高裁	令和6年8月28日	判例集未登載	
	㊷	相続土地の価額について不動産鑑定士の鑑定評価額によるべきものとされた事例	東京地裁	平成12年2月16日	税資246号679頁	480
			東京高裁	平成13年12月6日	訟月49巻11号3234頁	
	㊸	財産評価基本通達における路線価が地価の実態をかなり正確に反映していることは公知の事実であり、その評価方法も合理的であるとされた事例	京都地裁	昭和53年4月28日	税資101号292頁	487
	㊹	私道の用に供されている宅地の財産の評価における減額の要否及び程度は、当該宅地の客観的交換価値に低下が認められるか、その低下がどの程度かを考慮して決定する必要があるとした事例	最高裁（三小）	平成29年2月28日	民集71巻2号296頁	500
	㊺	貸家建付地や貸家の評価において借家権相当額等を控除することの意義	横浜地裁	平成7年7月19日	税資213号134頁	507
	㊻	相続税の課税時期において空室が生じている場合の貸家建付地の価額	大阪地裁	平成28年10月26日	税資266号順号12923	509
			大阪高裁	平成29年5月11日	税資267号順号13019	
			最高裁（二小）	平成29年12月8日	税資267号順号13098	

	番号	事 例 名 称	場 所	月 日	出 典	頁数
第11章	67	相続開始時に建物が存在していない場合の「貸家建付地」該当性	大阪地裁	平成18年9月13日	税資256号順号10499	514
			大阪高裁	平成19年3月29日	税資257号順号10678	
	68	大字を単位として評価倍率を定めることについて合理性を肯定した事例	千葉地裁	平成7年4月24日	税資209号155頁	520
			東京高裁	平成7年12月18日	税資214号860頁	
	69	農地を買い受ける契約をして手付金を支払った被相続人が知事の許可を得る前に死亡した場合、相続財産を構成するのはその農地ではなく、売買契約に基づく債権としての所有権移転請求権・所有権移転登記請求権等の総体であり、その評価は契約金額によるべきであるとした事例	名古屋地裁	昭和55年3月24日	訟月26巻5号883頁	524
			名古屋高裁	昭和56年10月28日	税資121号104頁	
			最高裁（二小）	昭和61年12月5日	集民149号263頁	
	70	夫がその所有する営業用土地及び建物を妻に贈与し、贈与後それらを無償かつ期限の定めなく借り受けて、従前の営業の用に供している場合には、妻に対する贈与税の課税価格の計算のための土地及び建物の評価に当たって夫の使用借権の価額はゼロとして評価するのが相当であるとされた事例	神戸地裁	昭和53年12月13日	訟月25巻4号1148頁	531
	71	相続開始直前に改造工事がされていた建物の評価	東京地裁	昭和53年12月21日	訟月25巻4号1197頁	535
	72	財産評価基本通達に従って算定された中古マンションの課税価格は、客観的な交換価値としての適正な時価を上回るものではないと推認された事例	東京地裁	平成25年12月13日	訟月62巻8号1421頁	539
			東京高裁	平成27年12月17日	訟月62巻8号1404頁	
			最高裁（一小）	平成29年3月2日	税資267号順号12985	
	73	相続による取得財産中の株式の評価を財産評価基本通達によるのは不当である旨の納税者の主張が斥けられた事例	大阪高裁	昭和62年9月29日	行集38巻8＝9号1038頁	548
	74	非上場株式の相続に係る評価方法の妥当性（株式保有特定会社該当性）が争われた事例	東京地裁	平成24年3月2日	判時2180号18頁	556
			東京高裁	平成25年2月28日	税資263号順号12157	

	番号	事例名称	場所	月日	出典	頁数
第11章	㊵	財産評価基本通達の定める評価方式以外の評価方式によるべき特段の事情があるとされた事例	東京地裁	平成26年10月29日	訟月63巻12号2457頁	562
			東京高裁	平成27年4月22日	訟月63巻12号2435頁	
			最高裁(一小)	平成28年10月6日	税資266号順号12912	
	㊶	「同族株主以外の株主等が取得した株式」に該当するとされた事例	東京地裁	平成29年8月30日	判タ1464号106頁	567
	㊷	いわゆるA社B社方式による節税スキームに則り著しく低い価額で現物出資された会社の出資を純資産価額方式により評価する場合には、評価差額に対する法人税額等相当額を控除しないで評価することが許されるとされた事例	東京高裁	平成13年3月15日	訟月48巻7号1791頁	581
	㊸	同族株主以外の株主の保有する株式につき、純資産価額による買取りが保障されている場合には、その買取価額をもって評価すべきものとされた事例	東京地裁	平成11年3月25日	訟月47巻5号1163頁	586
	㊹	財産評価基本通達が、取引相場のない同族株主のいる大会社の株式について、いわゆる零細株主が取得した株式の評価を特例として簡便な配当還元方式によることとしたのは、一つの株式につき二つの時価を定めた趣旨ではないとされた事例	大阪高裁	昭和62年6月16日	訟月34巻1号160頁	590
	㊺	同族会社に対する貸付金債権の価額は、「その回収が不可能又は著しく困難であると見込まれるとき」(評基通205)に該当しないとして、元本価額により評価された事例	大阪地裁	令和3年1月13日	税資271号順号13503	597
			大阪高裁	令和4年2月9日	税資272号順号13668	
			最高裁(一小)	令和4年9月29日	税資272号順号13760	

第1章　相続・贈与の基礎知識

1　相続税法を学ぶに当たって

　相続税法は、相続や贈与により財産を取得した個人が納める税金について定めた法律である。相続は人の死亡によって開始し（民882）、相続人は被相続人に帰属していた財産的な権利義務の一切を承継する（民896）。また、遺贈は、遺言に基づく財産の承継であり相続とは異なるが、人の死亡を原因とする財産の承継である点で（民985）相続と近似している。財産を無償で承継するという点では、遺贈は贈与と類似しているが、贈与は契約であるのに対し、遺贈は単独行為であるので遺贈と贈与とは異なる。相続税法では、相続・遺贈・死因贈与（贈与者の死亡によって効力を有する贈与）により財産を取得した者に課する税金を「相続税」とし、死因贈与以外の贈与により財産を取得した者に課する税金を「贈与税」としている。つまり、相続税法では、一つの法律の中に相続税と贈与税という二つの税に関する課税を定めているのである。

　このように、相続税や贈与税は、相続・遺贈・死因贈与又は贈与により財産を取得した者に対して課されるのであるが、財産を取得した全ての者に課されるわけではない。相続税や贈与税には基礎控除が設けられており、相続税が課されるのは、相続等により取得した財産の価額が基礎控除額（3,000万円＋600万円×法定相続人の数）を超える場合である。同様に、贈与税が課されるのは、原則として、一暦年中に受けた贈与の額が110万円を超える場合である（暦年課税）。例を挙げてみよう。

相続税が課税される場合

設問1 被相続人甲の相続人は、配偶者乙、長男A、次男B、長女Cである。この場合、被相続人甲が死亡すると、相続財産がいくら以上であれば相続税が課税されるか。

計算 基礎控除額は、3,000万円＋600万円×4人＝5,400万円 であるから、相続財産の価額が5,400万円を超えなければ相続税は課税されない。

設問2 上記の場合で、長女Cは既に結婚し子供2人（EとF）を有していたところ、Cが甲より先に死亡していたときはどのようになるか。

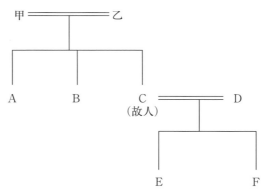

計算 法定相続人は、配偶者乙、長男A、次男Bのほか長女Cの代襲相続人である孫のE、Fの5人であるから、基礎控除額は3,000万円＋600万円×5人＝6,000万円となる。したがって、相続財産の価額が6,000万円を超えなければ相続税は課税されない。

設問3 設問2において、甲の3年前の財産の価額は7,000万円であったが、毎年A、B、E及びFに対して100万円ずつ贈与したことから、死亡時点では5,800万円となっている。甲の相続人は、A、B、E及び

Fであるが、相続税は課税されるか。

> [計算]　単純に考えると、相続時の財産の価額は5,800万円で、基礎控除額（6,000万円）に満たない金額であるので、相続税は課税されないことになる。このように、相続税を回避する目的で生前に財産を贈与することが行われることから、相続税法では、相続開始前7年（令和5年12月31日以前に贈与により取得した財産にあっては3年）以内に被相続人から贈与された財産は相続財産に加算することとしている（91頁参照）。したがって、設問の場合は相続税が課されることになる。

相続税法は、相続税額や贈与税額を計算し、申告と納付をするためのものであることから計算技術的な条文が多いが、その計算自体は所得税や法人税と比較してそれほど複雑ではない。しかし、上記の計算例でも分かるように、また後述するように、法定相続分によって相続税の総額を計算するという仕組みが採られていること等からも、相続税や贈与税を理解するためには民法等の知識が不可欠である。

2　近年の民法（相続法）の改正

(1)　平成30年改正

非嫡出子の相続分を嫡出子の2分の1とする規定（民900四ただし書）の合憲性が争われた事例において、最高裁平成25年9月4日大法廷決定（民集67巻6号1320頁〔確定〕）が、同規定を違憲とする旨の判断をしたことから、この決定を踏まえて民法が改正された。その際、民法改正が及ぼす社会的影響に対する懸念や配偶者保護の観点から相続法制の見直しの必要性等について問題提起がされた上で、平成30年7月13日、「民法及び家事事件手続法の一部を改正する法律」（平成30年法律第72号）及び「法務局における遺言書の保

管等に関する法律」(平成30年法律第73号)が公布された。主要な改正事項は次のとおりである。

イ 配偶者の居住権を保護するための方策

被相続人の配偶者は、相続開始の時に被相続人に属する建物に同居していると、遺産分割が終了するまでの間、無償でその居住建物を使用できる(配偶者短期居住権：民1037～1041)。また、当該配偶者は、終身又は一定期間において居住建物の使用を認める法定の権利(配偶者居住権)を取得することができる(民1028～1036)。「配偶者居住権」は、遺贈や遺産分割の選択肢の一つとして、新しく生み出された権利であり、居住建物の所有権そのものを取得するのではなく、そこを無償で使用・収益する権利を取得するものである。

この改正は令和2年4月1日以後に開始する相続から施行されている。

ロ 遺産分割等に関する見直し

婚姻期間が20年以上の夫婦間で、居住の用に供する建物又はその敷地が遺贈又は贈与されたときは、持戻しの免除の意思表示があったものと推定される(民903④)。「持戻し」とは、共同相続人中に、被相続人から遺贈を受け又は婚姻等のため贈与を受けた者について、被相続人が相続開始の時において有した財産の価額にその贈与の価額を加えたものを相続財産とみなし、相続分の中からその遺贈又は贈与の価額を控除した残額をもってその者の相続分とすることをいい(民903①)、被相続人がこれと異なった意思を表示したときは適用されない(持戻しの免除の意思表示：民903③)。

なお、預貯金債券については、生活費や葬儀費用への支払、相続債務の弁済などの資金需要に対応できるよう、遺産分割前であっても相続人が払戻しができることとされている。

この改正は令和元年7月1日以後に開始する相続から施行されている。

ハ 自筆証書遺言の方式緩和

①自筆証書によって遺言するには、遺言者が全文、日付及び氏名を自署する必要があったが(民968①)、自筆証書に財産目録を添付する場合について

は、自署することを要しないと改正され（民968②）、②法務局における自筆証書遺言の保管制度が創設されている（平成30年法律第73号）。

上記①の改正は令和元年1月13日以後、②の改正は令和2年7月10日以後に開始する相続から施行されている。

ニ　遺留分制度の見直し

遺留分を侵害された者は、遺贈や贈与を受けた者に対し、遺留分侵害額に相当する金銭の請求をすることができ（民1046①）、遺贈や贈与を受けた者が金銭を直ちに準備することができない場合には、裁判所に対し支払期限の猶予を求めることができることとされた（民1047⑤）。

この改正は令和元年7月1日以後に開始する相続から施行されている。

ホ　相続人以外の者の貢献を考慮するための方策（特別寄与料の創設）

相続人以外の被相続人の親族が、被相続人の療養看護等を行った場合には、一定の要件の下で、相続人に対して金銭を請求することができる制度（特別寄与料）が創設された（民1050）。

この改正は令和元年7月1日以後に開始する相続から施行されている。

(2)　令和3年改正

令和3年4月28日、「民法等の一部を改正する法律」（令和3年法律第24号）及び「相続等により取得した土地所有権の国庫への帰属に関する法律」（令和3年法律第25号）により、所有者不明土地の問題を解消するために、不動産登記法の改正及び相続土地国庫帰属制度が創設された。

イ　相続登記の申請義務化

不動産を取得した相続人は、その取得を知った日から3年以内に相続登記の申請をしなければならず、「正当な理由」がないのに申請を怠ったときは、10万円以下の過料の適用対象となる（不動産登記法76の2①、164①）。

この改正は令和6年4月1日以後に開始する相続から施行されている。

ロ 所有者不明・管理不全の土地・建物管理制度等の創設

相続開始から10年を経過した後にする遺産分割は、具体的相続分ではなく、法定相続分（又は指定相続分）による（民904の3）。

この改正は令和5年4月1日以後に開始する相続から施行されている。

ハ 相続土地国庫帰属制度の創設

相続等により土地の所有権を取得した者は、法務大臣の承認を受けてその土地の所有権を国庫に帰属させることができる（相続等により取得した土地所有権を国庫への帰属に関する法律）。なお、国庫帰属に当たっては、所定の負担金（承認された土地につき、国有地の種目ごとにその管理に要する10年分の標準的な費用の額を考慮して算定した額）を納付する必要がある。

この改正は令和5年4月27日以後に開始する相続から施行されている。

3 相続の開始と相続人

(1) 相続の開始

人の死亡が唯一の相続開始の原因である（民882）。死亡には自然的死亡と失踪宣告による擬制的死亡とがあり、この死亡により相続が開始される（民882）。「失踪宣告」とは、人が蒸発し、音信不通のため、生死不明の状態が長期間継続している場合に、利害関係人が家庭裁判所に申し立てる制度であり、これには「普通失踪」と「危難失踪」がある。

* 「普通失踪」とは、生死が7年間明らかでない場合をいう（死亡の時点は7年の期間が満了した時点）。
* 「危難失踪」とは、①戦地に臨んだ者の生死が戦争終結後1年間明らかでない場合、②沈没した船舶に乗っていた者の生死が沈没後1年間明らかでない場合、③その他の危難に遭遇した者の生死が危難が去った後1年間明らかでない場合をいう（死亡の時点は、戦争が終結したとき、沈没したとき、危難が去ったとき）。
* 「認定死亡」とは、水害や火災などによって死亡したことが確実だが、死体が発見されない場合に、官公署の報告に基づいて戸籍簿に死亡と記載される

制度である（戸籍89）。

(2) 相続人

民法の規定による相続人は、①被相続人の配偶者（第一順位）、並びに②被相続人の血族である子及びその代襲相続人（第一順位）、③直系尊属（第二順位）、④兄弟姉妹及びその代襲相続人（第三順位）だけである（民887、889、890）。

イ　配偶者

配偶者は、常に相続人となり、ほかに血族相続人がある場合には、それらの者と共同相続人となる（民890）。我が国では法律婚主義を採っているので、配偶者は婚姻届を出している者に限られ内縁関係にある者を含まない。

ロ　子及びその代襲相続人（直系卑属）

子は、男女の別、実子・養子の別、嫡出子・非嫡出子の別、国籍の有無を問わず相続人となるし、婚姻による氏（姓）の変動も相続人の地位に影響しない。胎児は、既に生まれたものとみなされて相続人となる（民886①）。また、被相続人の死亡以前に、その相続人となるべき子が死亡していたり、相続権を失っていたときは、その子の直系卑属（被相続人の孫や曾孫など、再代襲がある。）が代襲相続人となる（民887①②）。

〔代襲相続の要件〕
① 代襲原因は、被相続人の死亡以前にその相続人となるべき者が死亡していたり相続権を失っていたときに限られ、相続放棄は代襲原因とならない。
② 代襲者は被代襲者の直系卑属であること。
③ 代襲者は被代襲者に対する関係においても相続権を失った者でないこと（相続欠格者、相続を廃除された人でないこと）。
④ 代襲者は相続開始時に存在すること（胎児は生まれたものとみなされる。）。

⑤ 代襲者は被相続人の直系卑属（子の場合）又は傍系卑属（兄弟姉妹の場合）に限られること。

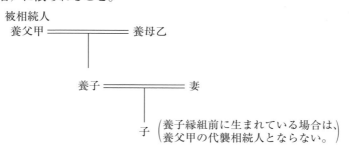

なお、養子には「普通養子」と「特別養子」があるが、①普通養子は養親及び実親それぞれの相続人になれるのに対し、②特別養子は実親の相続人になれないという相違がある。令和元年6月7日に成立した民法等の一部を改正する法律（令和元年法律第34号）により、特別養子縁組の成立要件が緩和されている。これにより、特別養子縁組における養子となる者の年齢の上限を原則6歳未満から原則15歳未満に引き上げるとともに、特別養子縁組の成立の手続を二段階に分けて養親となる者の負担軽減が図られた。この改正は、令和2年4月1日から施行されている。

〔特別養子と普通養子の相違〕

	特別養子	普通養子
養親の制限	25歳以上	成年に達していること
養子の制限	原則として15歳未満	養親より年少者
縁組の手続	家庭裁判所による二段階の審判	当事者の届出
縁組の形態	夫婦共同縁組	単独又は共同縁組
実親等の同意	実父母の同意が必要	15歳未満の養子は法定代理人の承諾
実方との関係	親族関係は終了する	親族関係は存続する
戸籍の記載	養父母の氏名のみ	実父母の氏名、「養子」と記載
離縁	特別離縁（家裁の審判）	協議離縁

ハ　直系尊属

　実父母・養父母の区別はなく、被相続人に子（代襲相続人を含む。）がいない場合には、被相続人の直系尊属が相続人となる。直系尊属の中では、親等の近い者（父母と祖父母がいる場合は父母）が優先する（民889①）。すなわち、例えば、父母のうち母が存命している場合には、たとえ父方の祖父母が存命していても母のみが相続人となる（民889①ただし書）。

　なお、特別養子が死亡した場合には養親だけが相続人となる。

ニ　兄弟姉妹とその代襲相続人である子

　被相続人に子（代襲相続人を含む。）も直系尊属もいない場合には、被相続人の兄弟姉妹が相続人となる（民889①）。兄弟姉妹が複数いる場合は、同順位の共同相続人となり、父母の双方を同じくする兄弟姉妹であると、父母の一方を同じくする兄弟姉妹であるとを問わない。ただし、父母の一方のみを同じくする兄弟姉妹の相続分は、父母の双方を同じくする姉妹の相続分の2分の1になる（民900四）。また、被相続人の死亡以前に、その相続人となるべき兄弟姉妹が死亡していたり、相続権を失っていたときは、その兄弟姉妹の子（被相続人の甥、姪に限られ、再代襲はない。）が代襲相続人となる（民887②）。

(3)　相続権を失う場合

　法定相続人であっても「相続欠格」に該当する場合や、推定相続人であっても「推定相続人の廃除」が認められた場合には、相続権を失う。

　「相続欠格」とは、多額の借金を抱えた息子が、親の財産目当てに親を死亡するに至らせた場合のように、法定相続人に相続を認めることが相当でないときに、相続人の資格を失わせることをいう（民891）。

　次に該当する者は、法律上当然に相続人の資格を失うことになる（家庭裁判所の宣告などを要しない。）。

①　故意に被相続人又は先順位及び同順位の相続人を死亡するに至らせ

（殺人罪）又は至らせようとして（殺人未遂）、刑に処せられた者
② 被相続人が殺害されたことを知ったにもかかわらず、告発・告訴をしなかった者
③ 詐欺又は強迫によって、被相続人が遺言をし、撤回し、取り消し、変更することを妨げた者
④ 詐欺又は強迫によって、被相続人に遺言をさせ、撤回させ、取り消させ、変更をさせた者
⑤ 被相続人の遺言書を偽造・変造・破棄・隠匿した者

また、「推定相続人の廃除」とは、推定相続人の相続資格を当然に否定するものではないが、被相続人を虐待したり著しい非行などがある場合に、被相続人の請求に基づいて推定相続人に相続させないことをいう（民892）。推定相続人が配偶者・子・直系尊属の場合には、被相続人がこれらの者に相続をさせたくないと思っても、遺言で相続分をゼロとすることができないことから（これらの者には遺留分が認められている。民1028）、被相続人の請求に基づいて家庭裁判所が調停・審判手続により推定相続人の相続資格を剥奪するのである。廃除の理由は、次のとおりである。
① 推定相続人が被相続人に対し虐待又は重大な侮辱を加えた場合
② 推定相続人に著しい非行があった場合
　＊ 「推定相続人」とは、現状のままで相続が開始した場合に相続人になるはずの人をいう。

(4) 相続の承認と放棄

相続人は、自己のために相続の開始を知ったときから3か月以内に相続の承認又は放棄をしなければならない（民915①）。この期間を「熟慮期間」といい、相続財産の調査等に時間がかかるような場合は、利害関係人又は検察官の請求によって、家庭裁判所がこの期間を延長することができる（民915①ただし書）。

イ　単純承認

　相続人が何らの留保も付けずに相続を承認することを「単純承認」という。相続人が単純承認したときは、被相続人の権利義務を全面的に承継するので（民920）、相続人は、相続財産で相続債務を弁済しないと、自己の固有財産でその債務を弁済しなければならない。

　なお、次に掲げる場合には、相続人が単純承認したものとみなされる（民921）。

① 　相続人が相続財産の全部又は一部を処分したとき
② 　相続人が熟慮期間内に限定承認又は放棄をしなかったとき
③ 　相続人が限定承認又は放棄をした後でも、相続財産の全部又は一部を隠匿し、ひそかにこれを消費し、又は悪意でこれを財産目録中に記載しなかったとき

ロ　限定承認

　相続人は、プラスの相続財産とマイナスの相続財産のいずれが多いか分からないときには限定承認をすることができる（民922）。「限定承認」とは、プラスの相続財産の限度で被相続人の債務や遺贈を弁済することを条件に、相続を承認するものである。したがって、限定承認をした相続人は、自己の固有財産で被相続人の債務を弁済する必要がない。限定承認をするときは、熟慮期間内に相続財産目録を調整して家庭裁判所に提出し、限定承認をする旨を申述しなければならないし（民924）、相続人が複数いる場合は、全員一致でなければ限定承認をすることができない（民923）。限定承認をした者は、限定承認をした後5日以内に、全ての相続債権者及び受遺者に対して、①限定承認をしたこと、②2か月を下らない期間を定めて、その期間内にその債権の請求の申出がなければ清算から除外する旨を付記して、その請求をなすべき旨を公告しなければならない（民927①）。この期間内に申出がなかった相続債権者及び受遺者で限定承認者に知れなかったものは、残余財産についてのみ権利を行使することができる（民935）。

＊　限定承認に係る相続により資産の移転があった場合には、時価で被相続人がその資産を譲渡したものとして譲渡所得課税が行われる（所法59①一）。いわゆるタキゲン事件最高裁令和2年3月24日第三小法廷判決（集民263号63頁〔差戻し〕）は、個人が法人に対して譲渡所得の基因となる資産を著しく低い価額で譲渡した事案において、「評価通達は、株式を取得した株主の議決権の割合により配当還元方式を用いるか否かを判定するものとするが、これは、相続税や贈与税は、相続等により財産を取得した者に対し、取得した財産の価額を課税価格として課されるものであることから、株式を取得した株主の会社への支配力に着目したものということができる。これに対し、本件のような株式の譲渡に係る譲渡所得に対する課税においては、当該譲渡における譲受人の会社への支配力の程度は、譲渡人の下に生じている増加益の額に影響を及ぼすものではないのであって、前記の譲渡所得に対する課税の趣旨に照らせば、譲渡人の会社への支配力の程度に応じた評価方法を用いるべきものと解される。」と判断している（詳細は572頁参照）。

　ハ　放棄

　相続の放棄をしようとする者は、自己のために相続の開始を知ったときから3か月以内に、その旨を家庭裁判所に申述しなければならない（民915①、938）。相続債権者や他の共同相続人に相続放棄の意思表示をしても、効力は生じない。この相続放棄をした者は、初めから相続人にならなかったものとみなされる（民939）。したがって、共同相続人の一部の者が相続放棄をした場合には、放棄者の相続分は他の相続人に相続されることになり、代襲相続の問題は生じない。

　なお、いったん相続を承認又は放棄したときは、これを撤回することができない（民919①）。

(5) 相続人の不存在

　相続人の存在が明らかでないとき（相続人はいるが、その全員が放棄している場合も含む。）は、その相続財産を法人（「相続財産法人」という。）とし（民951）、利害関係人又は検察官の請求により、家庭裁判所が相続財産の管理人を選任して、その旨を公告する（民952）。その後2回の公告（債権申出の公告、

相続人捜索の公告）を経て（民957、958）、公告期間内に相続人として権利を主張する者が現れなかったときは、相続人の捜索は終了し、相続人並びに相続財産の清算人に知れなかった相続債権者及び受遺者は、その権利を行使することができない（民958）。この場合、相続人が現れなかったときは、家庭裁判所が清算後の相続財産を被相続人と特別の縁故があった者（「特別縁故者」という。）に分与することができる（民958の2①）。特別縁故者に対する財産分与がされた後の残余財産は、国庫に帰属する（民959）。

* 「特別縁故者」とは、被相続人と生計を同じくしていた者、被相続人の療養看護に努めた者その他被相続人と特別の縁故があった者をいい（民958の3①）、内縁配偶者や事実上の養子のほか、看護士や家政婦などがこれに当たる。

4 相続分

相続人は、相続開始の時から、被相続人の財産に属した一切の権利義務を承継する（民896）。この場合、相続人が2人以上いる共同相続では、遺産分割により個々の相続財産の権利者が決まるまで、共同相続人が相続財産を共有することになり（民898）、各共同相続人は、その相続分に応じて被相続人の権利義務を承継する（民899）。つまり、「相続分」とは、各相続人が相続できる相続財産の割合をいうのであり、これには「法定相続分」と「指定相続分」とがある。

(1) 法定相続分

被相続人は、遺言で相続分を指定することができるが（民902）、相続分の指定がない場合は、民法の定めによって相続分が決まることになり（民900）、我が国では、ほとんどの相続が法定相続分によって行われているといってよい。具体的には、法定相続分は次のとおりとなる。

① 配偶者と子が相続人である場合……配偶者1/2、子1/2

子には、実子のほか養子も含まれ、子が数人いる場合は同順位の相続

人となる。かつて、非嫡出子の相続分は、嫡出子の2分の1であったが（旧民900④ただし書）、民法改正により平成25年9月5日以降に相続が開始したものについては、嫡出子と同等となる。

最高裁平成25年9月4日大法廷決定（民集67巻6号1320頁〔確定〕）は、嫡出でない子の法定相続分を嫡出子のそれの2分の1とする民法の規定について、「遅くとも平成13年7月当時において憲法14条1項に違反していた」とし、無効判断をするとともに、平成13年7月から最高裁決定日までの間に開始された他の相続について、「遺産の分割の審判その他の裁判、遺産の分割の協議その他の合意等により確定的なものとなった法律関係に影響を及ぼすものではない。」としている。

> ＊　「嫡出子」とは法律上の婚姻関係にある男女の間に生まれた子をいい、「非嫡出子」とは婚姻関係のない男女間に生まれた子をいう。非嫡出子は、認知により親子関係が生ずるが（民779）、母と非嫡出子との間の親子関係は、母の認知を待たず、分娩の事実により当然発生する（最高裁昭和37年4月27日第二小法廷判決・民集16巻7号1247頁〔確定〕）。
>
> なお、①婚姻前に父に認知されている子は、父母の婚姻によって嫡出子としての身分を取得し（婚姻準正：民789①）、②父に認知されていない子は、父母の婚姻後に父に認知されると嫡出子としての身分を取得する（認知準正：民789②）。

法定相続分の計算（配偶者と子の場合）

設問 被相続人Aの相続財産が1億5,000万円である場合、各相続人の法定相続分はいくらか。

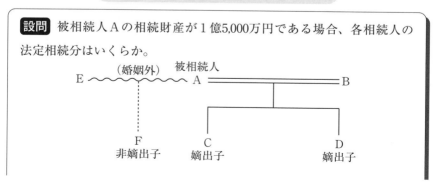

[計算]

配偶者妻B	1億5,000万円×1/2＝7,500万円
嫡出子C	1億5,000万円×1/2×1/3＝2,500万円
嫡出子D	1億5,000万円×1/2×1/3＝2,500万円
非嫡出子F	1億5,000万円×1/2×1/3＝2,500万円

② 配偶者と直系尊属が相続人である場合 ……配偶者2/3、直系尊属1/3
   直系尊属が数人いる場合は、1/3を頭数で均等に分ける。
③ 配偶者と兄弟姉妹が相続人である場合 ……配偶者3/4、兄弟姉妹1/4
   兄弟姉妹が数人いる場合は、1/4を頭数で均等に分ける。ただし、父母の一方のみを同じくする兄弟姉妹の相続分は、父母の双方を同じくする兄弟姉妹の1/2となる（民900④ただし書）。

法定相続分の計算（兄弟姉妹の場合）

[設問] 被相続人Aの相続財産が1億円である場合、各相続人の法定相続分はいくらか。

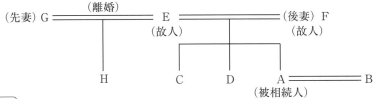

[計算]

配偶者B	1億円×3/4＝7,500万円
兄弟C	1億円×1/4×2/5＝1,000万円
兄弟D	1億円×1/4×2/5＝1,000万円
兄弟H	1億円×1/4×1/5＝500万円

(2) 代襲相続分

代襲相続人の相続分は、相続人となるべき者（被代襲者）が受けるはずであった相続分と同じになる（民901）。代襲相続人が数人いる場合は、被代襲者の相続分を頭数で均等に分ける。

法定相続分の計算（同時死亡の場合）

設問 被相続人甲とその子Aは、同一の飛行機に乗っていて、事故に遭い死亡した。甲の財産は誰が相続することになるか。その法定相続分はどのようになるか。

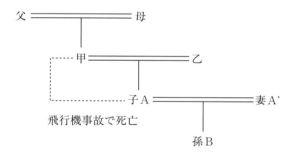

計算 民法では、死亡した数人中の1人が他の者の死亡後も生存したことが判明しない場合、全員が同時に死亡したものと推定する（同時死亡の推定：民32の2）。同時死亡が推定される結果、相続や遺贈は相互に開始しないが、代襲相続権は認められる。したがって、甲の相続人は、その妻である乙（相続分は1/2）と代襲相続人である孫B（相続分は1/2）となる。

(3) 指定相続分

被相続人は、遺言により共同相続人の相続分を指定することができるし、相続人以外の第三者に相続分の指定を依頼することもできる（民902①）。指

定相続分は、法定相続分に優先するが、遺留分に関する規定に違反することはできない。相続分の指定は、共同相続人の全員について行われるほか、共同相続人の中の1人又は数人について行うこともできる。この場合、相続分の指定のない共同相続人の相続分は、法定相続分によることになる(民902②)。

なお、相続債務については、法定相続分に応じて承継されるが、債権者の承認があれば、相続分の指定等の割合に応じて承継される(民902の2)。

* 最高裁平成21年3月24日第三小法廷判決(民集63巻3号427頁〔確定〕)は、「相続人のうちの1人に対して財産全部を相続させる旨の遺言がされた場合には、遺言の趣旨等から相続債務については当該相続人にすべてを相続させる意思のないことが明らかであるなどの特段の事情のない限り、相続人間においては当該相続人が相続債務もすべて承継したと解され、遺留分の侵害額の算定に当たり、遺留分権利者の法定相続分に応じた相続債務の額を遺留分の額に加算することは許されない。」と判示しており、この判決を踏まえて民法902条の2が設けられている。

(4) 特別受益者の相続分

各相続人の具体的な相続額は、相続財産の価額に各自の指定相続分又は法定相続分を乗じて算出されるが、共同相続人の中に特別の利益を得ている者(特別受益者)がいる場合には、その特別利益を加味しないで具体的な相続額を決めると、共同相続人間に不公平が生ずる。このため、共同相続人の中に、被相続人から生前贈与や遺贈を受けた者がいる場合には、①相続時の相続財産の価額に贈与の価額を加算して、これを相続財産とみなし、②この相続財産の額に各自の相続分を乗じて各共同相続人の具体的な相続額を定めるとともに、③特別受益者については、贈与又は遺贈の価額を控除した残額が相続分となることとしている(民903①)。これを「持戻し計算」という。特別受益者の受贈財産の価額は、贈与された財産がそのまま相続開始時にあるものとして、相続開始の時の価額(時価)で評価する(民904)。

もっとも、被相続人は、意思表示によって特別受益者の持戻しを免除する

ことができるし（民903③）、婚姻期間20年以上の夫婦間で住居又は敷地を遺贈又は贈与したときは、持戻しの意思表示がなくとも、この意思表示が推定される（民903④）。相続開始から10年が経過した後にする遺産分割については、特別受益と寄与分の制度は適用されず、法定相続分又は指定相続分で遺産分割することになる（民904の3）。

特別受益者の具体的相続額

特別受益者の具体的相続額＝
　｛（相続時の相続財産の価額）＋（共同相続人の受けた贈与の価額）｝×（指定又は法定相続分）－（当該相続人の受けた贈与又は遺贈の価額）

なお、「特別受益」とは、①遺贈、②婚姻又は養子縁組のための贈与（持参金、嫁入道具、支度金など）、③生計の資本としての贈与（開業資金、住宅資金、教育資金など）をいう。

特別受益者の相続額の計算

設問 被相続人甲の遺産額は1億円であり、相続人は、妻乙、長男A及び次男Bの3人である。その相続に当たって、Aは2,000万円の遺贈を受けたほか、Bは独立に際して甲から1,000万円の贈与を受けていた。乙、A、Bの具体的な相続額はいくらか。

計算
　乙　（1億円＋1,000万円）×1/2＝5,500万円
　A　（1億円＋1,000万円）×1/2×1/2－2,000万円＝750万円
　　　このほかに、2,000万円の遺贈がある。

> B （1億円＋1,000万円）×1/2×1/2－1,000万円＝1,750万円

* 最高裁平成16年10月29日第二小法廷決定（民集58巻7号1979頁〔確定〕）は、死亡保険金請求権が特別受益に当たるかどうかについて、要旨、「被相続人を保険契約者及び被保険者とし、共同相続人の1人又は一部を保険金受取人とする養老保険契約に基づき保険金受取人とされた相続人が取得する死亡保険金請求権は、民法903条1項に規定する遺贈又は贈与に係る財産には当たらないが、保険金の額、この額の遺産総額に対する比率、保険金受取人である相続人及び他の共同相続人と被相続人との関係、各相続人の生活実態等の諸般の事情を総合考慮して、保険金受取人である相続人とその他の共同相続人との間に生ずる不公平が民法903条の趣旨に照らし到底是認することができないほどに著しいものであると評価すべき特段の事情が存する場合には、同条の類推適用により、特別受益に準じて持戻しの対象となる。」とする。

(5) **寄与分**

共同相続人の中に、①被相続人の事業について労務の提供又は財産の給付をしたこと、②被相続人の療養看護に尽くしたこと、③その他の方法により被相続人の財産の維持又は増加について特別の寄与をした者があるときには、相続開始時の財産の価額から寄与分に相当する価格を控除して各自の具体的な相続額を計算し、寄与者については、寄与分を加算することとしている（民904の2①）。

寄与者の具体的相続額

> 寄与者の具体的相続額＝ ｛（相続時の相続財産の価額）－（寄与の価額）｝
> 　　　　　　　　　　　× （指定又は法定相続分）＋（寄与の価額）

なお、寄与分は共同相続人の協議により定めるが、協議が調わないときは、寄与者の請求により、家庭裁判所が寄与の時期、方法及び程度、相続財産の

額その他一切の事情を考慮して、寄与分を決定する（民904の2②）。

(6) **特別の寄与**

　被相続人の親族（相続人、相続の放棄した者及び相続権を失った者を除く。）は、①被相続人に対して無償で療養看護その他の労務の提供をし、②被相続人の財産の維持又は増加について特別の寄与をした場合において、③相続の開始後、相続人に対し、寄与に応じた額の金銭（特別寄与料）の支払を請求することができる（民1050①）。寄与分は、相続人のみが対象であり、相続人以外の者が被相続人の療養看護に努め、被相続人の財産の維持に貢献した場合であっても、相続人でないことから遺産分割協議において分配を請求することはできず、何ら財産を取得することはできない。そこで、民法改正により相続人以外の者の貢献を考慮するための方策として特別寄与料の制度が創設されたのである。特別寄与料の額は、原則として、当事者間の協議によって定める（民1050②）。

　なお、特別寄与料は相続又は遺贈により取得するものではないから、特別寄与料の取得は、被相続人から特別寄与者に対する遺贈とみなされる（相法4②、91頁参照）。

5　遺贈と遺留分

(1) **遺贈**

　「遺贈」とは、遺言による財産の無償譲与をいい、遺贈する者を「遺贈者」、遺贈を受ける者を「受遺者」という。遺贈は、単独行為であるので受遺者の承諾が不要である。遺贈と類似するものに死因贈与があるが（民554）、死因贈与は契約である点で遺贈とは異なる（相続税法では、死因贈与も遺贈に含めるものとし、その財産の取得については相続税の課税対象としている。相法1の3）。

遺贈には、「包括遺贈」と「特定遺贈」とがある（民964）。「包括遺贈」とは、遺産の全部とか、遺産総額の何分の1というように割合を示して遺贈することをいい、「特定遺贈」とは、「居宅は妻に、事業用土地建物は長男に、株式は長女に」というように、特定の遺産を指定して遺贈することをいう。包括受遺者は、相続人と同一の権利義務を有するので（民990）、包括遺贈の承認や放棄など相続と同様の手続によることになるが、特定受遺者は遺言者の死亡後、いつでも遺贈の放棄をすることができる（民986）。

　なお、「負担付き遺贈」は、受遺者に一定の法律上の義務を負担されるもので、負担する義務は、遺贈の目的の価額の限度内とされる（民1002、1003）。

(2)　**遺言の方式**

　遺言の方式は、民法で厳格に定められており、その方式に従わなければ遺言は無効である（遺言の要式性：民960）。遺言者の死亡後にその真意を確認することができないことから、一定の方式を求めているのである。

イ　**普通方式の遺言**

遺言の種類	内　　　　　容
自筆証書遺言 （民968）	遺言者が遺言書の全文、日付、氏名を手書きし、署名をして押印をする。遺言書は、家庭裁判所において開封され、その検認が必要となる（民1004①③）。財産目録は手書きでなくても可。法務局における自筆証書遺言の保管制度が創設され、家庭裁判所による検認が不要とされた（4頁参照）。
公正証書遺言 （民969）	遺言者が2人以上の証人の立会いの下に、遺言の内容を口頭で公証人に述べ、公証人がそれを筆記して作成する。公正証書遺言は、公証役場で保管され、家庭裁判所による検認が不要となる（民1004②）。
秘密証書遺言 （民970）	遺言者が遺言書に署名して印を押し封印した上で、公証人と2人以上の証人の前に提出し、その封書に公証人が日付等を記載するとともに、遺言者・公証人・証人の各自が署名・押印する。開封及び検認は家庭裁判所で行う。

ロ　特別方式の遺言

特別方式の遺言には、①死亡危急者遺言（病気などによって危険が迫っているときに用いる方式）、②伝染病隔離者遺言（伝染病のため交通が断たれている者が用いる方式）、③在船者遺言（在船中の者が用いる方式）、④難船遭難者遺言（船舶が遭難し、危険が迫っているときに用いる方式）がある（民976～979）。

(3)　遺留分

イ　遺留分権利者とその遺留分の割合

遺言者は、遺贈により遺産の全部又は一部を処分することができるが、遺留分を侵害することはできない（民964）。「遺留分」とは、一定範囲の相続人が必ず相続できる遺産の割合をいう。遺留分を有する者（遺留分権利者）は、被相続人の配偶者、子（代襲相続人を含む。）、直系尊属だけであり、兄弟姉妹には遺留分がない（民1042①）。胎児は、生きて生まれてくれば遺留分を有する（民886①）。相続欠格、廃除又は相続放棄により相続権を失った者には、遺留分がない。個々の遺留分権利者の遺留分の割合は、相続人全体に割り当てられた遺留分（総体的遺留分）から算出される。遺留分権利者が複数いるときは、総体的遺留分の割合に各遺留分権利者の法定相続分の割合を乗じて、各人の遺留分（個別的遺留分）の割合を計算する。

総体的遺留分の割合

直系尊属のみが相続人である場合……被相続人の財産×1/3
その他の場合……被相続人の財産×1/2

遺留分の計算

設問　被相続人甲の相続人は、妻乙、長男Ａ、長女Ｂの３人である。

各相続人の遺留分を計算しなさい。

[計算]
乙の遺留分は、1/2×1/2＝1/4である。
Aの遺留分は、1/2×1/2×1/2＝1/8である。
Bの遺留分は、1/2×1/2×1/2＝1/8である。

ロ　遺留分算定の基礎となる財産

　遺留分算定の基礎となる財産は、被相続人が相続開始の時において有していた財産の価額に、その贈与した財産の価額を加え、その中から債務全額を控除して算定する（民1043①）。相続財産に加算される贈与は、相続開始前の1年間（相続人に対する贈与にあっては10年間）になされたものに限られるが、1年より前にした贈与であっても、贈与契約の当事者双方が遺留分権利者に損害を加えることを知ってなされた贈与は、相続財産に加算される（民1044）。

遺留分算定の基礎となる財産の価額

「相続開始時の財産の価額」＋「相続人以外の第三者に相続開始前1年間にした贈与財産の価額」＋「相続人に対する相続開始前10年間の婚姻若しくは養子縁組又は生計の資本としての贈与の価額」－「相続債務の価額」

ハ　遺留分侵害額請求

　被相続人が遺留分を侵害する遺贈や贈与をしても、その遺贈等が当然に無効となるものではなく、遺留分権利者は、受遺者又は受贈者に対し遺留分侵害額に相当する金銭の支払を請求して、遺留分を回復することになる（民

1046①)。遺留分侵害額請求権は、相手方に対する意思表示によって効力が生じ、必ずしも裁判によることを要しない。

(4) 遺留分に関する民法の特例（経営承継円滑化法）

　平成20年5月9日に「中小企業における経営の承継の円滑化に関する法律」が成立し、同年10月1日に施行され、平成30年7月には、その一部改正が行われた。経営承継円滑化法では、①遺留分に関する民法の特例、②事業承継資金等を確保するための金融支援措置に関する特例、③事業承継に伴う税負担の軽減（事業承継税制）措置が設けられているが、ここでは民法特例について概説する（非上場株式等についての相続税・贈与税の納税猶予等については、394頁以下を参照されたい。）。

　中小企業における経営の承継においては、経営に必要な株式等の資産を集中することが必要であるが、現経営者がその親族（後継者）に株式等の資産を遺贈すると、その親族以外の相続人から遺留分侵害額請求権が行使され、事業承継を困難にするという問題がある。

遺留分侵害額請求があった場合の事業承継者の相続分

> **設問**　被相続人甲（旧代表者）の相続人は、長男A、長女B及び次女Cの3人である。甲の遺産は、現金及び預金5,000万円、不動産2億円（うち事業用資産は1億円）、甲が経営する会社の株式5億円である。甲が後継者であるAに対して遺産の全てを相続させると遺言した場合には、BとCが遺留分侵害額請求権の行使をすると、Aは民法の規定上いくらまで財産を取得できるか。また、甲は、生前に会社経営をAに委ねており、Aの努力により上記株式の時価が12億5,000万円まで上昇していた場合はどうか。

> [計算]
> ① 遺産総額が7億5,000万円の場合
>   B及びCの遺留分は、それぞれ次のとおりとなる。
>   7億5,000万円×1/2×1/3＝1億2,500万円
>   したがって、Aの取得財産は、次のとおりとなる。
>   7億5,000万円－（1億2,500万円×2）＝5億円
> ② 遺産総額が15億円となった場合
>   B及びCの遺留分は、それぞれ次のとおりとなる。
>   15億円×1/2×1/3＝2億5,000万円
>   したがって、Aの取得財産は、次のとおりとなる。
>   15億円－（2億5,000万円×2）＝10億円

　経営承継円滑化法では、相続における遺留分侵害額請求権の行使により生ずる問題を改善するために、民法特例を定めている。会社の経営又は個人事業を承継する際、この民法特例を活用すると、後継者を含めた現経営者の推定相続人全員の合意の上で、現経営者から後継者に贈与等された自社株式・事業用資産について、①遺留分算定基礎財産から除外（除外合意）、又は②遺留分算定基礎財産に算入する価額を合意時の時価に固定（固定合意）をすることができる。

① 除外合意の場合、後継者が現経営者から贈与等によって取得した自社株式・事業用資産について、他の相続人は遺留分の主張ができなくなるので、相続紛争のリスクを抑えつつ、後継者に対して集中的に株式を承継させることができる。

　　＊　上記設問①の場合では、AがB及びCと合意することにより、事業用資産1億円及び株式5億円を遺留分算定の基礎財産から除外すると、Aの取得財産は次のとおりとなる。
　　　7億5,000万円－（1億5,000万円×1/2×1/3×2）＝7億円

② 固定合意の場合、自社株式の価額が上昇しても遺留分の額に影響しないことから、後継者の経営努力により株式価値が増加しても、相続時に想定外の遺留分の主張を受けることがなくなる。

* 上記設問②の場合では、AがB及びCと合意することにより、遺留分侵害額請求権の対象となる株式の価額を5億円に固定すると、Aの取得財産は次のとおりとなる。

15億円 −（1億2,500万円×2）＝12億5,000万円

〔民法特例の適用要件〕

会 社 の 経 営 の 承 継	
① 会社	・中小企業者であること。 ・合意時点において3年以上継続して事業を行っていること。 ・非上場企業であること。
② 旧代表者	・過去又は合意時点において会社の代表者であること。
③ 会社事業後継者	・合意時点において会社の代表者であること。 ・旧代表者から贈与等により株式を取得したことにより、会社の議決権の半数を保有していること。

個 人 事 業 の 承 継 の 場 合	
① 旧個人事業者	・合意時点において3年以上継続して事業を行っている個人事業者であること。 ・後継者に事業の用に供している事業用の全てを譲与したこと。
② 個人事業承継者	・中小企業者であること。 ・合意時点において個人事業者であること。 ・現経営者から贈与等により事業用資産を取得したこと。

なお、遺留分に関する民法特例の適用に当たっては、経済産業大臣の確認及び家庭裁判所の許可を受けることが必要であり（円滑化法7①、8①）、また、その人的適用要件である中小企業者、特例中小会社、旧代表者、会社事業後継者、旧個人事業者、個人事業後継者及び推定相続人については、経営承継円滑化法にその定義が定められている（394頁以下を参照されたい。）。

6　遺産の分割

　相続財産は、相続の開始とともに共同相続人全員の共同所有となり（民898）、遺産分割によって個々の相続財産の権利者が決定する。遺産の分割は、①遺産に属する物又は権利の種類及び性質、②各相続人の年齢、職業、心身の状態及び生活の状況、③その他一切の事情を考慮して行うことになる（民906）。

　*　最高裁平成21年12月10日第一小法廷判決（民集63巻10号2516頁〔確定〕）は、国税の滞納者を含む共同相続人の間で成立した遺産分割協議において、滞納者である相続人にその相続分に満たない財産を取得させ、他の相続人にその相続分を超える財産を取得させるとしている場合、その財産の移転は、国税徴収法39条《無償又は著しい低額の譲受人等の第二次納税義務》にいう第三者に利益を与える処分に当たるとする。第二次納税義務は、納税者の財産について滞納処分を執行してもなお徴収すべき額が不足すると認められる場合に、無償又は著しく低い価額で財産を譲り受けた者などに対して納税義務を負担させる国税の徴収方法である。

(1)　分割の手続

イ　指定分割

　被相続人は、遺言で分割方法を指定し又は第三者にその方法を委託することができる（民908）。遺言による指定がある場合にはそれに従って分割が行われる。

ロ　協議分割

　遺言による指定がない場合には、共同相続人は、相続開始後いつでも協議により分割を行うことができる（民907①）。相続人が1人でも欠けると協議分割は無効となるので、戸籍等により相続人となるべき者を確認する必要があり、遺産の範囲やその額を確定しておかなければならない。

　なお、共同相続人の中に親権者とその親権に服する未成年の子がいる場合には、分割協議は親権者と子の利益相反行為に当たるので、未成年の子のた

ハ　審判・調停による分割

共同相続人間の協議が調わないとき又は協議ができないときは、各共同相続人は、家庭裁判所に遺産分割の審判を申し立てることができる（民907②）。家庭裁判所は、審判を行う前に調停にかけることができる（家事事件手続法244、民事調停法4②）。

(2) 分割の方法

イ　現物分割

「現物分割」とは、「事業所は長男に、居宅は妻に、株式は長女に」というように、遺産を現物のまま分割する方法である。遺産分割は現物分割が原則である。

ロ　換価分割

「換価分割」とは、遺産を売却などにより金銭に換価し、その金銭を相続人に配分する方法である。

ハ　代償分割

「代償分割」とは、共同相続人の1人又は数人が遺産の現物を取得し、その現物を取得した者が他の共同相続人に対して一定額の金銭等を支払う債務（代償債務）を負担する方法である（家事事件手続規則195）。

(3) 遺産分割の遡及効

遺産分割の効力は、相続開始の時に遡って生じる（民909）。各相続人は、遺産分割により取得した財産を相続開始時に被相続人から承継したことになるのである。

　　＊　最高裁平成2年9月27日第一小法廷判決（民集44巻6号995頁〔確定〕）は、「共同相続人の全員が、既に成立している遺産分割協議の全部又は一部を合意により解除した上、改めて遺産分割協議をすることは、法律上、当然に妨げ

られるものではない」とする。

なお、相続税の実務では、「当初の分割により共同相続人又は包括受遺者に分属した財産を分割のやり直しとして再配分した場合には、その再配分により取得した財産は」、遺産分割により取得したことにはならず、他の贈与等の法律行為により取得したことになるとしている（相基通19の2－8）。

(4) 遺産分割前における預貯金の払戻し

民法の改正により、各共同相続人は、遺産に属する預貯金債権のうち一定額について、他の共同相続人の同意がなくても単独で払戻しを請求することができることとされた（民909の2）。その権利の行使をした預貯金債権については、共同相続人が遺産の一部の分割によりこれを取得したものとみなされる。ただし、同一の金融機関に対する権利行使は、法務省令で定める額（150万円）が限度となる。当面の必要生計費や葬式費用等に充てるための「預貯金債権に関する仮払制度」の創設である。

$$\text{相続開始時の預貯金債権の額} \times 1/3 \times \text{払戻しを求める共同相続人の法定相続分}$$

* 最高裁平成28年12月19日大法廷決定（民集70巻8号2121頁〔差戻し〕）は、「共同相続された普通預金債権、通常貯金債権及び定期貯金債権は、いずれも、相続開始と同時に当然に相続分に応じて分割されることはなく、遺産分割の対象となるものと解するのが相当である。」と判断している（差戻控訴審大阪高裁平成29年5月12日判決（判夕1450号83頁〔確定〕）もこの判断を維持している。）。なお、民法改正前では、遺産分割前の預貯金等を払い戻すには、共同相続人の同意が必要である。

7　贈与

「贈与」は、当事者の一方が自己の財産を無償で相手方に与える意思を表示し、相手方がこれを受諾することによって成立する契約である（民549）。親が単に子供名義の預金をしたとしても、ここでいう贈与には該当しない。

贈与の意思表示は書面でも口頭でもよいが、①書面による贈与は取り消すことができないのに対し、②書面によらない贈与は、その履行の終わらない部分に限り、いつでも取り消すことができる（民550）。履行が終わったとは、贈与者の意思が外部に対して明確に示された状態を意味し、動産や不動産の引渡しがこれに当たる。

贈与には、通常の贈与のほか、次の特殊な形態の贈与がある。

① 「定期贈与」とは、「毎年100万円を贈与する」というように、継続的に一定の財産を与える契約をいう。定期贈与は、特別の意思がない限り、当事者の一方の死亡により効力を失う（民552）。

② 「負担付贈与」とは、「土地を贈与するが、その土地の購入に要した借入金の一部を負担させる」というように、受贈者に一定の給付義務を負担させる契約をいう。贈与者は、受贈者がその負担をしないときは契約を解除できる（民541、542）。

③ 「死因贈与」とは、「死んだら山林をあげる」というように、贈与者の死亡によって効力を生ずる贈与をいう。死因贈与には、遺贈に関する規定が準用される（民554）。

第2章　相続税と贈与税の納税義務

1　相続税法の基本的な仕組み

　相続税は、相続又は遺贈（死因贈与を含む。以下同じ。）により財産を取得した場合に、その取得した財産の価格を課税標準として課される国税である。相続開始時に存在した財産の価格を課税標準とするのであるから、被相続人が生前中に配偶者や子供に財産を贈与すると、その分だけ相続財産が減少して相続税が課税されなくなったり、その負担が減少することとなる。そのため、相続税法では、贈与により財産を取得した個人（人格のない社団や持分の定めのない法人も納税義務者となる場合がある。）について、贈与税を課することとしている。このように、相続税法は、一つの法律の中に、相続税と贈与税の二つの税目を定めている点において特色がある。これは、贈与税が、相続税の補完税であると位置付けられているからである。

　　＊　法人には"死"がないので、個人が法人から贈与により財産を取得した場合には、贈与税ではなく一時所得として所得税が課される（157頁参照）。

2　我が国における相続課税等の沿革

(1)　相続税・贈与税の創設

　相続税法は、日露戦争の戦費調達のため、明治38（1905）年に創設された。この当時の相続税の課税については、家督相続（軽課）と遺産相続（重課）との間で税率その他に差が設けられており、昭和24（1949）年までの44年間にわたり、遺産課税方式が採られていた。この間、昭和21（1946）年まで大きな改正はなく、昭和22（1947）年に旧憲法下の家督相続が廃止されたこと

に伴い、遺産相続に対する課税に一本化された。そして、この年には、贈与税が新設されるとともに、その贈与税は贈与者に対し一生を通ずる累積課税とされた点が注目される。

なお、同年には、所得税や法人税などの直接税について、民主的な租税制度である申告納税制度が採用されることになり、相続税や贈与税も賦課課税から申告納税に移行している。

(2) シャウプ税制

昭和24（1949）年には、連合国最高司令官の要請により、カール・シャウプ博士を中心とする使節団が来日し、同年9月15日に日本税制の全面的改革案（いわゆる「シャウプ勧告」）が発表されたが、このシャウプ勧告により、昭和25（1950）年に、相続税についての遺産課税方式が廃止され、遺産取得課税方式が採用された。この改正では、贈与税も相続税に吸収され、相続、遺贈又は贈与により財産を取得した者に対し、その者の一生を通ずる取得財産の価額を累積して課税する方法が採用されている（相続税と贈与税の一体化）。その後、昭和28（1953）年には、税務執行の困難性を考慮して、一生累積課税が廃止となり、①相続及び包括遺贈による財産の取得に対しては、遺産取得課税による相続税を課することとし、②特定遺贈及び贈与による財産の取得に対しては、1年限りの合算で受贈者に贈与税を課することとされた。

(3) 法定相続分課税方式の採用

昭和33（1958）年には、仮装分割が行われることの公平性の維持や農家等に重い税負担となること等を考慮して、遺産取得課税方式を採りながらも、税負担総額は、各相続人の実際の取得財産にかかわらず、法定相続人の数と法定相続分によって一律に算定するという制度（遺産課税・遺産取得課税の併用方式、法定相続分課税方式による遺産取得課税）が採用された。この課税方式のメリットは、遺産の総額が同じであれば、遺産分割の方法にかかわらず、

税額の総額が同じとなるという点にある。この法定相続分課税方式は、我が国独特の制度であり、現在に至っている。

(4) 相続時精算課税制度の導入

平成15（2008）年には、相続税と贈与税の一体化を図る見地から、相続時精算課税制度が導入された。この制度は、贈与を受けた時に贈与財産に対する贈与税を支払い、贈与者が死亡した時にその贈与財産と相続財産とを合計した価額を基に相続税額を計算し、既に支払った贈与税額を控除するというものである。すなわち、贈与段階の贈与税は、相続税の概算払いであって、最終的には、相続時に精算されるという仕組みとなっている。

なお、相続時精算課税制度は、令和5（2023）年度税制改正によって制度の見直しが図られている。これにより、相続時精算課税適用者が特定贈与者から贈与により取得した財産に係るその年分の贈与税については、課税価格から基礎控除110万円を控除できることとされた（相法21の12の2①、措法70の3の2①）。この110万円の控除は、従来の贈与税の基礎控除とは別のものである。また、これにより、特定贈与者の死亡に係る相続税の課税価格に加算等される当該特定贈与者から贈与により取得した財産の価額は、上記の控除をした後の残額とされることとなった（相法21の15①、21の16①）。

(5) 暦年贈与の生前加算期間の見直し

令和5（2023）年度税制改正では、相続開始前に贈与があった場合の相続税の課税価格への加算期間等についても見直しが加えられている。これにより、相続又は遺贈により財産を取得した者が、当該相続の開始前7年以内（従来は3年以内）に当該相続に係る被相続人から贈与により財産を取得したことがある場合には、当該贈与により取得した財産の価額（当該財産のうち当該相続の開始前3年以内に贈与により取得した財産以外の財産については、当該財産の価額の合計額から100万円を控除した残額）が相続税の課税価格に加算

されることとされている（相法19①）。

遺産課税方式と遺産取得課税方式

　相続税の課税方式には、遺産課税方式と遺産取得課税方式とがあり、「遺産課税方式」は、被相続人の遺産に着目し、遺産そのものに税負担の能力があるとして課税するものである。生存中に蓄積した富の一部は、死者にとって不要な財産であり、その死亡に当たって社会に還元（税として国家に差し出す。）すべきであるという英米法系の考え方がこれである。この方式の下では、贈与税の納税義務者は、贈与をした人となる。被相続人の個人所得課税の清算という考え方もできる（所得税の補完）。相続人の数や分割の方法如何にかかわらず、税負担は同じであるという点に特色がある。

　他方、「遺産取得課税方式」は、相続人又は受遺者が財産を無償で取得したことに税負担の能力があるとして課税するものである。相続を機に相続人が偶発的に財産を取得する（不労所得、宝くじと同じ。）のであり、実質的には相続人の所得税を補完するという大陸法系の考え方がこれである。この方式の下では、贈与税の納税義務者は、贈与を受けた人となる。遺産分割の仕方によって税負担が左右され、作為的な分割により税負担が軽減されるという点に特色がある。

　＊　平成19年11月20日付け政府税制調査会「抜本的な税制改革に向けた基本的な考え方」は、法定相続分課税方式についての問題点を指摘し、「課税方式のあり方については、導入当時からの相続の実態の変化や各種特例の整備状況も考慮し、さらに具体的かつ実務的な検討が必要である。」と論じていた。そして、「平成20年度税制改正の要綱」では、「新しい事業承継税制の制度化にあわせて、相続税の課税方式をいわゆる遺産取得課税方式に改めることを検討する。」こととされていたが、その後も、課税方式の改正は

見送られている。

3　相続税・贈与税の納税義務の成立と確定

「納税義務の成立」とは、国の側からみれば抽象的な租税債権の発生であり、納税者の側からみれば抽象的な租税債務の発生である。この抽象的な租税債権債務は、各税法で定める課税要件を充足することにより発生するのであり、相続税の納税義務は、相続又は遺贈（死因贈与を含む。）による財産の取得の時（相続開始の時）に成立し（通則法15②四）、贈与税の納税義務は、贈与（死因贈与を除く。）による財産の取得の時に成立する（通則法15②五）。

しかし、納税義務が成立したからといって、直ちに、税金を納付するとか還付を受けるとか、あるいは国が徴収することはできない。そのためには税額を確定する手続が必要となる。納税義務の確定手続には、①申告納税方式、②賦課課税方式及び③自動確定方式があるが、所得税や法人税と同様に、相続税や贈与税も申告納税制度を採用している。申告納税制度は、納税者自身が行う申告により第一次的に税額が確定し、その税額を納税者自らが国に納めるという制度であって、この制度が適正に機能するためには、納税者自身の自発的な納税意欲と、客観的な計数に基づいて課税標準等を計算するということが前提となっている。

もとより、申告納税制度の下では、納税者自らが国に法定申告期限までに正しい申告とその申告に基づく税額を納付することを前提としているので、その申告が正しくなかったり申告がなかった場合には、何らかの是正措置が設けられていなければならない。税務署長は、納税申告書の提出があった場合に、その納税申告書に記載された課税標準等又は税額等の計算が国税に関する法律に従っていなかったとき、その他調査したところと異なるときは、その調査に基づき当該申告書に係る課税標準等又は税額等を更正することとし（通則法24）、納税申告書を提出する義務があると認められる者が当該申告書を提出しなかった場合には、その調査に基づき当該申告書に係る課税標

準等又は税額等を決定することとしているのである（通則法25）。すなわち、税務署長の処分により第二次的に納税義務が確定することになる。

4 相続税・贈与税の納税義務者と課税財産の範囲

(1) 個人と法人

相続税や贈与税の納税義務者は、原則として、相続、遺贈（死因贈与を含む。）又は贈与により財産を取得した個人（自然人）であるが（相法1の3①、1の4①）、税負担の公平を図る見地から、①人格のない社団や財団で代表者又は管理人の定めのあるもの、②一定の要件を満たす持分の定めのない法人についても、個人とみなして納税義務者としている。

裁判例の紹介①

共同相続人間において相続分を譲渡した者は、「相続又は遺贈により財産を取得した者」に当たるとされた事例

（大阪地裁令和4年4月14日判決・税資272号順号13701）
（大阪高裁令和4年12月2日判決・税資272号順号13781）
（最高裁令和5年6月7日第三小法廷決定・判例集未登載〔確定〕）

1　事案の概要
　イ　本件は、X（原告・控訴人・上告人）が相続税の更正処分及び過少申告加算税の賦課決定処分（本件各処分）を受けたことから、本件各処分は、Xが相続分の譲渡によって取得した譲渡代金を相続税の課税対象とする点で法律の根拠に基づかずに課税するものであり、憲法30条及び憲法84条に反し違憲・違法であるなどと主張して、国Y（被告・被控訴人・被上告人）を相手に本件各処分の取消しを求め

た事案である。
　ロ　被相続人は、平成27年６月に死亡し、本件相続が開始し、その法定相続人は長女の丙と二女Xの２人である。Xは、平成28年１月28日、丙との間で、本件被相続人の相続に係る自己の相続分を全て丙に譲渡し（以下、この相続分の譲渡を「本件相続分譲渡」という。）、丙から譲渡代金として1,000万円の支払を受けた。
　ハ　X及び丙は、本件相続税の法定申告期限内に所轄税務署長に対し相続税の申告書を提出した。所轄税務署長は、Xに対しXが本件相続分譲渡によって取得した譲渡代金1,000万円について相続税の課税対象となることなどを理由として更正処分等をした。
２　争点
　共同相続人の間において相続分を譲渡した者は、「相続又は遺贈により財産を取得した者」該当するか。
３　判決の要旨
(1)　第一審判決
　イ　相続税法は、相続又は遺贈によって財産を取得した場合に、その取得した財産に対して課税することにより、私人の相続の機会を捉えて、被相続人の遺産の一部を社会に還元させることを目的とするものであると解される。このような相続税法の目的や、相続税の負担の公平という観点からすれば、直接被相続人から相続によって承継取得した財産だけでなく、相続権に基因して取得した財産も、相続によって取得した財産と実質的には同視し得ることから、「相続…により取得した財産」に当たると考えるのが相当である。
　ロ　共同相続人間における相続分の譲渡は、譲渡人が相続によって取得した積極財産と消極財産とを包含した遺産全体に対する割合的な持分を、他の共同相続人に譲渡することをいい、これに伴い、譲渡人が有する個々の相続財産についての共有持分も譲受人に移転する

ものである。相続分の譲渡は、譲渡人と譲受人の合意のみによって行うことができ、相続人全員の合意を必要とせず、その効果は相続開始時に遡及せず、相続分の譲渡の時に生ずるなど、遺産分割とはその内容性質を異にするものではあるが、譲渡の対象となる相続分は譲渡人が相続によって取得したものであり、譲渡人が相続分の譲渡によって受領する金員は、代償分割における代償金と経済的に異なるところはなく、自己の相続権に基因して取得した財産であるといえる。したがって、共同相続人間における相続分の譲渡に伴って譲渡人が取得した金員は、相続税法11条の2第1項の「相続又は遺贈により取得した財産」に当たるというべきである。

(2) 控訴審判決

Xは、相続権に基因して取得した財産も相続税法11条の2第1項の「相続…により取得した財産」に当たると解釈することは、税法の拡張ないし類推解釈に当たり許されない旨主張するが、上記解釈は、同項の規定する「相続…により取得した財産」という文言に照らしても、十分合理的なものであって、相続税法の趣旨や目的をも考慮すると、上記解釈が拡張ないし類推解釈として許されないものと解することはできない。さらに、Xは、相続分の譲渡には多種多様な形態があり得るのであり、これに課税するには、憲法84条が定めるとおり、新たな法律の枠組みが必要である旨主張するが、共同相続人間における相続分の譲渡によって譲渡人が受領する金員が相続税法11条の2第1項の「相続…により取得した財産」に当たると解される以上、その他の形態のものを含め、相続分の譲渡全般に対して課税するために新たな法律の枠組みが必要であるとはいえず、Xの上記主張は前記判断を左右するものとはいえない。

(3) 上告審決定

上告審最高裁令和5年6月7日第三小法廷決定は上告棄却、上告不

> 受理とした。

〔コメント〕

　民法905条《相続分の取戻権》１項は、共同相続人の１人が遺産分割前にその相続分を第三者に譲渡したときは、他の共同相続人は、その価額及び費用を償還して、その相続分を譲り受けることができる旨を規定している。本件では、共同相続人の間において相続分が譲渡されたことにより、その相続分を譲渡した者が相続税の納税義務を負うか否かが争点となっている。Ｘは、憲法30条及び憲法84条を受けた法律の根拠は、まずもって納税義務者を規定した相続税法１条の３《相続税の納税義務者》第１項１号と見るべきであると主張するところ、本件大阪高裁は、「Ｘは、本件相続の開始により相続財産に対する２分の１の法定相続分を取得した後、本件相続分譲渡によりこれを失ったのであり、その効果は相続開始時に遡及しないのであるから、同号にいうに当たることは明らかである」と断じて、Ｘの主張を排斥している。

(2)　**納税義務者の分類**

　相続税・贈与税の納税義務者については、従来、財産の取得者の住所地が国内にあるのか、又は国外にあるのかによって区分されてきた。

　平成29年度税制改正では、相続税及び贈与税の租税回避を防止しつつ、日本で一時的に就労しようとする外国人の受入れを促進する観点から、日本人については非居住者の納税義務の範囲を厳格化し、外国に一定期間住所を移すことによる相続税及び贈与税の租税回避を抑制する一方、日本に短期間居住する外国人の納税義務は緩和するといった見直しが行われた。

　そして、令和３年度税制改正では、日本に10年を超えて滞在していた外国人が日本で就労中に亡くなった場合、国外に居住する相続人が取得する国外財産にまで課税されることが過度な負担となり、日本で長期間働く上での障害になっているとの指摘もあったことから、外国人居住被相続人及び外国人

贈与者について、相続開始又は贈与（以下「相続開始等」という。）前の居住期間の要件が撤廃されている。

〔納税義務者の分類と課税財産の範囲〕

納税義務者の定義			課税財産の範囲
区分		定義	
納税義務者	個人	① 居住無制限納税義務者	相続、遺贈（以下「相続等」という。）又は贈与により財産を取得した次に掲げる者であって、取得した時において国内に住所を有するもの（相法1の3①一、1の4①一） ・一時居住者でない個人 ・一時居住者である個人（被相続人等が外国人被相続人・外国人贈与者又は非居住被相続人・非居住贈与者である場合を除く。）	国内、国外にあるすべての財産（全世界財産）（相法2①、2の2①）
		② 非居住無制限納税義務者	相続等又は贈与により財産を取得した次に掲げる者であって、取得した時において国内に住所を有しないもの（相法1の3①二、1の4①二） ・日本国籍を有する個人であって、相続開始又は贈与前10年以内のいずれかの時において国内に住所を有していたことがあるもの ・日本国籍を有する個人であって、相続開始又は贈与前10年以内のいずれの時においても国内に住所を有していたことがないもの（被相続人等が外国人被相続人・外国人贈与者又は非居住被相続人・非居住贈与者である場合を除く。） ・日本国籍を有しない個人（被相続人等が外国人被相続人・外国人贈与者又は非居住被相続人・非居住贈与者である場合を除く。）	
		③ 居住制限納税義務者	相続等により国内にある財産を取得した者で、取得した時において国内に住所を有するもの	国内にある財産（相法2②、2の2②）

納税義務者	個人		（居住無制限納税義務者を除く。）（相法1の3①三、1の4①三）	
		④ 非居住制限納税義務者	相続等により国内にある財産を取得した者で、取得した時において国内に住所を有しないもの（居住無制限納税義務者を除く。）（相法1の3①四、1の4①四）	
		⑤ 特定納税義務者	相続時精算課税制度を適用して財産の贈与を受けた者（上記の①から④に該当する者を除く。）（相法1の3五）	生前贈与を受けた財産
	法人等	⑥ 人格のない社団又は財団等	代表者又は管理人の定めがある人格のない社団又は財団に対しては、財産の贈与又は遺贈があった場合のほか、これらの人格のない社団又は財団を設立するために財産の贈与又は遺贈があった場合にも、贈与税又は相続税が課税される（相法66①②）。	人格のない社団等や持分の定めのない法人が納税義務者となるときは、その主たる営業所又は事務所の所在地に住所があるものとみなされる（相法66③④、66の2④）。 したがって、その主たる営業所等の所在地が国内にあるときには、国内及び国外にある全ての取得した財産が課税対象となる。 なお、人格のない社団等又は持分の定めのない法人に課される贈与税又は相続税の額については、これらの社団等に課されるべき法人税等に相当する額を控除する（相法66⑤、66の2③）。
		⑦ 持分の定めのない法人等	持分の定めのない法人（持分の定めのある法人で持分を有する者がないものを含む。）に対しては、贈与又は遺贈により、その贈与者又は遺贈者の親族その他これらの者と特別の関係がある者の相続税又は贈与税の負担が不当に減少する結果となると認められるときに限り、贈与税又は相続税が課税される（相法65①、66④）。	
		⑧ 特定一般社団法人等	一般社団法人等の理事（理事でなくなった日から5年を経過していない者を含む。）が死亡した場合において、その一般社団法人等が一定の要件を満たす	

| | | 法人である場合には、その死亡の時における一般社団法人等の純資産額により算定した金額を遺贈により取得したものとみなし、その一般社団法人等を個人とみなして相続税が課税される（相法66の2①）。 | |

＊　「一時居住者」とは、相続開始又は贈与の時において在留資格を有する者であって相続開始又は贈与前15年以内において国内に住所を有していた期間の合計が10年以下であるものをいう（相法1の3③一、1の4③一）。

　「外国人被相続人・外国人贈与者」とは、相続開始又は贈与の時において在留資格を有し、かつ、国内に住所を有していた被相続人又は贈与者であるものをいう（相法1の3③二、1の4③二）。

　「非居住被相続人・非居住贈与者」とは、相続開始又は贈与の時において国内に住所を有していなかった被相続人又は贈与者であって次に掲げる者をいう（相法1の3③三、相法1の4③三）。
　①　相続開始又は贈与前10年以内のいずれかの時において国内に住所を有していたことがあるもののうち、そのいずれの時においても日本国籍を有していなかったもの
　②　相続開始又は贈与前10年以内のいずれの時においても国内に住所を有していたことがないもの

裁判例の紹介②

財産の贈与を受けた者の住所が国内にあるか否かが争われた事例（武富士事件）

（最高裁平成23年2月18日第二小法廷判決・集民236号71頁〔確定〕）

1　事案の概要

　本件は、消費者金融会社Ｔ社の会長Ａの長男Ｘ（原告・被控訴人・上告人）が、平成11年12月27日付けの株式譲渡証書により、オランダ王国における有限責任非公開会社の出資口数をＡ及びその妻Ｂから取

得したことについて、平成11年分贈与税の決定処分及び無申告加算税賦課決定処分を受けたのに対し、Xは、本件贈与日において日本に住所を有していなかったから、相続税法（平成11年法律第87号による改正前のもの）1条の2《定義》第1号により納税義務を負わないと主張して、それらの取消しを求めた事案である。平成11年当時の相続税法の下においては、贈与者が所有する財産を国外に移転し、さらに受贈者の住所を国外に移転させた後に贈与を実行することによって、我が国の贈与税の負担を回避し又はいずれの国の贈与税の負担も免れ得ることになる。本件は、Aらの所有するT社株式（約1,600億円余）をオランダ法人に移転させ、その後、Xの住所を香港に移しオランダ法人の株式の贈与を受けると、Xが贈与税の負担（香港では贈与税の課税がない。）を免れることができるのであり（節税スキーム）、その当否が争われたものである。

2　判決の要旨

イ　住所とは、反対の解釈をすべき特段の事由がない以上、生活の本拠、すなわち、その者の生活に最も関係の深い一般的生活、全生活の中心を指すものであり、一定の場所がある者の住所であるか否かは、客観的に生活の本拠たる実体を具備しているか否かにより決すべきものと解するのが相当である（最高裁昭和29年10月20日大法廷判決・民集8巻10号1907頁、最高裁昭和32年9月13日第二小法廷判決・裁判集民事27号801頁、最高裁昭和35年3月22日第三小法廷判決・民集14巻4号551頁参照）。これを本件についてみるに、Xは、本件贈与を受けた当時、T社の香港駐在役員及び各現地法人の役員として香港に赴任しつつ国内にも相応の日数滞在していたところ、本件贈与を受けたのは上記赴任の開始から約2年半後のことであり、香港に出国するに当たり住民登録につき香港への転出の届出をするなどした上、通算約3年半にわたる赴任期間である本件期間中、その約3分の2

の日数を2年単位で賃借した本件香港居宅に滞在して過ごし、その間に現地においてT社又は各現地法人の業務として関係者との面談等の業務に従事しており、これが贈与税回避の目的で仮装された実体のないものとはうかがわれないのに対して、国内においては、本件期間中の約4分の1の日数を本件杉並居宅に滞在して過ごし、その間にT社の業務に従事していたにとどまるというのであるから、本件贈与を受けた時において、本件香港居宅は生活の本拠たる実体を有していたものというべきであり、本件杉並居宅が生活の本拠たる実体を有していたということはできない。

ロ　原審〔筆者注：東京高裁平成20年1月23日判決〕は、Xが贈与税回避を可能にする状況を整えるために香港に出国するものであることを認識し、本件期間を通じて国内での滞在日数が多くなりすぎないよう滞在日数を調整していたことをもって、住所の判断に当たって香港と日本における各滞在日数の多寡を主要な要素として考慮することを否定する理由として説示するが、前記のとおり、一定の場所が住所に当たるか否かは、客観的に生活の本拠たる実体を具備しているか否かによって決すべきものであり、主観的に贈与税回避の目的があったとしても、客観的な生活の実体が消滅するものではないから、上記の目的の下に各滞在日数を調整していたことをもって、現に香港での滞在日数が本件期間中の約3分の2に及んでいるXについて本件香港居宅に生活の本拠たる実体があることを否定する理由とすることはできない。このことは、相続税法が民法上の概念である「住所」を用いて課税要件を定めているため、本件の争点が上記「住所」概念の解釈適用の問題となることから導かれる帰結であるといわざるを得ず、他方、贈与税回避を可能にする状況を整えるためにあえて国外に長期の滞在をするという行為が課税実務上想定されていなかった事態であり、このような方法による贈与税回避を

容認することが適当でないというのであれば、法の解釈では限界があるので、そのような事態に対応できるような立法によって対処すべきものである。

〔コメント〕
　本件の第一審東京地裁平成19年5月23日判決（訟月55巻2号267頁）は、Xの香港居住が贈与税の負担を回避する目的であったとしても、香港に滞在した日数（本件滞在期間中の約65％が香港に滞在）が国内滞在日数（本件滞在期間中の約26％が日本に滞在）を大幅に上回っていること、香港法人の代表者として現実に国外で業務に従事していたことなどを理由に、贈与日において、Xが日本に住所を有していたと認定することは困難であるとして課税処分を取り消した。他方、控訴審東京高裁平成20年1月23日判決（判夕1283号119頁）は、Xが香港に居住していれば贈与税が課されないことを認識し、滞在日数を調整していた点を強調するとともに、「香港における滞在日数を重視し、日本における滞在日数と形式的に比較してその多寡を主要な考慮要素として本件香港居宅と本件杉並居宅のいずれが住所であるかを判断するのは相当でない」として、Xの生活全体からみて、本件杉並居宅が生活の本拠であると結論付けている。その根拠として、①Xは、本件期間を通じて4日に1日以上の割合で国内に滞在し、本件杉並居宅で起居していたこと、②T社の役員という重要な地位にあり、Aの跡を継いでT社の経営者になることが予定されていた重要人物であること、③T社の所在する日本が職業活動上最も重要な拠点であったこと、④本件香港居宅は、長期の滞在を前提とする施設であるとはいえないものであったこと、⑤香港において有していた資産は総資産評価額の0.1％にも満たないものであったこと、⑥住所が香港に異動した旨の届出をしていないことなどを摘示している。相続税法や所得税法では、「住所」という用語が用いられているが、その定義については何らの定めがないところ、民法22条《住所》は「各人の生活の本拠をその者の住所とす

る」と規定しており、税法上の住所も生活の本拠を指すものと解されている（借用概念。相基通1の3・1の4共－5、所基通2－1参照）。この場合の住所の意義については、①ある場所を生活の本拠とするには定住の意思を持っていることを要するとする説（主観説）と、②専ら客観的な事情から本人の住所が認定されるべきであるとする説（客観説）がある。東京地裁判決は、「客観的な事象に着目して画一的に規律すべきであり、主観的な居住意思は補充的な考慮要素にとどまるものと解される。」（客観説）としたのに対し、東京高裁判決は、「客観的事実に、居住者の言動等により外部から客観的に認識することができる居住者の居住意思を総合的に判断するのが相当である」（主観説）としていたところである。

これに対し、本判決は、住所の判定に当たっては「客観的に生活の本拠たる実体を具備しているか否かによって決すべきものであり、主観的に贈与税回避の目的があったとしても、客観的な生活の実体が消滅するものではない」とした上で、原審判決が指摘する上記の事情は、本件香港居宅に生活の本拠たる実体があることを否定する要素とはならないと説示しているのである。本件は、多額の贈与税が課税漏れとなった事案であり、本判決の結論には異論もないわけではないが、本判決の補足意見において、須藤正彦裁判官は、「Xは国外に暫定的に滞在しただけということができること、無償で1,653億円もの莫大な経済的価値を親から承継し、最適の担税力が備わっていることから、一般的な法感情の観点から結論だけをみる限りでは、違和感も生じないではないが、個別否認規定がないにもかかわらず、この租税回避スキームを否認することには、やはり大きな困難を覚えざるを得ない。」と指摘しているところである。

なお、東京高裁令和元年11月27日判決（金判1587号14頁〔確定〕）は、所得税に関する事案であるが、国内及び国外に所在する会社の代表者である被控訴人（原告）の生活の本拠が国内にあるか否かにつき、被控訴人は各海外法人の業務に従事し、相応の日数においてシンガポールに滞在し、同所を主な

拠点としてインドネシアや周辺国への渡航を繰り返しており、これらの滞在日数を合わせると年間の約4割に上っていたことなどからすれば、被控訴人の職業活動はシンガポールを本拠として行われていると説示して、被控訴人は非居住者に該当すると判断している。

5　財産の所在

　相続税や贈与税の無制限納税義務者は、相続等や贈与により取得した全ての財産に相続税や贈与税が課されるのに対し、制限納税義務者は、相続等や贈与により取得した財産のうち国内にあるもののみに相続税や贈与税が課される。このためその取得した財産が国内にあるかどうかの判定が必要となる。相続税法では、その財産の所在について、次表のとおり、その財産の種類に応じて定めている（相法10①～③）。

　なお、財産の所在の判定は、その財産を相続等や贈与により取得した時の現況によることとされている（相法10④）。

〔財産の種類とその所在地〕

財　産　の　種　類	所　在　地
動産、不動産、不動産の上に存する権利	その動産又は不動産の所在
船舶、航空機	その登録した機関の所在
鉱業権、租鉱権、採石権	鉱区又は採石場の所在
漁業権、入漁権	漁場に最も近い沿岸の市町村等
金融機関に対する預金、貯金、積金、寄託金	その預金等の受入れをした営業所又は事務所の所在
生命保険金、損害保険金	その契約に係る保険会社の本店又は主たる事務所の所在
退職手当金等	その支払者の住所又は本店若しくは主たる事務所の所在
貸付金債権	その債務者の住所又は本店若しくは主たる事務所の所在
社債、株式、出資	その社債、株式等の発行法人の本店若しくは主たる事務所の所在
集団投資信託又は法人課税信託に関する権利	これらの信託の引受けをした営業所の所在

特許権、実用新案権、意匠権、商標権	その登録した機関の所在
著作権、出版権、著作隣接権	これを発行する営業所又は事務所の所在
上記以外の財産で営業上の権利（売掛金等、営業権等）	その営業所又は事務所の所在
国債、地方債	日本国内に所在
外国発行の公債等	その国に所在
その他の財産	被相続人等又は贈与者の住所の所在

裁判例の紹介③

贈与財産を海外送金した場合の財産の所在地は国内か国外かが争われた事例

（東京高裁平成14年9月18日判決・訟月50巻11号3335頁）

1 事案の概要

　本件は、平成9年9月9日に死亡したAに係る相続税に関し、平成11年7月9日、Aの子であるX（原告・被控訴人）及びBが更正の請求（アメリカ在住のBがAから送金を受けた金員を相続税の課税価格に算入して申告したのは誤りであるとするもの）をしたところ、税務署長Y（被告・控訴人）が平成11年8月27日に更正をすべき理由がない旨の通知処分をしたため、Xが処分の取消しを求めた事案である。事実の概要は、次のとおりである。

① Aは、平成9年2月4日、金1,000万円をBの米国銀行の預金口座に送金した。

②　Aは、平成9年2月5日、金1,017万円をBの米国銀行の預金口座に送金した。

　③　Aは、平成8年1月から平成9年8月まで、Bに旅行費用等の名義で約300万円を送金している。

　④　Aは、平成9年2月5日、平成8年12月3日付けの公正証書遺言を変更する公正証書を作成した。この変更遺言には、「すでにBには生計の資本として、相当額の生前贈与をした。」旨が記載されている。

2　争点

　当時の相続税法では、相続又は遺贈により財産を取得した者が当該相続開始前3年以内に当該相続に係る被相続人から贈与により財産を取得したことがある場合、その者が日本に住所を有しないときは（制限納税義務者）、日本国内にある財産を取得した場合にのみ当該贈与により取得した財産の価額を相続税の課税価格に加算することができるとされていた。本件では、Bが日本国内にある財産を被相続人から贈与により取得したといえるかどうかが争点となっているのである。

3　Yの主張

　Bの取得した財産は、Aが日本国内に有していた現金であり、贈与契約成立時において日本国内に所在した財産として相続税の課税価格に加算すべきものである。AとBとの間における本件金員の贈与契約は現金の贈与契約であり、変更遺言がされた平成9年2月5日以前に成立していたものであって、Aは上記贈与契約に基づいて同人が日本国内で所持していた邦貨を外貨と交換し、外国為替による電信送金によってBに送金したものと認められる。

4　Xの主張

　受取人が電信送金に係る金員を取得するのは、支払銀行における受取人の預金口座に入金する場合は当該入金手続の完了時であり、そう

でない場合は受取人が支払銀行に請求し実際に支払がされた時である。Bが本件各送金により取得した財産は、支払銀行に対する預金払戻請求権であり、本邦に所在する財産ではないから、相続税の課税価格に加算されるべきではない。

5 判決の要旨

イ　金銭の贈与は、贈与者の所持する現金について所有権を観念しその所有権を受贈者に移転するというものではなく、その特定の金額に相当する経済的価値を金銭をもって受贈者に取得させることをその本体とするものである。金銭の贈与の多くの場合、契約の成立とともに現金が交付されて履行が完了し請求権の残る余地はないが、隔地者間の場合、金額の高額な場合等、請求権が発生しているが履行は終わっていないという場合もある。本件では、Bは本邦に居住していなかったため現金が直接同人に交付されることなく、外国為替による海外電信送金がされたのである。したがって、Bが贈与により本邦に所在する財産を取得したといえるのは、本件各送金の前すなわちこれに先立ってAとBとの間で本件各送金の額に相当する金銭に関し贈与契約が成立した場合、換言すれば、本件各送金手続が執られたのはその履行のためであると認められる場合でなければならない。

ロ　更正をすべき理由がない旨の通知処分の取消訴訟にあっては、申告により確定した税額等を納税者に有利に変更することを求めるものであるから、納税者において、確定した申告書の記載が真実と異なることにつき立証責任を負うものと解するのが相当である。Xは、AとBとの間に特段の贈与契約が締結された事実はなく、Aが一方的にBに本件各送金をしたにすぎない旨主張するにとどまり、本件各送金についてのAの意思、送金を受けたBの意思その他贈与の成立時期等について、何ら具体的な立証をしていない。かえって、①

Bがアメリカで生活しているとはいえ、親子の間であればこそ連絡を取ることは簡単で電話でひとこと送金の趣旨と金額を伝えれば足りること、②本件各送金は2,000万円以上と高額であること、③相続に関連する重要な問題であるから、事前に何の説明もなしにいきなり送金されるとは考えにくいこと、④変更遺言にいう「相当額の生前贈与」とは本件各送金に係る金員の贈与を指すものとみることができること等からすると、両者間に各送金額の金銭について贈与契約が成立したものと考えるのが合理的である。

ハ　そうすると、本件各送金に先立ってAとBとの間で、本件各送金の原資たる邦貨による金額に相当する金銭につき贈与契約が成立し、その履行のために本件各送金手続が執られたとみることができ、Bは贈与契約締結時にAが日本国内に有していた金銭の贈与を受けたものということができる。

ニ　以上のとおりであるから、本件贈与によってBが取得した財産については、相続税法10条4項に規定する財産取得時とは、契約締結時をいうものと解すべきであり、仮にそうでなくても日本国内の各銀行において電信送金による送金手続を了した時ということができる。いずれにしてもBは本邦に所在した財産を取得したというべきである。

〔コメント〕

本件の第一審東京地裁平成14年4月18日判決（税資252号順号9110）は、Aは我が国に所有していた現金をBに直接交付することなく、外国為替により送金をしたのであるから、AからBに対し我が国に所在する現金が贈与されたといえるには、送金以前にAとBとの間で、贈与契約が成立しており、その履行のために送金手続がとられた場合に限るとした上で、課税処分取消訴訟の立証責任は課税庁にあり、本件においては送金以前に贈与契約が成立し

ているとは認められないとして課税処分を取り消している。これに対し本判決では、更正すべき理由がない旨の通知処分の取消しを求める訴訟では、申告書記載の内容と異なることにつき納税者が立証すべきであるとした上で、送金に先立って贈与契約は成立していたと判断している。税務訴訟における立証責任の分配を含め、贈与事実の認定に関して参考になろう。

　また、本判決は、書面によらない贈与の課税時期をその履行の時とする課税実務上の取扱いとの関係について、「本件のようにアメリカに在住する者に金銭の贈与を約束しその履行として電信送金の手続をとった場合は、受贈者の預金口座に入金された時あるいは受贈者に支払がされた時まで待たずとも、贈与者が送金の手続を了した時に受贈者の贈与を受ける権利は確定的となったものということができる。」とした上で、「履行という概念は権利の確定と相対的にとらえるべきであって、金銭の贈与の場合に受贈者の権利が確定したというためには、完全な履行があったこと、すなわち受贈者が当該金銭を現実に入手したことまで要するものではないというべき」であり、このように解することは課税実務に反するものではないとしている。

　なお、本件はXにより上告受理申立てがなされたが、最高裁平成15年2月27日第一小法廷決定（税資253号順号9296）により上告不受理とされている。

　＊　「立証責任」とは、ある要証事実が口頭弁論終結時に存否の不明の場合に、いずれか一方の当事者が負う不利益をいう。
　　　更正処分等の取消訴訟の立証責任は、課税庁側にあるとするのが通説であるが、更正をすべき理由がない旨の通知処分は納税者の申告に誤りがないとする処分であることから、その処分の取消しを求める納税者側に立証責任があるとするのである。

第3章 相続税の課税の対象

1 相続又は遺贈によって取得した財産

　相続税の課税財産は、民法の規定により相続や遺贈（死因贈与を含む。）によって取得する財産であり、これを「本来の相続財産」という。相続人は、相続の開始により、被相続人の一身専属権を除き被相続人の財産に属した一切の権利及び義務を承継する（民896）。被相続人が所有していた不動産や動産のみならず、①地上権などの物権、②売掛金や預金などの債権、③著作権や工業所有権などの無体財産権も相続税の課税財産であるし、④法律上の根拠を有しないものであっても経済的価値が認められるもの（営業権など）も課税財産となる。このように、土地、家屋、立木、事業用財産、株式、出資、公社債、投資信託の受益権、貸付金、家庭用財産、貴金属、宝石、書画、骨董、自動車、預貯金、現金などの一切の財産が相続税の課税財産となる（相法2、相基通11の2-1）。

　ところで、相続税の課税においては、被相続人の家族名義の預金や株式等が相続財産を構成するかどうかが問題となる場合が少なくない。例えば、国税不服審判所平成3年3月29日裁決（裁決事例集41号290頁）は、相続人らの名義の株式について、①被相続人が生前配当金等の法定果実を収受していたこと、②名義人の印鑑が被相続人自身の取引に使用されていた印鑑と同一であること、③名義人はこれらの株式の取得の時期に取得資金を有していたとは認め難いことから、被相続人の財産と認めるのが相当である旨判断している。

　また、大阪地裁平成21年1月30日判決（税資259号順号11134〔控訴〕）は、

被相続人の妻名義のA社株式について、①被相続人の妻が自らその原資を拠出した形跡はないこと、②名義書換手続、配当金交付手続及び株主総会関係手続等は全て被相続人においてその保管管理に係る印章を用いて関係書類を作成するなどを行っていたこと、③その株券をまとめて被相続人宅の金庫内に保管していたことに加えて、④被相続人の妻がいわゆる専業主婦でありA社の経営等に関与することがなかったことなどをも併せ考えると、被相続人に帰属していたものとみるのが合理的かつ自然であると判示している（控訴審大阪高裁平成21年8月20日判決（税資259号11260〔確定〕）は控訴棄却とした。）。

これに対し、国税不服審判所平成28年11月8日裁決（裁決事例集105号）は、被相続人の子（P1）の配偶者（P5）名義の貯金が被相続人に帰属する相続財産であるか否かが争われた事案であるが、同審判所は「P5名義の定期預金の原資は、P5名義の普通預金口座から引き出された金員であると認められるところ、P5名義口座においては、①公共料金等の支払のほか小口の入出金が大半を占めていること、②当該口座はP1とP5が婚姻後早々に設定されたものであり、その印鑑票の筆跡はP5のものであること、③P1が生活費等の名目で受け取った金員はP5が管理していたこと、④当該口座の通帳はP5が管理していたことなどの事実に照らせば、P5名義口座の預金はP5又はP1に帰属する財産であると認められ、P5名義口座から引き出された金員を原資とするP5名義の定期預金の出捐者が被相続人であるとは認められない。」と判断している。

また、国税不服審判所令和3年9月17日裁決（裁決事例集124号）は、被相続人が平成13年から同24年までの間において、未成年であった嫡出でない子（長女）に贈与する旨を記した贈与証を作成した上で、長女の母（法定代理人）を介し、長女名義の普通預金口座に入金していたことにつき、母がその贈与証に基づく贈与を受諾し入金していたものであるから、その預金は長女に帰属する財産であり、相続財産には含まれないと判断している。

裁判例の紹介④

被相続人名義の預金口座から相続開始前に引き出された金員は、相続財産に当たるか否かが争われた事例

（東京高裁平成30年7月11日判決・税資268号順号13168）

1 事案の概要

被相続人乙（平成24年11月死亡）の子である相続人X（原告・控訴人・上告人）は、亡乙について開始した相続に係る相続税の申告（以下「本件申告」という。）をしたところ、税務署長は、相続開始前に亡乙名義の預貯金から引き出した現金のうち、X名義の預金口座に入金した金員及び相続開始時点で保管されていた現金（以下「本件預貯金等」という。）が相続財産であるなどとして、更正処分並びに過少申告加算税及び重加算税の賦課決定処分をした。そこで、Xは、本件預貯金等が亡丙（亡乙の夫、平成19年5月死亡）の未分割の相続財産であるから、更正処分等が違法であるとして、国Y（被告・被控訴人・被上告人）を相手取り提訴した。

2 判決の要旨

イ　Xは、亡乙が収入のない専業主婦であったから、亡乙名義の預貯金等が出捐者である亡丙に帰属するとして、本件預貯金等は亡丙の未分割遺産である旨主張する。本件預貯金等の原資として、亡丙の収入に由来する部分が相当額あるとしても、家族間において、実質的に夫婦共有財産に属すべき金融資産を妻に贈与する趣旨で妻名義で預貯金等に預け入れ、夫が管理を続けるということは、決して珍しくない。Xが、本件申告当時、X名義の証券口座は亡丙の未分割の遺産ではなくXの固有の財産と認識していたこと、亡乙名義の証

券口座は亡乙の固有の財産と認識していたことからすれば、亡乙名義の預貯金については、亡丙の収入に由来するものも、亡乙に贈与されたものと推認するのが経験則にかなうというべきである。一次相続の際、Xが、亡乙名義の預貯金は亡乙の財産である旨確認し、それを前提とする遺産分割及び相続税の申告をしていること、本件申告においても、本件預貯金等の大部分を相続財産として自ら申告していることは、このような事実認定を裏付けるものである。Xが、亡乙名義の預貯金を亡丙の未分割の遺産とみる考え方を知ったのが本件申告後であることも、相続開始前までには、家族間で預貯金等は名義人に贈与されたという共通認識が形成され、X名義の預貯金等を含めて、名実共に名義人に帰属するという事実認定を裏付けるものである。これに反するXの主張を採用するには無理があるというほかないところである。

ロ　Xは、本件申告に当たっては亡乙名義の預貯金を相続財産として申告をする必要があることを認識しながら、相続税課税の対象となるのは相続開始時の亡乙名義の預貯金であって、それ以前に亡乙名義の預貯金から現金を引き出してしまえば相続税を軽減できるという単純な考えから、相続開始前に、これらの口座から預貯金残高の大半を占め、かつ、亡乙の医療費等の支払に要する額を大幅に上回る5,180万円の現金を引き出し、うち1,070万円をX名義の預金口座に入金し、3,810万円を現金のまま自宅の金庫内で保管して、外形的に本件預貯金等が亡乙に帰属する財産であることが判明しにくい状態を作出したのであるから、これらの一連の行為は、故意に課税標準等又は税額等の計算の基礎となる事実の一部を隠す行為であるというべきであり、したがって、国税通則法68条1項所定の「隠蔽」に該当する行為であると認められる。

〔コメント〕

　本件では、相続開始前に被相続人名義の預貯金から引き出した現金の一部を自宅に保管し、その余を相続人名義の預貯金に入金していたという事実関係の下で、更正処分及び重加算税の賦課決定処分の適否が争われている。本判決は、「実質的に夫婦共有財産に属すべき金融資産を妻に贈与する趣旨で妻名義で預貯金等を預け入れ、夫が管理を続けるということは、決して珍しくない。」とし、亡乙名義の預貯金等が一次相続財産に含まれていなかったこと、亡乙が自ら管理していたことなどを認定した上で、本件預貯金等は相続財産であると判断している。また、相続開始前に亡乙名義の預貯金から現金を引き出しておけば相続税を軽減できるという単純な考えで申告をしたとしても、重加算税を免れることはできないと断じている。

　なお、本件はＸにより上告及び上告受理申立てがなされたが、上告審最高裁平成31年1月24日第一小法廷決定（税資269号順号13231〔確定〕）は上告棄却、上告不受理としている。

　＊　東京地裁平成30年4月24日判決（税資268号順号13148〔確定〕）は、「相続税の課税物件である財産の法律上の帰属については、当該財産の名義によるのみでなく、その実質に即して認定判断をすべきものであり、とりわけ、親族間においては、例えば夫が妻や子の名義を借りて自らの資産を原資として有価証券取引に係る口座を開設し、当該口座で取引を行うこともまれではないといえることに照らすと、上記の認定判断に当たっては、当該財産の名義のほか、当該財産の取得（その購入の原資となった資産の取得を含む。）が誰の出捐によるものか、被相続人と当該財産の名義人並びに当該財産の管理及び運用をする者との関係、当該財産の名義人がその名義を有することになった経緯等の各事情を総合考慮して認定判断することが相当である。」と説示した上で、被相続人の妻名義の有価証券等が相続財産であると判断している。

裁判例の紹介⑤

不動産賃貸業の事業主は被相続人であるから、その事業収益等に起因する親族等名義の預貯金等及び株式は相続財産を構成するとされた事例

（東京地裁令和2年1月30日判決・税資270号順号13376〔確定〕）

1 事案の概要

　亡丙（平成21年6月死亡）は、昭和15年にA家の家督を相続して以降、「B」の屋号で、少なくとも昭和55年頃までは不動産賃貸業を営んでいた。X_1（原告）は亡丙の長女であり、X_2（原告）は亡丙の二男（平成14年5月死亡）の子である。X_1らは、平成22年4月12日、本件相続に係る相続税の申告をしたところ、所轄税務署長は、平成26年10月30日付けで相続税の更正処分及び重加算税の各賦課決定処分をした。

　所轄税務署長は、更正処分において、各預貯金等（以下、これらの財産を併せて「本件各申告除外財産」という。）が相続財産に当たると認定し、国Y（被告）は、本訴において、「本件相続の開始時までの『B』の事業主は亡丙であり、本件各申告除外財産の全部が『B』の事業収益に起因する財産であることからすれば、本件各申告除外財産は、相続開始時に『B』の事業主体であった亡丙に帰属することとなり、いずれも相続財産と認められる。」と主張している。

2 判決の要旨

イ　本件各申告除外財産及び本件申告済預金の多くが「B」の事業収益に起因する財産であり、Y主張の債務の多くが「B」の事業に係る債務であることについては、X_1らも積極的に争っていないものの、Yは、本件相続開始時まで亡丙が「B」の事業主であったと主張するのに対し、X_1らは、遅くとも昭和56年頃までにはX_1が亡

丙からその事業用資産と経営を引き継いでおり、X_1がBの事業主となっていた旨主張する。そこで、本件相続開始時まで亡丙が「B」の事業主であったか否かについて検討し、これを前提に、個別の財産及び債務の帰属について検討することとする。

ロ 事業主について検討すると、①不動産賃貸業を主な事業とする「B」において、不動産賃貸に供している不動産を所有しているのが亡丙であることに加え、これによって得た収益の帰属主体も亡丙であったとみられること、②亡丙が不動産賃貸業の契約主体であって、不動産賃貸借契約における重要事項についての決定権限を有し、事業収益による資産の運用方法についても決定権限を有していたものとうかがわれること、③「B」の事業収益は亡丙の収入であることを前提として所得税の申告がされたこと、④X_1自身が「B」の事業主は亡丙であることを前提とする行動を取っていたことなどの事情からすれば、「B」の事業主は相続開始時まで亡丙であったと認めるのが相当である。

ハ X_1らは、昭和56年頃、「B」の事業主が亡丙からX_1に交代した旨主張する。しかしながら、そもそもその具体的な時期、経緯は曖昧であるし、X_1らの主張の時期に、事業主体の変更に伴う手続や事業財産の承継に伴う税金の申告等がされた形跡も見当たらない上、昭和56年以降も、亡丙が賃貸借契約の締結や賃料額の改定等、「B」の不動産賃貸業における重要事項について最終的な決定権限を有していたとうかがわれること、亡丙が不動産賃貸業の契約主体であることを前提とした書類が作成されていること、「B」の事業収益が亡丙の収入であることを前提として所得税の申告がされたことといった事情が存する。さらに、会計事務所の職員として昭和62年頃から平成24年12月まで「B」を担当していた者は、「B」の事業主が亡丙から替わったという話は聞いたことがない旨証言している。以

ニ 亡丙方において、「B」の事業収益以外に多額の財産を形成できるような収入が存在しなかったことからすると、X_1及びその親族名義の株式及び預金等並びに現金（査察調査の際に複数の蔵で発遣された4億2,200円の札束）は、いずれも「B」の事業収益に起因するものと考えるのが自然である。

ホ 隠蔽の事実に基づく税額の対象となる財産が亡丙の相続財産に該当することは前記のとおりであるところ、上記各財産のうち現金以外の財産は、亡丙が親族等の名義を借用して形成した財産であって、亡丙の相続税対策であると認められ、X_1の「B」における業務内容等にも鑑みれば、X_1は、このことを当然認識しながら、あえてこれを秘匿していたものと認めるのが相当である。また、本件現金についても、亡丙方において、複数の蔵に分散させて発見が困難な態様で保管されていたこと、本件申告に係るX_1の相続税について、X_1は、本件現金で十分に納税することができるにもかかわらず、金融機関から多額の借入れをしてその納税資金を工面するなどの不自然な行動を取っていることに加えて、X_1の「B」における業務内容等に鑑みれば、X_1は、本件現金が本件相続開始時まで亡丙に帰属していた相続財産であることを認識しながら、あえてその存在を秘匿していたものと認められる。したがって、X_1については、国税通則法68条1項の規定する課税標準等又は税額等の計算の基礎となるべき事実の一部を隠蔽し、又は仮装したものと認めることができる。

〔コメント〕

本件は、国税局調査査察部における臨検、捜索及び差押えの実施により、多額の現預金及び株券等（本件各申告除外財産）が発見されたことを契機に

課税処分が行われたものである。本件各申告除外財産は、「B」の屋号で不動産賃貸業を営んでいた収益を起因とするところから、本件は、相続開始時まで「B」の事業主が被相続人又は相続人のいずれであったというべきかが争点になっている。本判決は、上記2・ロのとおり認定して、「B」の事業主は相続開始時まで亡丙であったと認めるのが相当であるとした上で、「亡丙の生前においても、不動産賃貸借契約書の実際の作成作業、貸借人との交渉等、『B』の業務においてX_1が担っている部分は多かったことが認められるが、X_1は、昭和40年に短期大学を卒業した後、『B』の事業の手伝いをするようになったものであり、『B』の事業専従者として渉外、経理の事務を行っているのであるから、X_1が上記業務を担っていたことは、事業主である亡丙による委任を受けて行っていたものということができる。」と断じている。

* 所得税法上の実質所得者課税の原則（所法12）の適用等が争われた事例として、大阪高裁令和4年7月20日判決（税資272号順号13735〔確定〕）がある。この事例では、親子間における土地（駐車場）の使用貸借契約が成立していた場合において、その土地の賃貸による収入（駐車場収入）が親又は子のいずれに帰属するかが争われた。

　第一審大阪地裁令和3年4月22日判決（税資271号順号13553）は、「子は、親から与えられた使用収益権に基づき賃貸借契約を締結し、賃貸人としての地位に基づき駐車場収入を得ているのであって、民法上、形式上も実質上もその収益を享受しているのであるから、所得税法上においても、収益の帰属主体であるとみるべきである。」と判示して、課税処分を取り消した。これに対し、大阪高裁は、「資産から生ずる収益の帰属について、名義又は形式とその実質が異なる場合には、資産の名義又は形式にかかわらず、資産の真実の所有者に帰属させようとした趣旨と解される。」と説示した上で、「駐車場収入は、土地の使用の対価として受けるべき金銭という法定果実であり（民法88②）、駐車場賃貸事業を営む者の役務提供の対価ではないから、所有権者がその果実収取権を第三者に付与しない限り、元来所有権者に帰属すべきものである。」として、課税処分を適法としている。納税者（親）は、相続税対策を主たる目的として、土地の所有権を自らが保有することを前提に、駐車場収入を子らに形式上分散する目的で使用貸借契約に基づく法定果実収取権を

付与したものにすぎないというのである。実務の参考となろう。

裁判例の紹介⑥

被相続人が生前に所得税の更正処分取消訴訟を提起し、相続開始後に更正処分が取り消されたため、訴訟承継人である相続人が受領することとなった所得税額等の還付金は、相続財産を構成するかどうかが争われた事例

（大分地裁平成20年2月4日判決・民集64巻7号1822頁）
（福岡高裁平成20年11月27日判決・民集64巻7号1835頁）
（最高裁平成22年10月15日第二小法廷判決・民集64巻7号1764頁〔確定〕）

1　事案の概要

　　X（原告・被控訴人・上告人）は、平成13年5月28日、A（Xの実母）が平成12年7月29日に死亡したことにより、課税価格を1億2,171万円とする相続税の申告書を提出したところ、税務署長が平成15年4月18日付けで課税価格を1億4,963万円とする更正処分等（以下「本件更正処分等」という。）を行ったので、国Y（被告・控訴人・被上告人）を相手取り、その取消しを求めて提訴した。本件更正処分等に至る経緯は、次のとおりである。

①　税務署長は、平成8年2月27日付けで、B（Aの夫、平成6年9月27日死亡）の平成4年分及び平成5年分の所得税について、Bの相続人であるAらに対して更正処分等（以下「別件所得税更正処分等」という。）を行った。

②　Aは、平成8年8月9日、別件所得税更正処分等に係る税額のうち、Aの相続分である2,500万円余を納付した上で、不服申立てを

経た後の平成9年4月11日にこの処分の取消訴訟(以下「別件所得税更正処分取消訴訟」という。)を提起した。
③　Aは別件所得税更正処分取消訴訟の係属中に死亡し、Xが同事件の当事者の地位を承継したところ、裁判所は、平成13年10月12日、別件所得税更正処分を取り消す旨の判決を言い渡した(同月17日に確定)。
④　税務署長は、平成13年12月26日、別件所得税更正処分取消訴訟の判決確定を受けて、Aの納付した所得税額等(以下「本件過納金」という。)をXに還付した。その後、税務署長は、本件過納金がAの相続財産を構成するとして本件更正処分等を行った。
　なお、Xは、本件過納金が一時所得に該当するとして平成13年分所得税の確定申告書を提出している。
2　Yの主張
　抗告訴訟における取消判決は遡及効を有しているから、別件所得税更正処分等は、同処分の取消訴訟の判決により当初から存在しなかったこととなり、観念的には、Aが別件所得税更正処分等に基づき納付した時点に遡って、本件過納金の還付請求権が発生していたというべきである。Xは、還付金を受けるべき地位を承継したのであり、たとえその発生時期が相続開始後であるとしても、本件過納金の還付請求権は相続財産を構成するというべきである。
3　Xの主張
　行政処分に公定力を認める論理的帰結として、本件過納金又はその還付請求権は、別件所得税更正処分取消訴訟の取消判決確定によって初めて生ずると解するほかなく、Aの相続開始時には存在しなかったものである。したがって、本件過納金の還付請求権は、原始的にXに帰属するものであり、Aの相続財産を構成するものではない。
4　判決の要旨

(1) 第一審判決
　イ　相続税法上の相続財産は、相続開始時に相続人に承継された金銭に見積もることができる経済的価値のあるものすべてであり、かつ、それを限度とするものであるから、相続開始後に発生し相続人が取得した権利は、それが実質的には被相続人の財産を原資とするものであっても、相続財産には該当しないというべきである。そこで、本件過納金の還付請求権がAの相続財産を構成するかどうかを検討するに、確かに、本件過納金の原資はAが拠出した納付金であるが、相続開始時には、別件所得税更正処分取消訴訟が係属中であり、未だ本件過納金の還付請求権が発生していなかったことは明らかである。そうすると、相続開始の時点で存在することが前提となる相続財産の中に、本件過納金の還付請求権が含まれると解する余地はないといわざるを得ない。
　ロ　Xは、本件過納金の還付請求権を相続により取得したとはいえないが、別件所得税更正処分取消訴訟の原告たる地位を承継しており、係る地位に財産性が認められるのであれば、課税価格を算定するために、相続開始時点における当該地位を金銭的に評価する必要が生ずる。そこで検討するに、抗告訴訟の訴訟物は、行政処分の違法性一般と解されているから、更正処分の取消訴訟においても、訴訟物自体に財産性を見出すことはできない。もっとも、過納金の還付請求権は、当該更正処分が取り消された場合に反射的に発生する権利といえ、その意味で、更正処分取消訴訟の原告たる地位は、過納金の還付請求権と密接な関係にあるということができる。しかしながら、公定力により行政処分はそれが権限ある機関によって取り消されるまでは有効と扱われるから、こうした公定力が排除される以前の段階では、過納金の還付請求権も将来発生しないものとして扱われることになる。そうすると、更正処分取消訴訟の原告たる地位は、

取消判決が確定する以前の段階では、財産法上の法的地位ということもできず、金銭に見積もることができる経済的価値のあるものとして評価することはできないというべきである。

(2) 控訴審判決

イ 本件過納金の原資は、Aが拠出した納付金であり、Aが生前に別件所得税更正処分の取消訴訟を提起し、Aの死亡後、Xがその訴訟上の地位を相続により承継したところ、別件所得税更正処分の取消訴訟が確定し、本件過納金がXに還付されたものである。

ロ 取消訴訟の確定判決により取り消された行政処分の効果は、特段の規定のない限り、遡及して否定され、当該行政処分は、当初からなかった状態が回復されるから、別件所得税更正処分の取消判決が確定したことにより、Aが別件所得税更正処分に従い納付した日に遡って本件過納金の還付請求権が発生したことになる。

ハ 以上のとおり、本件過納金の還付請求権は、Aの死亡時にAの有していた財産に該当し、相続税の対象となるから、本件更正処分は相当である。

(3) 上告審判決

所得税更正処分等の取消判決が確定した場合には、上記処分は処分時にさかのぼってその効力を失うから、上記処分に基づいて納付された所得税、過少申告加算税及び延滞税は、納付の時点から法律上の原因を欠いていたこととなり、上記所得税等に係る過納金の還付請求権は、納付の時点において既に発生していたこととなる。このことからすると、被相続人が所得税更正処分等に基づき所得税等を納付するとともに上記処分の取消訴訟を提起していたところ、その係属中に被相続人が死亡したため相続人が同訴訟を承継し、上記処分の取消判決が確定するに至ったときは、上記所得税等に係る過納金の還付請求権は、被相続人の相続財産を構成し、相続税の課税財産となると解するのが

> 相当である。

〔コメント〕

　本件は、被相続人が生前に所得税の更正処分等に基づく税額を納付した上で当該取消訴訟を提起していたところ、相続開始後に更正処分等が判決により取り消されたことから、相続人が受領した所得税等の還付金が相続財産を構成するかどうかが争われたものである。本件大分地裁は、相続税の課税対象となる財産は、金銭に見積もることができる経済的価値の全てをいうのであるから（相基通11の2－1参照）、相続開始後に処分取消判決の確定によって初めて発生した過納金の還付請求権は相続財産を構成しないとして、課税処分を取り消している。課税処分は、無効と認められる場合でない限り、権限ある課税当局又は裁判所が当該処分を取り消すまでは効力のあるものとして扱われるのであるから（公定力）、「公定力が排除される以前の段階では、過納金の還付請求権も将来発生しない」とするのである。

　これに対し、本件福岡高裁は、「過納金は、有効な行政処分に基づいて納付ないし徴収された税額であるから、基礎となっている行政処分が取り消され、公定力が排除されない限り、納税者は不当利得としてその還付を求めることができないという意味で、租税手続法的に見て、取消判決の確定により還付請求権が生じると言われるだけであって、租税実体法上は納付の時から国又は地方公共団体が過納金を正当な理由なく保有しているのである。したがって、取消判決の確定により行政処分が取り消されれば、過納金及びその還付請求権も納付時に遡って発生していたことになる。」としている。

　このように判断が分かれていたところ、本件最高裁判決により、所得税更正処分等の取消判決が確定した場合には、同処分に基づき納付した所得税等に係る過納金の還付請求権は、相続税の課税財産となることが明らかにされた。したがって、所得税更正処分等の取消訴訟を承継した相続人は、当該処分等の取消判決が確定した場合、相続税の修正申告が必要となる。

裁判例の紹介⑦

事業廃止後も小規模企業共済掛金を掛け続けた場合の共済金等は本来の相続財産に該当するとした事例

（千葉地裁令和4年11月18日判決・税資272号順号13743〔確定〕）

1 事案の概要

　イ　被相続人丙は、個人事業者であった昭和58年12月29日に小規模企業共済契約を締結し、平成19年3月30日に事業を廃止したものの、共済掛金は丙の死亡（平成27年3月）後の同年12月まで、亡丙名義の預金口座から引き落とされていた。丙の相続人であるX（原告）は、平成30年9月26日、相続人の代表として、中小企業基盤整備機構（以下「機構」という。）に対し、共済金の請求事由を「個人事業の廃止」、請求事由発生日を「平成19年3月30日」とし、受給権者である亡丙の権利義務を相続することになったとして、本件共済契約に係る共済金及び過納掛金の支払を請求した。機構は、平成30年10月19日付けで、小規模企業共済契約に係る共済金等の支払決定をした。

　　なお、共済金の支払決定額は、事業の廃止日とする本件共済契約に基づく共済金2,513万円から、亡丙の退職所得に該当するとして課税された所得税等の源泉徴収をした後の金額2,347万円である。

　ロ　Xらは、亡丙の相続に係る相続税について、亡丙が生前有していた小規模企業共済契約に基づく共済金の支払請求権及び過納掛金の返還請求権が亡丙の相続財産でないとして修正申告をしたところ、処分行政庁は、上記各請求権は亡丙の相続財産であるとして、更正処分等をした。本件は、Xらが更正処分等の取消しを求めて国Y

（被告）を相手に提訴したものである。
　ハ　本件の争点は、本件共済金請求権が亡丙の相続財産であるか否か及び本件共済金請求権の価額である。
2　判決の要旨
　イ　小規模企業共済法の規定に照らせば、共済契約者は、共済契約の締結の事実により、機構が支給すべき共済金の額、支給時期等が具体的に定まらない抽象的な共済金請求権を取得し、その後、共済契約者に事業の廃止があり、その者の掛金納付月数が6月以上であると、その事実により、機構が支給すべき共済金の額、支給時期等が確定された具体的な共済金請求権を取得するに至ると解するのが相当である。
　ロ　亡丙が、昭和58年12月29日に本件共済契約を締結したこと、昭和58年12月から平成19年3月まで本件共済契約に係る掛金を納付していたこと、同月30日に事業を廃止したことは、前提事実のとおりであり、亡丙は、事業を廃止したことにより、機構に対し、機構が支給すべき共済金の額、支給時期等が確定された具体的な共済金請求権である本件共済金請求権を取得したと認めることができる。そうすると、亡丙は、相続の開始日である平成27年3月において、本件共済請求権を有していたということができるのであり、本件共済金請求権は、亡丙の相続財産である。
　ハ　Xらは、本件共済金は亡丙に係る退職手当金等としての性質を有するところ、本件共済金の支払決定日は相続の開始日である平成27年3月の3年経過後の平成30年10月19日であり、本件共済金は、亡丙の死亡後3年以内に支給が確定したものでないから、みなし相続財産でないと主張する。しかし、相続税が課されたのは、本件共済金請求権であって本件共済金でない。また、本件共済金請求権は、相続税法3条に規定するみなし相続財産として相続税が課されたも

のでなく、同法2条に規定する本来の相続財産として相続税が課されたものである。
ニ　本件共済金請求権の価額は、本件共済金請求権のうち亡丙の退職所得に該当するとして課税された所得税等の源泉徴収をした後の金額2,347万円とするのが相当である。

〔コメント〕
　小規模企業共済制度は、小規模企業の個人事業主又は会社等の役員が事業をやめたり退職した場合に、生活の安定や事業の再建を図るための資金をあらかじめ準備しておく小規模企業共済法（昭和40年法律102号）に基づいた共済制度である。本件では、小規模企業共済契約を締結していた被相続人が事業を廃止したものの（平成19年3月30日）、共済掛金は被相続人が死亡した（平成27年3月）後も同人名義の預金口座から引き落とされていた。Xは、機構に対して共済金及び過納掛金の支払を請求したところ、機構は、平成30年10月19日付けで小規模企業共済契約に係る共済金の支払決定をした。Xらは、本件において、「本件共済金は亡丙に係る退職手当金等としての性質を有するところ、本件共済金の支払決定日は相続の開始日の3年経過後であり、本件共済金は、亡丙の死亡後3年以内に支給が確定したものでないから、みなし相続財産でない。」と主張したところ、本判決は、「相続税が課されたのは、本件共済金請求権であって本件共済金でない。本件共済金請求権は、相続税法3条に規定するみなし相続財産として相続税が課されたものでなく、同法2条に規定する本来の相続財産として相続税が課されたものである。」と断じている。

裁判例の紹介⑧

介護型老人ホームの入居者死亡に伴う入居一時金の返還金は相続財産に当たるとされた事例

（東京高裁平成28年１月13日判決・税資266号順号12781）

1　事案の概要

イ　X_1（原告・控訴人）は、平成21年７月に死亡したＡの甥、X_2はＡの姪であり、Ａの相続人はX_1ら２名である。Ａは、平成21年６月13日、Ｃ社との間で、ＡがＣ社の設置する介護型有料老人ホームに入居する旨の契約を締結した。その入居契約においては、①入居一時金が798万円、月額利用料が合計21万8,200円であること、②入居一時金については入居月数等に応じた所定の償却金を控除した残額を返還金受取人に返還すること、③返還金受取人は、Ａが死亡した場合はX_1とすることなどが定められている。

ロ　X_1は、平成21年６月23日、Ａ名義の普通預金から798万円余を出金した上、入居一時金として、Ａ名義でＣ社の預金口座宛てに798万円を振り込んだ。Ｃ社は、平成21年７月にＡが死亡したことを受けて、同年９月30日、一時金の精算として、764万円余をX_1の普通預金口座に振り込んだ。

2　判決の要旨

入居契約書の各条項によれば、本件返還金は、入居契約の解除又は終了に伴う原状回復又は不当利得として返還されるものであって、受領すべき者は本来入居契約の当事者と解され、入居契約において返還金受取人１名を定めるとされていることにも照らせば、Ａ死亡の場合には、単に受領すべきＡが死亡している以上、Ａが受領するこ

とができないため、事業者の返還事務の便宜のために予め入居契約においてこの場合の親族の代表者としての受取人が指定されているにすぎず、指定された受取人に当然に返還金全額を帰属させる趣旨ではないというべきであること、入居一時金は、Aの定期預金ひいては昭和59年3月に購入されたW〔筆者注：訴外銀行が発行する割引金融債券〕が原資であり、Aが出捐したものと認められる。

　X_1らは、入居一時金について、X_1の預け金である旨主張するが、X_1がAに対し預け金を交付したことを裏付ける客観的な証拠がないこと、X_1らの亡母が保有していたWが解約されて同人が現金で保有していたものが預け金の原資となったことを裏付ける客観的な証拠もないこと、X_1がAに預け金を交付する必要もなく、預け金の交付をしたとするX_1の供述自体不自然であることに照らすと、預け金の存在を認めることはできないから、本件の返還金はAに帰属する財産であると認められる。

〔コメント〕

　相続税は、相続又は遺贈により取得した財産を課税対象とするから（相法2①）、入居一時金の出捐者がX_1であれば、相続税の課税問題は生じない。本判決は、詳細な事実認定の下で、入居一時金の出捐者はAであると結論付けている。本件では、老人ホームの入居契約において返還金受取人がX_1と指定されていることの評価が問題となっている。この点、国税不服審判所平成25年2月12日裁決（裁決事例集90号）は、「入居一時金の原資は被相続人の定期預金の一部であると認められることからすれば、実質的にみて、請求人の弟〔筆者注：X_1を指すものと思われる。〕は、第三者のためにする契約を含む入居契約により、相続開始時に、被相続人に対価を支払うことなく、同人から入居一時金に係る返還金の返還を請求する権利に相当する金額の経済的利益を享受したというべきである。したがって、請求人の弟は、相続開始時

における当該利益の価額に相当する金額を被相続人から贈与により取得したものとみなす（相法9）のが相当である。」と判断している。X_1 は、他の財産を相続により取得しているから、本件の返還金がみなし贈与であるとしても、相続税の課税対象となる結論は異ならない。本判決は、事業者の返還事務の便宜のために、返還金受取人が X_1 と指定されているにすぎないと説示している。返還金受取人が X_1 と指定されているのは、返還金に係る全ての権利者をC社が調査するという煩雑な作業を避けるとともに、C社が権利者間における返還金の分配を巡る紛争に巻き込まれることなく、円滑に返還事務を行うためのものにすぎないという。説得力があろう。

なお、本件はXらにより上告受理申立てがなされたが、最高裁平成28年6月2日第一小法廷決定（税資266号順号12863〔確定〕）は上告不受理とした。

裁判例の紹介⑨

配当期待権は金銭に見積もることのできる経済的価値があるから、相続税の課税財産に含まれるとされた事例

（大阪地裁令和3年11月26日判決・税資271号順号13636）
（大阪高裁令和4年5月26日判決・税資272号順号13719）

1　事案の概要

X（原告・控訴人）は、平成29年2月20日、父である乙（平成28年4月死亡）を被相続人とする相続について、X自身のほか1名が相続税の申告書を提出した（相法55）。その申告書には、相続財産としてB株式会社の株式を含む上場株式（以下「本件各株式」という。）及び本件各株式の配当期待権（以下「本件各配当期待権」という。）が含まれており、本件各配当期待権の合計額は757万円余とされていた。その

後、本件相続に係る遺産分割協議が成立し、Xは、平成29年10月10日、本件各株式を取得したとして相続税の修正申告書を提出した。さらに、Xは、令和2年6月8日、本件各配当期待権が相続税の課税財産に含まれないとして、相続税の更正の請求をしたところ、所轄税務署長は更正をすべき理由がない旨の通知をした。本件は、Xがこの通知処分の取消しを求めて、国Y（被告・被控訴人）を相手に提訴したものである。

本件の主たる争点は配当期待権が相続税の課税財産に当たるか否かである。

2　判決の要旨
(1)　第一審判決
　イ　相続税法は、相続税の課税財産の範囲を「相続又は遺贈により取得した財産の全部」と定めているところ（相法2①）、ここにいう財産とは、金銭に見積ることができる経済的価値のある全てのものをいい、既に存在する物権や債権のほか、いまだ明確な権利とはいえない財産法上の法的地位なども含まれると解するのが相当である。同法22条は、相続等により取得した財産の価額は、当該財産の取得の時における時価による旨を定めているところ、ここにいう時価とは、課税時期である被相続人の死亡時における当該財産の客観的交換価値をいうものと解される（最高裁平成22年7月16日第二小法廷判決・集民234号263頁、最高裁平成29年2月28日第三小法廷判決・民集71巻2号296頁参照）。
　ロ　財産評価基本通達（以下「評価通達」という。）は、株式及び株式に関する権利の価額は、それらの銘柄の異なるごとに、次に掲げる区分に従い、その1株又は1個ごとに評価するとし、その区分の一つとして、配当期待権（配当金交付の基準日の翌日から配当金交付の効力が発生する日までの間における配当金を受けることができる権利を

いう。以下同じ。）を掲げている（評基通168(7)）。

ハ　株主は、その有する株式につき剰余金の配当を受ける権利を有するとされ（会社105①一）、株式の権利内容の一部として、剰余金配当請求権を有する。剰余金配当請求権の配当財産の額等の権利内容は、配当決議により確定する（会社454①⑤、459①四参照）。すなわち、配当決議により、基準日において株主名簿に記載又は記録されている株主（基準日株主）（会社124①参照）は、株式会社に対する具体的な剰余金配当請求権を取得することとなる。配当決議による権利内容確定前の剰余金配当請求権を抽象的剰余金配当請求権といい、配当決議による権利内容確定後の剰余金配当請求権を具体的剰余金配当請求権といい、抽象的剰余金配当請求権は、観念的な一種の期待権であり、具体的剰余金配当請求権は、株主を債権者とする金銭債権等の具体的な債権である。抽象的剰余金配当請求権は、観念的な一種の期待権ではあるが、剰余金は基準日株主に配当されるため、基準日以降においては、経済的価値のある権利ないし期待権として捉えることができると解される。

ニ　評価通達168(7)、193の定めは、抽象的剰余金配当請求権の性質ないし内容に鑑み、配当金交付の基準日の翌日以降の抽象的剰余金配当請求権は、金銭に見積ることができる経済的価値のあるものであるといえることから、配当期待権として、相続税の課税財産に当たることを前提とするものと解される。また、評価通達193は、配当期待権の価額について、予想配当の金額から源泉徴収されるべき所得税等の額に相当する金額を控除した金額によって評価するとしている。これは、相続開始時期が配当決議の前となるか後となるかで不均衡が生ずることを回避するためであると解される。すなわち、配当決議後に相続が発生した場合、被相続人は配当金を受領して所得税等を徴収されることとなるから、配当金のうち所得税等を控除

された残額が相続財産を構成することとなり、これに相続税が課されることとなる。そうであれば、配当決議前に相続が発生した場合も、予想配当の金額から源泉徴収されるべき所得税等の額に相当する金額を控除した金額をもって配当期待権を評価し、これに相続税が課されるようにすることにより、上記の場合との均衡を保ち、相続税の課税価格が不当に高額になることを回避することができる。したがって、評価通達が配当期待権を相続税の課税財産としていること及び評価通達の定める配当期待権の評価の方法は、いずれも合理的であるといえる。

(2) 控訴審判決

控訴審大阪高裁令和4年5月26日判決はおおむね第一審判断を維持した（Xが上告及び上告受理申立て）。

〔コメント〕

「配当期待権」とは、配当金交付の基準日の翌日から効力が発生するまでの間において、配当金を受けることができる権利をいう。通常、配当金の交付は基準日における株主に対してその後の株主総会において決議される。相続財産に株式がある場合には、被相続人が保有していた株式について、仮に相続発生日までに配当金支払の決議がなされていなくても、その後の株主総会等で決議されれば配当金を受け取ることができるため、同権利を被相続人の相続財産として計上するのが一般的な理解である。

本件大阪地裁は、「評価通達の策定の趣旨や、一般的に評価通達による評価が合理性を有するものとして課税実務上も定着していることからすれば、評価通達によっては当該配当期待権を適切に評価することができない特別の事情が存しない限り、評価通達によって当該配当期待権を評価することは合理的であり、評価通達による当該配当期待権の評価は適法であるというべきである。」と判示している。

Xは、配当期待権と配当金が同一の経済的価値であることを前提としており、このことは、配当期待権と配当金の双方に課税することの不合理性を端的に示しており、配当期待権が被相続人の財産であるというのであれば、それが具体化して実現化した配当金も被相続人の所得とすべきである旨主張するが、本件大阪地裁は、「所得税の課税において、相続税との二重課税が許容されるかどうかという問題に関するものであり、配当期待権が相続税の課税財産に当たるかという問題とは別個の問題である。」として、Xの主張を排斥している。

＊　東京高裁平成23年11月30日判決（税資261号順号11821〔確定〕）は、「相続開始により各共同相続人がその相続分に応じて権利を承継した結果、被相続人の共同相続人の1人に対する金銭債権のうち当該共同相続人の承継部分が民法520条所定の混同により消滅した場合においても、当該混同による消滅は、当該共同相続人が相続の開始により当該金銭債権のうち混同が生じる部分を承継取得することを当然の前提としている。」と説示した上で、混同により消滅した承継部分も、相続の開始により共同相続人の1人に承継取得されたものであるから、相続税法所定の「相続…により取得した財産」に該当すると判示している。

裁判例の紹介⑩

被相続人が生前において推定相続人の債務を返済したことは、生前贈与であるか立替金であるかが争われた事例

（静岡地裁平成17年3月30日判決・税資255号順号9982〔確定〕）

1　事案の概要

　被相続人は、平成8年3月30日に死亡し、相続人の長男X_1（原告）、次男A、三男X_2（原告）、四男X_3（原告）のうち、A及びX_2は相続を放棄し、X_1とX_3が財産を相続した。税務署長Y（被告）は、被相

続人が生前に立て替えた金員（①X_1 2億円、②X_2 10億円、③X_3 20億円の合計32億円。以下「本件金員」という。）が相続税の申告した財産から除外されていたとして更正処分をした。本件金員は、被相続人が平成2年から3年にかけて、X_1、X_2、X_3の借入金（株式を購入した資金）の返済に充てたものである。

2　Yの主張

　被相続人は、自己の経営するグループ会社と金融機関との信頼関係を維持するという経済的必要性のために、自己の判断によって、X_1らの債務の弁済資金として本件金員を交付したものであり、贈与契約書の作成がなく、X_1らは金員の交付事実を知らないまま行われたもので、被相続人とX_1らとの間の合意によってなされたものではない。また、X_1らは贈与税の申告もしていないこと、贈与金額も多額であることに照らせば、本件金員の交付を贈与であったと評価することはできない。してみると、本件金員の交付は、X_1らの債務の弁済に充てる立替金の交付であったと評価するのが相当である。そして、被相続人の遺志等に照らすと、X_1らに対する立替金返還請求権については、被相続人からX_1らに対し、被相続人の死を始期とする立替金返還義務の免除が当初よりなされていたと解され、X_1らは、被相続人から、上記免除に係る立替金額を死因贈与されたものとみなされるので、X_1らには、上記立替金額に対する相続税を納付する義務があるといえる。

3　X_1らの主張

　被相続人は、X_1らに対する本件金員の交付の際、直接又は自己を介して贈与であることを明言しており、X_1らに一度も本件金員の返還を求めたことがないのであるから、本件金員が贈与であることは明らかである。また、贈与契約書が作成されておらず、贈与税の申告がなされていないことのみをもって、贈与でないということはできない。

4 判決の要旨

　認定事実によれば、本件金員の交付は、32億円という高額であるものの、父から子に対する金員の交付であって、被相続人は、生前、X_1らに対し交付した金員の返還を請求せず、また、X_1らには、被相続人から返還を請求されたところで、本件金員のような高額な金員を返還するだけの資力はなかったことが認められる。これらの事実に照らせば、被相続人は、自ら築き上げてきたグループの信用維持を図り、実子であるX_1らの急場を救うため、同人らの返済資金として、本件金員を贈与し、同人らもこれを承諾していたと認めるのが自然かつ相当であり、Y主張のように、被相続人がX_1らに対する本件金員の返還請求につき、自らの死亡を始期として始期付免除をしたと評価するのは技巧的に過ぎるといわなければならない。また、贈与税の申告の有無と贈与の事実とは、直ちに結び付くものではないから、贈与税の申告あるいはその準備行為をした形跡がないからといって、この事実を過度に重視するのは相当でない。

〔コメント〕

　本件は、X_1らが同族会社から多額の資金を借り入れて株式を取得した後に、X_1らの父がその借入金を返済した場合、借入金の返済が生前贈与であるか立替金であるかが争われた事案である。借入金の返済当時、税務当局がその事実を把握したならば、その資金出所が問われて贈与事実の有無が問題となったものと思われる。しかし、本件では、借入金の返済時に借入金の返済事実が把握されておらず、相続税に係る税務調査（贈与税の更正決定の除斥期間経過後）において、借入金の返済事実が明らかになったのである。課税処分取消訴訟における立証責任は課税庁側にあるところ、X_1らは、本件において、贈与の趣旨で本件金員が交付された旨の一応の立証をしているのに対し、課税庁はこれを覆すだけの証拠を見出すことが困難であったもので

* 立証責任については、52頁を参照されたい。
* 大阪地裁令和元年7月17日判決（税資269号順号13296〔確定〕）は、被相続人乙（平成26年7月相続開始）の長男である原告に対する貸付金債権の存否につき、①原告は、乙から本件金地金を受け取り保管していたところ、平成24年10月、本件金地金を売却して自宅マンションの取得していること、②税務職員から本件金地金を取得した経緯について質問された後に、原告は、本件金地金の売却代金と同額を乙から借り受けた旨等の記載のある借用書に署名押印していることが認められる。このような事情を総合的に考慮すれば、原告と乙は、本件借用書の作成の際、乙の所有する本件金地金の売却代金相当額を貸し付けることを合意したものと推認することができると認定して、当該貸付金債権は相続財産であると判断している。
* 東京高裁令和3年6月2日判決（税資271号順号13573〔確定〕）は、被相続人が生前に、連帯保証債務の履行として代物弁済をしたことの求償債権が相続財産であるか否かが争われたものである。争点は、被相続人Aの長男である控訴人（原告）に対して求償債権につき債務を免除する黙示の意思表示（民519）をしたか否かである。同高裁は、①求償債権の放棄・免除について明示の意思表示がないこと、②求償債権を放棄・免除した場合の帰すうについて和解条項中に明示的な条項を置かれていないこと、③求償債権の放棄・免除に係る贈与税の税務申告がなされていないこと、④控訴人の主張する事実は、黙示の意思表示をしたことを裏付けるものとはいえないことなどの事情を総合的に考慮して、A及び控訴人は、あえて債務免除に係る手続をしなかったものであり、求償債権につき債務を免除する黙示の債務免除もなかったものと認定するのが相当であると断じている。

2 みなし相続財産

　相続税法では、課税の公平を図るために、本来の相続財産のほか相続や遺贈によって取得したものとみなされる財産についても、相続税の課税財産としている（相法3）。これを「みなし相続財産」という。みなし相続財産については、①その取得者が相続人であるときは、その財産を相続により取得したものとみなされ、②その取得者が相続人以外の者（相続放棄をした者を含

む。）であるときは、その財産を遺贈により取得したものとみなされるのである（相法3①）。

みなし相続財産には次のものがある。

(1) 生命保険金等

被相続人の死亡によって取得した生命保険契約の保険金や偶然の事故に基因する死亡に伴い支払われる損害保険契約の保険金（以下「生命保険金等」という。）で、その保険料のうち全部又は一部を被相続人が負担したものに対応する部分の保険金は、保険金受取人の相続財産とみなされる（相法3①一）。

$$\text{生命保険金等の額} \times \frac{\text{被相続人が負担した保険料の額}}{\text{払込保険料の総額}} = \text{みなし相続財産の額}$$

「生命保険金等」とは、生命保険会社等と締結した生命保険契約等（傷害疾病定額保険契約を含む。以下、損害保険契約等についても同じ。）又は損害保険会社等と締結した損害保険契約等に基づいて支払われる保険金等のうち、次のものに限られる（相法3①一、相令1の2、相基通3－4～3－7）。

① 生命保険契約等……被保険者の死亡を保険事故として支払われるいわゆる死亡保険金（一時金のほか、年金の方法により支払を受けるものも含まれる。）

② 損害保険契約等……被保険者の死亡を保険事故として支払われる保険金のほか、被保険者の死亡が直接の基因となった傷害（傷害から180日以内に死亡した場合を含む。）を保険事故とする保険金

また、生命保険金等には、保険金受取人が生命保険金等とともに取得した剰余金、割戻金及び前納保険料の額も含まれる（相基通3－8）。

なお、相続人が取得した生命保険金等については、非課税財産となる部分がある（相法12①五。102頁参照）。

* 生命保険金等が相続財産になるか（民法の考え方）

契約者	被保険者	受取人	考え方
夫	夫	妻 子	相続とは関係なく、指定された受取人が保険金請求権を取得する。
		相続人 夫	相続人が相続により取得する。
		相続人以外	相続に関係しない。

裁決例の紹介⑪

自動車総合保険契約に基づいて受領した死亡保険金は、一時所得かみなし相続財産かが争われた事例

（国税不服審判所平成11年12月6日裁決・裁決事例集58号79頁）

1　事案の概要

　審査請求人Ｘは、平成6年5月2日にＧ火災と自動車総合保険契約を締結し、その保険料を給与の支払を受ける際に、Ｘの勤務先からＧ火災へ支払っていたところ、平成6年11月15日にＸの長男Ｃが交通事故により死亡したため、保険金2,500万円をＸとその妻Ｂが2分の1ずつ受領した。本件は、Ｘの受領した保険金につき、一時所得に該当するとして課税処分がされたことから、その取消しを求めて争われた事案である。

2　裁決の要旨

　①本件保険契約の被保険自動車は、Ｃが250万円で購入したものであり、毎月22,900円の分割払いとされ、Ｃ名義の普通預金口座から引き落とされていたこと、②本件保険契約の契約者名義をＸとしたのは、Ｘが以前から加入していた自動車保険が団体扱いであり、この保険に

加入した方が保険料が若干安くなるからであること、③Ｃの手帳の記載内容には信ぴょう性が認められ、そこに記載の「保健5,000円、車月ぷ30,000円」は、本件保険料の毎月の分割払金5,650円及び自動車の分割払金22,900円のことを指しているものと認められ、Ｃは本件保険料及び分割払金を毎月負担しなければならないことを認識していたものと推認できること、④Ｂのスケジュール帳の記載内容は信ぴょう性が認められ、そこに記載されている「Ｃ￥10,000」は、Ｃから１万円を受け取ったことを、「車保」は自動車の保険料のことを指しているものと認めるのが相当であるから、ＢがＣから本件保険料の一部として１万円を預かった際の備忘録であると認められること。

　以上の認定事実に照らすと、Ｃは本件保険料を負担しなければならないことを認識していたものと認められ、本件保険料のうちＢメモに記載された１万円については、ＣがＢを通じてＸに支払っていたものと認めるのが相当である。以上の結果、Ｘの受取保険金のうちＣが負担していた保険料に対応する部分は、みなし相続財産に該当するから、原処分はその一部を取り消すべきである。

〔コメント〕

　保険契約に基づいて支払われる死亡保険金等の課税関係は、保険料の負担者が誰であるかによって、次のように課税関係が異なってくる。

　①　被保険者が保険料を負担　→　みなし相続財産
　②　受取人が保険料を負担　→　所得税（一時所得）の課税対象
　③　受取人以外で被保険者でない者が保険料を負担　→　みなし贈与財産

　旧商法647条及び683条では、保険契約者に保険料の支払義務を課しているが、相続税法では単に保険契約者であることのみをもって保険料の負担者と見るのではなく、実際に保険料を負担したのは誰かによって課税関係を律することとしている。本件では、保険料がＸの給与から天引きされて支払われ

ているのであるから、形式的に見る限り、その負担者はXということになろうが、詳細な事実認定により、実質的な負担者の判定ができた事例といえよう。この点、福岡地裁平成10年3月20日判決（税資231号156頁）は、「預金口座からの振替えによって共済掛金の支払がなされている場合には、右掛金の負担者は<u>特段の事情</u>なき限り預金口座の名義人であると解するのが相当である。」旨判示しているところであるが（控訴審福岡高裁平成12年3月28日判決（税資247号37頁）は控訴棄却、上告審最高裁平成12年9月28日第一小法廷決定（税資248号868頁〔確定〕）は上告棄却）、本裁決は、ここでいう「特段の事情」が認められたものと評価できよう。

* 被保険者の死亡に基因して支払われる保険金には、一時金により支払を受けるもののほか、年金の方法により支払を受けるものも含まれる（相基通3－6）。年金の方法により支払を受ける生命保険契約又は損害保険契約に係る保険金の額は、相続税法24条《定期金に関する評価》の規定により計算した金額（443頁参照）となる（相基通24－2）。
* 無保険車傷害保険契約に基づいて取得する保険金は、損害賠償金としての性格を有することから、相続又は遺贈により取得したものとみなされる保険金に含まれない（相基通3－10）。

(2) 退職手当金、功労金など

被相続人の死亡により相続人その他の者が被相続人に支給されるべきであった退職手当、功労金その他これらに準ずる給与（以下「退職手当金等」という。）を取得した場合には、被相続人の死亡後3年以内に支給が確定するものが退職手当金等の受給者の相続財産とみなされる（相法3①二）。3年経過後に支給が確定した退職手当金等は、受け取った者の一時所得となる（所基通34－2）。この場合の「退職手当金等」とは、その名義の如何にかかわらず、実質的に被相続人の退職手当金等として支給される金品をいい（実質基準：相基通3－18）、弔慰金等については、課税実務上、①業務上の死亡の場合は普通給与の3年分、②業務外死亡の場合は普通給与の6月分を超えるものが

退職手当金等に該当するものとされている（形式基準：相基通3－20）。

被相続人に支給されるべきであった退職手当金等の支給を受けた者とは、次に掲げる場合の区分に応じ、それぞれ次に掲げる者をいう（相基通3－25）。

① 退職給与規程その他これに準ずるものの定めによりその支給を受ける者が具体的に定められている場合……退職給与規程等により支給を受けることとなる者

② 退職給与規程等により支給を受ける者が具体的に定められていない場合又は被相続人が退職給与規程等の適用を受けない者である場合……(ⅰ)相続税の申告書を提出する時までに取得した者があるときはその取得した者、(ⅱ)相続人全員の協議により支給を受ける者を定めたときはその定められた者

③ ①及び②以外のとき……相続人の全員（均等に取得）

なお、相続人が取得した退職手当金等については、非課税財産となる部分がある（相法12①六。104頁参照）。

相続財産とみなされる退職手当金の計算

設問 当社は、被保険者を役員、受取人を当社とする傷害保険に加入していたところ、常務取締役が業務上の事故で死亡し、保険会社から1億円の保険金を受け取った。そこで、常務取締役の遺族に対して、株主総会の決議に基づき功労金5,000万円とともに、保険金1億円を弔慰金として支給することとした。みなし相続財産となる退職手当金等の額はいくらになるか。なお、常務取締役の月額報酬は150万円である。

計算

1　実質上の退職手当金等……功労金5,000万円

2　弔慰金のうち退職手当金等に相当する額

1億円 − (150万円×12月× 3 年分) = 4,600万円
　3　みなし相続財産となる退職手当金等の額
　　　5,000万円 + 4,600万円 = 9,600万円

* 退職手当金等に該当しない弔慰金相当額は、所得税も贈与税も課税されない（所令30、相基通21の 3 − 9 ）。
* 被相続人の死亡後に確定した賞与及び支給期の到来していない給与（ベースアップの差額等）は、本来の相続財産である（非課税部分はない。相基通 3 − 32）。賃金債権は相続によって承継されるからである。
　なお、相続税法の規定により相続税の課税価格計算の基礎に算入されるものについては、所得税は非課税となる（所基通 9 − 17）。
* いわゆる死亡退職金等は相続財産になるか（民法の考え方）。
　死亡退職金は、遺族の生活保障を目的とし、民法とは別の立場で受給権を定めているが（例えば、国家公務員退職手当法 2 、11）、受給権に関する規程がない場合は、相続財産に含まれるとするのが判例である。
* 年金の方法により支給を受ける退職手当金等の額は相続税法24条の規定により計算した金額（443頁参照）となる（相基通24 − 2 ）。

裁判例の紹介⑫

相続財産とみなされる退職手当金等は、死亡退職に基づくものに限られるかどうかが争われた事例

（最高裁昭和47年12月26日第三小法廷判決・民集26巻10号2013頁〔確定〕）

1　事案の概要
　　Ｘら（原告・控訴人・上告人）の被相続人であるＡは、Ｂ会社の創立以来、取締役及び会長に就任していたが、昭和22年 7 月に同社を退職し、同年11月19日に死去した。当時は、同社が戦後不況の真っ最中

にあったこと等から、Aに対する退職金を支給することができなかった。その後、昭和27年1月に開催されたB社の定時株主総会で、Aの役員としての多年の功績に応えるため、Aに対する退職金贈呈の件を取締役会に一任する旨の決議がなされ、同年11月28日に開催された取締役会において退職慰労金名義でXらに対して4,500万円を支給することが決議され、Xらは、昭和28年1～2月頃にその受領を意思表示し、同31年12月にこの金員を受領した。所轄税務署長は、この金員がXらの一時所得になるとの解釈の下で、Xらの昭和28年分所得税について更正した。

2　判決の要旨

　イ　死亡退職に限られるとする見解について

　　　退職手当金等の支給が予定されているとしても、被相続人の死亡による相続開始の際、その支給額がまったく定まらず、そのため被相続人について退職手当金等請求権が発生しなかったものについては、その後、支給額が確定してはじめて、支給を受ける具体的な権利が発生することになるのであって、その実質が被相続人に支給されるべきであった退職手当金等であっても、その法律関係は、退職手当金等の支給者と相続人等との間に発生するのであるから、右の被相続人に対する退職手当金等名義の金員ないし請求権は、相続の対象となるべき財産ではあり得ず、しかも、相続人等にとって、もとより退職所得ではあり得ないから、相続人等の一時所得として所得税の課税の対象となるのが筋道である。しかし、法は、相続という法律上の原因によって財産を取得した場合でなくても、実質上、相続によって財産を取得したのと同視すべき関係にあるときは、これを相続財産とみなして、所得税ではなく相続税を課することとしている。被相続人の死亡後、その支給額が確定され、これにより相続人等が退職手当金等の支給者に対して直接に退職手当金等の請求

権を取得した場合についても、これを相続財産とみなして相続税を課することとしたのであって、もとより生前退職の場合を含むと解すべく、これをもって死亡退職の場合に限るものと解すべき根拠は見い出せない。

ロ 相続財産とみなされるべきものの範囲について

実質上、相続によって財産を取得したのと同視すべき関係にあるという以上、被相続人の死亡による相続開始の際、その支給額はたとえ未確定であるにせよ、少なくとも退職金の支給されること自体は、退職手当金支給規程その他明示又は黙示の契約等により、当然に予定されている場合を要するものというべく、また、所得税としてではなく相続税としての課税を期待するものである以上、相続税として課税可能な期間内に支給額が確定する場合でなければならないのは当然である。昭和28年法律第1号による改正後の相続税法3条1項2号において、相続により取得したものとみなされる退職手当金等は、「被相続人の死亡後3年以内に支給が確定したものに限る。」とするのも、被相続人の死亡による相続開始の際、退職手当金等の支給が当然に予定され、また、その支給額がその後3年以内に確定したものに限り、相続財産とみなされる趣旨にほかならない。

〔コメント〕

本件の第一審大阪地裁昭和37年2月16日判決（民集26巻10号2030頁）及び控訴審大阪高裁昭和40年1月26日判決（民集26巻10号2063頁）はいずれもXの請求を棄却しているが、被相続人が生前に退職し、退職手当金等の支給確定が死亡後であった場合もみなし相続財産となるかどうかについては、判断が分かれた。すなわち、大阪地裁は、「被相続人の死亡に基因してその相続人その他の者に支給されたもの」がみなし相続財産に該当するとしたのに対して、大阪高裁は、「被相続人が退職手当金等の請求権を取得することなく

退職し、その後、死亡して相続が開始した場合に、被相続人に対する退職手当金等という趣旨で相続人に金銭が支給されたようなときも、相続財産とみなすべきものである」と判示している。

このように判断が分かれていたところ、本判決は、役員が生前に退職し、役員の死亡後3年以内に退職手当金等の支給額が確定した場合も、その退職手当金等は相続財産とみなされると判断したのである（相基通3－31参照）。

なお、役員が生前に退職し、死亡時に退職手当金等の支給額が確定している場合は、所得税等を控除する前の金額が本来の相続財産（退職金支払請求権）となり、所得税及び住民税は債務控除の対象となる（213頁参照）。

(3) 生命保険契約に関する権利

相続開始の時において、①まだ保険事故が発生していない（保険金が受け取れるものではない。）生命保険契約（いわゆる掛捨て保険契約を除く。）で、②被相続人が保険料の全部又は一部を負担し、③被相続人以外の者が契約者である場合には、その契約者は、生命保険契約に関する権利のうち、被相続人が負担した保険料に相当する部分の金額を相続又は遺贈により取得したものとみなされる（相法3①三）。

$$\text{生命保険契約に関する権利の価額} \times \frac{\text{被相続人が負担した保険料の額}}{\text{相続開始時までの払込保険料の総額}} = \text{みなし相続財産}$$

＊　生命保険契約に関する権利の価額は、解約返戻金相当額（時価）となる。

（参考）

契約者	被保険者	保険料負担者	受取人	課税関係
妻	妻	夫（死亡）	子	みなし相続財産（妻）
夫（死亡）	妻	夫（死亡）	子	本来の相続財産（＊）
夫（死亡）	妻	子	子	課税関係は生じない

* 契約上の権利を相続する者が本来の相続財産を取得したことにとなる。

(4) 定期金に関する権利……給付事由が発生していないもの

相続開始の時において、①まだ定期金の給付事由が発生していない定期金給付契約（生命保険契約等を除く。）で、②被相続人が掛金等の全部又は一部を負担し、③被相続人以外の者が契約者である場合には、その契約者は、定期金に関する権利のうち、被相続人が負担した掛金等に相当する部分の金額を相続又は遺贈により取得したものとみなされる（相法3①四）。

$$\text{定期金給付契約に関する権利の価額} \times \frac{\text{被相続人が負担した掛金等の額}}{\text{相続開始時までの払込掛金等の総額}} = \text{みなし相続財産の額}$$

* 旧郵便年金契約は、契約者の生存中、一定期間にわたり定期金が支給されるとともに、契約者が一定期間内に死亡したときは、継続受取人（遺族）に定期金又は一時金が支給されることになっている。

* 契約者以外の掛金負担者が死亡すると、定期金に関する権利が契約者の相続財産とみなされるが、掛金負担者である契約者が死亡すると、定期金に関する権利は契約者の相続人が本来の相続財産を取得したことになる。
　契約者≠掛金負担者（死亡）⇒　契約者のみなし相続財産
　契約者＝掛金負担者（死亡）⇒　相続人の本来の相続財産

* 定期金給付事由が発生していないものに関する権利の価額については、445頁を参照されたい。

(5) 保証期間付定期金に関する権利……給付事由が発生しているもの

①定期金給付契約（生命保険契約等を含む。）で、②定期金受取人の生存中又は一定期間内にわたり定期金を給付し、かつ、③その受取人が死亡したときは、その後も引き続いてその遺族その他の者（継続受取人）に定期金又は一時金が支給されるものに関する権利のうち、被相続人が負担した掛金等に相当する部分の金額は継続受取人が相続又は遺贈により取得したものとみな

される（相法3①五）。

$$
\text{保証期間付定期金給付契約に関する権利の価額} \times \frac{\text{被相続人が負担した掛金等の額}}{\text{相続開始時までの払込掛金等の総額}} = \text{みなし相続財産の額}
$$

(参考)

掛金負担者＝受取人（死亡）⇒　継続受取人のみなし相続財産

掛金負担者≠受取人（死亡）⇒　継続受取人のみなし贈与財産

(6) 契約に基づかない定期金に関する権利

　被相続人の死亡によって受ける定期金に関する権利で、契約に基づかないものに関する権利（退職手当等に該当するものを除く。）は、定期金に関する権利を取得した者が相続又は遺贈により取得したものとみなされる（相法3①六）。退職年金を受給していた被相続人が死亡したため、相続人等がその年金の継続受取人となった場合には、相続人等が定期金に関する権利を相続又は遺贈により取得したものとみなされる。

　なお、国家公務員共済組合法や厚生年金保険法等の規定による遺族年金等は、租税その他の公課を課さないと規定されているので、相続税の課税対象外である。

　＊　定期金給付事由が発生しているものに関する権利の価額は444頁を参照されたい。

(7) その他

　被相続人の遺言によって受けた次に掲げる利益等は、遺贈により取得したものとみなされる。

　①　著しく低い価額の対価で財産の譲渡を受けた場合の利益（相法7）

　②　対価を支払わないで又は著しく低い価額の対価で債務の免除、引受け又は第三者による債務の弁済を受けた場合の利益（相法8）

③ 上記の①から②までのほか、対価を支払わないで又は著しく低い価額の対価で経済的利益を受けた場合の利益（相法9）
④ 信託に関する権利（相法9の2）
＊ 詳しくは、「贈与税の課税の対象」130頁以下を参照されたい。

3 相続財産法人から分与を受けた財産

特別縁故者が相続財産の全部又は一部の分与を受けた場合には、その分与時における分与財産の価額に相当する金額について、特別縁故者が被相続人から遺贈によって取得したものとみなされる（相法4①）。

＊ 特別縁故者については、13頁を参照されたい。

4 特別寄与者が特別寄与料を受けた場合

特別寄与者が支払を受けるべき特別寄与料の額が確定した場合には、特別寄与者が特別寄与料の額に相当する金額を被相続人から遺贈により取得したものとみなされる（相法4②）。特別寄与料は相続人以外の親族が相続人に対して請求し得るものであり、被相続人から相続又は遺贈により取得した財産ではないものの、被相続人の死亡と密接な関係を有し、経済的には遺産の取得に近い性質を有することから、令和元年の民法改正により設けられた。

なお、相続人が支払う特別寄与料の額は、その相続人に係る相続税の課税価格から控除される（相法13④）。

＊ 特別の寄与制度については、20頁を参照されたい。

5 相続開始前7年以内に被相続人から贈与により取得した財産

相続又は遺贈により財産を取得した者のうち、相続開始前7年以内にその

相続に係る被相続人から暦年課税による贈与により財産を取得したことがある場合には、その贈与により取得した財産の価額（その財産のうち相続開始前3年以内に贈与により取得した財産以外の財産についてはその財産の価額の合計額から100万円を控除した残額）を相続税の課税価格に加算する（相法19①）。

 ＊ 令和5年度税制改正前は、相続又は遺贈により財産を取得した者が相続開始前3年以内にその相続に係る被相続人から贈与により財産を取得している場合には、その者については、その者の相続税の課税価格にその贈与により取得した財産の価額を加算した金額をその者の相続税の課税価格とみなし、その課税価格に基づいて算出された相続税額からその加算に係る受贈財産について課せられた贈与税額を控除した金額がその者の納付すべき相続税額とされていた。

(1) 加算しない贈与財産の範囲

次の財産については加算の対象とならない（相法19①②）。

① 贈与税の配偶者控除の対象となった受贈財産のうち、その配偶者控除に相当する部分（特定贈与財産）

② 直系尊属から贈与を受けた住宅取得等資金のうち、非課税の適用を受けた金額

③ 直系尊属から一括贈与を受けた教育資金のうち、非課税の適用を受けた金額

④ 直系尊属から一括贈与を受けた結婚・子育て資金のうち、非課税の適用を受けた金額

⑤ 特定障害者が特定障害者扶養信託契約に基づいて贈与により取得したものとみなされる信託受益権の価額のうち、贈与税が非課税とされる6,000万円又は3,000万円までの金額

⑥ 贈与税の制限納税義務者が贈与により取得した相続税法の施行地外に所在する財産

 ＊ 加算する贈与財産に課税されていた贈与税は、算出した相続税額から控除

(贈与税額控除) する (相法19①)。

(2) 加算対象期間

　令和5年度税制改正では、令和6年1月1日以後に贈与により取得する財産に係る相続税について適用し、同日前に贈与により取得する財産に係る相続税については従前どおりとされている（令和5年所法等改正附則19）。具体的な贈与の時期等と加算対象期間は次のとおりとなる。

贈与の時期		加算対象期間
令和5年12月31日以前		相続開始前3年間
令和6年1月1日以降	贈与者の相続開始日	
	令和6年1月1日～令和8年12月31日	相続開始前3年間
	令和9年1月1日～令和12年12月31日	令和6年1月1日 ～相続開始日
	令和13年1月1日以降	相続開始前7年間

* 　相続又は遺贈により財産を取得した者には、次の場合も含まれる。
　ア　非課税財産のみを取得した者
　イ　生命保険金等、退職手当金等のみを取得し、その金額が非課税限度額以下である者
　ウ　財産の価格よりも負担した債務の額が上回っている者
* 　受贈者が今回の相続又は遺贈により財産を全く取得しない場合には、贈与加算はない。ただし、相続時精算課税の適用を受けた特定受贈者を除く。
* 　贈与税の非課税財産については156頁、贈与税の配偶者控除については280頁以下を参照されたい。

6　相続時精算課税の適用を受けた財産

　相続時精算課税は、原則として、60歳以上の親又は祖父母（以下「特定贈与者」という。）から18歳以上の推定相続人である直系卑属（子、孫）が財産の贈与を受けた場合、①受贈者（以下「特定受贈者」という。）は、贈与を受

けた財産に対する贈与税を支払うとともに、②特定贈与者について相続が開始されると、特定受贈者は、贈与を受けた財産の額を相続財産に加算して相続税額を計算し、その相続税額から既に支払った贈与税相当額を差し引いて相続税を支払うというものである（詳細は249頁以下参照）。

特定贈与者について相続が開始した時の相続税の課税価格は、次のとおりとなる（相法21の15①、21の16①）。

① 特定贈与者から相続や遺贈により財産を取得した場合

$$\text{相続時精算課税の適用を受けた財産の価額} + \text{相続や遺贈により取得した財産の価額} = \text{相続税の課税価格}$$

② 特定贈与者から相続や遺贈により財産を取得しなかった場合

$$\text{相続時精算課税の適用を受けた財産の価額} = \text{相続税の課税価格}$$

相続税の課税価格に加算される相続時精算課税適用財産の価額の改正

相続時精算課税に係る贈与税について基礎控除が設けられたことに伴い（255頁参照）、特定贈与者について相続が開始したときの課税価格は、基礎控除額を控除した後の残額とされる。令和6年1月1日以後に贈与により取得する財産に係る相続税について適用される（令和5年所法等改正附則19）。

7 贈与税の納税猶予を受けていた農地等、事業用資産又は非上場株式等

農地等や事業用資産又は非上場株式等の生前一括贈与を受けた場合には、一定の条件に該当すると贈与税の納税猶予が認められるが、その贈与者が死

亡した場合は、贈与を受けた者が被相続人から相続又は遺贈によってその財産を取得したものとみなされて、①農地等にあっては相続開始時の価額で、②事業用資産や非上場株式等にあっては、贈与時の価額でそれぞれ相続税が課税される（措法70の5①、70の6の9①、70の7の3①、70の7の7①。385頁も参照）。

* 事業用資産や非上場株式等は後継者の経営努力によって変動することから、贈与税の納税猶予を受けている受贈者に係る贈与者が死亡した場合には、贈与時の価額で相続税の課税価格を計算することとされている。農地等と事業用資産や非上場株式等とでは、相続税の課税価格が異なるゆえんである。

8 教育資金の一括贈与の非課税特例を受けていた場合における管理残額

直系尊属から教育資金の一括贈与を受けていた場合には、一定の条件の下に贈与税が非課税となるが（1,500万円を限度）、教育資金管理契約期間中に贈与者が死亡した場合（受贈者が23歳未満である場合等は除く。）には、その死亡日における非課税拠出額から教育資金支出額（学校等以外の者に支払われる金銭については500万円を限度とする。）を控除した残額のうち、その死亡前3年以内にその贈与者から取得した信託受益権又は金銭等の価額でこの「教育資金の非課税」の特例の適用を受けたものに対応する金額（管理残額）については、受贈者が相続又は遺贈により取得したものとみなされる（措法70の2の2⑫⑬）。

* 教育資金の一括贈与の非課税については、162頁を参照されたい。
* 受贈者が23歳未満である場合等であっても、贈与者に係る相続税の課税価格の合計額が5億円を超えるときは、管理残額は、相続又は遺贈により取得したものとみなされ、贈与者の死亡に係る相続税の課税対象に含まれる（措法70の2の2⑫⑬）。

9 結婚・子育て資金の一括贈与の非課税特例を受けていた場合における管理残額

直系尊属から結婚・子育て資金の一括贈与を受けていた場合には、一定の条件の下に贈与税が非課税となるが（1,000万円を限度）、結婚・子育て資金管理契約の終了の日までに贈与者が死亡した場合には、死亡日における非課税拠出額から結婚・子育て資金支出額（結婚に際して支払う金銭については300万円を限度とする。）を控除した残額（管理残額）については、受贈者が相続又は遺贈により取得したものとみなされる（措法70の2の3⑫）。

＊結婚・子育て資金の一括贈与の非課税については、164頁を参照されたい。

10 相続税の非課税財産

相続税は、原則として、相続や遺贈によって取得した全ての財産が課税の対象となるのであるが、相続や遺贈によって取得した財産の中には、社会政策的な見地や国民感情などからして、相続税の課税対象とすることが適当でないものもある。相続税法等の規定によって非課税財産とされるものは、次のとおりである。

(1) 財産の性質、国家的見地又は国民感情から非課税とするもの

① 皇位とともに皇嗣が受けた物（三種の神器など、相法12①一）

② 墓地、霊びょう、祭具、仏壇など（相法12①二）

庭内神し、神たな、神体、神具、仏壇、位はい、仏像、仏具、古墳等で日常礼拝の用に供されているものをいうが、商品、骨とう品又は投資の対象として所有しているものは含まれない（相基通12-2）。

裁判例の紹介⑬

庭内神しの敷地部分は、相続税法12条１項２号の「墓所、霊びょう又は祭具並びにこれらに準ずるもの」に当たるとされた事例

（東京地裁平成24年６月21日判決・判時2231号20頁〔確定〕）

1　事案の概要

　X（原告）は、被相続人を亡L（平成19年３月16日死亡）とする相続に係る相続税につき、相続財産である土地のうち、弁財天及び稲荷を祀った各祠（以下、両者を併せて「本件各祠」という。）の敷地部分（以下「本件敷地」という。）を相続税法12条《相続税の非課税財産》１項２号の非課税財産とする内容を含む申告及び更正の請求をした。所轄税務署長はこれに対して、納付すべき税額を申告額よりも減じるものの、本件敷地は非課税財産に当たらないとして、本件更正請求に係る税額を上回る税額とする減額更正処分をした。本件は、Xがこれを不服として、国Y（被告）を相手取り、本件処分の取消しを求めた事案である。事実の概要は、次のとおりである。

① 　亡Lは、P市Q町の宅地572.73平方メートル（以下「本件土地」という。）を所有し、自宅敷地の用に供していた。

② 　本件相続に係る共同相続人は、いずれも亡Lの子であるXら３名である。

③ 　本件土地の北側部分には、本件各祠が設置されており、本件敷地の面積は、合計21平方メートルである。

　　なお、本件土地は、周囲を塀等で囲まれており、亡Lの親族以外の者が、本件各祠に自由に参拝することはできない。

2　判決の要旨

イ　相続税法12条１項２号にいう「これらに準ずるもの」とは、その文理からすると、「墓所」、「霊びょう」及び「祭具」には該当しないものの、その性質、内容等がおおむね「墓所、霊びょう及び祭具」に類したものをいうと解され、さらに、相続税法12条１項２号が、祖先祭祀、祭具承継といった伝統的感情的行事を尊重し、これらの物を日常礼拝の対象としている民俗又は国民感情に配慮する趣旨から、あえて「墓所、霊びょう又は祭具」と区別して「これらに準ずるもの」を非課税財産としていることからすれば、截然と「墓所、霊びょう又は祭具」に該当すると判断することができる直接的な祖先祭祀のための設備・施設でなくとも、当該設備・施設を日常礼拝することにより間接的に祖先祭祀等の目的に結びつくものも含むものと解される。そうすると、「これらに準ずるもの」には、庭内神し、神たな、神体、神具、仏壇、位はい、仏像、仏具、古墳等で日常礼拝の用に供しているものであって、商品、骨とう品又は投資の対象として所有するもの以外のものが含まれるものと解される。前提事実によれば、本件各祠は、少なくとも庭内神しに該当するのであるから、上記の「これらに準ずるもの」に該当することは明らかであり、この点について当事者間に争いはない。

ロ　庭内神しとその敷地とは別個のものであり、庭内神しの移設可能性も考慮すれば、敷地が当然に「これらに準ずるもの」に含まれるということはできない。しかし、本件非課税規定の趣旨並びに「墓所」及び「霊びょう」の解釈等に鑑みれば、庭内神しの敷地のように庭内神し等の設備そのものとは別個のものであっても、そのことのみを理由としてこれを一律に「これらに準ずるもの」から排除するのは相当ではなく、当該設備とその敷地、附属設備との位置関係や当該設備の敷地への定着性その他それらの現況等といった外形や、当該設備及びその附属設備等の建立の経緯・目的、現在の礼拝の態

様等も踏まえた上での当該設備及び附属設備等の機能の面から、当該設備と社会通念上一体の物として日常礼拝の対象とされているといってよい程度に密接不可分の関係にある相当範囲の敷地や附属設備も当該設備と一体の物として「これらに準ずるもの」に含まれるものと解すべきである。

ハ　前提事実で認定した本件敷地及び本件各祠の位置関係及び現況等によれば、本件各祠は、庭内神しに該当するところ、本件敷地は、①本件各祠がコンクリート打ちの土台により固着されてその敷地となっており、しかも本件各祠のみが存在しているわけではなく、その附属設備として石造りの鳥居や参道が設置され、砂利が敷き詰められるなど、外形上、小さな神社の境内地の様相を呈しており、②本件各祠やその附属設備は、建立以来、本件敷地から移設されたこともなく、その建立の経緯をみても、本件敷地を非課税財産とする目的でこれらの設備の建立がされたというよりは、真に日常礼拝の目的で本件各祠やその附属設備が建立されたというべきであるし、祭事にはのぼりが本件敷地に立てられ、現に日常礼拝・祭祀の利用に直接供されるなど、その機能上、本件各祠、附属設備及び本件敷地といった空間全体を使用して日常礼拝が行われているといえる。このような本件各祠及び本件敷地の外形及び機能に鑑みると、本件敷地は、本件各祠と社会通念上一体の物として日常礼拝の対象とされているといってよい程度に密接不可分の関係にある相当範囲の敷地ということができる。以上からすると、本件敷地は、本件非課税規定にいう「これらに準ずるもの」に該当するということができる。

〔コメント〕

「庭内神し」とは、屋敷内にある神の社や祠等といった神体を祀り日常礼拝の用に供されているものをいい、神体とは不動尊、地蔵尊、道祖神、庚申

塔、稲荷等で特定の者又は地域住民等の信仰の対象とされているものをいう。

従前の課税実務では、相続税法12条1項2号に規定する「墓所及び霊びょう」には、墓地、墓石及びおたまやのようなもののほか、これらのものの尊厳の維持に要する土地その他の物件を含むものとして取り扱うとともに（相基通12－1）、「庭内神し」そのものは、同条1項2号の「これらに準ずるもの」に該当するが（相基通12－2）、その敷地については、居宅の敷地の一部（庭園）であることから、非課税財産に該当しないこととされていた。

この点について、本判決は、①当該設備とその敷地との位置関係や定着性その他それらの現況等といった外形や、②当該設備等の建立の経緯・目的、現在の礼拝の態様等も踏まえた上での当該設備及び附属設備等の機能の面から、当該設備と社会通念上一体の物として日常礼拝の対象とされているといってよい程度に密接不可分の関係にある相当範囲の敷地や附属設備も当該設備と一体の物として「これらに準ずるもの」に含まれるものと判示したのである。本判決を踏まえて、国税庁は、「庭内神し」の設備と社会通念上一体の物として日常礼拝の対象とされているといってよい程度に密接不可分の関係にある相当範囲の敷地や附属設備である場合には、その敷地及び附属設備は、その設備と一体の物として相続税の非課税財産に該当するものとして取り扱うとしている（国税庁HP・質疑応答事例「庭内神しの敷地等」参照）。

(2) 公益性の立場から非課税とするもの

宗教、慈善、学術その他公益を目的とする事業を営む者が相続又は遺贈によって取得した財産で、その公益を目的とする事業の用に供することが確実なものは非課税とされている（相法12①三）。

この場合の「公益を目的とする事業」とは、①社会福祉事業、②更生保護事業、③学校教育法1条による学校（小学校、中学校、高等学校、大学、高等専門学校、特別支援学校及び幼稚園をいう。）を設置し、運営する事業、④その他の宗教、慈善、学術その他公益を目的とする事業で、その事業活動によっ

て文化の向上、社会福祉への貢献その他公益の増進に寄与することが著しいと認められる事業をいう（相令2）。

ただし、公益を目的とする事業を行う者が次に該当する場合には非課税とならない（相令2）。

① 個人であるとき……その者又は親族その他特別関係者に施設の利用、余裕金の運営など特別な利益を与えること。

② 個人とみなされる人格のない社団又は財団であるとき……(i)役員構成、選任方法その他事業の運営の基礎となる重要事項について、その事業の運営が特定の者又は親族その他特別関係者の意思に従ってなされていると認められる事実があること、(ii)機関の地位にある者、財産の遺贈をした者又はこれらの親族その他特別関係者に対して施設の利用、余裕金の運営など特別な利益を与えること。

* 幼稚園の教育用財産については非課税の特例がある（相令附則4）。

なお、その財産を取得した公益事業を営む者が取得後2年以内に公益事業の用に供していない場合には、その財産の価額（取得した時の時価）が相続税の課税対象となる（相法12②、相基通12-7）。

(3) 公益信託の受託者が遺贈により取得した財産

公益信託に関する法律2条《定義》1項1号に規定する公益信託の受託者が遺贈により取得する財産（その信託財産として取得したもの）は、非課税財産となる（相法12①四）。

* 公益信託に関する法律（令和6年法律第30号）2条では、次のように定めている。
  ① 「公益信託」とは、受益者の定め（受益者を定める方法の定めを含む。）のない信託であって、公益事務を行うことのみを目的とするものをいう。
  ② 「公益事務」とは、学術の振興、福祉の向上その他の不特定かつ多数の者の利益の増進を目的とする事務をいう。

(4) 社会政策的な見地から非課税とするもの

イ　心身障害者共済制度に基づく給付金の受給権（相法12①四）

「心身障害者共済制度」とは、地方公共団体の条例において定められた制度であって、①心身障害者の扶養者を加入者とし、②その加入者が地方公共団体に掛金を納付することにより、③その地方公共団体が心身障害者のために給付金を定期的に支給することを定めているものをいう（相令2の2、所令20②）。

ロ　**相続人が受け取った生命保険金等のうち一定の金額**（相法12①五）

相続人が取得した生命保険金等のうち、次の金額は非課税財産となる。相続人には、相続を放棄した者や相続権を失った者（相続欠格、廃除された者）は含まれない（相法15②）。

① 全ての相続人が取得した生命保険金等の合計額が「生命保険金等の非課税限度額」以下である場合……全ての相続人が取得した生命保険金等の全額

生命保険金等の非課税限度額

生命保険金等の非課税限度額＝500万円×法定相続人の数

＊　「法定相続人」とは、①相続を放棄した者であっても、その放棄がなかったとした場合の相続人をいい、②被相続人に実子がいるときは養子1人、実子がいないときは養子2人までを法定相続人の数として計算する（相法15②）。

② 全ての相続人が取得した生命保険金等の合計額が「生命保険金等の非課税限度額」を超える場合……次の算式によって計算した金額

各相続人の生命保険金等の非課税金額

$$生命保険金等の非課税限度額 \times \frac{その相続人が取得した生命保険金等の合計額}{全ての相続人が取得した生命保険金等の合計額}$$

生命保険金等の非課税限度額の計算

設問 被相続人甲の相続人は、次の図のとおりである。甲の死亡によって生命保険会社から、①乙に2,000万円、②Aに1,000万円、③Bに500万円、④Cに1,200万円、④Dに800万円がそれぞれ支払われた。その保険料は甲が全額負担しているが、各相続人の相続税の課税価格に算入される金額はいくらか。なお、Bは相続を放棄している。

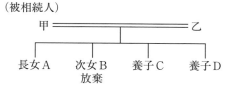

計算

① 非課税限度額の計算

　500万円×4人（乙、A、B及びC又はDのいずれか）＝2,000万円

② 各相続人の非課税金額の計算

　乙　2,000万円× $\dfrac{2,000万円}{2,000万円＋1,000万円＋1,200万円＋800万円}$ ＝800万円

　A　2,000万円× $\dfrac{1,000万円}{2,000万円＋1,000万円＋1,200万円＋800万円}$ ＝400万円

　C　2,000万円× $\dfrac{1,200万円}{2,000万円＋1,000万円＋1,200万円＋800万円}$ ＝480万円

　D　2,000万円× $\dfrac{800万円}{2,000万円＋1,000万円＋1,200万円＋800万円}$ ＝320万円

　Bは、相続を放棄しているから、非課税金額がない。

③ 各相続人の課税価格に算入される生命保険金等の額

　乙　2,000万円－800万円＝1,200万円

　A　1,000万円－400万円＝600万円

B 500万円
C 1,200万円 − 480万円 = 720万円
D 800万円 − 320万円 = 480万円

ハ 相続人が受け取った退職手当金等のうち一定の金額（相法12①六）

相続人が取得した退職手当金等のうち、次の金額は非課税財産となる。相続人には、前述の生命保険金等の場合と同様、相続を放棄した者や相続権を失った者（相続欠格、廃除された者）は含まれない（相法15②）。

① 全ての相続人が取得した退職手当金等の合計額が「退職手当金等の非課税限度額」以下である場合……全ての相続人が取得した退職手当金等の全額

退職手当金等の非課税限度額

$$退職手当金等の非課税限度額 = 500万円 \times 法定相続人の数$$

＊ 法定相続人については、生命保険金等の場合と同様である（102頁参照）。

② 全ての相続人が取得した退職手当金等の合計額が「退職手当金等の非課税限度額」を超える場合……次の算式によって計算した金額

各相続人の退職手当金等の非課税金額

$$退職手当金等の非課税限度額 \times \frac{その相続人が取得した退職手当金等の合計額}{全ての相続人が取得した退職手当金等の合計額}$$

退職手当金等の非課税限度額の計算

設問 被相続人甲の相続人は、次の図のとおりである。甲の死亡によって甲が経営していた会社から、退職手当金4,000万円が支払われた。退職給与規程等では支給を受ける者が定められていないので、①乙に2,800万円、②Bに700万円、③Eに500万円が支給された。各相続人の相続税の課税価格に算入される金額はいくらか。なお、EとFは相続を放棄している。

（被相続人）

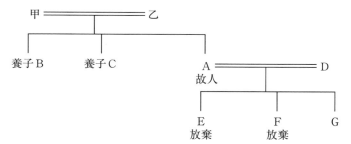

計算

① 非課税限度額の計算

500万円×5人（乙、B又はCのいずれか、E、F、G）＝2,500万円

② 各相続人の非課税金額の計算

乙　2,500万円 × $\dfrac{2,800万円}{2,800万円+700万円}$ ＝2,000万円

B　2,500万円 × $\dfrac{700万円}{2,800万円+700万円}$ ＝500万円

Eは、相続を放棄しているから、非課税金額がない。

③ 各相続人の課税価格に算入される退職手当金等の額

乙　2,800万円－2,000万円＝800万円

B　700万円－500万円＝200万円

E　500万円

ニ　国等に寄附した相続財産

　相続税の申告書の提出期限までに国等に寄附した相続財産は、非課税財産となる（措法70①）。ただし、その寄附した者又はその親族（これらの者と特別の関係にある者を含む。）の相続税や贈与税の負担が不当に減少する結果となると認められる場合は、この特例が適用されない（措法70①）。

　寄附の相手先は、❶国及び地方公共団体、公益社団法人若しくは公益財団法人その他の公益事業を行う法人のうち、教育若しくは科学の振興、文化の向上、社会福祉への貢献その他公益の増進に著しく寄与するものとして政令で定めるもの（以下「特定の公益法人等」という。）又は❷認定NPO法人等に限られる（措法70①⑩、措令40の3）。

　なお、上記❶の特定の公益法人等や❷認定NPO法人等に対する寄附は、その法人が寄附を受けてから2年を経過した日までに、①特定の公益法人等に該当しないこととなったとき、又は②寄附を受けた財産を2年を経過した日において公益を目的とする事業の用に供していないときは、この特例が適用されない（措法70②）。

　　＊　香典返しに代えてする贈与については、この特例は適用されない（措通70－1－9）。
　　＊　この特例を受けるためには、相続税の申告書に適用を受ける旨を記載し、寄附財産の明細書などを添付しなければならない（措法70⑤）。

ホ　公益信託の信託財産に支出した財産

　相続又は遺贈により取得した財産の全部又は一部を相続税の申告期限までに、公益信託に関する法律2条《定義》1項1号に規定する公益信託の信託財産とするために支出した場合には、その支出をした者（親族その他特別の関係がある者を含む。）の相続税又は贈与税の負担が不当に減少する結果となると認められる場合を除いて、支出した財産の価額は、非課税財産となる（措法70③）。

ただし、相続財産を受け入れた公益信託がその受入れの日から2年を経過した日までに終了（信託の併合による終了を除く。）をした場合又はその公益信託の受託者がその受け入れた相続財産を同日までにその公益信託事務の用に供しない場合若しくは供しなくなった場合には、その相続財産の価額は、相続又は遺贈に係る相続税の課税価格の計算の基礎に算入する（措法70④）。

裁判例の紹介⑭

相続財産の寄附を受けた公益法人が当該財産につき公益を目的とする事業の用に供しているかどうかが争われた事例

（大阪高裁平成13年11月1日判決・判時1794号39頁〔確定〕）

1　事案の概要

　　X（原告・控訴人）は、平成6年11月16日、相続により取得したA社株式を財団法人Bの基本財産に組み入れることを指定して寄附をし、相続税の申告に当たっては、A社株式を課税価額に算入していなかった。税務署長Y（被告・被控訴人）は、A社株式が無配であることから、平成6年11月16日から2年を経過した日においても、A社株式が公益を目的とする事業の用に供されているとは認められないとして、A社株式の相続開始時の価額8億5,557万円を課税価額に算入して相続税の更正処分をした。

2　判決の要旨

　　相続税法の課税原則、一定財産に対する非課税制度の趣旨・目的・措置法70条1項、2項の内容、構造等に見ると、同条2項にいう「公益を目的とする事業の用に供されていない場合」とは、租税回避行為のほか、当該贈与の対象となった財産をその性格に従って当該事業の

用に供するために実際に使用収益処分していない場合をいうと解するのが正当である。これを本件においてみると、財団法人Ｂは、平成6年11月16日にＸから本件寄附を受けたが、その後2年間を経過した日までＡ社株式について配当を受けたことがないほか、これを使用収益処分したことがないものと認められる。そうすると、措置法70条2項の適用があり、同条1項の規定にかかわらず、Ａ社株式の価額は、本件相続税の課税価格の計算の基礎に算入すべきである。

〔コメント〕

　租税特別措置法通達70－1－13《「公益を目的とする事業の用に供する」ことの意義》は、公益を目的とする事業の用に供されているかどうかにつき、「贈与財産が、その贈与の目的に従って当該公益法人の行う公益を目的とする事業の用に供されているかどうかによるものとし、贈与財産が贈与時のままでその用に供されているかどうかを問わないものとする。」とした上で、贈与財産が株式や著作権などのように、その財産の性質上その財産を公益事業の用に供することができないものである場合には、その配当金や印税収入などその財産から生ずる果実の全部が当該公益法人の事業の用に供されていることがそれらの財産管理、運用の状況等から確認できるときは、事業供与要件を満たすものとしている。

　本件の第一審京都地裁平成12年11月17日判決（訟月47巻12号3790頁）は、寄附財産について完全な支配の移転があり、寄附先である公益法人の基本財産に組み入れられている場合には事業供与要件を満たしていると判断したが、本判決は寄附を受けた公益法人が当該株式に係る配当を受けたことがなく、その他使用収益に当たる行為を行っていないから、事業供与要件を満たしていないとして、原審の判断を覆したものである。相続財産が公益事業の用に供されているかどうかの判断に参考となろう。

ヘ　災害により被害を受けた財産

　相続又は遺贈により取得した財産について、相続税の申告書の提出期限前に災害により甚大な被害を受けた場合で、次のいずれかに該当するときは、その財産の価額は被害を受けた部分の価額を控除して計算する（災免法6、災免令12①）。相続又は遺贈により取得した財産について、相続税の申告書の提出期限後に災害により甚大な被害を受けた場合には、相続税額のうち被害を受けた部分の税額が免除される（災免法4、災免令11①）。

① 　相続税の課税価格の計算の基礎となった財産の価額（債務控除後の価額）のうち、被害を受けた部分の価額の占める割合が10分の1以上であるとき

② 　相続税の課税価格の計算の基礎となった動産等の価額のうち、被害を受けた部分の動産等の価額の占める割合が10分の1以上であるとき

　　＊　「動産等」とは、①動産（金銭及び有価証券を除く。）、②不動産（土地及び土地の上に存する権利を除く。）、③立木をいう（災免令11①二）。

　　＊　「災害等」とは、震災、風水害、落雷、火災その他これらに類する災害をいう（災免法1）。

　　＊　この特例の適用を受けるためには、被害の状況及び被害を受けた部分の価額を相続税の申告書に記載しなければならない（災免令12③）。

第4章　贈与税の課税の対象

1　贈与により取得した贈与財産

　贈与税は、個人から贈与（遺贈を除く。）により財産を取得した者に課される国税（相続税を補完するもの）であるから、贈与税の課税財産は、相続税の課税財産と同様に、民法の規定により贈与により取得した財産である。これを「本来の贈与財産」という。土地、家屋、株式、特許権などの物権、債権、無体財産権、信託受益権、電話加入権などの一切の財産が贈与税の課税対象となる（相法2の2）。

> **裁判例の紹介⑮**
>
> 被相続人と内縁関係にある者が相続人から受け取った金員は、贈与により取得した財産に該当するか否かが争われた事例
> （大阪地裁昭和52年7月26日判決・行集28巻6＝7号745頁〔確定〕）
>
> 1　事案の概要
> 　X（原告）は、昭和初年頃よりAの世話になり、昭和22年頃よりAと同じ家屋に居住してその身の回りを世話し、昭和41年にAが病床に就いてからは付添看病をしていたところ、Aは昭和47年3月10日に死亡した。そこで、Aの相続人らは、昭和48年春頃、生前のAとXとの関係を考慮し、Xに対し当面の生活に必要な資金として300万円を支

払った。しかし、Xは、Aの広大な居宅についての居住権、財産分与請求権、慰謝料請求権があり、付添看護料請求権もあるなどと主張して1,000万円（前記300万円を含む。）の支払を要求したので、Aの相続人らは、Aの相続人及び関係先等に対するXの一切の財産上の請求を打ち切らせることが利益と考えて1,000万円の支払を承諾し、昭和47年12月26日に残余の700万円を支払った。

税務署長Y（被告）は、1,000万円の支払が贈与に当たるとして、昭和49年7月2日付けでXに対し贈与税の決定処分及び無申告加算税の賦課決定処分をした。

2　判決の要旨

認定事実によると、300万円は、Aの相続人らがXの生前のAに対する貢献に対し感謝する動機で法律上の対価なく支払われたものであり、この認定を覆すに足る証拠は存しないから、Xの右300万円の受領は贈与によるものというべきであり、Yの本件各処分は右300万円に関する限度では正当である。ところが、Aの相続人らは、XよりXのA及び相続人らに対する一切の権利の存しないことの確認（この確認は、同時にこの権利が仮に存在していた場合にはこの権利を放棄する趣旨と解される。）が得られなければ、700万円を支払うことはしなかったものであることは認定のとおりであるから、Xの右権利不存在確認、放棄は、Aの相続人らの700万円の支払合意と対価関係にあるというべきであって、700万円の支払約束は無償で対価なくされた贈与契約ということはできない。したがって、Xの700万円の受領は相続税法にいう贈与によるものということはできない。

Yは、Xの主張した財産分与、立退料、付添看護料、慰謝料請求権を認めることはできないから、1,000万円の支払はすべて贈与によるものであると主張する。しかしながら、財産の取得が相続税法にいう「贈与」によるものであるかは、民法における贈与と同様に、当事者

の意図によって定められるものであって、本件のように、当事者がある権利の不存在確認、放棄を金員支払約束の対価とした場合に、その権利が客観的に存在していたか否かは、当事者の対価とする意図が仮装のものではないかの事実認定に影響し、あるいは相続税法7条によりその金員支払が贈与によるものと擬制されるかの判断に影響することがあるとしても、それ自体が相続税法の「贈与」性の判断に直接影響を与えるものではない。本件において、Yは右の対価合意が仮装のものである旨の主張をしていないし、しかも認定事実によれば、XはAの内縁の妻であったから、従前Aと同居していた居宅にA死亡後も居住する権利があるとAの相続人らに主張したことには、全く理由がなかったとはいえないのであり、また、当事者双方が弁護人を代理人として交渉したことなどを考慮すると、前記の権利不存在確認、放棄を対価としたことが仮装のものとは認められない。この点のYの主張には理由がない。

〔コメント〕

　我が国の民法は法律婚主義を採っているので、被相続人と内縁関係にある者が相続財産の中から支弁を受けた金員は、遺贈によるものを除いて、相続により取得した財産に該当しない。相続財産は、いったん相続人に帰属し、その財産の中から被相続人と内縁関係のある者が相続以外の原因（贈与など）により取得したことになるのである。本判決は、贈与が無償による財産の移転であるところ、Xが取得した700万円は対価性のある金員であるから贈与に当たらないとして、贈与税の課税処分を取り消している。これとは事案が異なるが、名古屋高裁昭和62年7月28日判決（税資159号304頁〔確定〕）は、内縁関係にある夫からの5,000万円の受領は慰謝料、立替金、家事労働報酬及び付添看護の報酬である旨の納税者の主張を排斥し、贈与による取得であると認定している。

なお、婚姻の取消し又は離婚による財産の分与によって取得した財産については、原則として贈与税が課税されないが、分与する財産の額が過当である場合や、離婚を手段として贈与税等のほ脱を図る場合には、贈与税の課税対象となり得る（相基通9－8）。

＊ 相続放棄の申述をした者が、その後、他の相続人との間の遺産分割協議により遺産を取得した場合、当該遺産は贈与により取得したことになるとしたものに、東京地裁平成4年4月16日判決（税資189号78頁〔確定〕）がある。

裁決例の紹介⑯

自家用車の購入に際して息子名義で登録したことは購入資金の贈与に該当するかどうかが争われた事例

（国税不服審判所平成27年9月1日裁決・裁決事例集100号）

1 事案の概要

原処分庁Yは、審査請求人Xの父Fが購入した車両についてX名義で登録されていることから、Xが贈与によって取得したと認められるとして贈与税の決定処分等をしたのに対し、Xは、単なる名義貸しであり贈与はないなどとしてその全部の取消しを求めた。以下の事実は、XとYとの間に争いがない。

① 自動車の小売業者（ディーラー）宛ての「新車注文書」には、買主・注文者をF、使用者名義をXとし、代金○○○○円で注文する旨が記載されている。

② 自動車検査証の「所有者の氏名又は名称」欄にXの氏名が記載されている。

③ 本件車両の代金の全額がF名義の普通預金口座から支払われた。

2 Yの主張

イ　本件車両はその代金全額をＦが負担しているのに、Ｘ名義で登録されているから、相続税法基本通達（以下「相基通」という。）9－9《財産の名義変更があった場合》により、原則として贈与として取り扱うこととなる。

ロ　本件車両の名義をＸとして登録したことが過誤に基づき又は軽率にされたものであり、取得者等の年齢その他により当該事実を確認できるに足る証拠は認められないため、昭和39年５月23日付け直審（資）22「名義変更等が行われた後にその取消し等があった場合の贈与税の取扱いについて」（以下「本件通達」という。）を適用することはできない。

3　Ｘの主張

イ　本件車両はＦが自己資金で取得した単独所有物であり、ＸもＦもそのように認識している。このことは、本件車両の購入手続や税金及び維持費の支払はＦが全て行っている反面、Ｘは２、３回運転したことがあるだけで他に何もしていないことからも明らかである。Ｘが本件車両の名義人とされたのは、Ｘ名義で登録すれば装備品の優遇が受けられたからである。

ロ　ＸやＦは、調査担当職員から本件車両の購入代金相当額が贈与税の課税対象となるとの指摘を受けたことから、調査担当職員に対して、本件車両の真の所有者はＦであり、本件通達に従い直ちに本件車両の登録名義をＦに変更する旨の意思を複数回にわたって表明したが、「それは税務調査中ですので待ってください。」と調査担当職員から言われたので、これに従っていた。それにもかかわらず、Ｙは、Ｘに対して、何らの説明もしないまま、本件決定処分等を行った。

4　裁決の要旨

イ　相基通９－９は、贈与が親族間で行われることが多く贈与である

か否かの事実認定が困難であることや、贈与税も相続税も課税できないという事態を避ける必要性があることを踏まえ、一般に不動産登記等の名義（外観）が権利関係を公示するものであることに着目し、通常は外観と実質が一致すること、すなわち財産の名義人とされている者がその真実の所有者であるとの経験則が存することを前提として、他の者の名義で新たに財産を取得した場合等には、反証がない限り、名義と実質が一致するものとして贈与があったことを事実上推認する取扱いを定めたものであると解され、当審判所においても相当と認められる。したがって、反証として上記推認の前提となる経験則の適用を妨げる事情の存在が認められる場合には、上記推認は働かないことになる。

ロ　本件車両の代金全額をFが負担しているのに自動車検査証にはXの名義で登録されており、相基通9－9に定める「他の者の名義で新たに不動産、株式等を取得した場合」に該当するから、反証のない限り、FからXへの贈与として取り扱われる。そこで、反証の成否について検討する。

ハ　①Fは購入特典の利用のためにX名義を使用したと推測されること、②Fが本件車両をXに贈与する動機はなかったと認められること、③Fは本件車両の取得資金を出捐し、売却に際してはその売却代金を自ら受領・費消するとともに、本件車両に係る維持管理費用を全て負担していたことなどが認められる。これらの諸事情を総合すると、本件車両の贈与の不存在について反証がされているといえるから、Xは本件車両の贈与を受けたとは認められない。

ニ　本件通達は、相基通9－9の要件を満たしているにも関わらず課税庁の立場から贈与として取り扱わない場合を類型化したものにすぎず、相手方による反証はこれに限定されるものではないところ、本件においてはその反証がされている。

〔コメント〕

　課税実務では、財産の名義変更があった場合で対価の支払が行われていないとき、又は他人名義で財産を取得したときは、原則として、名義人となった者が贈与によりその財産を取得したものとされる（相基通9－9）。ただし、①名義人となっている事実を知らないこと、②名義人が財産を使用収益又は管理運用をしていないことのほか、③他人名義としたことが過誤に基づき又は軽率にされたものであり、かつ、それが取得者等の年齢その他により確認できるときは、これらの財産に係る最初の贈与税の申告若しくは決定又は更正の日前にこれらの財産の名義を取得者等の名義にした場合に限り、これらの財産については、贈与がなかったものとして取り扱うこととしている（昭和39年5月23日付け直審（資）22ほか個別通達「名義変更等が行われた後にその取消し等があった場合の贈与税の取扱いについて」1、4）。

　本裁決は、相続税法基本通達9－9《財産の名義変更があった場合》につき、「他の者の名義で新たに財産を取得した場合等には、反証がない限り、名義と実質が一致するものとして贈与があったことを事実上推認する取扱いを定めたものと認められる。」とした上で、贈与事実の不存在についての反証が認められると判断している。実務の参考となろう。

* 　贈与契約が合意により取り消され又は解除された場合においても、原則として、当該贈与契約に係る財産の価額は、贈与税の課税価格に算入するのであるが、税務署長において当該贈与契約に係る財産の価額を贈与税の課税価格に算入することが著しく負担の公平を害する結果となると認められる場合に限り、当該贈与はなかったものとして取り扱うことができる。その事由の一つに、贈与契約の取消し又は解除が当該贈与のあった日の属する年分の贈与税の申告書の提出期限までに行われたものであり、かつ、その取消し又は解除されたことが当該贈与に係る財産の名義を変更したこと等により確認できる場合がある（昭和39年7月4日付け直審（資）34ほか個別通達「『名義変更等が行われた後にその取消し等があった場合の贈与税の取扱いについて』通達の運用について」4）。

2　贈与による財産の取得時期

　贈与は、当事者の一方（贈与者）が自己の財産を無償で与える意思表示をし、相手方（受贈者）がこれを受諾することによって成立する契約である（民549）。この贈与契約には、①口頭によるものと、②書面によるものがあり、口頭による契約は、履行しない限り、いつでも取消しが可能である（民550）。そこで、贈与による財産の取得時期については、実務上、次のように取り扱われている（相基通1の3・1の4共－8〜11）。

① 　書面による贈与……贈与契約の効力が生じた時
② 　口頭による贈与……贈与の履行があった時
③ 　停止条件付贈与……条件が成就した時
④ 　農地等の贈与……農地等の所有権の移転について農地法上の許可があった日又は届出の効力が生じた日
⑤ 　贈与の時期が明確でない場合……登記又は登録（鉱業権については鉱業原簿の登録）があった時

裁判例の紹介⑰

主張・立証責任の分配の観点から金地金の贈与の時期が判定された事例
（京都地裁平成27年10月30日判決・税資265号順号12750〔確定〕）

1　事案の概要
　イ　本件は、X（原告）が乙（Xの父）から平成18年4月4日に金地金25kgの贈与を受けたとして、税務署長が平成18年分贈与税の決定処分をしたのに対し、上記金地金は、①平成6年6月12日頃、②平成12年7月20日頃、③平成16年12月6日頃の3回にわたり贈与を受

けたものであるとして、国Y（被告）を相手取り同処分の取消しを求めた事案である。

ロ　Xは、平成18年4月4日、G社において、乙から贈与を受けた25kgの金地金（以下「本件金地金」という。）をXの夫であるD名義により5,552万円余で売却した。Yは、「贈与…による財産の取得の時」とは、書面によらない贈与の場合は、「その履行が完了し、受贈者が贈与された財産を自己の財産として現実に支配管理し自由に処分することができる状態に至った時と解すべきである。」とした上で、「Xは、平成18年4月4日に、本件金地金を売却しているから、Xが本件金地金を自己の財産として現実に支配管理し自由に処分することができる状態に至ったことが外形的かつ客観的に認められるのは同日である。」旨の主張をしている。

2　判決の要旨

イ　課税処分取消訴訟においては、その訴訟物は課税処分の取消原因としての違法性一般（適法性の欠缺一般）、すなわち、処分の主体、内容、手続、方式等実体上及び手続上のすべての面における違法であると解される。したがって、Xは、課税処分を主体、名宛人、主文等によって特定し、それが「違法」である旨主張すれば、これによって訴訟物は特定され、請求原因に係る主張としては足り、これに対し、Yは、租税債権の発生原因事実として、課税処分が実体上及び手続上の適法要件を具備していることを抗弁として主張立証しなければならない。これを本件についてみると、金地金の贈与の時期（贈与税の納税義務の成立時期）が争点になっており、Xは、一応、①平成6年6月12日頃、②平成12年7月20日頃、③平成16年12月6日頃の3回にわたる贈与を主張しているが、上記の主張立証責任の分担からして、Xが上記3回の贈与につき立証責任を負担しているものではなく、Yが平成18年4月4日の贈与の立証責任を負担して

いるのであって、Xとしては、Yの上記立証に合理的な疑いを生ぜしめ、これを不奏功にしさえすれば足りるものである。

ロ　贈与税の納税義務は、「贈与…による財産の取得の時」に成立すると規定され（通則法15②五）、「贈与…された時」とはされていない。この趣旨は、贈与税が受贈者の担税力に着目して課される税であることから、受贈者が当該贈与によって現実に担税力を取得するに至った時に課税する点にあると解される。そして、書面によらない贈与がされた場合、その履行が終わるまでは、各当事者がいつでも自由に撤回することができるため（民法550）、その履行完了前は、贈与の目的とされた財産の確定的な移転があったということができないから、受贈者が現実に担税力を取得するに至ったとまで評価することはできない。そうすると、贈与税の納税義務の成立時期は、書面によらない贈与の場合は、その履行が完了した時と解するのが相当である。Yは、書面によらない贈与について、「贈与…による財産の取得の時」とは、①贈与の履行が完了し、②受贈者が贈与された財産を自己の財産として現実に支配管理し自由に処分することができる状態に至った時と解すべきであるとか、③「財産の取得」があったか否かは、適正な納税義務の履行等を期すために、外形的かつ客観的に明らかな事実に基づいて判断すべきであるなどと主張している。しかしながら、真に、「贈与」契約が成立したのであれば、その後、受贈者が贈与された財産を自己の財産として支配管理し自由に処分することができるのは、上記①を待つまでもなく、贈与の性質上、当然のことであって、上記②のような要件をあえて付加する必要はない。むしろ、このような要件を付加することは、贈与契約自体は成立しているのに、法律上の障害ではなく、事実上の障害によって贈与された財産を自由に処分することができないような場合にまで、贈与契約の成立を否定するようなことになりかねず、

「贈与」の概念を混乱させることになり妥当ではない。上記②のような要件は、あくまで、「贈与」契約が成立したか否かの事実認定において考慮されるべき事柄である。

ハ　平成6年6月12日頃に乙から金地金13kgの贈与を受けたとするD（Xの夫であり、乙の経営していたE社の元代表取締役）の証言をあながち虚偽として排斥する根拠に乏しく、平成18年4月4日に本件金地金（25kg）のうち13kgの贈与を受けたとするYの立証には合理的な疑いが残るといわざるを得ない。また、平成12年7月20日頃に乙から金地金5kgの贈与を受けたとするDの証言は信用でき、平成18年4月4日に本件金地金（25kg）のうち5kgの贈与を受けたとするYの立証には合理的な疑いが残るといわざるを得ない。証人Dは、本件金地金のうち7kgについては、平成16年12月6日頃、乙から贈与を受けた旨証言するが、上記贈与に関しては、当該時期に贈与が行われたことについての一応の動機が存在するのに（E社の代表取締役就任の祝儀としての金地金25kgにつき、一旦乙に戻した上でその翌日に13kgに減らして贈与、F（XびDの子）の養子縁組の協議離縁に関する迷惑料（謝罪金）としての贈与）、この件のみ存在しないのはそれ自体不自然である。しかも、Xがその裏付けとして主張するのは、本件明細書のみであるが、その記載も平成16年11月25日より後の時点での各金地金保有量については、これを認めるに足りる的確な証拠がないし、残余の15.9kgの所在も不明である。そうすると、本件金地金のうち7kgの贈与時期が平成16年12月6日ではなく、平成18年4月4日であったとしても、本件明細書記載の各出来事との間に矛盾が生じるものではなく、本件明細書をもって、平成16年12月6日に本件金地金のうち7kgの贈与及び引渡しがあったことを十分に窺わせる証拠とは認め難い。以上によれば、本件処分は、本件金地金のうち7kgに係る部分は適法であり、本件金地金のうち13kg及び

> 同5kgに係る部分は違法となる。

〔コメント〕

　書面によらない贈与は、その履行が終わらないうちは、各当事者においていつでもこれを取り消すことができる（民550）から、「贈与により財産を取得した時」とは、贈与の履行が終わった時を意味し、課税実務もこのように取り扱っている（相基通1の3・1の4共－8(2)）。もっとも、本件において、Yは、「書面によらない贈与は、親族間でされることが多く、課税庁が贈与の事実を把握することが困難であるところ、納税義務の履行を納税者の恣意に委ねることなく、適正な納税義務の履行、徴税の確実を期すためには、『財産の取得』があったか否かは、外形的かつ客観的に明らかな事実に基づいて判断するべきである。」とした上で、「本件金地金を売却しているから、Xが本件金地金を自己の財産として現実に支配管理し自由に処分することができる状態に至ったことが外形的かつ客観的に認められるのは同日である。」と主張する。しかし、本判決は、Yの主張につき、「親族間の贈与のように、秘密裏に行われることが多い贈与の場合に、課税の便宜のみが強調され、実際の贈与の時期より明らかに遅い時期を贈与の時期と認定し、その結果、『贈与』の概念を混乱させることにつながることになり、妥当ではない」と説示している。その上で、主張・立証責任の分配という観点から、本件金地金25kgのうち18kgの贈与の時期は、課税庁の認定した時期と異なると判断している。

　＊　立証責任については、52頁を参照されたい。

> **裁判例の紹介⑱**
>
> 有価証券の取得は低額譲受けに該当するとして贈与税の決定処分がされた後に、当該契約の錯誤無効を理由に処分の取消しを求めることができ

るか否かが争われた事例

（高松高裁平成18年2月23日判決・訟月52巻12号3672頁）

1 事案の概要

　Aは、平成9年2月21日、有限会社D鉄工所（Aとその夫であるBが中心となって設立した会社であり、両名の子であるCが代表取締役を務めていた同族会社である。以下「D社」という。）の出資口1,125口（以下「本件出資口」という。）を所有していたところ、Cの子で当時19歳であった孫X（原告・控訴人・上告人）に対し、本件出資口を1口当たり1万5,000円、売買代金額1,687万5,000円で売却する旨の売買契約（以下「本件売買契約」という。）を締結した。Xは、平成13年9月12日、国税調査官から本件出資口は1口当たり1万5,000円ではなく10万2,590円と評価すべきであり、低額譲受けに当たるから贈与税5,775万9,700円が課される旨の指摘を受けた。そこで、Aらは、平成13年10月21日、①本件売買契約に重大な錯誤があったので無効であること、②D社の出資者名簿をAに戻す手続をすること、③XがAに対しその売買代金1,687万5,000円を返還することを内容とする確認書を作成し、D社の臨時社員総会の承認決議を経た上で、同年11月23日、Xは、Aの預金口座に1,687万5,000円を振り込み、D社は社員名簿を訂正した。

　これに対し、税務署長Y（被告・被控訴人・被上告人）は、平成14年2月15日付けで贈与税の決定処分及び無申告加算税の賦課決定処分を行った。そこで、Xは、本件売買契約が錯誤により無効であるなどと主張して、Yに対し、本件決定処分等の取消しを求めた。

　なお、Xは、Aに対し、平成13年12月17日と翌年2月20日の両日に、D社から受けた配当金を返還している。

2 判決の要旨

　イ　本件売買契約当時の本件出資口の実際の価値は、1口当たり10万

2,590円といえるから、本件売買代金額が実際の価値と比べて低額であることは一見明白であるが、Xは、本件売買契約のために約700万円の借入れを起こしていたこと等からすると、本件出資口の1口当たり1万5,000円がその実際の価値に見合った適正な金額であり、Xが贈与税を課されることはないと誤信していたからこそ本件売買契約を締結したものというべきである。したがって、そのような誤信がなければ、本件売買契約を締結することはなかったものといえるのであって、本件売買契約において、本件出資口の実際の価値及びXが贈与税を課されないことは、Xらにとって重要な要素であったといえる。

ロ Xらは、本件売買契約を締結するに当たり、売買代金額やXに贈与税が課されるか否かについて、税理士等の専門家に相談するなどして十分に調査、検討をすべきであったにもかかわらず、相談するなどしなかった点において、過失があることは否定できないところである。しかしながら、Xらが税理士等の専門家に相談するなどしなかったのは、余命幾ばくもないCが自分なりに調査をし、税務署に相談に行って了解を得た旨の話をしたことなどから、本件出資口の本件売買代金額を1口当たり1万5,000円とすることを了承したものであって、一応の調査、検討はしているのであるから、当時のXらの置かれている立場や年齢を考慮すると、Xらの上記け怠が著しく不注意であって重大な過失であると認めることはできない。

ハ 我が国は、申告納税方式を採用し、申告義務の違反や脱税に対しては加算税等を課している結果、安易に納税義務の発生や原因となる法律行為の錯誤無効を認めて納税義務を免れさせたのでは、納税者間の公平を害し、租税法律関係が不安定となり、ひいては申告納税方式の崩壊につながるのである。したがって、納税義務者は、納税義務の発生の原因となる私法上の法律行為を行った場合、当該法

律行為の際に予定していなかった納税義務が生じたり、当該法律行為の際に予定していたものよりも重い納税義務が生じることが判明した結果、この課税負担の錯誤が当該法律行為の要素の錯誤に当たるとして、当該法律行為が無効であることを法定申告期間を経過した時点で主張することはできないものと解するのが相当である。

〔コメント〕

本件の第一審高知地裁平成17年2月15日判決（訟月52巻12号3697頁）は、「Xらは、本件売買契約締結に当たり、本件出資口の売買代金額が実際の価値に見合った適正な金額であり、Xが贈与税を課されることはないと誤信したものであるが、その誤信について重大な過失があるため、本件売買契約は無効とならない。」として、Xの請求を棄却した。これに対し、本判決は、Xらが錯誤に陥ったことに重大な過失はないとしつつも、法定申告期限経過後は、私法上の法律行為について錯誤による無効を主張して課税を免れることはできないと判示したのである。

なお、本件はXにより上告及び上告受理申立てがなされたが、上告審最高裁平成18年10月6日第二小法廷決定（税資256号順号10525〔確定〕）は上告棄却、上告不受理とした。

また、本判決と理由が異なるが、「贈与税は、贈与契約等の原因行為そのものにではなく、その結果として取得した経済的成果に担税力を認めて課税するものであるから、仮に原因行為が実体的に無効であるとしても、当該経済的成果が原因行為の無効を基因として現実に除去されない限り、贈与税の課税物件（課税客体）を欠くことにはならないものと解するのが相当である。」としたものがある（東京高裁平成13年3月15日判決・訟月48巻7号1791頁、最高裁平成14年6月28日第二小法廷決定・税資252号順号9150〔確定〕）。そのほか、所得税に関してではあるが、「納税者の譲渡行為が無効で、その行為により生じた経済的成果がその行為の無効であることに基因して失われたときは、

右所得は格別の手続を要せず遡及的に消滅するが、譲渡契約が後に合意解除された場合であっても、譲渡価額相当額の金員が契約の相手方に返還されてなく、契約によって生じた譲渡収入が現実に消滅していない場合には、所得としての課税の対象となる。」と判示したものもある（最高裁平成2年5月11日第二小法廷判決・訟月37巻6号1080頁〔確定〕）。

本件では、課税処分の時点において経済的成果が失われているが、それにもかかわらず課税処分は維持されると結論付けている。

なお、当初の遺産分割による申告に錯誤があったとして改めて遺産分割をした場合には、そのことを理由に更正の請求ができるかどうかが争われた事例については、東京地裁平成21年2月27日判決を参照されたい（317頁）。

裁判例の紹介⑲

土地建物を贈与する旨の公正証書は、真実贈与の意思で作成されたものではなく、所有権移転登記の時期に贈与があったとされた事例

（名古屋高裁平成10年12月25日判決・訟月46巻6号3041頁）

1　事案の概要

本件は、税務署長Y（被告・被控訴人・被上告人）がX（原告・控訴人・上告人）に対し不動産の贈与を受けたことを理由に贈与税決定処分及び無申告加算税賦課決定処分をしたのに対し、Xが、当該不動産の贈与を受けたのはその処分よりも約8年前であるから、同処分は課税時期を誤った違法な処分であると主張して、その処分の取消しを求めた事案である。事実の概要は、次のとおりである。

①　Xの父であるAは、本件不動産を所有していた。

②　XとAは、昭和60年3月14日、次のような不動産贈与契約公正証

書を作成した。

> 第壱条　贈与者Aは、その所有にかかる後記不動産を受贈者に贈与し、受贈者は、これを受諾した。
> 第弐条　贈与者は、受贈者に対し前条の不動産を本日引き渡し、受贈者はこれを受領した。
> 第参条　贈与者は、受贈者から請求があり次第、本物件の所有権移転の登記申請手続をしなければならない。
> 第四条　前条の登記申請手続に要する費用は、受贈者の負担とする。

③　Xは、平成5年12月13日、Aから本件不動産について昭和60年3月14日の贈与を原因とする所有権移転登記を受けた（以下「本件登記手続」という。）。

④　Yは、Xに対し、平成5年分贈与税額を1億935万円余とする決定処分及び無申告加算税の賦課決定処分をした。

2　判決の要旨

　本来、不動産の贈与の場合、所有権移転登記を経由するのが所有権を確保するための最も確実な手段である。したがって、贈与が行われたにもかかわらず、何らかの事情により登記を得られないときや、登記のみでは明らかにできない契約内容などが存在するときに、あえて公正証書を作成する意義があるものと解される。本件公正証書記載の贈与契約は、公正証書作成日に贈与がなされ、不動産の引渡義務の履行も即時終了したことになっており、贈与に係る特段の負担などないのであって、典型的な贈与契約であるから、登記のみでは明らかにできない契約内容とは認められない。また、AとXとの間で贈与が行われたにもかかわらず、登記することができなかったことをうかがわせる事情も認められない。したがって、本件公正証書記載の贈与であれば、本来、所有権移転登記をすれば足りるのであって、あえて公正証

書を作成する合理的な必要性はなかったものと認められる。本件公正証書記載のとおり、昭和60年3月14日に贈与されたとすると、贈与税の法定納期限は昭和61年3月15日であるところ、本件登記手続がなされたのは平成5年12月13日であるから、本件登記手続は、本件公正証書記載の贈与時期を基準にすれば、贈与税の徴収権が時効消滅した後になされたことが認められる。本件公正証書は、将来、XがAから本件不動産の所有権移転登記を受けて、Yが本件不動産の贈与の事実を覚知しても、Xが贈与税を負担しなくても済むようにするために作成されたものであることが認められる。以上のとおり、Aには本件公正証書記載のとおり本件不動産を贈与する意思はなかったものと認められ、他方、Xは、本件公正証書は将来本件不動産を贈与することを明らかにした文書にすぎないという程度の認識しか有しておらず、本件公正証書作成時に本件不動産の贈与を受けたという認識は有していなかったものと認められる。そうすると、AがXに対し本件不動産を贈与したのは、書面によらない贈与によるものということになるが、書面によらない贈与の場合には、その履行の時に贈与による財産取得があったと見るべきである。そして、不動産が贈与された場合には、不動産の引渡し又は所有権移転登記がなされたときに履行があったと解される。

〔コメント〕

　本件では、本件土地建物の贈与については、昭和60年3月14日付けの公正証書が存在するが、平成5年12月13日まで所有権移転登記を経由していないところ、①公正証書を作成しなければならない格別の理由はなく、②登記を不可能とする事情もなく、③贈与者であるAが贈与税を免れる目的で公正証書を作成した旨陳述していること、④登記名義をいつ移すかは、Aの意思にかかっており、受贈者Xが自由に使用・収益・処分し得る地位になかったこ

と等の事実に徴すると、公正証書は、将来、本件不動産をXに贈与しても贈与税がかからないようにするためにのみ作成されたのであって、Aがその記載どおりに不動産を贈与する意思はなかったものと認められ、Xも、公正証書作成時に贈与を受けたという認識は有しておらず、公正証書によって贈与がされたとは認められないと認定されている。

　このような認定から、本判決は、AがXにした贈与は、書面によらない贈与によるものであり、所有権移転登記手続の行われた平成5年12月13日に贈与の履行があり、Xは、不動産を贈与により取得したと見るべきであると結論付けている（上告審最高裁平成11年6月24日第一小法廷決定（税資243号734頁〔確定〕）は上告棄却とした。）。

　これと類似のものに、不動産贈与契約公正証書に記載された土地（贈与財産）が相続財産に該当するかどうかが争われた神戸地裁昭和56年11月2日判決（税資121号218頁〔確定〕）がある。同判決は、公正証書が作成された当時の家庭状況、経済状況のほか、公正証書作成後の当該贈与財産の管理処分状況、当該贈与財産以外の財産に係る贈与税の申告や所有権移転の事実を摘示して、被相続人には公正証書に記載されているように、その作成時点で直ちに当該贈与財産を贈与するという意思はなく、受贈者もこのことを了知していたものと推認されるとした上で、公正証書作成時に贈与契約は成立していない旨の判断をしているところである。

3　みなし贈与財産

　相続税法では、本来の贈与財産のほか贈与によって取得したとみなされる財産についても、贈与税の課税財産としている（相法5〜9）。これを「みなし贈与財産」という。

　その趣旨は、私法上の贈与契約によって財産を取得したものではないが、贈与と同じような実質を有する場合に、贈与の意思がなければ贈与税を課税

することができないとするならば、課税の公平を失することになるので、この不合理を補うために、実質的に対価を支払わないで経済的利益を受けた場合においては、贈与契約の有無にかかわらず贈与により取得したものとみなし、これを課税財産として贈与税を課することとしたものである。みなし贈与財産には次のものがある。

(1) 生命保険金等

　生命保険契約又は損害保険契約の死亡保険金を受け取った場合で、保険料の全部又は一部が保険金受取人以外の者によって負担されたものであるときは、その保険事故が発生した時に、保険金受取人が、次の算式によって計算した部分の金額を保険料の負担者から贈与によって取得したものとみなされる（相法5①）。生命保険契約又は損害保険契約（傷害を保険事故とするものに限る。）について返還金その他これらに準ずるものの取得があった場合も同様である（相法5②、相令1の5）。ただし、①自動車損害賠償責任保険に基づく保険金等、②損害賠償責任に関する保険契約等に基づく保険金等は、みなし贈与財産から除かれる（相令1の4）。

　　＊　次に掲げる保険又は共済の契約（これらに類する契約を含む。）に基づき支払われるいわゆる死亡保険金のうち契約者の損害賠償責任に基づく損害賠償金に充てられることが明らかである部分については、「損害賠償責任に関する保険又は共済に係る契約に基づく保険金」に該当する（相基通5－4）。
　　①　自動車保険搭乗者傷害危険担保特約
　　②　分割払自動車保険搭乗者傷害危険担保特約
　　③　月掛自動車保険搭乗者傷害危険担保特約
　　④　自動車運転者損害賠償責任保険搭乗者傷害危険担保特約
　　⑤　航空保険搭乗者傷害危険担保特約
　　⑥　観覧入場者傷害保険
　　⑦　自動車共済搭乗者傷害危険担保特約

　　＊　被保険者の死亡により受け取った生命保険金のうち、被保険者が保険料の負担者となっていたものについては、贈与税ではなく、相続税の課税対象となる（相法3①、82頁参照）。

$$\text{生命保険金等の額} \times \frac{\text{被保険者又は受取人以外の者が負担した保険料の額}}{\text{払込保険料の総額}} = \text{みなし贈与財産の額}$$

(2) 定期金

郵便年金契約等の定期金の支払事由が発生した場合で、その契約の掛金又は保険料を定期金受取人以外の者が負担しているときは、支払事由の発生した時に、次の算式によって計算した部分の金額を定期金受取人が贈与により取得したものとみなされる（相法6①）。継続受取人として「保証期間付定期金に関する権利」を取得した場合も同様である（相法6③）。

$$\text{定期金に関する権利の価額} \times \frac{\text{定期金受取人以外の者が負担した掛金等の額}}{\text{支払事由の発生の時までに払い込まれた掛金等の総額}} = \text{みなし贈与財産の額}$$

＊ 定期金に関する権利の価額等については、443頁を参照されたい。

(3) 低額譲受け

著しく低い価額の対価で財産を譲り受けた場合には、その財産を譲り受けた時に、その対価と財産の時価との差額に相当する金額をその財産を譲り受けた者が贈与により取得したものとみなされる（相法7）。ただし、その財産を譲り受けた者が資力を喪失して債務を弁済することが困難であるため、その弁済に充てる目的でその扶養義務者から譲り受けたものであるときは、その債務を弁済することが困難である部分の金額に限り、贈与により取得したものとはみなされない（相法7ただし書）。

なお、遺言により財産を低額で譲り受けた場合には、その対価と財産の時

価との差額に相当する金額を遺贈によって取得したものとみなされ、相続税の課税財産となる（以下、(4)及び(5)についても同じ。）。

* 「資力を喪失して債務を弁済することが困難である場合」とは、その者の債務の金額が積極財産の価額を超えるときのように社会通念上債務の支払が不能（破産手続開始の原因となる程度に至らないものを含む。）と認められる場合をいう（相基通7－4）。
* 「債務を弁済することが困難である部分の金額」は、債務超過の部分の金額から、債務者の信用による債務の借換え、労務の提供等の手段により近い将来において当該債務の弁済に充てることができる金額を控除した金額をいうのであるが、特に支障がないと認められる場合においては、債務超過の部分の金額を「債務を弁済することが困難である部分の金額」として取り扱って妨げない（相基通7－5）。

裁判例の紹介⑳

「著しく低い価額」とは、時価の２分の１未満の価額をいうのか否かが争われた事例

（横浜地裁昭和57年7月28日判決・訟月29巻2号321頁）

1　事案の概要

　X（原告・控訴人）は、昭和51年2月10日付けでA（義兄）より甲土地（456㎡）を500万円で購入し、同年11月27日付けでB（実兄）より乙土地（489㎡）を700万円で購入した。税務署長Y（被告・被控訴人）は、昭和53年11月27日付けで、Xに対し上記の土地譲受けが相続税法7条《贈与又は遺贈により取得したものとみなす場合》に該当するとして、甲土地の相続税評価額1,287万円余及び乙土地の相続税評価額1,140万円余と譲受価額との差額について贈与税決定処分をした。

2　判決の要旨

　相続税法7条にいう著しく低い価額の意義については、所得税法59

条1項2号に係る同法施行令169条のような規定がないところ、相続税法7条は、著しく低い価額の対価で財産の譲渡を受けた場合には、法律的には贈与とはいえないとしても、実質的には贈与と同視することができるため、課税の公平負担の見地から、対価と時価との差額について贈与があったものとみなして贈与税を課することとしているのであるから、右の規定の趣旨をかんがみると、同条にいう著しく低い価額の対価に該当するか否かは、当該財産の譲受の事情、当該譲受の対価、当該譲受に係る財産の市場価額、当該財産の相続税評価額などを勘案して社会通念に従い判断すべきものと解するのが相当である。所得税法施行令169条は、同法59条1項2号の規定を受けて、著しく低い価額の対価として政令で定める額を資産の譲渡の時における価額の2分の1に満たない金額と規定しているが、これらの規定はどのような場合に未実現の増加益を譲渡所得として捉え、これに対して課税するのが適当という見地から定められたものであって、どのような場合に低額譲受を実質的に贈与とみなして贈与税を課するのが適当であるかという考慮とは全く課税の理論的根拠を異にするといわなければならない。したがって、前記所得税法の規定の文言と相続税法7条の低額譲受の規定の文言が同一であることや前記所得税法施行令の規定を根拠とすることはできないといわざるを得ない。

〔コメント〕

　相続税法7条《贈与又は遺贈により取得したものとみなす場合》は、「著しく低い価額」の対価で財産を譲り受けた場合には、その対価と時価との差額に相当する贈与があったものとみなす旨規定しているが、この場合の「著しく低い価額」については何らの定義もしていない。他方、所得税法では、個人が法人に対して譲渡所得等の基因となる資産を著しく低い価額の対価で譲渡した場合には時価によって譲渡したものとみなす旨規定されており（所

法59①)、この場合の「著しく低い価額」については、時価の2分の1未満であると明定されている(所令169)。

本件は、相続税法7条にいう「著しく低い価額」を、所得税法と同様に解してよいのかが争われたものであるが、本判決を含め多くの判決では、当該譲受けの事情、譲受価額と時価の対比、当該財産の市場価額の動向等を勘案して、実質的な贈与があったかどうかで判断すべきであるとしており、所得税法上の取扱いとは異なる捉え方を示している。

なお、本件はXにより控訴されたが、控訴審東京高裁昭和58年4月19日判決(税資130号62頁〔確定〕)は控訴棄却とした。

裁判例の紹介㉑

相続税評価額を対価とする親族間の土地の譲渡は、低額譲渡に当たるか否かが争われた事例

(東京地裁平成19年8月23日判決・判タ1264号184頁〔確定〕)

1 事案の概要

甲は、平成13年8月23日に訴外Aから本件土地を4億4,200万円(1㎡当たり51万5,700円)で購入していたところ、平成15年12月25日、妻であるX_1(原告)に対して本件土地の持分(85,775分の32,200)を代金8,902万円(相続税評価額に基づき1㎡当たり27万6,480円で算出した金額である。以下、X_2に対しても同じ。)で譲渡し、また、子であるX_2(原告)に対しても本件土地の持分(85,775分の13,300)を代金3,677万円で譲渡した。そして、甲は、本件各売買により1億1,611万円余の譲渡損失が生じたとして、これを他の所得と損益通算して平成15年分の所得税の確定申告をしたが、X_1及びX_2は、本件各売買に関して何ら

の税務申告等をしていなかった。そこで、所轄税務署長は、平成16年7月2日、X_1及びX_2に対し、平成15年分の贈与税の決定処分等をした。X_1及びX_2は、これを不服として、国Y（被告）を相手取り提訴した。

2 判決の要旨

イ 相続税法7条は、時価より「著しく低い価額」の対価で財産の譲渡が行われた場合に課税することとしており、その反対解釈として、時価より「低い価額」の対価での譲渡の場合には課税しないものである。これは、同条が、相続税の補完税としての贈与税の課税原因を贈与という法律行為に限定することによって、本来負担すべき相続税の多くの部分の負担を免れることになりかねない不都合を防止する目的として設けられた規定であることに加え、一般に、財産の時価を正確に把握することが必ずしも容易でなく、しかも、同条の適用対象になる個人間の取引においては、常に経済合理性に従った対価の取決めが行われるとは限らないことを考慮し、租税負担の公平の見地からみて見逃すことのできない程度にまで時価との乖離が著しい低額による譲渡の場合に限って課税することとしたものであると解される。そうすると、同条にいう「著しく低い価額」の対価とは、その対価に経済合理性のないことが明らかな場合をいうものと解され、その判定は、個々の財産の譲渡ごとに、当該財産の種類、性質、その取引価額の決まり方、その取引の実情等を勘案して、社会通念に従い、時価と当該譲渡の対価との開差が著しいか否かによって行うべきである。

ロ 相続税評価額は、時価と概ね一致すると考えられる公示価格と同水準の約80％とされており、時価より低い価額とされていることからすると、相続税評価額を対価として土地を譲渡することは、その面からみれば経済合理性に適ったものとはいい難い。しかし、80％

という割合は、社会通念上、一般に著しく低い割合とはみられていないといえるし、課税当局が相続税評価額（路線価）の80％を目途としているのは、1年間の地価が20％近く下落することもあり得るものと考えられているからである。そうすると、相続税評価額は、土地を取引するに当たり一つの指標となり得る金額であるというべきであり、これと同水準の価額を基準として土地の譲渡の対価を取り決めることに理由があり、少なくとも、そのようにして定められた対価をもって経済合理性のないことが明らかな対価ということはできない。

ハ　以上の検討によれば、相続税評価額を対価として土地の譲渡が行われた場合は、原則として、「著しく低い価額」の対価ということはできず、例外として、何らかの事情により当該土地の相続税評価額が時価の80％よりも低くなっており、それらが明らかであると認められる場合に限って、「著しく低い価額」の対価による譲渡となり得ると解すべきである。本件においては、例外的に相続税評価額を適用できないとする特段の事情があるとは認められないから、本件各売買の対価が相続税評価額に基づいて算出されていることについて「著しく低い価額」による対価とは認められない。

〔コメント〕

　かつてのバブル期においては、通常の取引価額と相続税評価額との開差に着目して、相続税評価額を少し上回る価額で不動産の譲渡等をすることにより贈与税の負担を免れる事例が少なくなかった。そこで、国税庁は、平成元年3月29日付け直評5ほか個別通達「負担付贈与又は対価を伴う取引により取得した土地等及び家屋に係る評価並びに相続税法第7条及び第9条の規定の適用について」通達（いわゆる「負担付贈与通達」）を発遣し、個人間において土地等が負担付贈与又は売買によって移転した場合には、当該土地等の

価額は、財産評価基本通達の定めによらず、通常の取引価額によって評価することとした。本件は、親族間において相続税評価額を対価として土地の売買が行われた場合に、みなし贈与課税の対象となるか否かが争われたものである。本判決は、いわゆる負担付贈与通達の適用については、同通達が「通常の取引価額」によって「時価」を評価することとしていること等には合理性があり正当であるが、「個々の事案に対して同通達をそのまま硬直的に適用するならば、結果として違法な課税処分をもたらすと考えられ、本件がそのような事例である。」として、Yの主張を排斥している。

* 本件土地の1㎡当たりの価額は、鑑定評価額44万3,000円、相続税評価額（路線価）36万円である。甲は、本件土地の持分をX_1らに譲渡するに当たって、次の算式により価額を決定している。

    1㎡当たり36万円（路線価）×0.96（奥行価格補正率）×（1 − 0.2）（借地権割合）＝27万6,480円（貸宅地の評価額）

裁判例の紹介㉒

同族会社の代表者が従業員から株式を額面価額で買い取った場合、時価と買取価額の差額が低額譲受けに当たるか否かが争われた事例

（仙台地裁平成3年11月12日判決・判時1443号46頁〔確定〕）

1 事案の概要

従業員持株制度を採用している同族会社甲社の代表取締役であるX（原告）は、昭和55年6月及び昭和56年1月に、従業員Aの退職に際して同人らから甲社株式3,400株及び31,200株を額面50円（売戻条件価額）で買い取った。税務署長Y（被告）は、相続税財産評価に関する基本通達（現行財産評価基本通達）に基づいて、甲社株式の純資産価額は1株当たり596円（昭和55年）及び681円（昭和56年）になるとして、

Xに対し贈与税の決定処分をした。

2　判決の要旨

　相続税法7条は、法律的にみて贈与契約によって財産を取得したものではないが、経済的にみて当該財産の取得が著しく低い対価によって行われた場合に、その対価と時価との差額については実質的に贈与があったとみ得ることから、この経済的実質に着目して、税負担の公平の見地から課税上はこれを贈与とみなす趣旨の規定であるというべきである。したがって、Xのいうような租税回避を目的とした行為に同条が適用されるのは当然であるが、それに限らず、著しく低い対価によって財産の取得が行われ、それにより取得者の担税力が増しているのに、これに対しては課税がされないという税負担の公平を損なうような事実があれば、当事者の具体的な意図・目的を問わずに同条の適用があるというべきである。認定事実によれば、本件株式について、Xはこれを2年以上にわたり保有し、本件株式の株主として配当を受けており、また、本件株式を保有することは、筆頭株主であったXの地位をより一層確固たるものにすることに役立つものであったといえるから、Xが本件株式を取得した際の動機・目的が次に株式を保有させるべき従業員が決まるまでの間一時的に保有するものであったとしても、Xは現実に本件株式の取得により右のような経済的利益を受けているものと認められ、本件株式の取得価格と本件株式の時価との差額分については、相続税法7条により贈与があったとみなされるべきである。

〔コメント〕

　相続税法7条の低額譲受けに該当するか否かの認定については、時価すなわち客観的な取引価格を基準としてこれを判定することになるが本件では、同族会社の代表者が自社株を従業員から額面金額で譲り受けた場合について、

純資産価額方式等による評価に比して著しく低額であるとされたものである。同条の適用については、生前贈与により相続税の租税回避を図る親族間の取引に限定されるべきであり、親族間を超えた取引が行われた場合には、同条項を適用すべきでないという考え方があり、Ｘもこの見解を主張したのであるが、本判決はこれを否定している。これと同種の判決に、さいたま地裁平成17年1月12日判決（税資255号順号9885〔確定〕）及び東京地裁平成19年1月31日判決（税資257号順号10622〔確定〕）がある。

＊　非上場会社Ａ社の会長が取引先の役員ＢにＡ社株式を1株当たり100円で譲渡したところ、Ａ社株式の売買実例1株当たり794円との差額は低額譲受けであるとしてＢに対して贈与税の決定処分をしたことの当否が争われた事案として、東京地裁平成17年10月12日判決（税資255号順号10156〔確定〕）がある。同地裁は、「仮に他の取引事例が存在することを理由に、評価通達の定めとは異なる評価をすることが許される場合があり得るとしても、それは、当該取引事例が、取引相場による取引に匹敵する程度の客観性を備えたものである等、例外的な場合に限られる。」とした上で、課税庁の算定した794円という時価については、「わずか3件程度の取引事例に基づいており、主観的な事情を捨象した客観的な取引価格を算定できるかどうかは疑問がある。」としてこれを否定し、財産評価基本通達に基づく配当還元方式によって算定した75円と本件の売買価格100円とを比較すると、本件取引は低額譲受けに当たらないとして課税処分を取り消している。

(4) 債務免除等

対価を支払わないで、又は著しく低い価額の対価で債務の免除、引受け又は第三者のためにする債務の弁済による利益を受けた場合には、これらの行為があった時に、その債務の免除、引受け又は弁済に係る債務の金額に相当する金額（対価の支払があった場合には、その価額を差し引いた金額）を債務の免除等を受けた者が贈与により取得したものとみなされる（相法8）。ただし、債務者が資力を喪失して債務を弁済することが困難であるため、①債務の免除を受けたとき、②その扶養義務者によって債務の引受け又は弁済を受けたものであるときは、その債務を弁済することが困難である部分の金額に限り、

贈与により取得したものとはみなされない（相法8ただし書）。

* 　病院事業を営む者が債務免除を受けた場合の利益について、旧所得税基本通達36－17の適用により非課税となるか否かが争われた事案として、大阪地裁平成24年2月28日判決（訟月58巻11号3913頁〔確定〕）がある。同地裁は、「相続税法8条ただし書1号は、同条本文の例外として、債務者が資力を喪失して債務を弁済することが困難である場合において、当該債務の全部又は一部の免除を受けたときは、その贈与により取得したものとみなされた金額のうちその債務を弁済することが困難である部分の金額については、同条本文の規定を適用しない旨を規定する。これは、債務者が経済的破綻状態に至った場合においてやむを得ず、又は道義的に行われた債務免除にまで贈与税が課されることは適当でないとの考えに基づいて定められた規定であるところ、債務者が資力を喪失して債務を弁済することが困難であるか否かの判断時期が債務免除の直前であることは、同規定の趣旨からも、またその文言からも明らかである。」と判示している。

　他方、最高裁平成27年10月8日第一小法廷判決（集民251号1頁）は、権利能力のない社団Xの理事長等の地位にあった者が当該社団からの借入金債務の免除を受けることにより得た利益（48億円余）について、所得税法28条《給与所得》1項にいう「賞与又は賞与の性質を有する給与」に当たるとした納税告知処分の当否が争われた事案である。同最高裁は、「本件債務免除当時にAが資力を喪失して債務を弁済することが著しく困難であったなど本件債務免除益を同人の給与所得における収入金額に算入しないものとすべき事情が認められるなど、本件各処分が取り消されるべきものであるか否かにつき更に審理を尽くさせるため、本件を原審に差し戻す」とし、その差戻控訴審広島高裁平成29年2月8日判決（民集72巻4号353頁）は、「本件債務免除当時（直前）の負債が52億7,7322万9,692円、資産が17億2,519万9,510円と認められるのであり、これによると、資産よりも負債が3倍以上と大幅に上回っており、Aが資力を喪失して本件債務全額を弁済することが著しく困難であったと認めることができるものの、本件債務免除により、Aは資産が負債を大幅に上回る状態になる。」とした上で、その上回った部分である12億8,479万1,053円は給与等に該当すると判断している（差戻上告審最高裁平成30年9月25日第三小法廷判決（民集72巻4号317頁〔確定〕）は上告棄却とした。）。

(5) その他の利益の享受

　対価を支払わないで、又は著しく低い価額の対価で利益を受けた場合には、その利益に相当する金額を贈与により取得したものとみなされる（相法9）。ただし、資力を喪失して債務を弁済することが困難であるため、その扶養義務者によって債務の弁済に充てるためになされたときは、その債務を弁済することが困難である部分の金額に限り、贈与により取得したものとはみなされない（相法9ただし書）。

　これに該当する主なものには、次のような利益がある。

① 　同族会社に対し無償で財産の提供があった場合や著しく低い価額で現物出資があった場合など、同族会社の株式等の価額が増加したときは、その株主等が増加した部分の金額を贈与により取得したものとみなされる（相基通9－2）。参考判決に、大阪地裁昭和53年5月11日判決（行集29巻5号943頁〔確定〕）がある。

② 　株主として新株引受権を与えられた者がその新株の引受けをしなかったことにより、その新株引受権が株主の親族等に与えられ、親族等が新株を引き受けた場合には、その親族等が新株引受権を贈与により取得したものとみなされる（相基通9－4）。参考判決に、神戸地裁昭和55年5月2日判決（訟月26巻8号1424頁）、その控訴審大阪高裁昭和56年8月27日判決（税資120号386頁〔確定〕）及び東京地裁平成8年12月12日判決（税資221号861頁）、その控訴審東京高裁平成9年6月11日判決（税資223号1002頁〔確定〕）がある。

③ 　特殊の関係がある者相互間において、無償又は無利子で土地、家屋、金銭等の貸与があった場合には、その貸与を受けた者が地代、家賃、利子等に相当する利益を贈与により取得したものとみなされる。ただし、課税上弊害がないと認められる場合などは、強いて課税しないこととされている（相基通9－10）。

　　＊ 　借地権の設定に際してその設定の対価として権利金その他一時金を支払

う取引の慣行のある地域において、権利金等を支払わずに土地の賃貸借契約を結び借地権の設定を受けた場合には、借地権に相当する経済的利益を贈与により取得したものとみなされる。ただし、その権利金等の支払に代えて、相当の地代（自用地価額に対しておおむね年6％程度の地代をいう。）を支払っている場合は、借地権の設定による経済的利益はないものとされる（相当地代通達1）。

④ 共有に属する財産の共有者の1人がその持分を放棄（相続の放棄を除く。）したとき、又は死亡した場合においてその者の相続人がないときは、その者に係る持分は、他の共有者がその持分に応じ贈与又は遺贈により取得したものとされる（相基通9-12）。

⑤ 配偶者居住権が消滅した場合（配偶者居住権を取得した配偶者と配偶者居住権の目的となっている建物の所有者との間の合意又は配偶者居住権の放棄）において、当該建物の所有者又は当該建物の敷地の用に供される土地（土地の上に存する権利を含む。）の所有者が対価を支払わなかったとき又は著しく低い価額の対価を支払ったときは、原則として、建物等所有者が配偶者居住権の価額に相当する利益又は当該土地を当該配偶者居住権に基づき使用する権利の価額に相当する利益に相当する金額（対価の支払があった場合には、その価額を控除した金額）を当該配偶者から贈与によって取得したものとされる（相基通9-13の2）。

⑥ 個人間で建物又は構築物の所有を目的とする土地の使用貸借があった場合（例えば、親の土地に子が家を建てるなど）においては、借地権の設定に際し、その設定の対価として通常権利金その他の一時金を支払う取引上の慣行がある地域であっても、当該土地の使用貸借に係る使用権の額は零として取り扱われる（昭和48年11月1日付け直資2-189ほか個別通達「使用貸借に係る土地についての相続税及び贈与税の取扱いについて」1）。借地権を有している者から、その借地権の目的となっている土地を使用貸借によって借り受け、その土地の上に建物等を建てる場合も同様である。したがって、使用貸借に係る土地又は借地権を相続や贈与によって

取得した場合には、その土地又は借地権は自用のものであるとした価額になる。

＊　国税不服審判所令和5年6月13日裁決（裁決事例集未登載）は、親子間で土地（1,800㎡）の使用貸借契約を締結した上で、親の行っていた貸駐車場事業を長男が承継して第三者に賃貸した場合について、相続税法9条が適用されるか否かが争われた事例である。同審判所は、「①本件各使用貸借契約の締結を含む一連の取引（本件各取引）において、請求人が特段の出捐をした状況は認められず、本件各取引は、本件被相続人が本件各駐車場の所有権の帰属を変えないまま、何らの対価も得ることなく、そこから生じる法定果実の帰属を請求人に移転させたものと評価できること、②本件被相続人は、自己所有の土地建物に請求人を無償で居住させるなどして、請求人に対してこれら不動産の使用収益の利益を付与しており、請求人は、本件被相続人から親族間の情誼により相当の援助を受けていたというべきであるところ、本件各取引に基づく本件各駐車場に関する法定果実収取権の付与も、これと同質のものであると認められること、③本件各使用貸借契約が締結された経緯をみると、賃料収入の蓄積による本件被相続人名義の将来の遺産の増加抑制を企図するとともに、当面の所得税等の節税も企図したものであると認められること、④本件各使用貸借契約の締結前後において、本件各駐車場の利用状況や、不動産管理業者を介しての管理状況自体に特段の変更があったとも認められないことなどを考慮すれば、本件収益を支配していたのは本件被相続人というべきであり、本件収益は本件被相続人に帰属する。したがって、本件収益を受領し請求人の財産が増加していることは、相続税法第9条に規定する『利益を受けた』場合に該当する。」と判断している。

裁判例の紹介㉓

社団医療法人の増資に係る出資の引受けは著しく低い価額の対価で利益を受けたことに当たるとされた事例

（最高裁平成22年7月16日第二小法廷判決・集民234号263頁〔確定〕）

1 事案の概要

イ　社団医療法人Ａ会（以下「本件法人」という。）の出資金額は、定款で１口当たり５万円と定められているところ、本件法人の理事長であったＢは、昭和63年５月、本件法人の出資のうち10口を代金１億1,497万円余でＸ₁（Ｂの長女であるＸ₂の夫。原告・控訴人・被上告人）に譲渡し、Ｘ₁はＢに代わって本件法人の理事長に就任した。

ロ　本件法人は、平成９年８月に定款を変更し、出資社員が退社時に受ける払戻し及び本件法人解散時の残余財産分配は、いずれも運用財産についてのみすることができ、解散時の残余財産のうちの基本財産は国又は地方公共団体に帰属するとの定めを置くとともに、これらの払戻し等に係る定款の定めの変更はできない旨の条項を置いた（以下、変更後の定款を「新定款」という。）。もっとも、基本財産と運用財産の各範囲に係る定款の定めは、上記条項による変更禁止の対象となっていない。

　なお、変更前の定款では、①出資社員の退社及び解散の場合には、出資額に応じて払戻しを請求できること、②退社社員に対する払戻しは、まず運用財産から支弁し、不足のあるときには基本財産を処分して支弁することとされていた。

ハ　本件法人の平成10年５月時点での総出資口数は110口（Ｂ98口、Ｘ₁12口）であるところ、定時社員総会で、出資口数を90口増加して200口とし（以下、この増資を「本件増資」という。）、Ｘ₁とＸ₂に対して各23口、Ｘ₁の子であるＸ₃とＸ₄（以下、４名を併せて「Ｘ₁ら」という。）に対して各22口が割り当てられたことから、Ｘ₁らは１口当たり５万円の出資金額を払い込んだ。

　なお、本件増資当時における本件法人の財産全体の評価は、基本財産24億円余であったが、運用財産は17億円余の債務超過となっており、全体で７億円であった。

ニ　税務署長Ｙ（被告・被控訴人・上告人）は、本件増資によりＸ₁ら が取得した本件法人の出資につき、その評価を１口当たり379万円 余と算出し、Ｘ₁らが１口当たり５万円の対価で出資を取得したこ とは、著しく低い価額の対価で利益を受けた場合に当たるとして、 その差額をＸ₁らが贈与により取得したものとし、贈与税の決定及 び無申告加算税の賦課決定をした。

2　判決の要旨

イ　医療法人は、相当の収益を上げ得る点で一般の私企業とその性格 を異にするものではなく、その収益は医療法人の財産として内部に 蓄積され得るものである。そして、出資社員に対する社団医療法人 の財産の分配については、剰余金の配当を禁止する医療法54条に反 しない限り、基本的に当該法人が定款で定め得るのであって、出資 社員が出資額に応じて退社時の払戻しや解散時の残余財産分配を受 けられる旨の定款の定めがある場合、特段の事情のない限り、出資 社員は総出資額中に当該出資社員の出資額が占める割合に応じて当 該法人の財産から払戻し等を受けられることとなる（最高裁平成22 年４月８日第一小法廷判決・民集64巻３号609頁参照）。標準的な出資 の権利内容を示したモデル定款は、出資社員は出資額に応じて払戻 し等を受け得るとするが、その対象となる財産を限定してはおらず、 多くの社団医療法人がこれに準じた定款を定めていることがうかが われるところである。上記権利内容は、自治的に定められる定款に よって様々な内容となり得る余地があるものの、その変更もまた可 能であって、仮にある時点における定款の定めにより払戻し等を受 け得る対象が財産の一部に限定されるなどしていたとしても、客観 的にみた場合、出資社員は、法令で許容される範囲内において定款 を変更することにより、財産全体につき自らの出資額の割合に応じ て払戻し等を求め得る潜在的可能性を有するものである。

ロ　持分の定めのある社団医療法人の出資は、定款の定めのいかんにかかわらず、基本的に上記のような可能性に相当する価値を有するということができる。財産評価通達194－2は、以上のような持分の定めのある社団医療法人及びその出資に係る事情を踏まえつつ、出資の客観的交換価値の評価を取引相場のない株式の評価に準じて行うこととしたものと解される。そうすると、その方法によっては当該法人の出資を適切に評価することができない特別の事情の存しない限り、これによってその出資を評価することには合理性があるというべきである。これを本件についてみると、本件法人は、もともと退社時の払戻しや解散時の残余財産分配の対象となる財産を本件法人の財産全体としていたところ、これを変更し、新定款において、上記払戻し等の対象となる財産を運用財産に限定したものである。新定款においては、上記払戻し等に係る定めの変更を禁止する旨の条項があるが、社団法人の性格にかんがみると、法令において定款の再度変更を禁止する定めがない中では、このような条項があるからといって、法的に当該変更が不可能になるものではない。また、前記のとおり、基本財産と運用財産の範囲に係る定めは変更禁止の対象とされていないから、運用財産の範囲が固定的であるともいえない。本件においては、本件増資時における定款の定めに基づく出資の権利内容がその後変動しないと客観的に認めるだけの事情はないといわざるを得ず、他に財産評価通達194－2の定める方法で新定款の下における本件法人の出資を適切に評価することができない特別の事情があることもうかがわれない。したがって、本件において、新定款下での本件法人の出資につき、基本財産を含む本件法人の財産全体を基礎として財産評価通達194－2の定める類似業種比準方式により評価することには、合理性があるというべきである。そして、上記の方式に基づく評価によれば、Yが上記出資の評

> 価を1口当たり379万円と算定したことに違法はなく、これによれば、X₁らは、本件増資に係る出資の引受により、著しく低い価額の対価で利益を受けたということができる。

〔コメント〕

　原審の東京高裁平成20年3月27日判決（税資258号順号10932）は、「本件法人の新定款では、その財産が基本財産と運用財産に明確に区分され、出資社員が退社した際の払戻しや本件法人の解散時における出資社員に対する財産の分配は、いずれも運用財産のみからされることになっているから、その評価の前提となる資産価値は運用財産を基準とすべきであって、運用財産が債務超過であること等を踏まえると、本件増資時点における本件法人の出資1口当たりの評価額は出資金額である5万円を上回るものではない」と説示して、課税処分を取り消している。これに対し、本判決は、定款の定めにより払戻し等を受け得る対象が財産の一部に限定されるなどとしていたとしても、客観的にみた場合、出資社員は、法令で許容される範囲内において定款を変更することにより、財産全体につき自らの出資額の割合に応じて払戻し等を求め得ること、法令において定款の再度変更を禁止する定めがない以上、新定款において払戻し等の対象となる財産を運用財産に限定したとしても、その定款変更が法的に不可能になるものではないなどを理由に、原審の判断を破棄している。本件法人は、B及びその親族であるX₁らが出資持分の全てを保有する同族支配の法人であり、その資産は基本財産を含めた全財産の価額が7億円であるところ、東京高裁は、定款の変更を理由に、その持分を運用財産（17億円余の債務超過）を基に純資産価額によって評価すべきであるとするが、この判断は説得力に欠けよう。新定款は、B及びX₁らによって変更することが容易であり、定款変更を禁止する規定は医療法等に設けられていないからである。

　＊　東京地裁平成23年6月3日判決（税資261号順号11697〔確定〕）は、被相続

人が死亡したことに伴い医療法人の社員たる資格を喪失したことから、当該法人の社員である相続人らの出資（持分）の価額が増加し、同人らは対価を支払わないで上記に係る利益を受けたものであるとして、みなし贈与（遺贈）を適用した事案について、課税処分は適法であると判示している。

裁判例の紹介㉔

同族会社に対して時価より著しく低い価額で財産が譲渡され、その譲渡を受けた会社の資産価額が増加した場合には、その会社の株主又は社員は、「対価を支払わないで又は著しく低い価額の対価で利益を受けた」といえるとされた事例

（東京地裁平成26年10月29日判決・訟月63巻12号2457頁）
（東京高裁平成27年4月22日判決・訟月63巻12号2435頁）
（最高裁平成28年10月6日第一小法廷決定・税資266号順号12912〔確定〕）

1 事案の概要

イ　X_1（原告・控訴人・上告人）は、平成17年3月31日当時、酒類食料品の卸売等を目的とするD社（株式会社）と不動産賃貸を目的とするE社（合名会社）及びF社（有限会社）の代表者であり、D社の株主、E社及びF社の社員である。X_2（原告・控訴人・上告人）は、X_1の子であり、D社の株主、E社の社員である。訴外Bは、X_1の母でX_2の祖母であり、平成17年3月31日までF社の社員であった。D社、E社及びF社は同族会社である。

ロ　Bは、平成17年3月31日、自己が有していたF社の出資の全部について代金を1口当たり3万9,235円として、次のとおり売却した。

・2万4,000口（譲渡先D社、代金9億4,146万円）

・2万3,995口（譲渡先E社、代金9億4,144万余円）
ハ　所轄税務署長は、上記ロの譲渡によりD社株式及びE社持分の価額が増加したとして、贈与税の決定処分をした。X_1及びX_2は、これを不服として国Y（被告・被控訴人・被上告人）を相手取り提訴した。

2　判決の要旨
(1)　第一審判決
　イ　相続税法9条は、贈与契約の履行により取得したものとはいえないが、関係する者の間の事情に照らし、実質的にみて、贈与があったのと同様の経済的利益の移転の事実がある場合に、租税回避行為を防止するため、税負担の公平の見地から、その取得した経済的利益を贈与により取得したものとみなして、贈与税を課税することとしたものであると考えられる。そして、相続税法基本通達9－2(4)の定めるように、同族会社に該当する会社に対する時価より著しく低い価額の対価で財産の譲渡がされるときには、当該譲渡をした者と当該会社ひいてはその株主又は社員との間にそのような譲渡がされるのに対応した相応の特別の関係があることが一般であり、このことを踏まえると、当該譲渡により譲渡を受けた会社の資産の価額が増加した場合には、当該会社の株主又は社員は、その株式又は出資の価額が増加することにより、実質的にみて、当該譲渡をした者から、その増加した部分に相当する金額を贈与により取得したものとみることができる。したがって、BからD社及びE社に対してされた本件各譲渡が時価より著しく低い価額の対価でされたものであり、それによって、同族会社であるD社及びE社の資産価額が増加し、その株式及び持分の価額が増加したとすれば、D社の株主であり、E社の社員であるX_1らについて、同法9条の規定を適用することが許されるものと解される。

ロ　各譲渡の時におけるＦ社の出資額（時価）は、１口当たりの価額８万1,204円というべきであるから、各譲渡により、Ｂは、Ｄ社に対し２万4,000口を９億4,194万円で譲渡し、また、Ｅ社に対し２万3,995口を９億4,144万円余で譲渡したものであって、本件各譲渡については、時価より著しく低い価額の対価でされたものであると認められる。

(2)　控訴審判決及び上告審決定
　　控訴審東京高裁平成27年４月22日判決は第一審の判断を維持し、上告審最高裁平成28年10月６日第一小法廷決定は上告棄却、上告不受理とした。

〔コメント〕

相続税法基本通達９－２（株式又は出資の価額が増加した場合）は、「同族会社の株式又は出資の価額が、例えば、次に掲げる場合に該当して増加したときにおいては、その株主又は社員が当該株式又は出資の価額のうち増加した部分に相当する金額を、それぞれ次に掲げる者から贈与によって取得したものとして取り扱うものとする。」旨の取扱いを明らかにしている。

①　会社に対し無償で財産の提供があった場合……財産の提供者
②　時価より著しく低い価額で現物出資があった場合……現物出資者
③　対価を受けないで会社の債務の免除、引受け又は弁済があった場合
　　……債務の免除、引受け又は弁済をした者
④　会社に対し時価より著しく低い価額の対価で財産の譲渡をした場合
　　……財産の譲渡者

本判決は、相続税法基本通達９－２は、相続税法９条の規定に該当する場合を例示したものとして定められたものと解されるから、このような場合には、同条に規定する「対価を支払わないで、又は著しく低い価額の対価で利益を受けた」と認められると判断しているのである。

* 父親の死亡に伴い父親が会員であった歯科医師会共済制度に基づき受給した死亡共済金がみなし贈与財産に該当しないとされた事例として、大阪高裁平成26年6月18日判決（税資264号順号12488〔確定〕）がある。同高裁は、「〔相続税法9条の趣旨は、〕実質的にみて贈与又は遺贈を受けたのと同様の経済的利益を享受している事実がある場合に、租税回避行為を防止するため、税負担の公平の見地から、…その取得した経済的利益を、当該利益を受けさせた者からの贈与又は遺贈によって取得したものとみなして、贈与税又は相続税を課税することとしたものと解される」ところ、「同条にいう『対価を支払わないで、…利益を受けた場合』というためには、贈与と同様の経済的利益の移転があったこと、すなわち、一方当事者が経済的利益を失うことによって、他方当事者が何らの対価を支払わないで当該経済的利益を享受したことを要する。」と説示した上で、控訴人（原告）の「父Bが本件共済制度に加入して本件負担金を納付しなければ、控訴人が本件共済金を受領できなかったということはできるが、…本件共済制度の負担金、その果実、手数料及びその他の原資は、福祉共済基金に組み入れられた上で、同基金が死亡共済金等の各種共済金等の支出に充てられていること、死亡共済金等の各種共済金の額は、会員である期間の長短や納付された負担金の総額の多寡にかかわらず、…、いずれも定額であることなどに鑑みると、父Bが納付した本件負担金に相当する経済的利益が控訴人に移転したという関係にはないから、本件負担金の納付と本件共済金の受給との間に、贈与と同様の経済的利益の移転があったということはできない。」から、当該共済金は一時所得として所得税の課税対象となると結論付けている。

(6) 信託に関する権利

「信託」とは、委託者が受託者に対して財産権の移転その他の処分をし、受託者が信託目的に従って受益者のために信託財産の管理・処分等をすることをいう。信託に関する権利については、以下のとおりとなる。

イ　信託課税の原則

(イ)　信託の効力が生じた場合

　適正な対価を負担せずに信託の受益者等となる者は、信託の効力が生じた時に、その信託に関する権利を信託の委託者から贈与により取得したものとみなされる（相法9の2①）。委託者の死亡に基因して信託の効力が生じた場合には、信託に関する権利を遺贈により取得したものとみなされる（みなし相続財産。以下、(ロ)から(ニ)に同じ。）。

　　＊　受益者等には、①受益者としての権利を現に有する者、及び②信託の変更をする権限を現に有し、かつ、その信託の信託財産の給付を受けることとされている者（特定委託者）が該当する（相法9の2①⑤、相令1の7）。
　　＊　信託に関する権利又は利益を取得した者は、その信託に係る信託財産に属する資産及び負債を取得し、又は承継したものとみなされて相続税法の規定が適用される（相法9の2⑥）。

(ロ)　受益者等の存する信託について、新たに信託の受益者等が存するに至った場合

　適正な対価を負担せずに新たに信託の受益者等となる者は、その受益者等が存するに至った時に、その信託に関する権利を信託の受益者等であった者から贈与等により取得したものとみなされる（相法9の2②）。

(ハ)　受益者等の存する信託について、一部の受益者等が存しなくなった場合

　適正な対価を負担せずに既に信託の受益者等である者がその信託に関する権利について新たに利益を受けることとなった場合は、その信託の一部の受益者等が存しなくなった時に、その利益を信託の一部の受益者等であった者から贈与等により取得したものとみなされる（相法9の2③）。

(ニ)　受益者等の存する信託が終了した場合

　適正な対価を負担せずにその信託の残余財産の給付を受けるべきこととなった者は、その信託の残余財産の給付を受けるべき者となった時に、その信託の残余財産を信託の受益者等であった者から贈与等により取得した

ものとみなされる（相法9の2④）。

裁判例の紹介㉕

米国ニュージャージー州法に準拠して孫を受益者とする信託の設定行為は相続税法4条1項にいう「信託行為」に当たるかどうかが争われた事例

（名古屋高裁平成25年4月3日判決・訟月60巻3号618頁）

1　事案の概要

　X（原告・被控訴人・上告人）は、日本国籍のAとBの二男として、平成15年12月16日、米国において生まれた米国籍のみを有し日本国籍を有しない男児である。F（Xの祖父）は、平成16年8月4日、Gとの間で、米国ニュージャージー州法に準拠して、Fを委託者、Gを受託者とする信託契約を締結した。そして、Fは、同月26日、本件信託における信託財産として券面額500万米国ドルの米国財務省短期証券をGに引き渡した。信託契約書の冒頭には、本件信託は、Fの子孫らのために設定された旨の記載があり、信託契約4条1項には、本件信託の受益者としてXの氏名が記載されている。また、信託契約7条1項には、委託者は、本トラストの目的を満たすための適切な投資戦略は生命保険証券への投資であると信ずる旨記載されている。

　Gは、平成16年9月15日、Aを被保険者とする生命保険契約を締結し、保険料として合計440万ドルを支払った。

　Xが平成16年分の贈与税の申告をしなかったところ、所轄税務署長は、本件信託により取得した財産の価額の合計額（課税価格）を5億4,565万円余とし、贈与税額を2億7,002万円余とする贈与税の決定処

分等をした。

2　判決の要旨

イ　相続税法4条1項の「信託行為」は、これを定義する規定が置かれていないから、特段の事情のない限り、通常用いられる用法により解釈するのが相当である。本件においても、信託行為は、信託法により規定されている概念であるので、相続税法4条1項の「信託行為」は、信託法による信託行為を意味するものと解するのが相当である。信託法1条によれば、信託とは、委託者が、信託行為によって、受託者に信託財産を帰属させ、同時にその財産を一定の信託目的に従って受益者のために管理処分すべき拘束を加えるところにより成立する法律関係であると解されるところ、本件信託も、委託者であるFが、本件信託の設定行為により、受託者であるGに本件信託財産である本件米国債を帰属させ、受益者とされるXのために管理処分すべき拘束を加えたものと認められるので、本件信託の設定行為は、相続税法4条1項にいう「信託行為」に当たると認められる。

ロ　相続税法4条1項は、いわゆる他益信託の場合において、受益権（信託受給権及び信託監督的権能）を有する者に対し、信託行為があった時において、当該受益者が、その受益権を当該委託者から贈与により取得したものとみなして、課税する旨の規定であると解される。そして、本件信託契約4条1項は、受託者は、自己の裁量により、Xが生存する限りにおいて、Xの教育、生活費、健康、慰安及び安寧のために妥当と思われる金額を元本及び収益から支払うとしているのであるから、本件信託の設定時において、Xは、信託受給権を有するものとされていたと認められる。また、本件信託契約5条8項によれば、受託者は、受益者の合理的な要請に対して、本件信託の財産、負債、収入及び支出に関する情報等の受益者の利益

に関連する本件信託の管理に関する詳細事項を受益者に提供するものとされているほか、受託者は、最低限1年に1度の頻度で会計報告を行うものとされていることなどが認められ、これによってXは、信託監督的権能を有していたと認められる。したがって、Xは、本件信託の設定時において、信託受給権及び信託監督的権能を有していたと認められるので、相続税法4条1項にいう「受益者」に当たると認められる。

〔コメント〕

　相続税法（平成19年改正前のもの）4条1項は、「信託行為があった場合において、委託者以外の者が信託…の利益の全部又は一部についての受益者であるときは、当該信託行為があった時において、当該受益者が、その信託利益を受ける権利…を当該委託者から贈与…により取得したものとみなす。」と規定していたところ、本件の第一審名古屋地裁平成23年3月24日判決（訟月60巻3号655頁）は、次の理由から、Xが本件信託の設定に関し相続税法4条1項の「受益者」に当たらないとして、処分を取り消した。

① 相続税法4条1項にいう「受益者」とは、当該信託行為により、その信託による利益を現に有する地位にある者と解するのが相当である。

② 本件信託は、本件信託財産を、A（Xの父）を被保険者、Gを保険契約者兼保険金受取人とする本件生命保険に投資し、その死亡保険金をもって、受益者に利益を分配することを目的として設定されたものと認めるのが相当である。

③ 本件信託としては、本件生命保険の保険金が受領できる時、すなわち保険事故であるAの死亡した時又は保険期間が満了した時まで保険金を取得することはできず、本件信託設定時においては、受益者に対して分配することが可能となる資産を有していないことになる。本件信託の受益者は、本件信託設定により直ちに本件信託から利益を得ることはでき

ず、Aが死亡し、あるいは本件生命保険の満期が到来して初めて本件信託から利益を得ることが可能となることになる。

これに対し、本判決は、「受益権の本質は、信託財産からの給付を受領する権利（信託受給権）にあるというべきであるが、受益者は、信託財産ないし受益者自身の利益を守るために監督的権能を与えられているのであって、信託受給権に加えてかかる信託監督的権能も受益権の内容を構成するものと解される。」と説示して、「Xは、本件信託の設定時において、信託受給権及び信託監督的権能を有していたと認められるので、相続税法4条1項にいう『受益者』に当たると認められる。」と判断している。

本件では、Xが制限納税義務者に当たるか否かも争点となっている。本判決は、「Xは、本件信託行為当時、生後約8か月の乳児であって、両親に養育されていたのであるから、Xの住所を判断するに当たっては、Xの両親の生活の本拠が異ならない限り、その生活の本拠がどこにあるかを考慮して総合的に判断すべきである。」として、Xが信託利益を取得した時における生活の本拠は、国内の自宅であると断じている。

なお、本件はXにより上告及び上告受理申立てがなされたが、上告審最高裁平成26年7月15日第三小法廷決定（税資264号順号12505〔確定〕）は上告棄却、上告不受理としている。

ロ　信託課税の特例

(イ)　受益者連続型信託等

適正な対価を負担せずに受益者連続型信託等の受益者等となる者は、受益者等となった時に、その信託に関する権利を信託の委託者（又はその受益者等の直前の受益者等）から贈与又は遺贈により取得したものとみなされる（相法9の2①～③、9の3①）。受益者連続型信託等に関する権利の価額は、課税される受益者等がその受益権の全てを取得するものとみなして計算する（相法9の3①）。

なお、「受益者連続型信託等」とは、信託行為のうち一定の場合に受益者が順次移転する定めのある信託をいい（いわゆる「後継ぎ遺贈型信託」）、「Aの死亡後はBを受益者とし、Bの死亡後はCを受益者とする」というように、B、C、Dが順番に受益権を取得する信託がこれに該当する（相法9の3①、相令1の8）。

(ロ) 受益者等が存在しない信託（目的信託）

受益者等が存在しない信託の効力発生時等に、その後に受益者等なる者が委託者等の親族である場合には、受託者に対して委託者等から受益権を遺贈又は贈与により取得したものとみなして相続税又は贈与税が課税される（相法9の4②）。また、受益者等が存在しない信託について、その後に受益者等が存在することとなった時に、その受益者等が信託契約締結時における委託者の親族である場合には、その受益者等に対して個人から受益権を贈与により取得したものとみなして贈与税が課税される（相法9の5）。

* 受益者等が存在しない信託の設定時においては、受託者に対して、その信託財産の価額に相当する金額（受贈益）が法人税の課税対象とされ（法法4の6①）、その後に受益者等が存することとなった場合には、受益者等に対して受益権の取得による受贈益について所得税又は法人税が課税されない（所法67の3②、法法64の3③）。
* 個人以外の者（法人、人格のない社団等）が受託者である場合には、その受託者は、相続税法上個人とみなされる（相法9の4③）。

4　贈与税の非課税財産

贈与税は、原則として、贈与（遺贈を除く。）によって取得した全ての財産が課税の対象となるのであるが、贈与によって取得した財産の中には、社会政策的な見地や宗教・学術の奨励など種々の政策的な理由から、贈与税の課税対象とすることが適当でないものもある。

相続税法等の規定によって非課税財産とされるものは、次のとおりである。

(1) 法人から贈与を受けた財産

贈与税は、相続税の補完税としての性格を有していることから、法人からの贈与によって取得した財産については、贈与税が課税されない（相法21の3①一）。

* 法人からの贈与による所得は、所得税（一時所得）が課税される（所法34①、所基通34－1）。

(2) 扶養義務者から生活費や教育費として贈与を受けた財産

扶養義務者相互間において生活費又は教育費に充てるため贈与を受けた財産のうち、通常必要と認められるものは、贈与税が課税されない（相法21の3①二）。非課税財産となるのは、生活費や教育費として必要な都度、直接これらに充てるために贈与を受けた財産に限られる（相基通21の3－5）。

* 扶養義務者の意義については、236頁を参照されたい。

(3) 公益事業用財産

宗教、慈善、学術その他公益を目的とする事業を行う者で一定の要件に該当するものが贈与により取得した財産で、その公益を目的とする事業の用に供されることが確実なものは、贈与税が課税されない（相法21の3①三）。ただし、贈与により取得した財産をその取得の時から2年を経過しても、なおその事業の用に供していないときは、贈与税の課税対象となる（相法21の3②）。

* 公益事業を行う者については、100頁を参照されたい（相令2、4の5）。

(4) 公益信託の受託者が贈与により取得した財産

公益信託の受託者が贈与により取得する財産（その信託財産として取得したもの）は、非課税財産となる（相法12の3①四）。

(5) 心身障害者共済制度に基づく給付金の受給権

地方公共団体の条例により実施する心身障害者共済制度に基づいて支給される給付金を受ける権利を取得した場合には、贈与税が課税されない（相法21の3①五）。

* 心身障害者共済制度については、102頁を参照されたい。

(6) 公職選挙の候補者が贈与を受けた財産

公職選挙法の適用を受ける公職（国会議員、地方議会議員、都道府県知事及び市町村長等）の候補者が選挙運動に関し、個人から贈与により取得した金銭、物品その他の財産上の利益で、公職選挙法の規定により報告したものについては、贈与税は課税されない（相法21の3①六）。

(7) 特定障害者扶養信託契約に基づく信託受益権

特定障害者を受益者とする特定障害者扶養信託契約に基づいて、特定障害者が受ける信託受益権のうち6,000万円（特定障害者のうち特別障害者以外の者にあっては、3,000万円）までの部分については、贈与税が課税されない（相法21の4①）。非課税の適用を受けるには、その信託の際に「障害者非課税信託申告書」を信託会社等の営業所を経由して納税地の所轄税務署長に提出しなければならない（相法21の4①）。

「特定障害者」とは、特別障害者及び特別障害者以外の障害者のうち精神上の障害により事理を弁識する能力を欠く常況にある者その他の精神に障害がある者として政令で定めるものをいう（相法21の4①、相令4の8）。

* 特別障害者及び障害者については、240頁を参照されたい。
* 「特定障害者扶養信託契約」とは、個人が信託会社等と締結した金銭、有価証券その他の財産の信託契約で、委託者以外の1人の特定障害者を信託利益の全部の受益者とするもののうち、その契約に基づく信託が特定障害者の死亡の日に終了することとされているものなど、所定の要件を満たすものをいう（相法21の4②、相令4の12）。

(8) 社交上必要と認められる香典等

個人から受ける香典、花輪代、年末年始の贈答、祝物又は見舞いなどのための金品で、社会通念上相当と認められるものについては、贈与税が課税されない（相基通21の3－9）。

(9) 相続開始の年に被相続人から贈与を受けた財産

相続又は遺贈により財産を取得した者が相続開始の年において、被相続人から贈与により取得した財産については、相続税の課税価格に加算されるので、贈与税が課税されない（相法21の2②）。ただし、被相続人から相続又は遺贈により財産を取得しないときは、贈与税の課税対象となる（相法21の2①）。

(10) 直系尊属から住宅取得等資金の贈与を受けた場合の贈与税の非課税

イ　概要

令和6年1月1日から令和8年12月31日までの間に、父母や祖父母などの直系尊属から住宅取得等資金の贈与を受けた特定受贈者は、贈与を受けた年の翌年3月15日までにその住宅取得等資金を自己の居住の用に供する一定の家屋の新築若しくは取得又は一定の増改築等（以下「取得等」という。）の対価に充てて、その家屋を同日までに自己の居住の用に供する（同日以降遅滞なく自己の居住の用に供することが確実であると見込まれる場合を含む。）と、住宅取得等資金のうち住宅資金非課税限度額（既に適用を受けた金額を控除した残額）までの金額について贈与税が非課税となる（措法70の2①、②六、七）。

贈与を受けた日	非課税限度額	
令和6年1月1日～令和8年12月31日	良質な住宅	1,000万円
	一般の住宅	500万円

＊　「住宅取得等資金」とは、受贈者が自己の居住の用に供する一定の家屋を取

得等するための対価に充てる金銭をいう。一定の家屋の取得には、その家屋の取得等とともにするその家屋の敷地の用に供される土地や借地権などの取得も含まれる（措法70の2②五）。受贈者の配偶者又は親族その他特別関係者からの家屋等の取得は除かれる（措法70の2②五、措令40の4の2⑤）。

なお、この贈与税の非課税は、暦年課税の基礎控除又は特定贈与者から住宅取得等資金の贈与を受けた場合の相続時精算課税の特例と併せて適用ができる。

※ 「良質な住宅」とは、①耐震住宅（耐震等級2以上又は免震建築物に該当する住宅）、②省エネ住宅（断熱等性能等級5以上かつ一次エネルギー消費量等級6以上の住宅）又は③バリアフリー住宅（高齢者等配慮対策等級3以上の住宅）をいう（措法70の2②六、措令40の4の2⑧）。

なお、令和6年1月1日以後に住宅取得等資金の贈与を受けて住宅用家屋の新築又は建築後使用されたことのない住宅用家屋の取得をする場合において、当該住宅用家屋の省エネ性能が断熱等性能等級4以上又は一次エネルギー消費量等級4以上であり、かつ、当該住宅用家屋が次のいずれかに該当するものであるときは、当該住宅用家屋がエネルギーの使用の合理化に著しく資する住宅用の家屋とみなされる（令和6年所法等改正附則54⑤、62②）。

① 令和5年12月31日以前に建築確認を受けているもの
② 令和6年6月30日以前に建築されたもの

ロ　特定受贈者の要件（措法70の2②一）

① 贈与を受けた時の住所が日本国内にある場合は、次に掲げる者であること。
（ⅰ）一時居住者でない者
（ⅱ）一時居住者である者（贈与者が外国人贈与者又は非居住贈与者である場合を除く。）

② 贈与を受けた時の住所が日本国内にない場合は、次に掲げる者であること。
（ⅰ）日本国籍を有している者で、次のいずれかに該当する者
　　a　贈与前10年以内のいずれかの時において日本国内に住所を有して

　　　　いたことがある者
　　　b　贈与前10年以内のいずれの時においても日本国内に住所を有して
　　　　いたことがない者（贈与者が外国人贈与者又は非居住贈与者である場
　　　　合を除く。）
　　(ⅱ)　日本国籍を有していない者（贈与者が外国人贈与者又は非居住贈与者
　　　　である場合を除く。）
　③　贈与を受けた時に贈与者の直系卑属であること。
　④　贈与を受けた年の1月1日において18歳以上であって、その年分の合
　　計所得金額が2,000万円以下（新築等をする住宅用の家屋の床面積が40平方
　　メートル以上50平方メートル未満の場合は、1,000万円以下）であること。
　⑤　平成21年分から令和5年分までの贈与税の申告で「住宅取得等資金の
　　非課税」の適用を受けたことがないこと（一定の場合を除く。）。
ハ　住宅用家屋の取得等の要件　（措法70の2②二～四、措令40の4の2①～③）
　国内にある家屋であって、居住の用に供する家屋を二以上有する場合には、
主として居住の用に供すると認められる一の家屋に限られる。
　①　居住用家屋の新築又は取得
　　(ⅰ)　家屋の床面積が40㎡以上240㎡以下であること。
　　(ⅱ)　床面積の2分の1以上が専ら自己の居住の用に供されるものである
　　　　こと。
　　(ⅲ)　中古住宅の取得の場合は、昭和57年1月1日以後に建築されたもの
　　　　又は地震に対する安全上必要な技術的基準に適合するものであること。
　②　居住用家屋の増改築等
　　(ⅰ)　国内で行われる増築、改築、大規模な修繕又は大規模な模様替えの
　　　　工事であること。
　　(ⅱ)　その工事費用が100万円を超えること。
　　(ⅲ)　工事をした家屋の中に自己の居住用以外の部分がある場合には、工
　　　　事費用の2分の1以上が自己の居住用部分の工事に要したものである

(iv) 工事をした後の家屋の床面積が40㎡以上240㎡以下であること。

(v) 工事をした後の家屋の床面積の2分の1以上が専ら自己の居住の用に供されるものであること。

(vi) 工事をした後の家屋が主としてその者の居住の用に供すると認められること。

二　適用手続（措法70の2⑭）

　贈与税の期限内申告書に計算明細書、戸籍の謄本、住民票の写し、登記事項証明書、売買契約書などを添付しなければならない。

ホ　東日本大震災の被災者が直系尊属から住宅取得等資金の贈与を受けた場合の贈与税の非課税

　警戒区域設定指示等が行われた日からその警戒区域設定指示等が解除された日以後1年を経過する日までの間に、その直系尊属からの贈与により住宅取得等資金の取得をした一定の要件を満たす受贈者についても、非課税の特例がある（震災特例法38の2）。

贈与を受けた日	非課税限度額	
警戒区域設定指示等が行われた日〜警戒区域設定指示等が解除された日以後1年を経過する日	良質な住宅	1,500万円
	一般の住宅	1,000万円

⑾　**直系尊属から教育資金の一括贈与を受けた場合の非課税**

　平成25年4月1日から令和8年3月31日までの間に、個人（30歳未満の者に限る。）が、①その直系尊属と信託会社との間の教育資金管理契約に基づき信託受益権を取得した場合、②その直系尊属からの書面による贈与により取得した金銭を教育資金管理契約に基づき銀行などの営業所等において預貯金として預入をした場合、③教育資金管理契約に基づきその直系尊属からの書面による贈与により取得した金銭等で証券会社の営業所等において有価証券を購入した場合には、これらの信託受益権又は金銭等の価額のうち1,500

万円までの金額（既にこの特例の適用を受けて贈与税の課税価格に算入しなかった金額がある場合にはその金額を控除した残額）に相当する部分の価額について、金融機関等の営業所等を経由して「教育資金非課税申告書」を提出することにより贈与税が非課税となる（措法70の2の2①③）。

ただし、信託受益権又は金銭等を取得した日の属する年の前年分の受贈者の所得税に係る合計所得金額が1,000万円を超える場合には、この非課税制度の適用がない。

* 「教育資金管理契約」とは、受贈者の教育に必要な教育資金を管理することを目的とする契約をいう（措法70の2の2②二）。

① 教育資金の範囲（措法70の2の2②一、措令40の4の3⑥～⑧）
　（i） 学校等に対して直接支払われる入学金、授業料、入園料、施設設備費その他の金銭（文部科学大臣と財務大臣が協議）
　（ii） 学校等以外の者に、教育に関する役務の提供の対価や施設の使用料その他の受贈者の教養、知識、技術又は技能の向上のために直接支払われる金銭（文部科学大臣と財務大臣が協議）など

② 教育資金口座からの払出し及び教育資金の支払（措法70の2の2⑨）
　その支払に充てた金銭に係る領収書等を所定の日までに教育資金口座の開設等をした金融機関等の営業所等に提出しなければならない。

③ 教育資金管理契約の終了（措法70の2の2⑯）
　（i） 受贈者が30歳に達したこと（その受贈者が30歳に達した日において学校等に在学している場合又は教育訓練を受けている場合を除く。）。
　（ii） 受贈者（30歳以上の者に限る。）がその年中のいずれかの日において学校等に在学した日又は教育訓練を受けた日があることを金融機関等の営業所等に届け出なかったこと。
　（iii） 受贈者が40歳に達したこと。
　（iv） 教育資金管理契約に係る口座等の残高がゼロになり、かつ、教育資

金管理契約を終了させる合意があったこと。
  (v) 受贈者が死亡したこと。
④ 教育資金管理契約が終了した場合の課税（措法70の2の2⑰）
　上記③(i)〜(iv)の事由に該当したことにより、教育資金管理契約が終了した場合において、非課税拠出額から教育資金支出額（学校等以外に支払う金銭については、500万円を限度）を控除した残額があるときは、その残額が贈与税の課税価格に算入される（③(v)の事由に該当して教育資金管理契約が終了した場合には、贈与税の課税価格に算入されない。）。
　　＊「非課税拠出額」とは、教育資金非課税申告書等にこの制度の適用を受けるものとして記載された金額の合計額（1,500万円を限度）をいう（措法70の2の2②四）。
　　＊「教育資金支出額」とは、金融機関等の営業所等において教育資金の支払の事実が確認され、かつ、記録された金額の合計額をいう（措法70の2の2②五）。

⑿ **直系尊属から結婚・子育て資金の一括贈与を受けた場合の非課税**

　平成27年4月1日から令和7年3月31日までの間に、18歳以上50歳未満の受贈者が結婚・子育て資金に充てるため、金融機関等との一定の契約に基づき受贈者の直系尊属から信託受益権を付与された場合、書面による贈与により取得した金銭を銀行等に預入をした場合又は書面による贈与により取得した金銭等で証券会社等から有価証券を購入した場合には、信託受益権又は金銭等の価額のうち1,000万円までの金額（既にこの特例の適用を受けて贈与税の課税価格に算入しなかった金額がある場合には、その金額を控除した残額）に相当する部分の価額については、金融機関の営業所等を経由して「結婚・子育て資金非課税申告書」を提出することにより贈与税が非課税となる（措法70の2の3①③）。

　　＊　受贈者の前年分の合計所得金額が1,000万円を超える場合には、非課税の適用を受けることができない。

「結婚・子育て資金」とは、次に掲げる金銭をいう（措法70の2の3②、措令40の4の4⑥⑦）。

① 結婚に際して支払う費用……挙式費用、衣装代等の婚礼、結婚披露の費用、家賃及び敷金等の新居費用、転居費用など（300万円を限度）
② 妊娠、出産及び育児に要する費用……不妊治療・妊婦健診に要する費用、分べん費等・産後ケアに要する費用、子の医療費、幼稚園・保育所等の保育料（ベビーシッター代を含む。）など

なお、受贈者が50歳に達することなどにより、結婚・子育て口座に係る契約が終了した場合には、非課税拠出額から結婚・子育て資金支出額を控除（管理残額がある場合には、管理残額も控除）した残額があるときは、その残額はその契約終了時に贈与があったこととされる（措法70の2の3⑬⑭）。

* 「非課税拠出額」とは、結婚・子育て資金非課税申告書にこの制度の適用を受けるものとして記載された金額の合計額（1,000万円を限度）をいう（措法70の2の3②四）。
* 「結婚・子育て資金支出額」とは、金融機関の営業所等において、結婚・子育て資金の支払の事実を証する書類（領収書等）により結婚・子育て資金の支払の事実が確認され、かつ、記録された金額の合計額をいう（措法70の2の3②五）。

(13) 災害により被害を受けた財産

贈与税の申告書の提出期限前において、贈与により取得した財産が災害により甚大な被害を受けた場合で、次のいずれかに該当するときは、その財産の価額は被害を受けた部分の価額を控除して計算する（災免法6、災免令12①）。贈与税の申告書の提出期限後において、贈与により取得した財産について災害により甚大な被害を受けた場合には、贈与税額のうち被害を受けた部分の税額が免除される（災免法4、災免令11①）。

① 贈与税の課税価格の計算の基礎となった財産の価額のうち、被害を受けた部分の価額の占める割合が10分の1以上であるとき

② 贈与税の課税価格の計算の基礎となった動産等の価額のうち、被害を受けた部分の動産等の価額の占める割合が10分の1以上であるとき

　＊　動産等及び災害等は、109頁を参照されたい。
　＊　この特例の適用を受けるためには、被害の状況及び被害を受けた部分の価額を贈与税の申告書に記載しなければならない（災免令12③）。

第 5 章　相続税の課税価格の計算

1　相続税の課税価格

相続税の課税価格は、相続又は遺贈により財産を取得した者ごとに、取得した財産の価額の合計額から承継した債務の額及び葬式費用の額を控除して計算する（相法11の2①②、13①）。そして、財産を取得した者が相続開始前7年以内にその被相続人から贈与によって財産を取得している場合には、その贈与によって取得した財産の価額を加算した価額が相続税の課税価格とみなされる（相法19①）。また、特定贈与者から相続又は遺贈により財産を取得した相続時精算課税適用者については、その贈与により取得した財産の価額を相続税の課税価格に加算する（相法21の15①）。

〔各人の課税価格〕

① 民法上の本来の相続財産 ＋ みなし相続財産 － 非課税財産 － 債務及び葬式費用 ＝ 純資産価額

② 純資産価額 ＋ 生前贈与財産の価額 ＋ 特定贈与者からの贈与財産の価額 ＝ 課税価格

```
        本 来 の 相 続 財 産
                ⇩
        相　続　財　産      （みなし相続財産）
                ⇩
        課　税　財　産       非課税財産
                ⇩
        課　税　価　格       債務 及び葬式費用
                ⇩
        課 税 価 格 の 合 計 額  生前贈与財産
```

なお、相続税の課税価格は、財産の取得の時における価額（時価）であり（財産評価の原則：相法22）、「時価」とは、不特定多数の当事者間において自由な取引が行われた場合に通常成立する価額（客観的な交換価値）をいう。その具体的な評価方法については、相続税法において地上権、永小作権、定期金、配偶者居住権、立木についての定めがあるほか（相法23～26の2）、昭和39年4月25日付け国税庁長官通達〔直資56ほか〕「財産評価基本通達」において各種財産の評価方法が定められており、実務は、この通達に基づいて評価するのが一般的である。

裁判例の紹介㉖

相続財産の主要部分を占める株式が暴落によってほとんど無価値となったため、相続人が自己の固有財産を処分して相続税を納付しなければならない事態に追い込まれたとしても、暴落前の株式評価額に基づく課税額をそのまま維持して徴収金を保持したことが適法であり、これにより公法上の不当利得が成立するものと解することはできないとされた事例
（大阪高裁昭和62年9月29日判決・行集38巻8＝9号1038頁）

1　事案の概要

　　X（原告・控訴人・上告人）は、昭和48年5月2日、父親の死亡によりその遺産を相続し、同年11月2日に相続税の申告書を提出した後、税務署係官の指導に基づき修正申告書を提出した。Xの取得した遺産総額は27億8,000万円余、相続税額は13億8,000万円余であり、Xは10年間の年賦延納の許可を受けて第3回分までの延納税額を納付したが、その後の分を納付しなかった。そこで、税務署長Y（被告・被控訴人・被上告人）は、延納許可を取り消して差押処分をした。Xは、差押処分の取消しを求めて提訴し、その中で、本件の修正申告は税務署係官

の誤った指導による重大かつ明白な錯誤に基づくもので無効であり、無効な修正申告に基づく相続税債務は不存在であって、差押えも違法となる旨を主張した。

相続によって得たＸの取得財産及びその価値の下落について、Ｘの主張を基礎にまとめると、次のとおりである。

① Ｘの取得資産の主要なものは、以下の各株式（以下「本件各株式」という。）であり、その評価合計額は差引純資産額を超え、取得財産に対する比率でも91％強を占めていた。

発行会社名	株式数	単価（円）	評価額（円）
Ａ産業	204万3,333	695	14億2,011万6,435
Ｋ	14万1,000	1,134	1億5,989万4,000
Ａ木材工業	900万	104	9億3,600万
Ｈ販売	2,000	2,295	459万
Ｂ商会	1万2,000	205	246万
Ｍ物産	6,000	276	165万6,000
Ｒ販売	2,000	4,902	980万4,000
			25億3,452万 435

＊ 上記各会社はいずれも株式会社である。

② ところが、その後いわゆるオイルショックに端を発した我が国経済の長期にわたる未曾有の大不況の結果、Ａ産業は昭和53年2月20日に会社更生の申立てをして事実上倒産し、Ｘが取得していた同社並びにこれと同時に同様倒産若しくは閉鎖のやむなきに至った各関連会社の株式は、全てほとんど無価値となり、なかでも株式数の多かったＡ産業とＡ木材工業の株式は、いずれも各更生計画において無償で消却された。

なお、Ａ産業とＡ木材工業の株式の一部（50万株）は、倒産よりも前にそれぞれ約4億4,950万円（平均単価220円）と1億6,500万円

（単価330円）で処分されているほか、Ｋの株式は増減資の後83万円で公売されている。

2　判決の要旨

　本件相続によるＸの取得財産総額が27億8,221万円余…で、債務等を差引いた純資産額が20億5,224万円であるのに対し、Ｘの取得財産の一部である本件各株式の評価額合計は25億3,452万円余であって、前記取得財産額の91％強（遺産分割により現実に取得した財産額の58％強）を占めることは前記のとおりである。そして、…処分された以外の本件各株式については、いずれも殆んど無価値となるに至ったことは前記のとおりである。

　ところで、Ｘは、右のように本件相続財産の主要な部分を占める株式が自らの責に帰し得ない事情で価値を失っている場合、課税をそのまま維持して徴収金を保持することは、正義公平の観念に反するものであって公法上の不当利得となる旨主張している。

　しかし、本件各株式のうちでその主要部分（評価額では全体の56％強）を占めるＡ産業の株式は、相続開始日…の大阪証券取引所の終値ではその評価額（単価）を超えていた…から、Ｘは現実に右評価額を下らない利益を右時点で取得していたものであるし、また他の株式についても、前記のように基本通達の評価基準に合致する評価がなされているのであるから、右基準の内容からみても相続開始時点において現実に右評価額を下らない利益を得ていたものと推認できること、一般的に株価は変動性を有するものである上、…Ａ産業の株式価格は昭和43年末頃から急騰を続け、その後昭和46年末頃に一旦やや下落した後再びもち直したが昭和48年後半から下落傾向となるなど、変動性のある株式であることが認められるのであり、本件においては相続開始から前記の会社更生の申立（この手続において本件各株式の主要な部分が確定的に無価値となったことは前記のとおりである。）までには約5年

の期間があったことを考慮すると、Xとしては、その相続税を納付するに当り、他の相続人との協議の成立に努力して、速やかに相続財産である本件各株式を物納するか、或いはこれを他に売却するなどして、その納付義務を遅滞なく履行すれば、本件におけるような株価の暴落による損害を回避することも不可能ではなかったと解されること…などの事情を考慮すると、前項のように本件各株式の大半が相続開始後にその価値を殆んど失う事態が生じ、Xが自らの固有財産を処分するなどの方法により苦慮して納税している事情があるとしても、それによってX主張のような一般条項の適用により課税庁の徴収金の保持が違法となって公法上の不当利得が成立するものと解することはできない。

〔コメント〕

　Xは、相続税の修正申告の無効について、「本件各株式が、その後無価値化した原因は、我が国経済の基本的、構造的弱点として、客観的には相続開始前から厳然として存在していたものにほかならず、とりわけ住宅関連産業は、過当競争のうえに、需要が延び悩みの傾向を見せ始めていた。そして、実際にもその後間もなくこれらの弱点や傾向が顕在化した本件においては、相続税評価の算出に際しても、当然このような事情が、評価を決める重要な一要素として考慮されるべきであった。また、右各株式がいずれも転々流通の可能性のないいわゆる支配株で、しかもその多くは非上場の株式であったことも看過されるべきではない。」などと主張する。

　しかしながら、本判決はこのような状況の下でなされたXらの修正申告は、いずれも重大かつ明白な錯誤に基づくものであって、他に適切な救済方法がなければ、納税義務者の利益を著しく害することが明らかとはいえないことから、無効とは解していない（最高裁昭和39年10月22日第一小法廷判決・民集18巻8号1762頁〔確定〕）。相続税の課税価格は、財産の取得の時の価額であ

るから、その後において相続財産の価額が下落しても、課税価格に影響しないのである（438頁以下参照）。

なお、本件はXにより上告されたが、上告審最高裁平成元年6月6日第三小法廷判決（税資173号1頁〔確定〕）は上告棄却としている。

裁判例の紹介㉗

土地の売買契約成立後代金完済前に売主が死亡し、特約によって代金完済時に土地の所有権が買主に移るとされていた場合の相続財産は、土地の評価額によらず売買代金請求権であるとされた事例

（最高裁昭和61年12月5日第二小法廷判決・訟月33巻8号2149頁〔確定〕）

1 事案の概要

Xら（原告・被控訴人・上告人）の被相続人であるAは、昭和47年7月7日、その所有する市街化区域内の農地（以下「本件土地」という。）を4,593万7,000円で譲渡する契約を締結した。この契約には、特約として契約締結日に手付金600万円、昭和47年9月30日に中間金1,000万円、同年11月30日に残金が支払われること、残金の支払と同時に所有権移転登記手続及び土地の引渡が行われることが定められていたところ、Aは、手付金及び中間金を受け取った後の昭和47年11月25日に急死し、そのため契約の履行が遅れて、残代金の授受は同年12月15日（所有権移転登記は翌16日）に行われた。Xらは、相続開始日には本件土地所有権が移転していないから、本件土地の価額を路線価により2,018万4,438円と評価して相続税の申告を行ったところ、税務署長Y（被告・控訴人・被上告人）より更正処分等を受けたため、その取消し

を求めて提訴した。
 2 判決の要旨
　本件事実関係の下においては、たとえ本件土地の所有権が売主に残っているとしても、もはやその実質は売買代金債権を確保するための機能を有するものにすぎず、Xらの相続した本件土地の所有権は、独立して相続税の課税財産を構成しないというべきであって、本件において相続税の課税財産となるのは、売買残代金債権2,939万7,000円（手付金、中間金として受領済みの代金が、現金、預金等の相続財産に混入していることは、原審の確定するところである。）であると解するのが相当である。

〔コメント〕

　本件の第一審東京地裁昭和53年9月27日判決（行集32巻1号118頁）は、本件土地の所有権移転時期が残代金支払時と推認できるとして、土地所有権を相続財産として路線価で評価するのが相当であると判示したが、控訴審東京高裁昭和56年1月28日判決（行集32巻1号106頁）は、相続財産を土地所有権と認定しながらも、その評価については、「相続開始当時における土地の評価額が取引価額によって具体的に明らかになっており、しかも、被相続人もしくは相続人が相続に近接した時期に取引代金を全額取得しているような場合において、その取引価額が客観的にも相当であると認められ、しかも、それが通達による路線価額との間に著しい格差を生じているときには、右通達の基準により評価することは相続税法22条の法意に照らし合理的とはいえないというべきである。」として、土地の評価額は取引価額によるべきであると判示している。このように判断が分かれていたところ、本判決は、上記判示のとおり、「本件土地の所有権は、独立して相続税の課税財産を構成しない」と結論付けている。

　＊　相続開始直前に上場株式等を売却し、相続開始時点において引渡し及び代

金決済が未了の場合には、当該株式の売買代金請求権が相続財産となり、その価額は、財産評価基本通達に定める上場株式等ではなく、貸付金債権として評価する（評基通204）。

なお、証券会社に対する未払手数料は、債務控除の対象となる。

裁判例の紹介㉘

相続開始後に相続人が不動産売買契約を解除した場合の相続税の課税対象となる財産は、土地ではなく、売買残代金請求権であるとされた事例

（東京地裁令和2年10月29日判決・税資270号順号13474）
（東京高裁令和3年7月14日判決・税資271号順号13586）
（最高裁令和4年3月3日第一小法廷決定・税資272号順号13681〔確定〕）

1　事案の概要

　被相続人Aは、平成26年5月21日、同人所有の土地をB社に代金22億7,600万円で売却する旨の売買契約を締結し、手付金3億円のみを受領した後、同年10月2日に死亡した。Aの相続人であるX（原告・控訴人・上告人）らは、Aの相続開始前に売買契約が合意解除された旨の確認書等を添付し、課税財産は土地であるとして相続税の申告書を提出した。これに対して、所轄税務署長は、課税財産は売買残代金請求権であるとして更正処分及び重加算税の賦課決定処分をした。本件は、Xが国Y（被告・被控訴人・被上告人）に対し、これら処分の取消しを求めて提訴したものである。

2　主たる争点

①　相続税の課税対象となる財産は本件土地か又は売買残代金請求権か。

② 重加算税の賦課の適否。
3 判決の要旨
(1) 第一審判決
 イ 認定事実によれば、①Ｂ社はマンションの開発事業等を営んでいる上場企業であり、本件売買契約等のような巨額な契約を合意解除する場合には、書面によるのが通常であると考えられるところ、本件確認書に先立ち、本件売買契約等の解除に関する正式な書面は作成されていないこと、②Ｂ社の担当者が本件確認書を締結することについてりん議書の起案をしたのは、本件相続開始後の平成28年11月27日であり、本件相続開始の後においても、Ｂ社は、モデルルーム工事の発注の決裁等を行い、同月15日には近隣住民に対する説明会を開催するなど、本件事業を進行させていること等に照らせば、Ａによる売買契約等の合意解除の申入れがあったと認めることはできず、本件売買契約等は、本件確認書が締結された平成26年12月１日に、ＸらとＢ社との間で合意解除されたものと認めるのが相当である。
 ロ 本件土地については、相続開始前に、Ａを売主、Ｂ社を買主とする売買契約が締結されたが、手付金３億円を除く売買残代金19億7,600万円の支払が完了し、本件土地の所有権がＡからＢ社に移転する前に相続が開始しており、Ｘらは、本件土地の所有権と本件売買契約に係る売買残代金請求権を相続したことになる。そうすると、相続税法２条１項は、「相続又は遺贈により取得した財産の全部に対し、相続税を課する」と規定するところ、相続税法上、本件土地の所有権と本件売買契約に係る売買残代金請求権のいずれが本件相続により取得した財産に当たるかが問題となる。この点については、相続開始前に、既に本件土地のうち地目が畑の土地については農地法５条１項６号に基づく届出が受理されていたこと、本件土地につ

いて所有権移転仮登記がされていたこと等に照らせば、本件売買契約において、売買残代金の支払又は指定保証機関が発行した保証書の交付があるまで売主に本件土地の所有権が留保されたことの実質は、売買残代金債権を確保するための機能を持たせるためのものにすぎなかったとみるのが相当であるから、特段の事情のない限り、相続税法上、本件土地の所有権ではなく、本件売買契約に係る売買残代金請求権が本件相続により取得した財産に当たると解すべきである。

ハ　Xらは、相続開始後の平成26年12月1日、本件売買契約を合意解除しているところ、相続開始後の契約の合意解除については、法定の解除事由がある場合、事情の変更により契約の効力を維持するのが不当な場合、その他これに類する客観的理由に基づいてされた場合に、やむを得ない事情があるものとして相続税の課税関係に影響を及ぼすが、それ以外の場合には相続税の課税関係に影響を及ぼさないと解するのが相当である。本件売買契約の合意解除は、租税負担の軽減を意図し、XらとB社との間で再度同様の契約を締結することを予定して行われたものというべきである。そして、本件売買契約の合意解除にやむを得ない事情があったと認めることはできないから、本件相続における課税財産は、本件土地ではなく、本件売買契約に係る売買残代金請求権であると解するのが相当である。

ニ　Xらは、Aによる本件売買契約の合意解除が存在しないことを認識しながらも、Aの生前に本件売買契約の合意解除があったことを前提として、本件土地を課税財産とする内容の申告書を、これに沿う内容の確認書及び事情説明書を添付した上で提出したものと認められる。したがって、Xらは、本件売買契約が相続開始前に解除されたこと、すなわち、本件相続に係る課税財産が本件土地であることを仮装しており、相続税に係る課税標準等又は税額等の計算の基

> 礎となるべき事実の一部を仮装し、その仮装したところに基づき相続税の申告書を提出したものと認められる。そうすると、Xらに対して重加算税を賦課することは、相当というべきである。
>
> (2) 控訴審判決及び上告審決定
>
> 控訴審東京高裁令和3年7月14日判決は第一審の判断を維持し、上告審最高裁令和4年3月3日第一小法廷決定は上告棄却、上告不受理とした。

〔コメント〕

土地の売買契約が成立して代金の完済前に相続があった場合、相続税の課税対象となる財産は売買残代金請求権であるというのが確立した見解である（前記の最高裁昭和61年12月5日第二小法廷判決）。本件において、Xは、①相続開始時には、Aによって売買契約解除されていた、②Xらには売買契約等を解除することにやむを得ない事情が存するなどを理由に、相続税の課税対象となる財産は、売買残代金請求権ではなく本件土地であると主張する。これに対し、裁判所は、事実関係を認定した上で、売買契約が合意解除されたのは相続開始後であるから、課税財産は土地ではなく売買残代金請求権であると解するのが相当である旨判示するとともに、Xらは、売買契約が相続開始前に解除されたことを仮装し、それに基づき相続税の申告書を提出したものと認められると断じている。

類似の裁判例に、大阪地裁平成18年11月17日判決（税資256号順号10575）がある。この事例では、母から子への土地の譲渡がみなし贈与（低額譲受け）に該当するか否かが争われたが、同地裁は、「原告が主張するとおり本件覚書が本件各売買契約の効力をその締結時にさかのぼって消滅させる趣旨の合意であるとしても、本件覚書が本件各土地の取得に係る贈与税の法定申告期限の経過後に被告部下職員から本件各売買契約に基づく本件各土地の取得が相続税法7条に規定する低額譲渡に該当する旨の指摘を受けて贈与税の課税

を免れるために作成されたものであるころ、…国税通則法23条2項3号、国税通則法施行令6条1項2号が、当該国税の法定申告期限後に、その申告、更正又は決定に係る課税標準等又は税額等の計算の基礎となった事実に係る契約が、解除権の行使によって解除され、若しくは当該契約の成立後生じたやむを得ない事情によって解除され、又は取り消されたときに限って、2か月以内に更正の請求をすることができる旨規定している趣旨にもかんがみると、…原告が本件覚書による本件各売買契約の効力のそ及的消滅を主張して贈与税の課税を免れることは許されないものというべきである。」と判示している（控訴審大阪高裁平成20年3月12日判決（税資258号順号10916〔確定〕）は原審判断を維持している。）。

* 広島地裁平成23年9月28日判決（税資261号順号11773〔確定〕）は、被相続人が所有する土地建物の売買契約を締結した後、当該土地建物の引渡し前に死亡したことから、相続人が当該売買契約を解約した場合において、その相続財産は、売買残代金請求権ではなく、当該土地建物であると判示して課税処分を取り消している。同地裁は、「本件解除〔筆者注：売買契約の解除〕は、手付契約に基づく解除権の行使による解除であったから、…『解除権の行使によって解除された』（国税通則法23条2項3号、同法施行令6条1項2号参照）場合に該当するので、本件解除の遡及効（民法545条1項参照）は、本件における課税関係に影響を及ぼすことになる。」とした上で、「本件売買契約は、その成立時点（平成17年12月7日）に遡って消滅し、本件相続開始日（平成18年3月10日）において、本件売買契約は存在せず、本件売買代金債権も存在しなかったことになることから、本件売買契約に係る相続税の課税財産は、本件各土地建物であったというべきである。」と説示している。

2 相続税の課税価格の計算

相続人ごとの相続税の課税価格は、相続税の申告期限又は更正決定の時までに遺産分割等が確定しているか否かによって、次のように計算する。

(1) **遺産の取得が分割等により確定している場合（分割協議等が成立している**

など)

① 現物分割の場合……各人別の取得財産の価額

② 代償分割の場合(相基通11の2-9、10)

代償財産を交付した者……取得財産の価額 − 交付した代償財産の価額

代償財産の交付を受けた者……取得財産の価額 + 交付を受けた代償財産の価額

③ 換価分割の場合

換価分割の対象となった財産の価額 × (各人が取得した換価代金 / 換価代金の合計額) = 各人の取得財産の価額

裁決例の紹介㉙

代償分割により取得した代償金について相続税の課税価格に算入すべき金額が争われた事例

(国税不服審判所平成3年4月30日裁決・裁決事例集41号302頁)

1 事案の概要

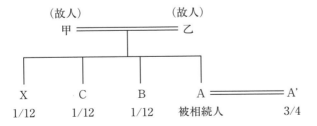

審査請求人Xは、被相続人A（昭和60年7月12日に死亡）の遺産の分割について、調停の申立てをしていたところ、昭和63年3月7日にA'との間で、「本件遺産はA'が単独所有するが、A'は、Xに対して、

17,000,000円の代償金を支払う。」旨の調停が成立した。代償金17,000,000円は、調停成立時の遺産総額213,970,000円の12分の1に相当する金額から、A'がXのために立て替えた税金分830,800円を差し引いて算定したものである。そこで、Xは、相続税の課税価格を6,112,000円（課税価格の合計額73,351,000円の12分の1に相当するもの）として相続税の申告をした。これに対し、税務署長は、Xの課税価格を17,000,000円（遺産総額の23％相当）とする更正をした。

2　裁決の要旨

相続税法第11条の2第1項において、相続又は遺贈により取得した財産の価額の合計額をもってその者の相続税の課税価格とすると規定されていることから、代償分割が行われた場合の各人の相続税の課税価格の計算は、次によるのが相当である。

① 代償財産の交付を受けた者の相続税の課税価格は、相続又は遺贈により取得した財産と交付を受けた代償財産の価額との合計額とする。

② 代償財産を交付した者の相続税の課税価格は、相続又は遺贈により取得した財産の価額から交付した代償財産の価額を控除した金額とする。

もっとも、代償財産が金銭交付を目的とする債権である場合において、その交付をした者の相続税の課税価格を計算するに当たり、その者が相続又は遺贈により取得した財産の価額からその交付する金銭の額をそのまま控除してこれを算定すると、その金額いかんによっては、その交付をした者の相続又は遺贈により取得した財産の価額が当該代償財産の価額を下回ることにより、共同相続人及び包括受遺者全員の相続税の課税価格の合計額が被相続人の遺産の総額を上回るという不合理を生ずる場合があり得る。したがって、このような不合理を生ずる場合においては、代償財産の交付を受けた者及び交付をした者の相

続税の課税価格の計算上、代償財産の価額は、当該交付される金銭の額に代償分割の対象となった財産の相続開始時における価額と代償分割の時における通常取引されると認められる価額との比を乗じて求めるのが合理的である。

そこで、相続開始の時と代償分割の時との間の遺産の価額が著しく変動している場合において、本件の場合のように、裁判所における審判・調停・和解等により行われ、かつ、その代償分割において金銭を交付する者が遺産分割により取得した財産で代償分割の対象となったもの及びその財産の代償分割の時における通常取引価額を明確に把握することができるものについては、代償財産の交付を受けた者及び代償財産の交付をした者の相続税の課税価格の計算上、その相続開始の時における代償債権の価額を求める方法としては、次の算式によるのが相当である。

$$\text{交付される金銭の額} \times \frac{\text{当該金銭の交付者が遺産分割により取得した財産で代償分割の対象となったものの相続開始時の価額（相続税評価額）}}{\text{当該金銭の交付者が遺産分割により取得した財産で代償分割の対象となったものの代償分割時の通常取引価額}}$$

＊ 本件事例の場合は、次の金額が課税価格となる。

$$17,830,000円 \times \frac{73,351,000円}{213,970,000円} = 6,112,000円（遺産総額の8％相当）$$

〔コメント〕

「代償分割」とは、共同相続人等の1人又は数人に相続財産の現物を取得させると同時に、その現物を取得した相続人等において他の共同相続人等に対して一定額の金銭等の債務（代償債務）を負担させる方法をいう。代償分割が行われた場合の相続税の課税価格の計算は、原則として、前記2(1)②によるのである。しかし、代償債務の額は、代償分割時の相続財産の価額を基

として定めるのが通常であるから、相続開始の時と代償分割の時との間で遺産の価額が著しく変動している場合には、代償財産の交付を受けた者について、相続等により取得した財産の価額に交付を受けた代償財産の価額を単純に加算して相続税の課税価格を算定すると、各相続人間で相続税額の不公平が生ずることもある。本件では、X、B、Cの3人の相続分が12分の1ずつであるにもかかわらず、Xに支払われた代償金を相続により取得した財産として相続税の課税価格を計算すると、Xが23％、B及びCが8％というような不合理な結果となるのである。

　本裁決を受けて、共同相続人の協議があった場合又は代償債務の額が代償分割時の時価を基に算定されている場合には、次の算式により計算することができる旨取り扱われている（相基通11の2－10ただし書）。

$$代償債務の額 \times \frac{代償財産の相続税評価額}{代償財産の代償分割時の時価} = 代償財産の価額$$

＊　東京地裁平成27年2月9日判決（税資265号順号10602〔確定〕）は、「民法1041条所定の価額弁償金の価額の算定の基準時は、事実審の口頭弁論終結の時であると解されることからすると、遺留分権利者が取得する価額弁償金を相続税の課税価格に算入するときは、価額弁償金の額についての相続開始の時における金額を計算する必要があるものと解され、その計算は、相続税法基本通達11の2－10ただし書の(2)の定めに準じて行うことが合理的であると考えられる。」と判示している。

(2)　遺産が未分割の場合

　分割されていない財産は、共同相続人又は包括受遺者が民法に規定（同法904条の2を除く。）する相続分又は包括遺贈の割合に従って遺産を取得したものとして相続税の課税価格を計算する（相法55）。ここでいう「民法に規定する相続分」とは、法定相続分、代襲相続分、指定相続分及び特別受益者

の相続分をいうのであるが（相基通55－1）、遺産中の未分割財産について共同相続人間で相続分が譲渡された場合には、相続分の譲受人については、前記民法各条によって定まる相続分に譲り受けた相続分を加えたものが相続分になると解されている（東京高裁平成元年8月30日判決・行集40巻8号1166頁及びその上告審最高裁平成5年5月28日第三小法廷判決・集民169号99頁〔確定〕）。

なお、相続又は遺贈により取得したものとみなされる財産があるときは、その者の民法に規定する相続分又は包括遺贈の割合に応ずる本来の相続財産価額に加算して課税価格を計算する（相基通55－2）。

* 東京高裁昭和46年2月26日判決（訟月17巻6号1021頁）は、共同相続人間で相続権の存否について紛争があり、その訴えが係属中であるため、いまだ遺産分割が行われておらず、現実に取得した財産が確定できず、又は相続権の侵害のない状態において当該相続権を現実に取得していない場合であっても、相続人に相続があることを認め、その法定相続分に応じて課税価格及び相続税額を決定し賦課することは違法ではないとする（上告審最高裁昭和48年3月1日第一小法廷判決（税資69号623頁〔確定〕）は、上告棄却としている。）。その趣旨につき、東京地裁平成9年10月23日判決（税資229号125頁〔確定〕）は、「相続税法55条は、相続固有の問題として、相続税の法定申告期限内に遺産の全部又は一部の分割ができないことがあり得ることに鑑み、法定申告期限内に申告書を提出する場合において、相続人間で遺産が分割されていないときは、その未分割の遺産については、各共同相続人が法定相続分の割合に従って、当該財産を取得したものとしてその課税価格を計算することとしている。これは、長期にわたって遺産分割を行わないことにより、いまだ現実に相続により取得する財産が確定していないことを理由に、相続税の納付義務を免れるといった不都合を防止するための措置であるばかりでなく、国家の財源を迅速、確実に確保するという国家的要請に基づくものでもある。」と説示している。

3　小規模宅地等の課税価格の計算の特例

被相続人等（被相続人又は被相続人と生計を一にしていた被相続人の親族をいう。）の事業（準事業を含む。）用や居住用の宅地等については、相続税の課

税価格の計算上80％又は50％の割合で減額される「小規模宅地等の課税価格の計算の特例」が設けられている（措法69の4①）。これらの財産が、相続人等の生活の基盤の維持のために不可欠なものであり、処分について相当の制約を受けるのが普通であること、個人事業者等の円滑な事業承継を可能とすること等を考慮した特別な措置である。

* 「準事業」とは、事業と称するに至らない不動産の貸付けその他これに類する行為で相当の対価を得て継続的に行うものをいう（措令40の2①）。
* 相続時精算課税に係る贈与によって取得した宅地等及び「個人の事業用資産についての贈与税の納税猶予及び免除」の適用を受けた特例事業受贈者に係る贈与者又は「個人の事業用資産についての相続税の納税猶予及び免除」の適用を受ける特例事業相続人等に係る被相続人から相続又は遺贈により取得した特定事業用宅地等については、この特例の適用がない（措法69の4⑥）。

(1) 適用対象者

この特例の適用対象者は、相続又は遺贈によって小規模宅地等を取得した個人である（相続人以外の者が遺贈によって取得した場合にも適用がある。）。

(2) 小規模宅地等

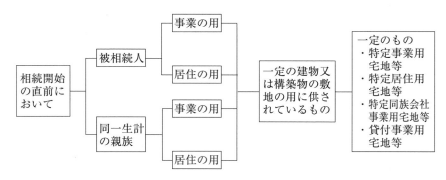

* 札幌地裁平成21年1月29日判決（税資259号順号11129〔確定〕）は、「租税特別措置法69条の4に規定する小規模宅地等の課税価格の計算特例は、その対象とする土地が被相続人等の事業の用に供されていたことのほかに、当該

土地が『構築物』の敷地の用に供されていることがその適用要件であり、上記特例に規定する『構築物』とは、事業性を認識しうる程度に人的・物的な資本投下がなされた、ある程度堅固な施設であり、かつ、その施設上において、その施設を利用した事業が行われているようなものであることを要すると解すべきであるところ、本件宅地は青空駐車場として利用され、敷地の一部にアスファルト舗装やフェンスを設置するなどの資本投下がされており、事業性が認められるが、本件宅地に設けられたアスファルト舗装は、全敷地の約8％にとどまり、金属製のパイプを組み合わせたフェンスが設置されているのみであって、このようなアスファルト舗装やフェンスを撤去、除去して本件宅地を転用することは容易であり、処分面での制約は非常に少ないということができ、個人の生活基盤として保護する必要性を見出すこともできないから、本件宅地上のアスファルト舗装やフェンスは本件特例上の『構築物』に当たらないというべきである。したがって、本件宅地は、『建物又は構築物の敷地の用に供されているもの』に該当しないから、本件宅地について本件特例の適用を認められない。」と判示している。

(3) 限度面積（措法69の4②）

① 特定事業用宅地等又は特定同族会社事業用宅地等である選択特例対象宅地等……400㎡以下

② 特定居住用宅地等である選択特例対象宅地等……330㎡以下

③ 貸付事業用宅地等である選択特例対象宅地等……200㎡以下

次の算式を満たす面積が限度となる。

$$\left(\begin{array}{l}\text{特定居住用宅地}\\ \text{等の面積の合計}\end{array}\times\frac{200}{400}\right)+\left(\begin{array}{l}\text{特定居住用宅地}\\ \text{等の面積の合計}\end{array}\times\frac{200}{330}\right)+\begin{array}{l}\text{貸付事業用宅地}\\ \text{等の面積の合計}\end{array}\leqq 200㎡$$

* 特定事業用宅地等には、特定同族会社事業用宅地が含まれる。
* 特定居住用宅地等132㎡と貸付事業用宅地等150㎡がある場合に、貸付事業用宅地等120㎡を選定すると、特定居住用宅地等の全部が適用となる。
（200㎡－120㎡）×330/200＝132㎡

* 特定事業用宅地等（特定同族会社事業用宅地等）と特定居住用宅地等は、併用適用ができるので、限度面積の上限は730㎡となる。

* 配偶者居住権は、借家権類似の建物についての権利とされていることから、小規模宅地等の特例の対象とならないが、配偶者居住権に付随するその目的となっている建物の敷地を利用する権利（敷地利用権）については、「土地の上に存する権利」に該当するので、小規模宅地等の特例の対象となる。小規模宅地等の特例を受けるものとしてその全部又は一部の選択をしようとする宅地等が配偶者居住権の目的となっている建物の敷地の用に供される宅地等又は配偶者居住権に基づく敷地利用権の全部又は一部である場合には、その宅地等の面積は、次の算式に基づき限度面積を判定する（措令40の2⑥、措通69の4－1の2）。

① 配偶者居住権に基づく敷地利用権の面積

$$\text{特例対象宅地等の面積} \times \frac{\text{敷地利用権の価額}}{\text{敷地利用権の価額}+\text{敷地の用に供される宅地等の価額}}$$

② 敷地の用に供される宅地等の面積

$$\text{特例対象宅地等の面積} \times \frac{\text{敷地の用に供される宅地等の価額}}{\text{敷地利用権の価額}+\text{敷地の用に供される宅地等の価額}}$$

(4) **課税価格に算入する価額**（措法69の4①）

① 特定事業用宅地等、特定居住用宅地等、特定同族会社事業用宅地等……20％（減額割合80％）

② 貸付事業用宅地等……50％（減額割合50％）

(5) **特定事業用宅地等**（措法69の4③一、措令40の2⑦〜⑩）

① 被相続人等の事業（不動産貸付業、駐車場業、自転車駐車場業及び準事業を除く。以下同じ。）の用に供されていた宅地等（相続又は遺贈により取得した持分の割合に応ずる部分に限られる。）

（i）相続税の申告期限までにその宅地等の上で営まれていた被相続人の事業を引継ぎ（事業引継要件）、かつ、その申告期限までにその事業を営んでいること（事業継続要件）。

(ⅱ) 相続税の申告期限までその宅地等を保有していること（保有継続要件）。

② 被相続人と生計を一にしていた被相続人の親族の事業の用に供されていた宅地等（相続又は遺贈により取得した持分の割合に応ずる部分に限られる。）

　(ⅰ) 被相続人と生計を一にする親族が相続開始直前から相続税の申告期限まで、その宅地等の上で事業を営んでいること（事業継続要件）。

　(ⅱ) 相続開始時から相続税の申告期限までその宅地等を保有していること（保有継続要件）。

③ 相続開始前3年以内に新たに事業の用に供された宅地等（「3年以内事業用宅地等」）は、特定事業用宅地等の範囲から除外される。ただし、相続開始前3年以内に新たに事業の用に供された宅地等であっても、一定の規模以上の事業を行っていた被相続人等の事業の用に供された宅地等については、3年以内事業用宅地等に該当しない。

　　　　　　　一定規模以上の事業

$$\frac{\text{事業の用に供されていた一定の資産のうち被相続人等が有していたものの相続開始時の価額の合計額}}{\text{新たに事業の用に供された宅地等の相続開始時の価額の合計額}} \geqq 15\%$$

＊ 「一定の資産」とは、①その宅地等の上に存する建物（附属設備を含む。）又は構築物、②減価償却資産でその宅地等の上で行われる事業に係る業務の用に供されていたものをいう。

なお、被相続人が相続開始前3年以内に開始した相続又は遺贈により事業の用に供されていた宅地等を取得し、かつ、その取得の日以後その宅地等を引き続き事業の用に供していた場合におけるその宅地等については、被相続人が相続により取得した事業用宅地等の上で事業を営んでいた期間

が3年未満の場合であっても、特定事業用宅地等に該当する（措令40の2⑨）。

小規模宅地等の課税価格の計算例（特定事業用宅地等の場合）

[設問] 甲は、乙が生前に小売業の店舗に供していた宅地と建物（3年以内事業用宅地等に該当しない。）を相続し、その事業を承継した。①宅地の面積は420㎡で評価額は9,240万円、②建物の面積は600㎡で評価額は600万円である。相続税の課税価格はいくらか。

[計算]

① 宅地

$$9,240万円 - 9,240万円 \times \frac{400㎡}{420㎡} \times 0.8 = 2,200万円$$

② 建物　　600万円

③ 課税価格の合計　　2,200万円 + 600万円 = 2,800万円

裁判例の紹介㉚

成年後見人が事業の用に供していた土地は特定事業用宅地等に該当するか否かが争われた事例

（横浜地裁令和2年12月2日判決・税資270号順号13489）
（東京高裁令和3年9月8日判決・税資271号順号13600）
（最高裁令和4年3月15日第三小法廷決定・税資272号順号13688〔確定〕）

1　事案の概要

イ　丙の相続人である甲は、丙から相続した本件土地（地積450.85㎡、相続税評価額5,472万円余）について、小規模宅地等についての相続税の課税価格の計算の特例（以下「本件特例」という。）を適用して相続税の申告をしたところ、所轄税務署長は本件特例の適用が認められないとして、相続税の更正処分等をした。本件は、甲が国Y（被告・被控訴人・被上告人）に対し、これら処分の取消しを求めて提訴したものである。

なお、甲は、本件訴訟係属中の令和元年12月に死亡し、同人の妻である乙（原告・控訴人・上告人）がその訴訟上の地位を承継した。

ロ　甲は、丙の甥（丙の兄である丁の子）であり、丙の養子である。丙の子は、長女である戊と養子である甲の2人のみである。丙は、本件宅地（地積928.92㎡）を所有していた。甲の父（丁）は、本件宅地上に、昭和39年に本件建物を建て、本件建物を作業場として大工業を営んでいた。甲は、昭和48年頃父の大工業を手伝うようになり、平成6年に父が引退してからは一人で大工業を営み、平成16年に父が死亡したことにより、これらの建物を相続した。甲は、平成23年1月31日以後、丙の成年後見人としてその財産管理を行うこととなった。

ハ　丙は、平成26年8月に死亡し、甲と戊の2人が丙の遺産（本件宅地を含む。）を相続した。本件宅地は3筆に分筆され、そのうち本件土地を甲が単独で取得した。甲は、丙と同居していなかった。

ニ　本件の主要な争点は、甲が相続により取得した土地について本件特例が適用されるか否かである。

2　判決の要旨

(1) 第一審判決

イ　本件特例は、個人が相続により取得した財産のうちに、相続開始

の直前において、「被相続人又は当該被相続人と生計を一にしていた当該被相続人の親族の事業の用…に供されていた宅地等」がある場合には、そのうち一定の部分について、相続税の課税価格に算入すべき価額の計算上、一定の割合を減額するというものである。①本件土地は本件相続の開始前から申告期限まで引き続き丙の親族である甲の事業の用に供されていたこと、②甲は、本件相続により本件土地を取得し、本件相続開始時から申告期限まで引き続き本件土地を所有していたことが認められる。そこで、本件において、本件特例の適用の有無を判断するに当たっては、本件土地が「丙と生計を一にしていた甲の事業の用に供されていた宅地等」に該当するかが問題となる。本件特例の趣旨に照らすと、「生計を一にしていた」との要件は、当該土地を利用してなされる事業の収益によって被相続人と相続人（親族）の生活基盤が維持されるなど、社会通念に照らして、被相続人と相続人（親族）が日常生活の糧を共通にしていた事実を要するものと解するのが相当である。

　ロ　認定事実によれば、後見の開始から相続の開始までの間において、①丙の食費、光熱費、その他日常の生活に係る費用に係る支出は、丙名義の口座で管理されていること、②甲は大工業を営んでいて相応の収入があり、丙から経済的な援助を受けていたことはうかがわれないこと、③甲と丙は、それぞれの自宅で生活していて同居していたわけではなく、甲は、平成26年分の所得税の確定申告において、丙を扶養親族としていなかったこと、甲と丙とは、居住費、食費、光熱費、その他日常の生活に係る費用の全部又は主要な部分を共通にしていた関係にはなく、日常生活の糧を共通にしていたとはいえず、「生計を一にしていた」とは認められないものというべきである。

　ハ　乙は、甲が丙の成年後見人となっていたという特殊性を考慮すれ

ば、甲と丙は同一の生活単位に属しており、相扶けて共同生活を営んでいるといえる上、甲は甲の財産と成年後見人として丙の財産を全て自らのコントロール下に置いていたのであるから、日常の生活の糧を共通にしていたといえ、生計一要件を充足するものと解すべきであると主張する。しかし、本件特例の趣旨は、被相続人等の事業等の用に供されていた小規模な宅地等については、一般にそれが相続人等の生活基盤の維持のために欠くことのできないものであって、その処分について相当の制約を受けるのが通常であることを踏まえ、担税力の減少に配慮した点にあると解されるから、「生計を一にしていた」との要件に該当するというためには、甲の事業によって、甲のみならず、被相続人である丙の生計が維持されていたという関係がなければならない。乙が主張する甲の丙に対する生活面での種々の貢献や丙の成年後見人としての財産管理は、甲の丙に対する成年後見人としての報酬請求権や本件相続における甲の寄与を基礎付けるものではあっても、上記の宅地等の処分の制約や担税力の減少を基礎付けるものとはいえず、乙の主張する事情は、生計一要件を基礎付けるものであるとはいえない。

(2) 控訴審判決

本件特例にいう「被相続人と生計を一にしていた相続人の事業の用…に供されていた宅地等」とは、相続人の生計だけでなく被相続人の生計をも支えていた相続人の事業の用…に供されていた宅地等を指すものと解するのが相当である。

(3) 上告審決定

上告審最高裁令和4年3月15日第三小法廷決定は上告棄却、上告不受理とした。

〔コメント〕

「生計を一にする」という用語は、所得税法56条《事業から対価を受ける親族がある場合の必要経費の特例》及び57条《事業に専従する親族がある場合の必要経費の特例等》のほか、扶養控除等の定義や雑損控除（所法72）、医療費控除（所法73）等の所得控除に関する規定においても用いられている。「生計を一にする親族」とは、一般的には、家族と共に生活をし（同一の生活共同体に属し）、消費生活を共同（日常生活の資を共通）しているものをいい、必ずしも同一家屋に起居しているものではなく、勤務の都合上妻子と別居し、又は修学や療養中などにより親族と起居を共にしていないような場合であっても、常に生活費や学資金又は療養費等を送金等している場合には、「生計を一にする」ものとされる（所基通2－47参照）。

本件において、乙は、租税特別措置法69条の4《小規模宅地等についての相続税の課税価格の計算の特例》第1項は、本件特例の要件を「被相続人の親族」が「当該被相続人と生計を一にしていた」場合と規定し、明文上、所得税法56条の「生計を一」概念をそのまま用いていることから、同条と同様、かなり幅広く財布（生計）を一つにしている状態を対象にしているものと考えるのが相当であり、本件特例の趣旨のほか、同居していないケースにおいて生計一要件で射程範囲を限定している趣旨、さらには、租税法律主義（特に文理解釈）の観点から検討すると、生計（暮らしを立てていく方法、手段）について、独自の収入があり、これを独自の判断で処理しているか否かという観点で判断されるべきであると主張する。

これに対し、本件東京高裁は、「所得税法56条は、事業経営者と生計を一にする親族がその事業に従事している場合には、いわば家族ぐるみで事業を行っているものとみて、その事業所得を事業経営者によって代表される家族単位で一体的に把握し、その家族間における給料等の支払は内部的なものとして所得計算上問題にしないことを定めた規定であるのに対し、本件特例の趣旨は、…相続人が相続した財産における担税力の有無に着目し、『被相続

人と生計を一にしていた』相続人『の事業の用…に供されていた宅地等』について、相続税の課税価格に算入すべき価額を軽減することにより、相続人の相続税負担の軽減を図る点にあると解される。したがって、本件特例が適用されるか否かを判断するためにその要件を検討するに当たっては、所得税法56条と同様に解することは相当ではなく、あくまでも本件特例の上記趣旨に従って解釈すべきであるところ、…本件土地の上で営まれていた甲の事業（大工業）によって、甲の生計のみならず、丙の生計が維持されていたという関係がなければならない」と説示して、乙の主張を排斥している。

* 成年後見人は、自分や親が認知症や知的障害などで十分な判断能力がなくなったとき、本人に代わって契約の締結や財産管理を行う。

⑹ 特定同族会社事業用宅地等（措法69の4③三、措令40の2⑯～⑱）

相続開始の直前において被相続人等の事業（不動産貸付業、駐車場業、自転車駐車場業及び準事業を除く。）の用に供されていた宅地等（3年以内事業宅地等を除く。）

① 法人についての要件
　(i) 相続開始の直前において被相続人等の有する株式の総数又は出資の金額の合計額がその発行済株式総数又は出資金額の50％を超えること。
　(ii) 相続税の申告期限までその宅地等を事業の用に供していること（事業継続要件）。
　　* 「被相続人等」とは、被相続人及び被相続人の親族その他被相続人と特別の関係がある者（被相続人と内縁関係のある者、被相続人の使用人、被相続人から受けた金銭その他の資産によって生計を維持している者等）をいう。
　(iii) 被相続人等から賃貸借契約により宅地等又は家屋を借りていること。

② 取得者についての要件
　(i) 被相続人の親族で、相続税の申告期限においてその法人の役員であ

ること。
　(ⅱ)　相続開始時から相続税の申告期限まで引き続きその宅地等を保有していること（保有継続要件）。
　　　＊　被相続人の親族が相続又は遺贈により取得した持分の割合に応ずる部分に限られる。

(7)　**日本郵便株式会社に貸し付けられている郵便局舎の敷地の用に供されている宅地等**

郵便局舎の敷地の用に供されている宅地等（400㎡以下）で、次の要件のいずれにも該当するものは、80％の減額割合を適用できる（郵政民営化法180①、措通69の4－28）。

①　平成19年9月30日以前から旧日本郵政公社に貸し付けている建物の敷地であること。
②　平成19年10月1日から相続開始直前までの間において、引き続き郵便窓口業務を行う郵便局の用に供するため、日本郵便株式会社に貸し付けられていた建物の敷地であること。
③　日本郵便株式会社が相続開始後5年以上にわたり郵便局舎を借り受けることについて、総務大臣の証明がなされたもの。
④　郵便局舎の敷地の用に供されている宅地等について、既にこの特例の適用を受けていないこと。

(8)　**特定居住用宅地等**（措法69の4③二、措令40の2⑪～⑮）
①　被相続人の居住の用に供されていた宅地等（相続又は遺贈により取得した持分の割合に応ずる部分に限られる。）
　(ⅰ)　被相続人の配偶者が取得したもの……無条件
　(ⅱ)　被相続人の居住の用に供されていた一棟の建物に居住していた親族が取得したもの……相続開始直前から相続税の申告期限まで、引き続

きその宅地等を保有し（保有継続要件）、かつ、その宅地等の上に存する一棟の建物に居住していること（居住継続要件）。
  (ⅲ) (ⅰ)及び(ⅱ)以外の親族（居住制限納税義務者又は非居住制限納税義務者のうち、日本国籍を有しない者は除く。）が取得したもの……次に掲げる要件の全てを満たすこと。
    a 被相続人の配偶者又は被相続人の同居親族がいないこと（独居）。
    b 相続開始前３年以内に日本国内にある自己、自己の配偶者、自己の三親等内の親族又はその親族と特別の関係のある一定の法人が所有する家屋（相続開始直前において被相続人の居住の用に供されていた家屋を除く。）に居住したことがないこと。
    c 相続開始時に、自己が居住している家屋を相続開始前のいずれの時においても所有していたことがないこと。
    d 相続開始時から相続税の申告期限まで、引き続きその宅地等を保有していること（保有継続要件）。
② 被相続人と生計を一にしていた被相続人の親族の居住の用に供されていた宅地等（相続又は遺贈により取得した持分の割合に応ずる部分に限られる。）
  (ⅰ) 被相続人の配偶者が取得したもの……無条件
  (ⅱ) 被相続人と生計を一にしていた親族が取得したもの……相続開始時から相続税の申告期限まで、引き続きその宅地等を保有し（保有継続要件）、かつ、その宅地等の上に存する一棟の建物に居住していること（居住継続要件）。
③ 被相続人等の居住の用に供されていた宅地等が二以上ある場合（措令40の２⑪）
  (ⅰ) 被相続人の居住の用に供されていた宅地等が二以上ある場合……被相続人が主として居住の用に供していた一の宅地等
  (ⅱ) 被相続人と生計を一にしていた親族の居住の用に供されていた宅地

等が二以上ある場合……その親族が主として居住の用に供していた一の宅地等

(iii) 被相続人及びその被相続人と生計を一にしていた親族の居住の用に供されていた宅地等が二以上ある場合……ⓐ被相続人が主として居住の用に供していた一の宅地等とその親族が主として居住の用に供していた一の宅地等が同一である場合は、その一の宅地等、ⓑそれ以外の場合は、被相続人が主として居住の用に供していた一の宅地等及びその親族が主として居住の用に供していた一の宅地等

④ 被相続人及びその親族が一棟の建物に居住していた場合には、その親族が相続等により取得したその敷地の用に供されていた宅地等のうち、被相続人及びその親族が居住していた部分も特例の対象となる（措令40の2④）。

* 「被相続人の居住の用」には、被相続人の居住の用に供されていた宅地等が、養護老人ホームへの入所など被相続人が居住の用に供することができない一定の事由により相続開始の直前において被相続人の居住の用に供されていなかった場合（被相続人の居住の用に供されなくなった後に、事業の用又は新たに被相続人等以外の人の居住の用に供された場合を除く。）におけるその事由により居住の用に供されなくなる直前の被相続人の居住の用を含む（措令40の2②）。

* 小規模宅地等の課税価格の計算特例の適用が争われた佐賀地裁平成20年5月1日判決（税資258号順号10956）の事例において、課税庁は、「居住の用に供されていた宅地とは、相続開始時において被相続人が居住の用に供していた宅地をいい、これに該当する宅地が二以上ある場合には、相続開始時において被相続人が主として居住の用に供していた宅地をいう」旨の主張を行った。

これに対し、同地裁は、「所得税の場合には、措置法31条の3第2項に『居住の用に供している（家屋）』という文言があり、これについて規定する措置法施行令20条の3第2項において、『その者がその居住の用に供している家屋を二以上有する場合には、これらの家屋のうち、その者が主としてその居住の用に供していると認められる一の家屋に限るものとする。』と規定しているにもかかわらず、本件特例についてはそのような制限はされ

ていないことからすると、本件特例の解釈として、主としてその居住の用に供されていた宅地等に限るとすることは困難であって、面積要件さえ満たせば、複数存在することも許容されていると解するのが相当である。」と判示し、課税処分を取り消している。

なお、控訴審福岡高裁平成21年2月4日判決（税資259号順号11137）は、「居住の用に供されていた宅地等」について「主として居住の用に供されていた宅地等」に限られないとして原審の判断を引用したが、事実認定において、被相続人が二つの宅地の両方を居住の用に供していたとは認められないとして、原審判断を覆し納税者の主張を排斥している（最高裁平成22年2月5日第二小法廷決定（税資260号順号11374〔確定〕）は上告不受理とした。）。

* 宅地等の上に存する一棟の建物のうちに居住用と貸付用がある場合には、その用途ごとに適用要件を判定し、居住用の部分が80％の減額、貸付用の部分が50％の減額となる。

裁判例の紹介㉛

有料老人ホームに入居したことにより居住の用に供されなくなった家屋の敷地は小規模宅地等の課税価格の計算特例が適用されないとされた事例

（東京地裁平成23年8月26日判決・税資261号順号11736〔確定〕）

1　事案の概要

本件は、亡Aの死亡によって開始した相続（以下「本件相続」という。）により本件宅地等を取得したX（原告）が、本件宅地について、租税特別措置法（平成17年法律第102号による改正前のもの）69条の4第3項2号に規定する特定居住用宅地等に該当するとして、同条1項1号に規定する特定居住用宅地等である小規模宅地等についての相続税の課税価格の計算の特例を適用した内容の相続税の申告及び修正申告

をしたところ、所轄税務署長から、A及びその妻（以下「Aら」という。）は本件相続の開始前から介護付終身利用型の有料老人ホーム（以下「本件老人ホーム」という。）に入居しており、本件宅地は本件相続の開始の直前においてAらの居住の用に供されていたとはいえないから、本件特例の適用はないなどとして、本件更正処分等を受けたため、国Y（被告）に対しその各取消しを求めた事案である。

事実の概要は次のとおりである。

平成19年に死亡したAとその妻は、従前から、本件家屋に居住していたが、平成17年2月以降、ともに介護を必要とする状態になり、本件家屋で生活することが困難であったため、同年4月16日、終身にわたる施設の利用権（以下「終身利用権」という。）を取得した上で、本件老人ホームに入居した。Aらは、本件老人ホームに入居した後も、本件家屋に家財道具を置いたままにしており、ガスの供給契約は解除したが、電気及び水道の契約は継続していたし、Aらの住民基本台帳上の住所は、本件老人ホームに入居した後も、本件家屋の所在地とされていた。

なお、Aらが本件老人ホームに入居して以降、本件家屋は空家となっており、本件相続の開始の直前において、Aらの子X及び訴外Cは、これに居住しておらず、生計も別にしていた。

2　判決の要旨

ある土地が小規模宅地等の課税価格の計算特例に規定する被相続人等の「居住の用に供されていた宅地」に当たるか否かは、被相続人等が当該土地を敷地とする建物に生活の拠点を置いていたかどうかにより判断すべきであり、具体的には、①その者の日常生活の状況、②その建物への入居の目的、③その建物の構造及び設備の状況、④生活の拠点となるべき他の建物の有無その他の事実を総合考慮して判断すべきものと解するのが相当である。これを本件についてみるに、①Aら

は、専ら本件老人ホーム内で日常生活を送っていたこと、②Aらは、ともに介護を必要とする状況となったところ、本件家屋においてX及びCの介護を受けて生活することが困難であったことから、終身利用権を取得した上で本件老人ホームに入所したもので、その健康状態が早期に改善する見込みがあったわけではなく、また、本件家屋においてXらの介護を受けて生活することが早期に可能となる見込みがあったわけでもなかったのであり、少なくとも相当の期間にわたって生活することを目的として本件老人ホームに入居したものであること、③本件老人ホームには、浴室や一時介護室、食堂等の共用施設が備わっており、本件居室には、日常生活に必要な設備が備えられていた上、Aらは、本件老人ホーム内において、医療機関の往診を受け、入浴、排せつ、食事等の介護、その他の日常生活上の介助、機能訓練及び療養上の介助を受けることができたもので、本件老人ホームには、Aらが生活の拠点として日常生活を送るのに必要な設備等が整えられていたことが認められる。

　以上のことからすれば、Aらが、本件老人ホームに入居した後も、本件家屋に家財道具を置いたまま、これを空家として維持しており、電気及び水道の契約も継続していたことを考慮しても、本件相続開始の直前におけるAらの生活の拠点が本件老人ホームにあったことは明らかというほかない。したがって、本件家屋の敷地が被相続人等の「居住の用に供されていた宅地」に当たるということはできず、本件課税特例を適用することはできない。

〔コメント〕
　小規模宅地等の課税価格の計算特例は、相続開始直前において被相続人等の居住の用に供されていた宅地等に適用されるが、「居住の用に供されていた宅地」に当たるかどうかは、その宅地が被相続人等の「生活の拠点」とな

っていたか否かにより判定することとなる。本判決は、被相続人が終身利用権を取得して老人ホームに生活の拠点を移していることから、老人ホームに入居する前に居住していた家屋の敷地については小規模宅地等の課税価格の計算特例が適用できないと判示している。

　なお、平成25年度の税制改正において特定居住用宅地等の範囲が拡大されたことから、今日においては本判決のようなケースは小規模宅地等の課税価格の計算特例が適用されることになる（194頁参照）。

裁判例の紹介㉜

土地区画整理事業等の施行による仮換地指定に伴い、被相続人等の居住の用に供されていた土地及び仮換地が相続開始の直前に更地である場合には、小規模宅地等の課税価格の計算特例の適用を受けることができるか否かが争われた事例

（最高裁平成19年1月23日第三小法廷判決・集民223号53頁）

1　事案の概要

　Xら（原告・控訴人・上告人）は、A、B夫婦と養子縁組をした夫婦であり、Bの共同相続人である。昭和63年2月6日、Aが死亡し、Bは、相続により、甲土地、乙土地（以下、併せて「本件土地」という。）並びに甲土地上の建物である甲建物を取得した。Bは甲土地の上にある甲建物に居住していたところ、平成9年3月18日付けで土地区画整理法に基づき仮換地の指定を受け、同年11月に甲建物から仮設住宅に転居した。甲建物は、平成9年12月に取り壊され、本件土地は更地となった後、平成10年10月18日にBが死亡し、Xが本件土地を相続した。Xは、本件土地につき小規模宅地等の課税価格の計算特例

（以下「本件特例」という。）の適用があるとして相続税の申告書を法定期限内に提出したところ、税務署長Y（被告・被控訴人・被上告人）は、本件特例の適用が認められないとして更正処分等をした。本件は、Xがこれら処分の取消しを求めて提訴したものである。

なお、Xらは、平成12年5月に本件仮換地上に建物を新築する工事請負契約書を締結し、翌年3月に同建物に入居している。

2　判決の要旨

原審〔筆者注：福岡高裁平成16年11月26日判決・税資254号順号9837〕は、「本件特例の適用に当たっては、相続開始の直前において当該土地を被相続人等が現に居住の用に供していたか、あるいは、少なくとも相続開始時に当該土地において現実に居住用建物の建築工事が着工され、当該土地が居住用建物の敷地として使用されることが外形的、客観的に明らかになっている状態にあることが必要と解すべきである。これを本件についてみると、相続開始の直前において本件土地及び本件仮換地が更地の状態であったことは明らかであって、いずれの土地についても居住用建物の敷地としての使用が外形的に認められないから、これを居住用宅地等として扱うことはできず、本件特例の適用は認められない。」として、本件更正処分は適法であると判断した。しかしながら、原審の上記判断は是認することができない。その理由は次のとおりである。

前記事実関係によれば、Bは、従前、甲土地を現実に居住の用に供していたのであるが、甲土地を含む本件土地につき仮換地の指定がされ、本件土地及び本件仮換地の使用収益が共に禁止されたことにより（土地区画整理法99条参照）、仮設住宅への転居及び甲建物の取壊しを余儀なくされ、その後、本件仮換地についての使用収益開始日が定められないため本件仮換地に建物を建築することも不可能な状況のまま、同人が死亡し、相続が開始したというのである。以上のとおり、相続

開始の直前においては本件土地は更地となり、本件仮換地もいまだ居住の用に供されてはいなかったものであるが、それは公共事業である本件事業における仮換地指定により両土地の使用収益が共に禁止された結果、やむを得ずそのような状況に立たされたためであるから、相続開始ないし相続税申告の時点において、B又はXらが本件仮換地を居住の用に供する予定がなかったと認めるに足りる特段の事情のない限り、本件土地は、措置法69条の3にいう「相続の開始の直前において…居住の用に供されていた宅地」に当たると解するのが相当である。そして、本件においては、A及びXらは、仮換地指定通知に伴って仮設住宅に転居しており、また、Xらは、相続開始後とはいえ、本件仮換地の使用収益が可能となると、本件仮換地上に本件ビルを建築してこれに入居したものであって、上記の特段の事情は認めることができない。したがって、甲土地について本件特例が適用されるものというべきである。

　以上と異なる原審の判断には、判決に影響を及ぼすことが明らかな法令の違反がある。論旨は理由があり、原判決のうち更正処分等に係る請求に関する部分は破棄を免れない。そして、同請求に関し、甲土地が措置法69条の3第1項1号の「特定居住用宅地等」に該当するか否か、Xらの納付すべき税額等について審理判断させるため、上記部分につき、本件を原審に差し戻すこととする。

〔コメント〕
　本件特例が適用される居住用宅地等とは、相続開始の直前において被相続人の有する宅地等の上に建物が存在し、被相続人又は被相続人と生計を一にする親族がこれを居住用として現実に使用しているものをいうのであるが、課税実務上は、相続開始の直前において被相続人等の居住の用に供されていない宅地等であっても、その宅地の上で既に居住用建物の建築が行われてい

るなど、居住用建物の敷地として宅地等の使用が具体化ないし現実化していると見られる場合には、一定の条件の下、当該宅地等を本件特例の適用対象としていたところである（措通69の4－5）。もっとも、被相続人等の居住の用に供されていた宅地等が土地区画整理事業等の施行による仮換地指定に伴い、従前地及び仮換地が相続開始の直前において更地である場合には、これらの土地が相続開始直前において被相続人等の居住の用に供されていないのであるから、本件特例の適用がないというのが課税実務の取扱いであった。本判決は、公共事業の施行に伴いやむを得ず従前地及び仮換地に居住できなくなったのであるから、これを居住の継続とみて本件特例の適用を認めるべきであると結論付けている。

なお、差戻控訴審福岡高裁平成19年7月19日判決（訟月54巻8号1642頁〔確定〕）は、本判決の判断を踏まえ、原判決を変更する判断を示した。

その後、国税庁は、通達を改正し、「公共事業の施行による土地区画整理法の規定による仮換地の指定に伴い、当該相続の開始の直前において従前地及び仮換地の使用収益が共に禁止されている場合で、当該相続の開始の時から相続税の申告期限までの間に被相続人が仮換地を居住の用に供する予定がなかったと認めるに足りる特段の事情がなかったもの」は、本件特例の適用がある旨を明らかにしている（措通69の4－3）。

小規模宅地等の課税価格の計算例（特定居住用宅地等の場合）

設問 甲の死亡により、甲と生計を一にしていなかった次男Bが甲の居住の用に供していた宅地と建物を相続した。①宅地の面積は240㎡で評価額は6,000万円、②建物の評価額は1,600万円である。Bは相続開始後申告期限までに、その宅地を保有している。相続税の課税価格はいくらか。

なお、甲の配偶者と長男Aは既に死亡しており、Bは、相続開始前3年以内に社宅に居住していた。

計算

① 宅地

$$6{,}000万円 - 6{,}000万円 \times \frac{240㎡}{240㎡} \times 0.8 = 1{,}200万円$$

② 建物　　　　　　　　　　　　　　　　　1,600万円

③ 課税価格の合計　1,200万円＋1,600万円＝2,800万円

(9) **貸付事業用宅地等**（措法69の4③、措令40の2⑲〜㉑）

① 被相続人の事業（不動産貸付業、駐車場業、自転車駐車場業及び準事業に限る。以下「貸付事業」という。）の用に供されていた宅地等（相続開始前3年以内に新たに貸付事業の用に供された宅地等を除く。以下「3年以内貸付宅地等」という。相続等により取得した持分の割合に応ずる部分に限られる。）

(i) 相続税の申告期限までにその宅地等の上で営まれていた被相続人の貸付事業を引き継ぎ（事業引継要件）、かつ、その申告期限までにその貸付事業を営んでいること（事業継続要件）。

(ii) 相続税の申告期限までその宅地等を保有していること（保有継続要件）。

② 被相続人と生計を一にする親族の貸付事業の用に供されていた宅地等（相続又は遺贈により取得した持分の割合に応ずる部分に限られる。）

(i) 被相続人と生計を一にする親族が相続開始前から相続税の申告期限まで、その宅地等の上で貸付事業を営んでいること（事業継続要件）。

(ii) 相続開始時から相続税の申告期限までその宅地等を保有していること（保有継続要件）。

なお、相続開始前3年以内に新たに貸付事業の用に供された宅地等であっても、相続開始の日まで3年を超えて引き続き特定貸付事業（貸付事業のうち準事業以外のものをいう。）を行っていた被相続人等のその特定貸付

事業の用に供された宅地等については、3年以内貸付宅地等に該当しない（措令40の2⑳）。

(10) 適用要件

① 小規模宅地等の課税価格の計算特例又は次項4の特定計画山林の課税価格の計算特例（209頁参照）の対象となる財産を取得した者が2人以上いる場合には、特例対象宅地等の選択についてその全員の同意が必要である（措法69の4①、69の5①、措令40の2⑤、40の2の2①）。

② 小規模宅地等の課税価格の計算特例は、相続税の申告書の提出期限までに、相続人等によって分割がされていることが必要である（措法69の4④）。ただし、申告書の提出期限までに分割されていない宅地等であっても、①申告期限から3年以内に分割された場合、又は②申告期限後3年を経過する日までに分割できないやむを得ない事情があり、税務署長の承認を受けた場合で、その事情がなくなった後4か月以内に分割されたときは、更正の請求により同特例の適用を受けることができる（措法69の4④）。

③ 小規模宅地等の課税価格の計算特例は、相続税の申告書（期限後申告書及び修正申告書を含む。）にこの適用を受けようとする旨その他所定の事項を記載するとともに、戸籍謄本や遺産分割協議書の写し等を添付しなければならない（措法69の4⑦、措規23の2⑧）。

裁判例の紹介㉝

小規模宅地等の課税価格の計算特例を適用して相続税の申告書を提出した後に、適用対象地を差し替えることができるか否かが争われた事例

（東京地裁平成14年7月11日判決・訟月50巻7号2192頁）

（東京高裁平成15年3月25日判決・訟月50巻7号2168頁）
（最高裁平成17年3月29日第三小法廷決定・税資255号順号9977〔確定〕）

1 事案の概要

　X（原告・被控訴人・上告人）は、都市再開発事業に供されていた土地（以下「本件土地」という。）を相続したものの、相続開始時において施設建物が完成していなかったため、本件土地について小規模宅地等の課税価格の計算特例（以下「本件特例」という。）を適用することをあきらめ、別の土地について本件特例を適用した相続税の申告書を提出していた（本件土地について本件特例を選択すると課税価額が大幅に低くなる。）。その後、税務署長Y（被告・控訴人・被上告人）が非上場株式の評価に誤りがあるとして更正処分をしたことから、Xは、その取消しを求めて提訴した。本件において、Xは本件土地について本件特例が適用されるべきであると主張をした。

2 判決の要旨

(1) 第一審判決

　本件土地は本件特例の実体的要件を充足していたにもかかわらず、課税当局がそれを充足していないとの内部規範を確立し、これを外部にも示していたと認められるところであるから、Xがこれに従って本件土地につき本件特例を適用して申告しなかったことも無理からぬところがあり、この点につき租税特別措置法69条（平成6年法律第22号による改正前）の3第4項にいう「やむを得ない事情がある」というべきであるとして、更正処分を取り消した。

(2) 控訴審判決

　租税特別措置法69条の3（平成6年改正前）第3項は、相続税の申告時に、申告書に本件特例の適用を受けようとする旨を記載し、計算に関する明細書等を添付して申し出ることを要件としているから、申

告書に本件特例の適用を受ける旨を記載せず、その明細書等を添付しないでした申告に対する更正処分の取消訴訟で本件特例が適用されるべき旨を主張することは許されず、また、同条4項は、本件特例の記載等がない相続税の申告書が提出された場合であっても、やむを得ない事情がある場合には、本件特例が適用される場合がある旨を定めているが、本件特例は対象となる宅地のうち200平方メートルまでの部分について特例を認めるものであるところ、相続税の申告の際に別の土地を本件特例を適用する宅地として選択し、うち200平方メートル部分について本件特例を適用して相続税の申告をしている場合には、相続税債務は既に確定しており、同項を適用すべき前提を欠いているから、本件特例は適用されないとして、第一審の判断を取り消し、Xの請求を棄却した。

(3) 上告審決定

上告審最高裁令和17年3月29日第三小法廷決定は上告棄却、上告不受理とした。

〔コメント〕

小規模宅地等の課税価格の計算特例は、相続税の申告書（期限後申告書及び修正申告書を含む。）に、この特例の適用を受けようとする旨を記載し、かつ、計算に関する明細書等の添付をした場合に限り適用される（措法69の4⑦）。ただし、税務署長は、申告書の提出がなかった場合又は記載若しくは添付のない申告書の提出があった場合においても、やむを得ない事情があると認めるときは、当該記載をした書類等の提出があったときに限り、同特例の適用を認めることができるとされている（宥恕規定：措法69の4⑧）。本件では、相続税の申告書に同特例の適用を受ける旨の記載及び計算に関する明細書等の添付をしたものの、他の土地を適用対象の宅地として選択したものであるから、文理解釈の上からは、上記の手続要件を満たしていない。この

点に関し、本件東京地裁は、「同条〔筆者注：措法69の3〕がやむを得ない事情により同条の適用を受けるための申告書の提出等をし得なかった者について本件特例の適用を認め、その救済を図った趣旨にかんがみれば、やむを得ない事情により本件特例の対象土地を誤った者との間においてその救済の必要性にさほど差異があるとは考えられず…、同条の前記文言を限定的に解する理由もない」として、対象土地の選択誤りについて「やむを得ない事情」があれば、小規模宅地等の課税価格の計算特例の適用を認められるとしたのに対し、本件東京高裁は、この見解を否定したのである。

* 相続人全員の選択同意書を添付しないで、小規模宅地等の課税価格の計算特例を受けることができるか否かが争われた事例において、東京地裁平成28年7月22日判決（税資266号順号12889）は、次のように、同特例の適用を否定している。すなわち、同地裁は、措置法69条の4第1項は、相続税法11条の2《相続税の課税価格》に規定する相続税の課税価格を計算する際の特例として定められたものであるところ、相続税の計算に当たっては、同一の被相続人に係る全ての相続人等に係る相続税の課税価格に相当する金額の合計額を基にするものとしているのであって、課税価格の算定の基礎となる「相続又は遺贈により取得した財産」には、未分割財産が含まれるものというべきであるから、措置法69条の4第1項の「相続又は遺贈により取得した財産」についても、未分割財産が含まれるものというべきであるとした上で、本件土地相続分は、相続税の申告期限の時点において未分割財産であり、被相続人の共同相続人らの共有に属していたことになるから、相続により、特例対象宅地等を取得したのは、本件相続人ら全員ということになる。したがって、本件相続において、特例対象宅地等の選択をして本件特例の適用を受けるためには、特例対象宅地等を取得した全ての相続人である本件相続人らの選択同意書を相続税の申告書に添付してしなければならないということになる（措令40の2③）旨判示した（控訴審東京高裁平成29年1月26日判決（税資267号順号12970〔確定〕）は原審判断を維持している。）。

  小規模宅地等の課税価格の計算特例においても、同一の被相続人等に係る相続人等が特例対象宅地等のうちそれぞれ異なるものを選択して相続税の課税価格を確定することができない結果となることがないよう、全ての相続人等の間において、選択する特例対象宅地等が同一のものとなることを前提としていると理解するのである。

4 特定計画山林の課税価格の計算特例

　相続又は遺贈によって取得した財産のうち、特定森林経営計画対象山林及び特定受贈森林経営計画対象山林がある場合には、その財産の課税価額から５％の割合を乗じて計算した金額を控除することができる（措法69の５①）。

(1) 特定森林経営計画対象山林の適用対象者（措法69の５①②）
① 被相続人の親族であること。
② 相続開始の時から相続税の申告期限まで、特定森林経営計画対象山林について市町村長等の認定を受けた森林経営計画に基づき施業を行っていること。

　この場合の「特定森林経営計画対象山林」とは、被相続人が相続開始の直前に有していた立木又は土地等のうち、相続開始の前に市町村長等の認定を受けた森林経営計画が定められている区域内に存するものをいう。

(2) 特定受贈森林経営計画対象山林の適用対象者（措法69の５①②）
① 特定受贈森林経営計画対象山林に係る相続時精算課税適用者であること。
② 特定受贈森林経営計画対象山林の贈与の時から被相続人である特定贈与者の死亡により開始した相続に係る相続税の申告期限まで特定森林経営計画対象山林について市町村長等の認定を受けた森林経営計画に基づき施業を行っていること。

　この場合の「特定受贈森林経営計画対象山林」とは、被相続人である特定贈与者が贈与した立木又は土地等のうち、その贈与の前に市町村長等の認定を受けた森林経営計画が定められている区域内に存するものをいう。

(3) 適用要件

① 特定計画山林の課税価格の計算特例又は小規模宅地等の課税価格の計算特例の対象となる財産を取得した者が2人以上いる場合には、特例対象宅地等の選択についてその全員の同意が必要である（措法69の4①、69の5①、措令40の2⑤、40の2の2①）。

② 特定計画山林の課税価格の計算特例は、相続税の申告書の提出期限までに、相続人等によって分割がされていることが必要である（措法69の5③）。ただし、申告書の提出期限までに分割されていない特定計画山林であっても、(i)申告期限から3年以内に分割された場合、又は(ii)申告期限後3年を経過する日までに分割できないやむを得ない事情があり、税務署長の承認を受けた場合で、その事情がなくなった後4か月以内に分割されたときは、更正の請求によりこの特例の適用を受けることができる（措法69の5③）。

③ 特定計画山林の課税価格の計算特例は、相続税の申告書（期限後申告書及び修正申告書を含む。）にこの適用を受けようとする旨その他所定の事項を記載するとともに、戸籍謄本や遺産分割協議書の写し等を添付しなければならない（措法69の5⑦）。また、特定受贈森林経営計画対象山林について、特定計画山林の特例の適用を受けようとする相続時精算課税適用者は、贈与税の申告書の提出期間内にこの特例の適用を受ける旨その他一定の事項を記載した書類を贈与税の申告書に添付しなければならない（措法69の5⑧）。

④ 小規模宅地等の課税価格の計算特例を受ける場合には、原則として、特定計画山林の課税価格の計算特例を適用することができないのであるが（措法69の5④）、小規模宅地等の課税価格の計算特例を選択した宅地等が一定の限度面積に満たない場合には、その限度面積の範囲内で特定計画山林の課税価格の計算特例の適用を選択することができる（措法69の5⑤）。

被相続人から相続又は遺贈により宅地等を取得した者のうちに「個人の事業用資産についての相続税の納税猶予及び免除」の適用を受ける者がいる場合は、特定計画山林の課税価格も同様に計算する（措法69の5⑤、措通69の5－12）。

特定計画山林の価額の限度額

$$特定計画山林の価額の合計額 \times \frac{200㎡ －（選択宅地等面積＋猶予適用宅地等面積）}{200㎡}$$

5　特定土地等及び特定株式等に係る相続税の課税価格の計算特例等

(1)　概要

特定非常災害の指定を受けた災害が発生した場合において、その特定非常災害発生日前の相続又は遺贈（その相続に係る被相続人からの贈与により取得した財産で相続時精算課税の適用を受けるものに係る贈与を含む。以下「相続等」という。）により取得した財産に係る相続税でその特定非常災害発生日以後に申告期限が到来するものについては、その課税価格の計算上、次に掲げる特定土地等及び特定株式等の価額を災害発生直後を基準とした金額とすることができる（措法69の6①）。

① 「特定土地等」とは、特定非常災害発生日以後に相続税の申告期限の到来する者が、特定非常災害発生日前に相続等により取得した特定地域内にある土地及び土地の上に存する権利（土地等）で特定非常災害発生日において所有していたものをいう。

② 「特定株式等」とは、特定非常災害発生日以後に相続税の申告期限の到来する者が、特定非常災害発生日前に相続等により取得した株式及び出資（上場株式等を除く。）で、課税時期において特定地域内にあった動

産（金銭及び有価証券を除く。）、不動産、不動産の上に存する権利及び立木の価額が保有資産の合計額の30％以上である法人の株式等（特定非常災害発生日において所有していたものに限る。）をいう。

（参考）　特定非常災害及び特定非常災害発生日

特定非常災害	特定非常災害発生日
① 平成7年阪神・淡路大震災	平成7年1月17日
② 平成16年新潟県中越地震	平成16年10月23日
③ 平成23年東日本東北地方太平洋沖地震	平成23年3月11日
④ 平成28年熊本地震	平成28年4月14日
⑤ 平成30年7月豪雨	平成30年7月14日
⑥ 令和元年台風19号	令和元年10月10日
⑦ 令和2年7月豪雨	令和2年7月3日
⑧ 令和6年能登半島地震	令和6年1月1日

(2)　相続税の課税価格に算入すべき価額（措令40の3③）

① 特定土地等

　特定土地等が特定非常災害の発生直後も引き続き相続等により取得した時の現況にあったものとみなして、特定非常災害の発生直後における特定土地等の価額として評価した額に相当する金額である。

② 特定株式等

　特定株式等に係る発行法人が相続開始時等において保有していた資産のうち特定地域内にあったもので特定非常災害の発生時において保有していたものについては、相続開始時等において既に特定非常災害による損害を被った状態で存していたものとして、特定株式等を評価する。

　＊　具体的には、国税庁平成30年1月15日付け資産評価企画官情報第1号「『特定土地等及び特定株式等に係る相続税の課税価格の計算の特例（措置法69の6）並びに特定土地等及び特定株式等に係る贈与税の課税価格の計算の特例（措置法69の7）に規定する特定土地等及び特定株式等の評価に関する質疑応答事例集』の送付について（情報）」を参照されたい。

6　債務控除

(1) 債務控除を適用できる者

相続税は、無償の財産取得に担税力を見出して課税するものであるから、相続人や包括受遺者が債務を承継し、あるいは葬式費用を負担した場合には、その負担部分を相続財産の価額から控除する（相法13①）。

債務などを差し引くことのできる者は、①日本国内に住所があるもの（一時居住者で、かつ、被相続人が一時居住被相続人又は非居住被相続人である場合を除く。）、②日本国籍を有しており、かつ、相続開始前10年以内に国内に住所を有していたことがあるもの、③日本国籍を有しており、かつ、相続開始前10年以内に国内に住所を有していたことがないもの（被相続人が一時居住被相続人又は非居住被相続人である場合を除く。）、④日本国籍を有していないもの（被相続人が一時居住被相続人、非居住被相続人又は非居住外国人である場合を除く。）で、その債務などを負担することになる相続人や包括受遺者（相続時精算課税の適用者を含む。）である（相法13①）。

＊　相続人には、相続を放棄した者又は相続権を失った者は含まれないのであるが、これらの者であっても、被相続人の葬式費用を現実に負担した場合には、その負担額を債務控除することができる（相基通13－1）。

(2) 債務控除の対象となる債務

①　相続人又は包括受遺者が承継した債務であること（相法13①）。

②　被相続人の債務で相続開始の際現に存するものであること（相法13①）。

③　確実と認められるものであること（相法14①）。

＊　相続財産の中から支弁する相続財産に関する費用（管理や保存の費用、例えば、遺言執行の費用、弁護士費用、税理士報酬など）は、債務控除の対象とならない（相基通13－2）。

＊　被相続人の負担すべき公租公課の金額は、その死亡の際に確定している

ものの金額のほか、被相続人に係るものでその相続人等が納付し又は徴収されることとなった所得税等の税額（延滞税、各種加算税などの附帯税は除く。）も含まれる（相法14②、相令3）。被相続人の未納の所得税や固定資産税など、被相続人の準確定申告に係る所得税、被相続人の生前退職金（相続開始の際に確定しているもの）に係る源泉所得税、被相続人の所得税について税務調査が行われた場合の追徴税額などがこれに当たる。

(3) 債務控除の対象とならない債務

被相続人の債務であっても、相続税の非課税財産である①墓所、霊びょう及び祭具並びにこれらに準ずるもの、②宗教、慈善、学術その他公益を目的とする事業の用に供する財産について、これらの取得、維持又は管理のために生じた債務の金額は、債務控除の対象とならない（相法13①、相基通13－4）。

(4) 葬式費用

葬式費用は、相続税の課税価格の計算上、相続人又は包括受遺者が負担したものが控除される（相法13③）。

① 葬式若しくは葬送に際し、又はこれらの前において、埋葬、火葬、納骨又は遺がい若しくは遺骨の回送その他に要した費用（仮葬式と本葬式とを行うものにあっては、その両者の費用）

② 葬式に際し施与した金品で、被相続人の職業、財産その他の事情に照らして相当程度と認められるものに要した費用

③ ①又は②に掲げるもののほか、葬式の前後に生じた出費で通常葬式に伴うものと認められるもの

④ 死体の捜索又は死体若しくは遺骨の運搬に要した費用

区　　分	控除する債務の範囲
居住無制限納税義務者 非居住無制限納税義務者	①　被相続人の債務で相続開始の際現に存するもの（公租公課を含む。） ②　被相続人に係る葬式費用
居住制限納税義務者 非居住無制限納税義務者	①　制限納税義務者が相続等により取得した日本国内にある財産に係る公租公課 ②　制限納税義務者が相続等により取得した日本国内にある財産を目的とする留置権、特別の先取特権、質権又は抵当権で担保される債務 ③　制限納税義務者が相続等により取得した日本国内にある財産の取得、維持又は管理のために生じた債務 ④　制限納税義務者が相続等により取得した日本国内にある財産の贈与の義務 ⑤　被相続人が日本国内に有していた営業所又は事業所に係る営業上又は事業上の債務
特別寄与者に対し特別寄与料を支払うべき相続人	特別寄与者に対し支払うべき特別寄与料の額のうち、その相続人の負担に属する部分の金額（特別寄与料の額が特別寄与者の課税価格に算入される場合に限る。）

＊　香典返戻費用、墓碑や墓地の購入費用、初七日その他の法会のための費用などは、葬式費用とならない（相基通13－5）。

裁判例の紹介㉞

保証債務は債務控除の対象となるか否かが争われた事例

（東京地裁平成15年4月25日判決・訟月51巻7号1857頁）

（東京高裁平成16年3月16日判決・訟月51巻7号1819頁）

（最高裁平成18年8月30日第二小法廷決定・税資256号順号10493〔確定〕）

1　事案の概要

　Xら（原告・被控訴人・上告人）は、平成3年8月1日に死亡したAの相続人である。Aは、生前、B社がC社から借り受けた22億5,000

万円の債務につき、B社の代表取締役Dとともに連帯保証契約を締結しており、Xらは、相続によりAの連帯保証人の地位を承継した。その後、C社の催告を受けたXらは、平成4年4月から8月にかけて、相続により取得した土地を10億4,000万円で譲渡しC社に代位弁済した。Xらは、平成4年1月31日、相続税の申告書（相続税の課税価格は約35億円）を提出したが、平成5年1月29日、連帯保証債務の額を相続財産の価額から控除すべきであるとして更正の請求をしたところ、税務署長Y（被告・控訴人・被上告人）は、平成6年1月31日付けで更正をすべき理由がない旨の通知処分並びに相続税更正処分等をした。本件は、Xがこれら処分の取消しを求めて提訴したものである。

2　判決の要旨

(1)　第一審判決

　保証債務は、連帯保証債務を含めて従たる債務であり、主債務者が主たる債務を履行すれば、保証人はその責任を免れ得るものであって、単に保証債務を負っているということのみでは、将来、保証人がその債務を履行するか否かは確実でないから、原則として、連帯保証債務は、相続税法14条1項にいう「確実と認められる」債務には該当しない。しかし、相続開始時において、①主債務者の弁済期が到来しているにもかかわらず主債務者が弁済不能の状態にある場合、②債権者が既に主債務者ではなく保証人に対して履行を求める方針を明らかにしている場合には、保証人は、保証債務の履行をしなければならないことが確実である上、主債務者の財産状況等からして、求償権を行使してもその全部又は一部について満足が得られる見込みがないと認められるときは、損失全部の補てんを受けることができないことが確実であるから、連帯保証債務も、少なくとも求償の見込みがないと認められる限度において確実な債務に該当するというべきである。〔課税庁は〕主債務者が事業を継続している場合には、何らかの法的な倒産処

理手続が開始されることを要すると解しているように思われるが、そのような解釈は、この基準〔主たる債務者が破産、和議、会社更生あるいは強制執行等の手続開始を受け、又は事業閉鎖、行方不明、刑の執行等によって債務超過の状態が相当期間継続しながら、他からの融資を受ける見込みもなく、再起の目処が立たないなどの事情によって事実上債権の回収ができない状況にあることが客観的に認められるか否か〕の趣旨ひいては相続税法14条1項の趣旨を正解しないものといわざるを得ない。〔認定事実によれば〕B社は、その業績、資力の観点から、Xらが代位弁済した求償権を弁済する可能性はなかったというべきであり、また、Xらが他の方法により求償権の満足を得られる方法もなかったというべきである。

(2) 控訴審判決

　保証債務が「控除すべき債務であることが確実と認められるもの」に該当するためには、相続の開始の時点を基準として、その履行すべき保証債務について主たる債務者及び他の共同保証人に対して求償権を行使したり債権者に代位して物上担保権を行使してもなお債権の回収を受ける見込みのないことが明確になっていなければならない。〔認定事実によれば〕B社は、昭和61年ころから、税引後において5億円にも上る赤字を計上するようになったが、平成3年ころまでは多額の借入れをして事業を拡大したものの、数10億円単位の債務超過に陥り、その額は平成3年11月期には80億9千万円余りにも達し、平成3年5月には租税の滞納や一般債権の履行遅滞が生じるなどしたため、遂に同年8月1日、連帯保証人であるAに保証債務の履行の通知が届くに至り、その後も一層経営状況が悪化していったと認めることができる。しかし、B社は、平成3年11月期には債務超過となっていたものの、従前から手がけていた不動産事業やその他の事業を継続して行っていたほか、保有不動産による事業活動を随時行っていたと推認さ

れる。もっとも、これらの事業により得た収入のほとんどは担保権者等への弁済に充てたものと推認されるほか、収入の一部を隠密裏に蓄えてB社外に移転することもしていた上、事業を法的に清算することもしなかったのであり、このことは、基本的にはバブル経済の崩壊により落ち込んだ景気や不動産価格の回復を期待して経営建直しの機会を待ちつつ事業を継続し法人の存続を図る努力をしていたものと認めることができる。以上によれば、B社は、企業として存続して事業を行っていたのであるから、少なくとも事業資金及び運転資金等の資金も存在していたのであり、そうすると、担保権設定をしていない一般債権者に対しても、その分割弁済や弁済期限の猶予等の弁済方法の交渉などの工夫次第で、その債務を弁済する能力を有していたということができる。

そうすると、E〔筆者注：被相続人の妻〕について、本件連帯保証債務は相続税法14条1項の規定する法意の「事実上債権の回収ができない状況にあることが客観的に認められる」場合に該当せず、相続により取得した財産の価額から控除することは認められない。また、Xら及びEについて、本件連帯保証債務は上記で検討した本件特例の「求償権の行使が不可能となる場合」に該当しない。

(3) 上告審決定

上告審最高裁令和18年8月30日第二小法廷決定は上告棄却、上告不受理とした。

〔コメント〕

保証債務は、主たる債務者がその債務を履行しない場合に、保証人が主たる債務者に代わって債務を履行する従たる債務をいうのであるから、被相続人が主たる債務者のためにした保証債務は、相続人に相続された場合であっても、将来、現実にその履行義務が発生するか否かは不確実であり、仮に、

保証債務を履行した場合でも、その債務の履行は求償権の行使によって補てんされるから、相続税法14条にいう「確実と認められるもの」に該当しない。課税実務の取扱いにおいても、保証債務は債務控除の対象ではないとした上で、例外的に、「主たる債務者が弁済不能の状態にあるため、保証債務者がその債務を履行しなければならない場合で、かつ、主たる債務者に求償しても返還を受ける見込みがない場合には、主たる債務者が弁済不能の部分の金額は、当該保証債務者の債務として控除する」こととしている（相基通14－3）。本判決は、主たる債務者が事業を継続している場合には、保証人が保証債務を履行した場合であっても、相続開始の時点では回収の可能性があるのであるから、確実な債務に該当しないとして求償権の行使不能の要件を厳格に解している。

* 山口地裁昭和56年8月27日判決（訟月28巻4号848頁）は、「確実と認められる債務とは、債務が存在するとともに、債権者による裁判上、裁判外の請求、仮差押、差押、債務承認の請求等、債権者の債務の履行を求める意思が客観的に認識しえられる債務、又は、債務者においてその履行義務が法律的に強制される場合に限らず、社会生活関係上、営業継続上若しくは債権債務成立に至る経緯等に照らして事実的、道義的に履行が義務づけられているか、あるいは、履行せざるを得ない蓋然性の表象のある債務をいうもの、即ち債務の存在のみならず履行の確実と認められる債務を意味すると解するのが相当である。」と説示して、不当利得返還債務は、その取消訴訟に係る確定判決により給付を命じられた部分の金額に限って確実な債務に当たるとしている（控訴審広島高裁昭和57年9月30日判決（税資127号1140頁〔確定〕）は、原審判断を維持した。）。

* 国税不服審判所令和3年6月17日裁決（裁決事例集123号）は、建物売買に伴い被相続人に生じた債務のうち、当該建物の経済的価値を超える部分について、相続税の債務控除の対象となるかが争われた事例である。同審判所は、要旨「本件債務の発生原因となった建物売買契約は、建物の売買金額と相続税評価額との間に生じる差額により相続税の軽減効果が期待できるとの提案があった上で締結されたことからすると、本件債務のうち、売買対象となった建物（本件建物）の経済的価値（評価通達に基づき算出された評価額）に相当する部分については、相続開始日時点における債務としての消極的経済

価値を示しているものの、本件建物の経済的価値を超える部分については、いずれ混同により消滅させるべき債務を、いわば名目的に成立させたにすぎないのであるから、相続開始日時点における債務としての消極的経済価値を示すものとはいえない。したがって、本件債務のうち、本件建物の経済的価値に相当する部分については、『確実と認められるもの』に該当するものの、本件建物の経済的価値を超える部分については、『確実と認められるもの』には該当しない。」と判断している。

第6章　相続税額の計算

1　相続税の総額の計算方法

相続税の総額は次により計算する。

① 相続や遺贈により財産を取得した者ごとに、各人の相続税の課税価格を計算してその合計額を求める。

相続人A

（取得財産）＋（みなし相続財産）－（非課税財産）－（債務控除）

＝（相続人Aの課税価格）

相続人B

（取得財産）＋（みなし相続財産）－（非課税財産）＋（生前贈与財産）

＝（相続人Bの課税価格）

相続人C

（取得財産）＋（みなし相続財産）－（非課税財産）

＝（相続人Cの課税価格）

課税価格の合計額＝（相続人Aの課税価格）＋（相続人Bの課税価格）

＋（相続人Cの課税価格）

② 上記①によって計算した課税価格の合計額から、遺産に係る基礎控除額を差し引いて課税遺産総額を求める。

（課税価格の合計額）－（遺産に係る基礎控除額）＝（課税遺産総額）

③ 上記②によって計算した課税遺産総額について、各相続人が法定相続分に応じて取得したものと仮定した金額を求める。

$$(課税遺産総額) \times \begin{pmatrix}相続人Aの\\法定相続分\end{pmatrix} = \begin{pmatrix}相続人Aの法定\\相続分取得金額\end{pmatrix}$$

$$(課税遺産総額) \times \begin{pmatrix}相続人Bの\\法定相続分\end{pmatrix} = \begin{pmatrix}相続人Bの法定\\相続分取得金額\end{pmatrix}$$

$$(課税遺産総額) \times \begin{pmatrix}相続人Cの\\法定相続分\end{pmatrix} = \begin{pmatrix}相続人Cの法定\\相続分取得金額\end{pmatrix}$$

④ 上記③によって計算した各相続人の法定相続分取得金額について、相続税の総額の基礎となる税額を計算してその合計額を求める。

$$\begin{pmatrix}相続人Aの法定\\相続分取得金額\end{pmatrix} \times (税率) = \begin{pmatrix}相続人Aに係る相続税\\総額の基礎となる税額\end{pmatrix}$$

$$\begin{pmatrix}相続人Bの法定\\相続分取得金額\end{pmatrix} \times (税率) = \begin{pmatrix}相続人Bに係る相続税\\総額の基礎となる税額\end{pmatrix}$$

$$\begin{pmatrix}相続人Cの法定\\相続分取得金額\end{pmatrix} \times (税率) = \begin{pmatrix}相続人Cに係る相続税\\総額の基礎となる税額\end{pmatrix}$$

$$相続税総額 = \begin{pmatrix}相続人Aに係る相続税\\総額の基礎となる税額\end{pmatrix} + \begin{pmatrix}相続人Bに係る相続税\\総額の基礎となる税額\end{pmatrix} + \begin{pmatrix}相続人Cに係る相続税\\総額の基礎となる税額\end{pmatrix}$$

2　遺産に係る基礎控除

「遺産に係る基礎控除額」は次の算式によって計算する（相法15）。相続税の課税価格の合計額が「遺産に係る基礎控除額」以下であれば、相続税は課税されないことになるので、「遺産に係る基礎控除額」は、相続税の課税最低限を意味することになる。

> 3,000万円＋600万円×法定相続人の数

「法定相続人」とは、民法に規定する相続人をいうのであるが、相続の放棄をした者があっても相続の放棄をしなかったものとして計算する（相法15②）。また、相続人となるべき胎児がいても、相続税の申告書の提出の日までに出生していないときは、その胎児は法定相続人の数にカウントしない（相基通15－3）。

　＊　胎児が出生した場合には、相続人の数に異動が生じたことになるので、更正の請求ができる（316頁参照）。

なお、被相続人に養子がある場合には、①被相続人に実子がいるときは養子1人、②被相続人に実子がいないときは養子2人までを法定相続人の数に算入する（相法15②）。ただし、次に掲げる者は、実子とみなされる（相法15③、相令3の2）。

❶　被相続人の特別養子
❷　被相続人の配偶者の実子で被相続人の養子となった者（いわゆる配偶者の連れ子養子）
　（例）　被相続人と配偶者との婚姻前に養子となった者　⇒　通常の養子
　　　　　被相続人と配偶者との離婚後に養子となった者　⇒　通常の養子
　　　　　被相続人の配偶者が死亡した後に養子となった者　⇒　実子とみなす
❸　被相続人の配偶者の特別養子で、婚姻後に被相続人の養子となった者
❹　実子若しくは養子又はその直系卑属が相続開始前に死亡し、又は相続権を失ったため（相続人の廃除、相続人欠格）、相続人となった者の直系卑属（代襲相続人）

　＊　相続税の負担を不当に減少させる結果となると認められる場合は、税務署長において相続人の数に算入する養子の数を否認できる（相法63）。

法定相続人・法定相続分の計算例

設問 次の場合の法定相続人の数と法定相続分を計算しなさい。

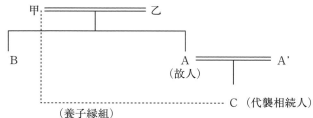

計算

① 法定相続人は、乙、B及びCの3人

② 法定相続分は、次のとおりとなる。

乙1/2、B1/2×1/3＝1/6、C1/2×1/3＋（1/2×1/3）＝2/6

設問 次の場合の法定相続人の数を計算しなさい。

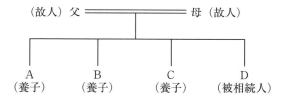

計算

被相続人の兄弟姉妹が法定相続人となる場合で、その法定相続人の中に親と養子縁組したことによる者がある場合には、法定相続人の数の制限はない（養子の数の制限は、被相続人の養子についてのみ適用される。）。したがって、法定相続人の数は、A、B及びCの3人である。

3 相続税の総額の計算

相続税の総額は、①相続税の課税価格の合計額から「遺産に係る基礎控除額」を差し引き、②その残額（課税遺産総額）を法定相続人（223頁参照）が民法900条《法定相続分》及び901条《代襲相続人の相続分》に規定する相続分によって取得したものとして計算し、③その相続分に応じた金額に次の「相続税の税率」を乗じて、各相続人の相続税額（相続税の総額の基礎となる税額）を算出した上で、④各相続人の相続税額を合計する（相法16）。

相続税の速算表

法定相続分に応ずる取得金額	税率	控除額
1,000万円以下	10%	—
1,000万円超～ 3,000万円以下	15%	50万円
3,000万円超～ 5,000万円以下	20%	200万円
5,000万円超～ 1億円以下	30%	700万円
1億円超～ 2億円以下	40%	1,700万円
2億円超～ 3億円以下	45%	2,700万円
3億円超～ 6億円以下	50%	4,200万円
6億円超～	55%	7,200万円

4 各相続人等の相続税額の計算

各相続人等が納付すべき相続税額は、①次の算式により算出税額を求めた上で（相法17）、②相続税額の2割加算を行い、③2割加算後の金額から配偶者の税額軽減額や未成年者控除額などの税額控除額を差し引いて計算する。

$$相続税の総額 \times \frac{各相続人等の課税価格(B)}{課税価格の合計額(A)} = 各相続人等の相続税額$$

＊ 上記算式中の$\frac{(B)}{(A)}$の割合に小数点2位未満の端数があるときは、各人の割合の合計が1になるように端数を調整することができる（相基通17－1）。

各相続人等の相続税額の計算例

設問 被相続人甲（令和6年5月1日死亡）の相続税の課税価格は3億5,000万円であり、相続人は、その妻乙、長男A、長女Bの3人である。各相続人が法定相続分で取得した場合、相続税はいくらか。

計算

① 課税遺産総額の計算

（相続税の課税価格）　　（遺産に係る基礎控除額）　　（課税遺産総額）
3億5,000万円　－　（3,000万円＋600万円×3人）＝　3億200万円

② 相続税の総額の計算

乙　（3億200万円×1／2）×40％－1,700万円＝4,340万円
A　（3億200万円×1／4）×30％－700万円＝1,565万円
B　（3億200万円×1／4）×30％－700万円＝1,565万円

　　　　　　　　　　　　　　　　　　相続税の総額は7,470万円

③ 各相続人の算出税額の計算

乙　7,470万円×1／2＝3,735万円　⇒　配偶者の税額軽減がある。
A　7,470万円×1／4＝1,867.5万円
B　7,470万円×1／4＝1,867.5万円

(1) **相続税額の2割加算**

被相続人の一親等の血族（代襲相続人を含む。）及び配偶者以外の者が相続等により財産を取得した場合には、上記により計算した相続税額に100分の

20に相当する金額を加算した金額がその相続税額となる（相法18①）。一親等の血族には、被相続人の直系卑属でその被相続人の養子となっている者（いわゆる孫養子）を含まない（ただし、代襲相続人を除く。相法18②）。したがって、被相続人の祖父母や兄弟姉妹、被相続人の代襲相続人以外の孫やひ孫が財産を取得した場合には、相続税額の2割加算の対象となるわけである。また、相続開始の時において被相続人の一親等の血族に該当しない相続時精算課税適用者については、被相続人の一親等の血族であった期間内に被相続人からの贈与により取得した財産の価額に対応する相続税額以外の部分が2割加算となる（相法21の15②、21の16②、相令5の2の2）。

この措置は、①被相続人と親等の遠い者や親族関係にない者が遺産を取得することは偶然性が強いこと、②孫が財産の遺贈を受ける場合には相続税の課税を1回免れることなどから、相続税の負担を調整する観点から設けられたものである。

(2) 暦年課税分の贈与税額控除

相続又は遺贈（以下「相続等」という。）により財産を取得した者のうち、相続開始前7年（令和5年以前の相続にあっては3年）以内に被相続人から贈与により財産を取得したことがある者については、その贈与により取得した財産の価額が相続税の課税価格に加算されるので（91頁参照）、贈与税と相続税の二重課税を避ける観点から、贈与を受けた財産に課された贈与税額は、その者の相続税額から控除する（相法19①）。この場合の贈与税額控除額は、相続開始前の各年ごとに、次の算式により計算する（相令4）。

$$その年分の贈与税額 \times \frac{その年分の贈与財産のうち生前贈与加算額}{その年分の贈与税の課税価格} = 贈与税額控除$$

＊ 「その年分の贈与税の課税価格」とは、その年中に贈与により取得した財産

の価額の合計額のうち相続税法19条1項の規定により相続税の課税価格に加算された部分の金額(当該財産のうち同項の相続の開始前3年以内に取得した財産以外の財産にあっては、当該財産の価額の合計額から同項の規定により100万円を控除する前の当該財産の価額)をいう(相基通19-7)。

* 控除する金額は、贈与税の外国税額控除前の税額であり、利子税、延滞税及び各種の加算税を含まない(相法19①)。
* 相続開始年分の被相続人からの贈与財産で生前贈与加算されるものについては、贈与税の課税が行われないので(相法21の2④)、贈与税額控除はない。
* 相続時精算課税適用者に係る贈与税額控除については、243頁を参照されたい。

贈与税額控除の計算例

設問 相続人Aは、相続開始前に父(被相続人)と母から金銭の贈与を受けていた。相続税の課税価格に加算する金額及び贈与税額控除はいくらか。

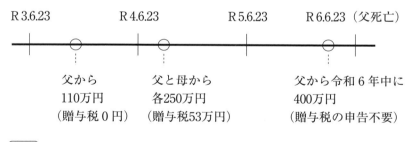

計算

① 相続税の課税価格に加算する金額

110万円 + 250万円 + 400万円 = 760万円

② 贈与税額控除の金額

$$53万円 \times \frac{250万円}{父からの贈与250万円 + 母からの贈与250万円} = 26万5,000円$$

(3) 配偶者の税額軽減

配偶者に対する相続税については、①被相続人の財産形成に寄与していること、②被相続人の死亡後における生存配偶者の生活保障、③同一世代間の財産移転であり次の相続までの期間が短いことなどの観点から、その負担の軽減を図るための税額軽減が設けられている（相法19の2①）。

イ 配偶者の税額軽減額

次の①と②のいずれか少ない金額である。

① 配偶者の算出税額から贈与税額控除後の税額

② 次の算式によって計算した金額

$$相続税の総額 \times \frac{次の(i)の金額と(ii)の金額いずれか少ない金額}{相続税の課税価格の合計額}$$

（i） 相続税の課税価格の合計額のうち、配偶者の法定相続分相当額（1億6,000万円に満たない場合は1億6,000万円）

（ii） 配偶者に係る相続税の課税価格相当額（1,000円未満切捨て）

配偶者の税額軽減額の計算例

設問 相続人は配偶者と子の2人のみで、課税価格の合計額は4億円であり、そのうち配偶者の課税価格が1億5,600万円である場合、配偶者の税額軽減額はいくらになるか。相続税の総額は9,800万円とする。

計算

1 配偶者の算出税額

$$9,800万円 \times \frac{1億5,600万円}{4億円} = 3,822万円$$

2 配偶者の軽減税額

① 贈与税額控除後の税額　3,822万円

②(イ) 配偶者の法定相続分相当額

   4億円×1/2＝2億円＞1億6,000万円　∴　2億円

(ロ) 配偶者の課税価格相当額　1億5,600万円

(ハ) (イ)＞(ロ)　∴　1億5,600万円

(ニ) 配偶者の軽減税額は、次のとおり3,822万円である。

$$9,800\text{万円} \times \frac{1\text{億}5,600\text{万円}}{4\text{億円}} = 3,822\text{万円}$$

ロ　配偶者の税額軽減が受けられる財産

配偶者に対する相続税額の軽減は、遺産分割などにより配偶者（内縁を含まない。）が実際に財産を取得しないと適用されない（相法19の2②、相令4の2①）。

原則　⇒　相続税の申告期限までに分割されたもの

例外　⇒　相続税の申告期限から3年（税務署長の承認を受けた場合は、分割できることになった日の翌日から4か月）以内に分割されたもの

　＊　申告期限後に遺産分割が行われた場合には、その分割が行われた日の翌日から4か月以内に更正の請求をすることによって配偶者の税額軽減の適用を受けることができる（相法32八）。

ハ　隠蔽・仮装行為に基づく財産

相続財産の一部を隠蔽又は仮装したところに基づき相続税の申告をし、その後の税務調査により隠蔽又は仮装した財産が把握されても、配偶者が取得することにより税負担が軽減されるという問題が生ずる。そこで、相続等により財産を取得した者が隠蔽・仮装行為に基づき相続税の申告書を提出し又は提出していなかった場合において、相続等に係る相続税についての調査があったことにより更正又は決定があるべきことを予知して期限後申告書又は修正申告書を提出するときは、配偶者の軽減税額の計算に当たって、その隠

蔽又は仮装した財産は相続税の課税価格の合計額及び配偶者の課税価格相当額に含めないこととされている（相法19の2⑤）。

* 「隠蔽・仮装行為」とは、相続等により財産を取得した者が行う行為で当該財産を取得した者に係る相続税の課税価格の計算の基礎となるべき事実の全部又は一部を隠蔽し、又は仮装することをいう（相法19の2⑥）。

この場合の配偶者の税額軽減額は、次のとおりとなる（相基通19の2－7の2参照）。

$$\begin{pmatrix} \text{相続税の総額} \\ \text{配偶者が行った隠蔽} \\ \text{・仮装行為に基づく} \\ \text{金額を課税価格に含} \\ \text{めないで計算した相} \\ \text{続税の総額} \end{pmatrix} \times \frac{\begin{pmatrix} \text{配偶者の課税価格} \\ \text{次の(i)の金額と(ii)の金額} \\ \text{のいずれか少ない金額} \end{pmatrix}}{\begin{pmatrix} \text{課税価格の合計額} \\ \text{配偶者が行った隠蔽・} \\ \text{仮装行為に基づく金額} \\ \text{を控除した金額} \end{pmatrix}} = \begin{array}{c} \text{配偶者の} \\ \text{税額軽減額} \end{array}$$

(i) 次の算式で計算した金額と1億6,000万円とのいずれか多い金額

$$\begin{pmatrix} \text{課税価格} \\ \text{の合計額} \end{pmatrix} - \begin{pmatrix} \text{配偶者が実際に取得した価} \\ \text{額のうち、隠蔽・仮装行為} \\ \text{に基づく金額} \end{pmatrix} \times \text{配偶者の法定相続分}$$

(ii) 配偶者が実際に取得した価額 － 配偶者が実際に取得した価額のうち、隠蔽・仮装行為に基づく金額

二 適用要件

配偶者の税額軽減を受けるためには、相続税の申告書（期限後申告書及び修正申告書を含む。）又は更正の請求書に、次の書類を添付しなければならない（相法19の2③、相規1の6③）。

① 遺言書の写し
② 遺産分割協議書の写し（相続人等が自署押印した上で印鑑証明書を添付）
③ 財産の取得状況を証する書類

* 相続税の申告書を提出する時までに遺産が分割されていない場合で、その後の分割により配偶者の税額軽減の適用を受けるには、相続税の申告書に「申

告期限後3年以内の分割見込書」を添付する必要がある（相規1の6③）。

裁判例の紹介㉟

「遺産が未分割であることについてやむを得ない事由がある旨の承認申請書」の提出期限が争われた事例

（東京地裁平成13年8月24日判決・税資251号順号8961〔確定〕）

1　事案の概要

　　X（原告）は、相続税の申告書を申告期限である平成4年5月22日に税務署長Y（被告）に提出したが、この時点においては、相続に係る遺産の全部が分割されていなかったため、配偶者に対する相続税額の軽減の適用を受けることなく、相続税法55条《未分割遺産に対する課税》の規定によって税額を計算するとともに、「申告期限後3年以内の分割見込書」を提出した。その後、Xは、Yに対して、平成9年3月28日に「遺産が未分割であることについてやむを得ない事由がある旨の承認申請書」（以下「本件承認申請書」という。）を提出するとともに、同年6月9日には遺産分割協議書に基づいて相続税の更正の請求書を提出した。これに対し、Yは、平成10年5月27日付けで、本件承認申請を却下するとともに、同月28日付けで更正をすべき理由がない旨の通知をした。

2　判決の要旨

　　相続に係る遺産の分割が、相続税の申告期限から3年が経過する日においても行われなかった場合であっても、そのことについて、相続税法施行令（平成4年改正前）4条の2第1項各号に定めるやむを得ない事情があり、同条に定めるところにより納税地の所轄税務署長の

承認を受けたときは、相続税法19条の２第１項所定の配偶者に対する相続税額の軽減規定の適用を受けることは可能であるが、上記の承認を受けようとする者は、当該相続又は遺贈に係る申告期限後３年を経過する日の翌日から１月を経過する日までに、Ｙに対し、承認申請書を提出しなければならないものとされており、また、同期限までに承認申請書の提出がされなかった場合についての宥恕規定が置かれていない。上記の各規定によれば、Ｘが、当初の相続税の申告の際に未分割であった遺産について、相続税の申告期限から３年が経過した後に配偶者に対する相続税額の軽減規定の適用を受けようとする場合には、申告期限後３年を経過する日の翌日から１月を経過する日である平成７年６月22日までに、Ｙに対し、承認申請書の提出を行うべきこととなるが、Ｘが、実際に、本件承認申請書を提出したのは同期限を経過した後である平成９年３月28日である。

　Ｘは、承認申請書が提出されなかった場合についても、相続税法19条の２第４項の規定を準用ないし類推適用すべきであると主張する。しかし、同項の規定は、配偶者に対する相続税額の軽減規定の適用上必要とされる同法27条１項の規定する申告書の提出がなかった場合又は同項の規定する記載事項の記載のない申告書や同項の規定する書類の添付がない申告書を提出した場合について、やむを得ない事情があると認めるときは、必要とされる書類が提出された場合に限り、配偶者に対する相続税額の軽減規定を適用できることを定めたものであり、その適用の範囲は、文言上明確であり、これらの場合と承認申請書の提出がされなかった場合との間に、上記規定の準用ないし類推適用すべきような実質的に共通する基礎的な事情を見出すことは困難である。本来、法令の規定によって負担すべきものとされる租税債務の軽減等に関し、当事者の手続上の懈怠について定められた宥恕の規定は、原則に対する例外を定めたものであり、宥恕を認める場合には、手続に

おける恣意的運用を排除した公平な取扱いを行う意味からも、法規に明文をもって規定されるのが通例であり、それ故、明文の規定の有無によって、宥恕の取扱いを異にするのは当然であって、このような取扱いが税務行政の公平を欠くとは到底いえない。

〔コメント〕

　配偶者の税額軽減は、相続税の申告期限までに遺産分割がされていない場合であっても、申告期限後3年を経過する日までに分割できないやむを得ない事情があり、税務署長の承認を受けた場合には、その事情がなくなった後4か月以内に分割されると適用を受けることができる（相法19の2②）。この場合、税務署長の承認を受けようとする者は、相続税の申告期限後3年を経過する日の翌日から2月（平成15年改正前は1月）を経過する日までに「遺産が未分割であることについてやむを得ない事由がある旨の承認申請書」を税務署長に提出しなければならないが（相令4の2②）、この期限を徒過した場合については、明文の宥恕規定が設けられていない。他方、配偶者に対する相続税額の軽減は、相続税の申告書（期限後申告書及び修正申告書を含む。）又は更正の請求書に適用を受ける旨を記載した書類等の添付がなければ適用されないのであるが、当該書類の添付がない申告書又は更正の請求書の提出があった場合でも、税務署長がやむを得ない事情があると認めるときは、税額軽減の適用ができる旨の宥恕規定が設けられている（相法19の2③④）。本判決は、所定の期限経過後に承認申請書が提出された場合には、明文の宥恕規定が設けられていないのであるから、配偶者の税額軽減を適用することはできないと判示したものである。

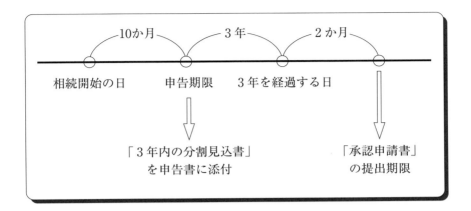

(4) 未成年者控除

相続又は遺贈等によって財産を取得した者が経済力の乏しい未成年者である場合には、成年に達するまでの養育費がかかる点を配慮して、次の未成年者控除が設けられている（相法19の3①）。

イ　適用対象者
① 相続等で財産を取得したときに日本国内に住所があること（一時居住者で、かつ、被相続人が外国人被相続人又は非居住被相続人である場合を除く。）。
② 相続等により財産を取得したときに日本国内に住所がなく、次のいずれかに当てはまること。
　(i) 日本国籍を有しており、かつ、相続開始前10年以内に日本国内に住所を有していたことがあること。
　(ii) 日本国籍を有しており、かつ、相続開始前10年以内に日本国内に住所を有していたことがないこと（被相続人が外国人被相続人又は非居住被相続人である場合を除く。）。
　(iii) 日本国籍を有していないこと（被相続人が外国人被相続人、非居住被相続人又は非居住外国人である場合を除く。）。
③ 相続開始時において18歳（令和4年3月31日以前の相続等にあっては20

歳）未満であること。

④ 法定相続人であること。

* 未成年者控除は、財産を取得した者が相続を放棄したことにより相続人に該当しないこととなった場合においても、その者が無制限納税義務者で満18歳未満の者に該当し、かつ、当該被相続人の民法第5編第2章の規定による相続人（相続の放棄があった場合には、その放棄がなかったものとした場合における相続人）に該当するときは適用される（相基通19の3-1）。

ロ　控除額の計算

$$10万円 \times (18歳 － 相続時の年齢)$$

* 相続時の年齢　⇒ 1年未満の端数は切捨て
* 胎児の未成年者控除額は180万円となる（相基通19の3-3）。

　未成年者控除額は、未成年者の相続税額（相続税額の2割加算、贈与税額控除額及び配偶者に対する相続税額の軽減後の税額）から差し引くのであるが、未成年者の相続税額より未成年者控除額が多い（控除不足がある）場合には、その未成年者の扶養義務者の相続税額から控除不足分を差し引くことができる（相法19の3②、相基通19の3-4）。

* 「扶養義務者」とは、配偶者、直系血族及び兄弟姉妹並びに三親等内の親族で家庭裁判所の審判を受けて扶養義務者となった者をいうが（相法1の2一）、三親等内の親族で生計を一にする者については、家庭裁判所の審判がない場合であっても、扶養義務者に該当する（相基通1の2-1）。

　控除できる扶養義務者が2人以上ある場合は、次の①又は②の金額である（相令4の3）。

① 扶養義務者の全員の協議により、その全員が控除を受けることができる金額の総額を各人ごとに配分して相続税の申告書に記載した金額

② 扶養義務者の全員が控除を受けることができる金額の総額を扶養義務者の相続税額によって按分した金額

ハ　過去に未成年者控除の適用を受けている場合の控除額の計算（相法19の3③）

次の①と②のいずれか少ない額

① 　10万円×（18歳－今回の相続時の年齢）

② 　10万円×（18歳－前回の相続時の年齢）－（前回の控除額）

＊　令和4年4月1日以前に相続等により取得した財産に係る相続税については、未成年者控除の対象となる相続人の年齢が20歳未満とされている。したがって、同日以後の未成年者控除額は、当初の相続時（2回以上未成年者控除の適用を受けている場合には、最初の相続時）における未成年者の18歳に達するまでの年数に10万円を乗じて計算した金額から既に控除を受けた金額を控除した残額の範囲内の金額となる（相基通19の3－5）。

未成年者控除額の計算例

設問　配偶者の相続税額100万円、長男（16歳9か月）の相続税額100万円、長女（9歳4か月）の相続税額80万円である場合、令和6年10月1日に相続があったときの未成年者控除後の相続税額はいくらか。

計算

① 　長　男　100万円－｛10万円×（18歳－16歳）｝＝80万円

② 　長　女　80万円－｛10万円×（18歳－9歳）｝＝△10万円⇒0

③ 　配偶者　100万円－10万円＝90万円

(5)　障害者控除

相続等によって財産を取得した者が障害者である場合には、健常者よりも生活費が多くかかる点を配慮して、障害者控除が設けられている（相法19の4①）。

イ 適用対象者

① 相続開始時において85歳未満の障害者で、居住無制限納税義務者であること。
② 法定相続人であること。
③ 相続又は遺贈により財産を取得した者であること。

ロ 控除額の計算

> 一般障害者　10万円×(85歳－相続時の年齢)
> 特別障害者　20万円×(85歳－相続時の年齢)

　＊　相続時の年齢　⇒1年未満の端数は切捨て

なお、障害者控除額は、障害者の相続税額（相続税額の2割加算、贈与税額控除額及び配偶者に対する相続税額の軽減後の税額）から差し引くのであるが、障害者の相続税額より障害者控除額が多い（控除不足がある）場合には、その障害者の扶養義務者の相続税額から控除不足分を差し引くことができる（相法19の4②）。

ハ 過去に障害者控除の適用を受けている場合の控除額の計算（相法19の4③）

【障害の程度に変化がない場合】

① 前の相続開始時及び今回の相続開始時……一般障害者
　　次の(i)と(ii)のいずれか少ない額
　(i)　10万円×(85歳－今回の相続時の年齢)
　(ii)　10万円×(85歳－前回の相続時の年齢)－（前回の控除額）

② 前の相続開始時及び今回の相続開始時……特別障害者
　　次の(i)と(ii)のいずれか少ない額
　(i)　20万円×(85歳－今回の相続時の年齢)
　(ii)　20万円×(85歳－前回の相続時の年齢)－（前回の控除額）

【障害の程度に変化がある場合】

① 前の相続開始時は一般障害者、今回の相続開始時は特別障害者
　次の(i)と(ii)のいずれか少ない額
（i）　20万円×(85歳－今回の相続時の年齢)
（ii）　20万円×(85歳－今回の相続時の年齢)＋10万円×(最初に障害者控除を受けた時から今回の相続時までの年数) －（前回の控除額）

② 前の相続開始時は特別障害者、今回の相続開始時は一般障害者
　次の(i)と(ii)のいずれか少ない額
（i）　10万円×(85歳－今回の相続時の年齢)
（ii）　10万円×(85歳－今回の相続時の年齢)＋20万円×(最初に障害者控除を受けた時から今回の相続時までの年数) －（前回の控除額）

　＊　最初に障害者控除を受けた時から今回の相続時までの年数⇒1年未満の端数は切上げ（相基通19の4－5）

障害者控除額の計算例

設問　相続人である長男（37歳6か月）は、特別障害者に該当するが、前回の相続時（32歳5か月）においては一般障害者であり、その際に障害者控除額378万円の適用を受けていた。今回（令和6年10月1日）の相続に当たっての障害者控除額はいくらとなるか。

計算
①　20万円×(85歳－37歳)＝960万円
②　20万円×(85歳－37歳)＋10万円×6年－378万円＝642万円
③　①と②のいずれか少ない金額　642万円

ニ　障害者の範囲

「一般障害者」又は「特別障害者」とは次に掲げる者をいう（相令4の4）。

① 精神上の障害により事理を弁識する能力を欠く常況にある者（特別障害者に該当する。）

② 児童相談所、知的障害者更生相談所、精神福祉保健センター又は精神保健指定医等から知的障害者と判定された者（重度の知的障害者は特別障害者に該当する。）

③ 精神障害者保健福祉手帳の交付を受けている者（障害等級が1級と記載されている者は特別障害者に該当する。）

④ 身体障害者手帳に身体の障害があると記載されている者（障害の程度が1級又は2級と記載されている者は特別障害者に該当する。）

⑤ 戦傷病者手帳の交付を受けている者（障害の程度が恩給法に規定する特別項症から第三項症までの者は特別障害者に該当する。）

⑥ 原子爆弾被爆者で厚生労働大臣の認定を受けている者（特別障害者に該当する。）

⑦ 精神又は身体に障害がある年齢65歳以上の者、又は常に就床を要し、複雑な介護を要する者のうち、その障害の程度が①、②又は④に該当する者に準ずるものとして市町村長や福祉事務所長の認定を受けている者（障害の程度が①、②又は④の特別障害者に準ずるものとして認定を受けている者は特別障害者に該当する。）

(6) 相次相続控除

短期間に何回も相続があると、その都度相続税がかかり、長期間にわたって相続がなかった者に比して、税負担が重くなることから、相続税の負担調整のための措置として、相次相続控除が設けられている（相法20①）。

イ　適用対象者

① 相続等（第2次相続）により財産を取得した者であること。

②　被相続人がその相続開始前10年以内に開始した前回の相続（第１次相続）により財産を取得していること。

③　被相続人がその相続開始前10年以内に開始した前回の相続（第１次相続）により取得した財産について相続税が課されていること。

ロ　**控除額**（相法20①、相基通20－３）

$$A \times \frac{C}{B-A} \times \frac{D}{C} \times \frac{10-E}{10}$$

$\dfrac{C}{B-A}$ が $\dfrac{100}{100}$ を超えるときは、$\dfrac{100}{100}$ とする。

A：第２次相続の被相続人が第１次相続で取得した財産につき課せられた相続税額（延滞税、利子税及び各種加算税を除く。）

B：第２次相続の被相続人が第１次相続で取得した財産の価額（債務控除後）

C：第２次相続で相続人及び受遺者の全員が取得した財産の価額の合計額（債務控除後）

D：第２次相続でその相続人が取得した財産の価額（債務控除後）

E：第１次相続開始の時から第２次相続開始の時までの期間に相当する年数（１年未満の端数は切捨て）

242 第6章 相続税額の計算

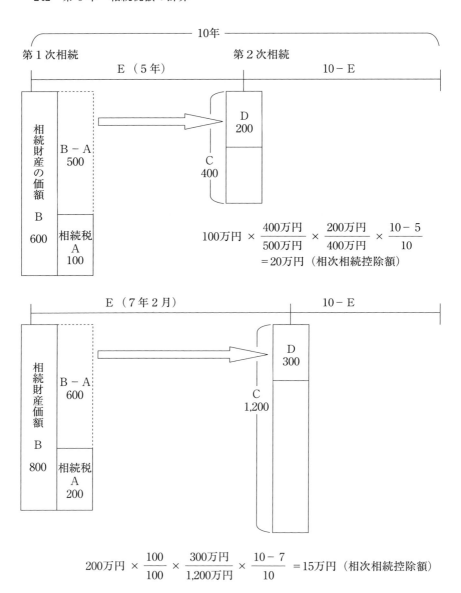

(7) **外国税額控除**

相続等によって国外にある財産を取得した場合で、その財産について外国

で相続税に相当する税が課されたときは、国際間における二重課税を調整する趣旨から、在外財産に対する相続税額の控除（いわゆる外国税額控除）が設けられている（相法20の2）。

イ　適用対象者
① 相続等により財産を取得した者であること。
② その財産が法施行地外（国外）にあること。
③ その財産について、財産の所在地国で相続税に相当する税が課されていること。

ロ　控除額
次の①と②のいずれか少ない金額である。
① 外国で課された税額
② 相次相続控除後の相続税額 × $\dfrac{国外財産の価額}{課税価格計算の基礎に算入された金額}$

＊　外国税額は、その納付すべき日における対顧客直物電信売相場（TTS）により邦貨換算する（相基通20の2-1）。
＊　「当該財産の価額」とは相続又は遺贈により取得した法施行地外にある財産の価額の合計額から当該財産に係る債務の金額を控除した額をいい、「課税価格計算の基礎に算入された部分」とは債務控除をした後の金額をいう（相基通20の2-2）。

なお、我が国の相続税や贈与税が原則的に遺産取得課税方式（相続人や受贈者に課される）であるのに対して、米国の連邦遺産税・贈与税が遺産課税方式（被相続人・贈与者に課される）であることから、日本居住者が相続人で被相続人が米国居住者である場合には、日米両国で課税される二重課税が生じるため、両国間には日米相続税条約があり二重課税が排除される仕組みが設けられている。

(8)　相続時精算課税適用者に係る贈与税額控除
相続時精算課税の適用を受けた特定受贈者は、特定贈与者について相続等

が開始すると、相続時精算課税の適用を受けた財産の価額を相続税の課税価格に加算することになるので、相続時精算課税適用財産について課せられた贈与税がある場合には、その者の相続税額（各種の税額控除をした後の金額がマイナスの場合は零）から相続時精算課税に係る贈与税額に相当する金額を控除する。この場合の控除する金額は、贈与税の外国税額控除前の税額であり、その贈与税額に課された延滞税、利子税及び各種加算税に相当する税額を含まない（相法21の15③、21の16④）。

* 特定贈与者の死亡に係る相続税の課税価格に加算されるその特定贈与者から令和6年1月1日以後に贈与により取得した財産の価額は、基礎控除額を控除した後の残額とされる（相法21の15①、21の16③、令和5年所法等改正附則19①）。

なお、その者の相続税額から控除しきれない金額があるときは、その控除しきれない金額（相続時精算課税適用財産について贈与税の外国税額控除の適用を受けた場合には、控除しきれない金額から外国税額控除額を差し引いた残額）に相当する税額の還付を受けることができる（相法33の2①）。

* 相続時精算課税の適用を受けた場合には、相続税額から既に支払った贈与税相当額を差し引くが、その際、贈与税相当額が相続税額より多い場合には、相続税額を超える贈与税相当額の還付を受けることができるというわけである。

(9) 医療法人の持分についての相続税の税額控除の特例

イ 概要

相続人等が被相続人から相続等により医療法人の持分を取得した場合において、その医療法人が相続開始の時において認定医療法人（相続税の申告期限又は令和8年12月31日のいずれか早い日までに厚生労働大臣の認定を受けた医療法人を含む。）であり、かつ、相続人等が相続開始の時から相続税の申告期限までの間に、認定医療法人の持分の全部又は一部を放棄したときは、その相続人等の相続税額から、放棄相当相続税額（医療法人持分税額控除額）を控

除する（措法70の7の13、措令40の8の13）。

　なお、相続開始の時から相続税の申告期限までの間に次のいずれかに該当する場合には、この特例の適用を受けることができない。

① 医療法人の持分に基づき出資額に応じた払戻しを受けた場合
② 医療法人の持分の譲渡をした場合

　＊　「医療法人」とは、良質な医療を提供する体制の確立を図るための医療法等の一部を改正する法律（平成18年法律第84号）附則10条の2に規定する経過措置医療法人（平成19年4月1日前に設立された社団たる医療法人又は同日前に医療法44条1項の規定による認可の申請をし、同日以後に設立の認可を受けた社団たる医療法人であって、その定款に残余財産の帰属すべき者に関する規定を設けていないもの及び残余財産の帰属すべき者として国若しくは地方公共団体又は厚生労働省令で定める一定の者以外の者を規定しているものをいう。）をいう。また、「認定医療法人」とは、地域における医療及び介護の総合的な確保を推進するための関係法律の整備等に関する法律（平成26年法律第83号）附則1条2号に掲げる規定の施行の日（平成26年10月1日）から令和8年12月31日までの間に厚生労働大臣の認定を受けた医療法人をいう。

ロ　医療法人持分税額控除額の計算

　「医療法人持分税額控除額」とは、認定医療法人の持分の価額を相続人等に係る相続税の課税価格とみなして計算した金額のうち、その相続人等により放棄がされた部分に相当するものとして、次に掲げる場合に応じて計算した金額をいう。

区　　分	税額控除額
認定医療法人の持分の全てを放棄した場合	医療法人持分納税猶予税額に相当する金額
認定医療法人が基金拠出型医療法人への移行をする場合において、持分の一部を放棄し、その残余の部分をその基金拠出型医療法人の基金として拠出したとき	医療法人持分納税猶予税額に相当する金額から基金として拠出した額に対応する部分の金額を控除した残額

246　第6章　相続税額の計算

相続税の計算例

設問　相続人甲は、令和6年6月1日に死亡し、その相続人は、妻乙、長男A、長女B、養子C及び養子D（長男の子で、相続開始時の年齢4歳4か月）である。相続財産は3億6,000万円で、債務の額530万円のほか葬式費用470万円を支出した。乙は2億円を取得し、債務の額と葬式費用を負担することになり、A9,000万円、B4,000万円、C1,000万円、D2,000万円で分割協議が成立した。

計算

1　各人の課税価格

　　乙　2億円－（530万円＋470万円）＝1億9,000万円

　　A　9,000万円

　　B　4,000万円

　　C　1,000万円

　　D　2,000万円

　　　合計額　3億5,000万円

2　課税価格の合計額　3億5,000万円

3　遺産に係る基礎控除額

　　3,000万円＋600万円×4人＝5,400万円

4　課税遺産総額

　　3億5,000万円－5,400万円＝2億9,600万円

5　法定相続分による相続税額

　(1)　法定相続分に応ずる各取得金額

　　　乙　2億9,600万円×1／2＝1億4,800万円

　　　A　2億9,600万円×1／2×1／3＝49,333,000円

　　　B　2億9,600万円×1／2×1／3＝49,333,000円

$\left.\begin{array}{l}C\\D\end{array}\right\}$ 2億9,600万円×1／2×1／3＝49,333,000円

　　＊　各取得金額の千円未満の端数は切捨て（相基通16－3）

(2)　相続税の総額の計算

乙　1億4,800万円×0.4－1,700万円＝42,200,000円

A　49,333,000円×0.2－200万円＝7,866,600円

B　49,333,000円×0.2－200万円＝7,866,600円

$\left.\begin{array}{l}C\\D\end{array}\right\}$ 49,333,000円×0.2－200万円＝7,866,600円

合計　65,799,800円……相続税の総額（100円未満の端数切捨て）

6　各相続人の相続税額

(1)　相続税の総額の按分割合

乙　1億9,000万円÷3億5,000万円＝0.543

A　9,000万円÷3億5,000万円＝0.257

B　4,000万円÷3億5,000万円＝0.114

C　1,000万円÷3億5,000万円＝0.029

D　2,000万円÷3億5,000万円＝0.057

　　＊　按分割合で、小数点2位未満がある場合は、取得者全員の選択により、各取得者の割合の合計額が1になるよう調整して計算することができる（相基通17－1）。

(2)　算出相続税額

乙　65,799,800円×0.543＝35,729,291円

A　65,799,800円×0.257＝16,910,548円

B　65,799,800円×0.114＝　7,501,177円

C　65,799,800円×0.029＝　1,908,194円

D　65,799,800円×0.057＝　3,750,588円

7　納付すべき税額

(1) 乙の納付すべき税額

配偶者の税額軽減

① 贈与税額控除後の税額　35,729,291円
② 課税価格のうち法定相続分相当額（1億6,000万円と比較し、いずれか大きい金額）

　　3億5,000万円×1／2＝1億7,500万円
　　1億7,500万円＞1億6,000万円　　∴1億7,500万円
③ 配偶者の課税価格相当額　　1億9,000万円
④ ②と③のいずれか少ない金額　　1億7,500万円
⑤ 相続税の総額×④の金額÷相続税の課税価格の合計額
　　65,799,800円×1億7,500万円÷3億5,000万円＝32,899,900円

軽減額（①と⑤のいずれか少ない金額）　32,899,900円

乙の納税額　35,729,291円－32,899,900円＝2,829,300円（100円未満の端数切捨て）

(2) Aの納付すべき税額　　16,910,500円
　　Bの納付すべき税額　　 7,501,100円
　　Cの納付すべき税額　　 1,908,100円
　　Dの納付すべき税額

　　　未成年者控除　（18歳－4歳）×10万円＝1,400,000円
　　　2割加算　3,750,588円×1.2＝4,500,705円
　　　Dの納税額　4,500,705円－1,400,000円＝3,100,700円（100円未満の端数切捨て）

(3) 相続税の税額の合計額　32,249,700円

第7章　相続時精算課税

1　相続時精算課税の概要

(1) 相続時精算課税の目的

「相続時精算課税」とは、生前贈与を容易にするために、贈与時には低い税率による贈与税を課し、相続の段階で精算をする制度であり、平成15年度税制改正によって導入された。

そもそも、何故、生前贈与を容易にすることが要請されているのであろうか。

まず、第一に我が国の高齢化社会の進展に伴い、相続による次世代への資産移転の時期が従来よりも大幅に遅れてきていることが挙げられる。そして、高齢者の保有する資産の有効活用は、社会経済の活性化に資するとも考えられる。こういった社会背景を踏まえて、生前贈与による資産移転の円滑化を目的とした税制が必要であると考えられたのである。

令和5年度税制改正では、暦年課税との選択制は維持しつつ相続時精算課税制度の使い勝手の向上を図る観点から、暦年課税と同水準の基礎控除を創設する等の措置が講じられている。これにより、生前にまとまった財産を贈与しにくかった者にとっても、相続時精算課税を活用することで、次世代に資産を移転しやすい税制となった。

*　政府税制調査会「相続税・贈与税に関する専門家会合」(令和4年10月4日)の会議資料では、「相続時精算課税制度は中立性の観点からは暦年課税よりも優れているが、暦年課税との選択制であり利用が進んでいない。現状を分析し、税負担が一定となることで移転時期を気にせずに贈与ができる環境を整

250　第 7 章　相続時精算課税

えるべき」と記載されていた。
＊　シャウプ勧告において、次のように累積的取得税の採用が勧告され、昭和25（1950）年から昭和28（1953）年までの間実施されていた点は、この制度を考える上で、参考になると思われる。

> 【シャウプ勧告第 1 次報告書第 8 章 A】
> 　「相続課税の主たる目的の一つは、根本において、不当な富の集中蓄積を阻止し、合わせて国庫に寄与せしめることにある。このための最もよい租税形態の一つとして、『取得税』がある。取得税は、贈与と遺産の受領者に対する累積税である。これは特定の個人の受領する贈与および遺産の総額に応じて課税する累進税である。その適用の方法は、贈与税の場合に類似している。即ち、贈与または遺産を受けたときは、それ以前に受領した贈与と遺産の課税総額にそれを加えて、現行税率によりこの総額に対して税額を算出する。同時に従前の累積総額に対して現行税率で税額を算出し、両税額の差額が今回納付すべき税額となるのである。かような租税は、現行の別個に課税される相続税および贈与税よりも、また、両税を綜合したものよりも、諸種の長所を有している。」
>
> 　「現行の相続および贈与税法では、税率は別個の累進課税であるので、贈与者は、生前の贈与と死後の遺贈とを綿密に使い分けることが得策である。もし、彼がちょうどいい工合にこれらを組み合わせれば、贈与および相続税額を最小限に節約することができる。取得税では、贈与が生前中になされようと、死後になされようと、総税額には何ら変りない。従って、この意味においては、取得税は中立的な租税であるが、現行の贈与税と相続税との組合わせはそうではない。」

(2)　**相続時精算課税の内容**

　この制度は、受贈者の選択により、暦年課税の適用を受けることに代えて、贈与時には贈与財産について低い税率（20％）による贈与税を課しておき、

その後相続が発生した段階で、相続時精算課税に係る財産の価額と相続又は遺贈により取得した財産の価額とを合計した価額を基に計算をした相続税額から、既に納付した相続時精算課税に係る贈与税に相当する金額を控除した額をもって、その納付すべき相続税額とする制度である（相法21の9〜21の18）。

この制度を受けようとする受贈者（特定受贈者）は、「相続時精算課税選択届出書」（253頁）に必要事項を記載して、所轄税務署長に提出しなければならない（相法21の9②）。この届出書を提出した者は、同じ特定贈与者からの贈与については、相続時まで継続してこの制度の適用を受けることとされている（相法21の9③）。

* 相続時精算課税をいったん選択した場合には、特定贈与者からの贈与については暦年課税に係る贈与税の基礎控除を適用することができない（相法21の11）。

(3) 適用対象者

イ　受贈者（特定受贈者）

贈与者の推定相続人である直系卑属のうち、贈与を受けた年の1月1日において18歳以上である者が適用対象者となる（相法21の9①）。

相続時精算課税の選択を行おうとする受贈者は、後述のとおり「相続時精算課税選択届出書」を税務署長に提出しなければならないこととされているが、この届出書を提出した者を「相続時精算課税適用者」という（相法21の9⑤）。

また、相続時精算課税適用者が特定贈与者の推定相続人でなくなった場合においても、その特定贈与者から贈与により取得した財産については相続時精算課税を適用することになる（相法21の9⑤）。

* 「贈与者の推定相続人」とは、贈与した日において贈与者の最先順位の相続権（代襲相続人を含む。）を有する者をいい、推定相続人であるかどうかの判定は、当該贈与の日において行う（相基通21の9－1）。

なお、平成27年1月1日以後に贈与により取得する財産に係る贈与税については、相続時精算課税の対象となる受贈者の範囲に、18歳以上である孫が追加されている（措法70の2の6①）。

* 年の途中に養子縁組などにより贈与者の推定相続人となった場合や孫となった場合には、推定相続人又は孫となる前に贈与を受けた財産について、相続時精算課税の適用を受けることができない（相法21の9④）。

ロ　贈与者（特定贈与者）

この制度の対象となる贈与者は、贈与をした年の1月1日において60歳以上である者とされている（相法21の9①）。制度適用に当たっては、「相続時精算課税選択届出書」が受贈者によって提出される必要があるが、この届出書に係る贈与をした者を「特定贈与者」という（相法21の9⑤）。

次図のように受贈者の選択は、受贈者がそれぞれ、贈与者ごとに行うことができる。

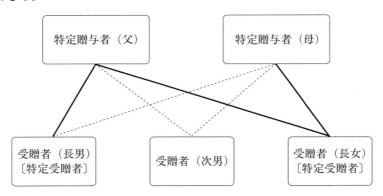

例えば、長男、次男、長女のそれぞれが父及び母から贈与を受けていた場合でも、その特定の贈与についてのみ相続時精算課税を選択することができる（上図のケースでは、実線の贈与に関してのみ相続時精算課税が選択されている。）。

(4) 適用対象となる財産等

相続時精算課税の適用に当たっては、贈与財産の種類（贈与によって取得したものとみなされる財産を含む。）、贈与財産の価額（金額）並びに贈与回数に関する制限はない。

なお、相続税の課税価格に加算される相続時精算課税の適用を受ける財産の価額は、相続開始時における財産の状態にかかわらず、当該財産に係る贈与の時の価額によるのであるから（相基通21の15－2）、相続開始の時までに贈与を受けた財産の価額が値上がりすると見込まれる場合には、相続時精算課税を選択した方が有利となる。

* 収益性の高い資産は、受贈者が毎年の収益を得ることになるので、相続時精算課税の選択に適しているといえよう。

(5) 適用手続

イ　相続時精算課税選択届出書の提出

相続時精算課税の適用を受けようとする受贈者は、贈与を受けた財産に係る贈与税の申告期限内（その選択に係る最初の贈与を受けた年の翌年2月1日から3月15日までの間）に、贈与者ごとに「相続時精算課税選択届出書」を作成し、贈与税の申告書に添付して、贈与税の納税地の所轄税務署長に提出しなければならない（相法21の9②、相令5①）。

* 「相続時精算課税選択届出書」が提出期限までに提出されなかった場合には、相続時精算課税の適用を受けることができない（相基通21の9－3、宥恕規定なし。）。

また、特定贈与者が贈与をした年の中途に死亡した場合は、当該届出書を次の①又は②のいずれか早い日までに特定贈与者の死亡に係る相続税の納税地の所轄税務署長に提出しなければならない（相令5③④）。

① 贈与税の申告書の提出期限
② 贈与者の死亡に係る相続税の申告書の提出期限

> * 相続税の申告書を提出する必要がない場合であっても、「相続時精算課税選択届出書」は、特定贈与者の死亡に係る相続税の納税地の所轄税務署長に提出しなければならない。

ロ　添付書類

「相続時精算課税選択届出書」には、次の書類を添付しなければならない（相令5②、相規11①）。

① 受贈者の戸籍の謄本又は抄本等で、(i)受贈者の氏名、生年月日、(ii)受贈者が特定贈与者の推定相続人であることを証する書類

② 受贈者の戸籍の附票の写し等で、受贈者が18歳に達した時以後の住所又は居所を証する書類

ただし、特定贈与者から贈与を受けた財産の価額が基礎控除以下である場合には、「相続時精算課税選択届出書」のみを提出し、その旨を同届出書に記載する（相令5①、5の6①）。

なお、特定贈与者から相続時精算課税に係る基礎控除を超える金額の贈与を受けた場合や特定贈与者から贈与により取得した財産の価額が相続時精算課税に係る基礎控除以下であっても、その財産以外の財産を贈与により取得し、贈与税の申告が必要となる場合には、「相続時精算課税選択届出書」を贈与税の申告書に添付して提出する（相令5①後段、5の6①後段）。

> * 受贈者の相続人が2人以上いる場合には、これらの者が一の「相続時精算課税選択届出書」に連署して行う（相令5の6③）。

2　相続時精算課税における贈与税額の計算

(1) 相続時精算課税に係る贈与税の課税価格

特定贈与者ごとにその年中において贈与により取得した財産の価額を合計し、それぞれの合計額をもって贈与税の課税価格とする（相法21の10）。

(2) 相続時精算課税に係る贈与税の基礎控除

相続時精算課税適用者が特定贈与者から令和6年1月1日以後に贈与により取得した財産に係るその年分の贈与税については、暦年課税の基礎控除とは別に、贈与税の課税価格から基礎控除額110万円が控除される（相法21の11の2①、措法70の3の2①）。

同一年中に、2人以上の特定贈与者からの贈与により財産を取得した場合の基礎控除額110万円は、特定贈与者ごとの贈与税の課税価格であん分する（相法21の11の2②、措法70の3の2③、相令5の2、措令40の2）。

基礎控除額は、次に示す特別控除額より先に控除する（相法21の12）。

特定贈与者が2人以上ある場合における相続時精算課税に係る基礎控除の額（相基通21の11の2-2）

$$110万円 \times \frac{特定贈与者ごとの課税価格}{特定贈与者ごとの課税価格の合計額}$$

（注1） 特定贈与者ごとの相続時精算課税に係る基礎控除の額に1円未満の端数がある場合には、特定贈与者ごとの相続時精算課税に係る基礎控除の額の合計額が110万円になるようにその端数を調整する。

（注2） 特定贈与者には、贈与をした年の中途において死亡した特定贈与者も含まれる。

---

(3) 相続時精算課税に係る贈与税の特別控除額

特定贈与者ごとの贈与税の課税価格からそれぞれ次に掲げる金額のうちいずれか低い金額を控除する（相法21の12①）。

① 2,500万円（既にこの特別控除を適用した金額がある場合には、その金額の合計額を控除した残額）

② 特定贈与者ごとの贈与税の課税価格

　相続時精算課税に係る贈与税の特別控除は、贈与税の期限内申告書に控除を受ける金額その他必要事項の記載がある場合に限り適用できる（相法21の12②）。また、相続時精算課税の適用を受ける財産について上記事項の記載がない贈与税の期限内申告書の提出があった場合において、その記載がなかったことについてやむを得ない事情があると税務署長が認めるときには、その記載をした書類の提出があった場合に限り、特別控除を受けることができる（相法21の12③）。

　＊　贈与税の期限内申告書の提出がないと、相続時精算課税に係る特別控除を適用することができないため（相基通21の12－1、宥恕規定なし。）、贈与税の期限後申告の場合は、贈与の金額に20％を乗じて贈与税額を計算することになり、特別控除の額は翌年以降に繰り越される。

(4)　**相続時精算課税に係る贈与税の税率**

　特定贈与者ごとに計算した贈与税の課税価格（特別控除額を控除した金額）にそれぞれ20％の税率を乗じて計算する（相法21の13）。

相続時精算課税における課税価額の計算

設問 父母から次のとおり、3年にわたり財産の贈与を受けている。令和5年から相続時精算課税制度の適用を受けた場合の各年分の贈与税に係る課税価格及び贈与税額を計算しなさい。

① 令和5年中…父から700万円、母から300万円
② 令和6年中…父から1,200万円、母から300万円
③ 令和7年中…父から900万円、母から600万円

計算

（令和5年分の計算）

父：課税価格（700万円）－ 特別控除額（700万円）＝ 0円
母：課税価格（300万円）－ 特別控除額（300万円）＝ 0円

（令和6年分の計算）

父：課税価格（1,200万円）－ 基礎控除額（88万円）－ 特別控除額（1,112万円）＝ 0円

* 基礎控除額の計算
  110万円×1,200万円／（1,200万円＋300万円）＝88万円

* 特別控除額の計算
  2,500万円－700万円（特別控除額の合計額）＞ 1,112万円（基礎控除後の課税価格）
  ∴1,112万円

母：課税価格（300万円）－ 基礎控除額（22万円）－特別控除額（278万円）＝ 0円

* 基礎控除額の計算
  110万円×300万円／（1,200万円＋300万円）＝22万円

(令和7年分の計算)

父：課税価格（900万円）－基礎控除額（66万円）－特別控除額（688万円）＝146万円

* 基礎控除額の計算
  110万円×900万円／（900万円＋600万円）＝66万円
* 特別控除額の計算
  2,500万円－1,812万円（1、2年目の特別控除額の合計額）
  ＜ 834万円（基礎控除後の課税価格）
  ∴688万円

母：課税価格（600万円）－基礎控除額（44万円）－特別控除額（556万円）＝0円

* 基礎控除額の計算
  110万円×600万円／（1,200万円＋300万円）＝44万円
* 特別控除額の計算
  2,500万円－578万円（1、2年目の特別控除額の合計額）
  ＞ 556万円（基礎控除後の課税価格）
  ∴556万円

〔例：父と母の双方から贈与があるケース：いずれも相続時精算課税の適用を受ける場合〕

特定贈与者である父に係る相続時精算課税

課税対象
146万円 × 20％ ＝ 29.2万円

（令和7年5月）900万円	基礎控除額 66万円
	特別控除額 688万円
（令和6年4月）1,200万円	基礎控除額 88万円
	特別控除額 1,112万円
（令和5年8月）700万円	特別控除額 700万円

特定贈与者である母に係る相続時精算課税

（令和7年5月）600万円	基礎控除額 44万円
	特別控除額 556万円
（令和6年4月）300万円	基礎控除額 22万円
	特別控除額 278万円
（令和5年8月）300万円	特別控除額 300万円

3 相続時精算課税における相続税額の計算

(1) 相続時精算課税に係る相続税の課税価格

　特定贈与者から相続又は遺贈（以下「相続等」という。）により財産を取得した者及びその特定贈与者に係る相続時精算課税適用者の相続税の計算については、①相続時精算課税を選択した年分以後の年にその特定贈与者から贈与を受けた財産の贈与時における価額から贈与を受けた年分ごとに基礎控除額を差し引いた残額と②相続等により取得した財産の価額を合計した価額（相続等により財産を取得しない場合には、贈与を受けた財産の贈与時における価額を合計した価額）を相続税の課税価格として計算した相続税額から相続時精算課税に係る贈与税の税額に相当する金額を控除することにより、納付すべき相続税額を算出する（相法21の15①、21の16①）。

* 令和5年12月31日以前の贈与については、相続時精算課税に係る贈与税の基礎控除の適用はない（令和5年所法等改正附則19①）。

(2) 相続時精算課税に係る土地又は建物の価額の特例

　相続時精算課税適用者が特定贈与者から贈与により取得した土地又は建物について、その贈与の日からその特定贈与者の死亡に係る相続税の申告書の提出期限までの間に、令和6年1月1日以後に災害によって相当の被害を受けた場合には、その相続税の課税価格への加算の基礎となるその土地又は建物の価額は、その贈与の時における価額から、その災害による被災価額を控除した残額とすることができる（措法70の3の3①）。

* 「災害」とは、震災、風水害、冷害、雪害、干害、落雷、噴火その他の自然現象の異変による災害及び火災、鉱害、火薬類の爆発その他の人為による異常な災害並びに害虫、害獣その他の生物による異常な災害をいう（措法70の3の3①、措令40の5の3①）。
* 「相当の被害」とは、その土地の贈与時の価額又はその建物の想定価額のうちに、その土地又は建物の被災価額の占める割合が10％以上となる被害をい

う（措令40の5の3③）。
* 「被災価額」とは、被害額から保険金などにより補てんされる金額を差し引いた金額をいい、その土地の贈与時の価額又はその建物の想定価額を限度とする（措令40の5の②④）。

特例の計算イメージ

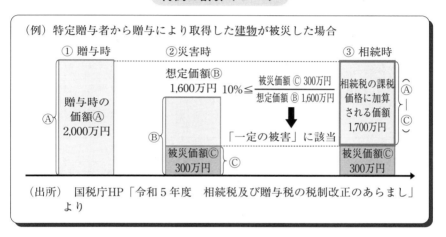

（出所）　国税庁HP「令和5年度　相続税及び贈与税の税制改正のあらまし」より

　この特例の適用を受けるためには、原則として、その災害発生日から3年を経過する日までに、災害による被害額や保険金などにより補てんされる金額などの事項を記載した申請書に「り災証明書」など一定の書類を添付して、その相続時精算課税適用者の贈与税の納税地の所轄税務署長に提出しなければならない（措法70の3の3①、措令40の5の3⑤）。

　なお、相続時精算課税適用者が上記の承認を受けた後に、保険金の支払を受けたことなどにより被災価額に異動が生ずる場合には、遅滞なく、異動が生ずる事由等を記載した届出書等を所轄税務署長に提出しなければならない（措令40の5の3⑨）。

(3) 相続時精算課税に係る債務控除（相法21の15②）

区　分	控除する債務の範囲
居住無制限納税義務者 非居住無制限納税義務者	①　被相続人の債務で相続開始の際現に存するもの（公租公課を含む。） ②　被相続人に係る葬式費用
居住制限納税義務者 非居住無制限納税義務者	①　制限納税義務者が相続等により取得した日本国内にある財産に係る公租公課 ②　制限納税義務者が相続等により取得した日本国内にある財産を目的とする留置権、特別の先取特権、質権又は抵当権で担保される債務 ③　制限納税義務者が相続等により取得した日本国内にある財産の取得、維持又は管理のために生じた債務 ④　制限納税義務者が相続等により取得した日本国内にある財産の贈与の義務 ⑤　被相続人が日本国内に有していた営業所又は事業所に係る営業上又は事業上の債務
特別寄与者に対し特別寄与料を支払うべき相続人	特別寄与者に対し支払うべき特別寄与料の額のうち、その相続人の負担に属する部分の金額（特別寄与料の額が特別寄与者の課税価格に算入される場合に限る。）

(4) 相続時精算課税に係る相続開始前 7 年以内の贈与加算

　相続時精算課税適用者が特定贈与者からの贈与により取得した相続時精算課税の適用を受ける財産については、相続税法19条《相続開始前 7 年以内に贈与があった場合の相続税額》の規定の適用はないが、当該特定贈与者の相続に係る加算対象期間内で、かつ、相続時精算課税の適用を受ける年分前に当該相続時精算課税適用者が特定贈与者である被相続人からの贈与により取得した財産（年の中途において特定贈与者の推定相続人となったときには、推定相続人となった時前に当該特定贈与者からの贈与により取得した財産を含む。）については、同条 1 項の規定により当該財産の価額を相続税の課税価格に加算することとなる（相基通19-11）。

　また、当該被相続人から相続等により財産を取得しなかった者であっても、その者が当該被相続人を特定贈与者とする相続時精算課税適用者であり、か

つ、当該被相続人から加算対象期間内に贈与により取得した財産（相続時精算課税の適用を受ける財産を除く。）がある場合においては、その者については、同項の規定の適用がある。

(5) 相続時精算課税に係る贈与税の税額に相当する金額の控除及び還付

　相続時精算課税の適用を受ける財産について課せられた贈与税があるときは、相続税額からその贈与税の税額（外国税額控除）前の税額（延滞税、利子税、過少申告加算税、無申告加算税及び重加算税に相当する税額を除く。）に相当する金額を控除する（相法21の15③、21の16④）。

　上記により相続税額から控除する場合において、なお控除しきれない金額があるときには、その控除しきれない金額（相続時精算課税の適用を受ける財産に係る贈与税について外国税額控除の適用を受けた場合にあっては、その金額から外国税額控除額を控除した残額）に相当する税額の還付を受けることができる。

　相続時精算課税適用者は、この還付を受けるため、相続税の申告書を提出することができる（相法27③、33の2①④）。

> **裁判例の紹介㊱**
>
> **相続時精算課税に係る贈与税相当額の還付金請求権は、相続開始の日の翌日から起算して5年を経過した時点で時効消滅するとされた事例**
> （東京地裁令和2年3月10日判決・税資270号順号13391）
> （東京高裁令和2年11月4日判決・税資270号順号13476）
> （最高裁令和3年6月1日第三小法廷決定・税資271号順号13571〔確定〕）
>
> 1　事案の概要

X（原告・控訴人・上告人）は、平成21年及び平成22年の各年において、乙（Xの母）から現預金2,000万円の贈与を受けた。Xは、乙からの各贈与について相続時精算課税を選択して贈与税の申告書を提出した。乙は、平成25年1月27日に死亡して相続が開始した。乙の相続人はXを含め3名で、相続税の課税価格の合計額が5,647万円余であるから、Xは、相続税の申告義務がある者には該当しないところ、平成30年11月9日、所轄税務署長に対し、還付を受ける税額を300万円とする相続に係る相続税の申告書を提出した。本件は、Xが国Y（被告・被控訴人・被上告人）に対し、相続時精算課税に係る贈与税相当額の還付金300万円及びこれに対する還付加算金の支払を求めた事案である。

2　判決の要旨

(1)　第一審判決

イ　相続時精算課税に係る贈与税相当額の還付金請求権は、国税通則法74条1項の「還付金等に係る国に対する請求権」に該当するところ、同項は、当該請求権は、「その請求をすることができる日から5年間行使しないことによって、時効により消滅する。」と規定している。そして、同項所定の「その請求をすることができる」とは、法律上権利行使の障害がなく、権利の性質上、その権利行使が現実に期待のできるものであることを要すると解するのが相当である〔最高裁昭和45年7月15日大法廷判決・民集24巻7号771頁、最高裁平成8年3月5日第三小法廷判決・民集50巻3号383頁参照〕。

ロ　相続時精算課税に係る贈与税相当額の還付金請求権は、相続税還付申告書を提出することによって請求することができる。そして、相続税法上、同還付金請求権について申告期限の定めはないところ、相続の開始時に相続税の納税義務が発生する（通法15②四）一方で、同還付金請求権がある場合には、その額の算定も可能となるから、

その時点で、同還付金請求権について法律上権利行使の障害はなくなり、権利の性質上、その権利行使を現実に期待することができるというべきであって、同還付金請求権に係る同法74条1項所定の「その請求をすることができる日」は、相続開始の日と解すべきである。したがって、同還付金請求権は、相続開始の日の翌日から起算して5年を経過した時点で時効消滅する。

(2) 控訴審判決及び上告審決定

控訴審東京高裁令和2年11月4日判決は第一審の判断を維持し、上告審最高裁令和3年6月1日第三小法廷決定は上告不受理とした。

〔コメント〕

相続時精算課税は、贈与時に、特定贈与者からの贈与により取得した財産に対する相続時精算課税に係る贈与税を納付し、その後、その特定贈与者の相続開始時に、相続時精算課税に係る贈与により取得した財産の価額と相続等により取得した財産の価額とを合計した価額を基に計算した相続税額から、既に納めた相続時精算課税に係る贈与税に相当する金額を控除することにより、贈与税・相続税を通じた納税をすることができるというものである。特定贈与者乙の相続税の課税価格が5,647万円余であり、当時の相続税の基礎控除額（5,000万円＋1,000万円×3）を下回っているから、同税の申告をすることにより、既に納めた相続時精算課税に係る贈与税に相当する金額が還付されることになる。

国税通則法74条《還付金等の消滅時効》4項は、「還付金等に係る国に対する請求権は、その請求をすることができる日から5年間行使しないことによって、時効により消滅する。」と規定しているところ、「その請求ができる日」とは、「相続開始の日」又は「相続税の法定申告期限の最終日」のいずれであるかが本件の争点である。

Xは、①相続税の申告期限は、相続税の課税物件の調査、確定及び評価に

相当の手間と時間を要し、相続開始の時に、還付金請求権の行使を現実に期待することはできないこと、②相続税が発生する場合は、法定申告期限の翌日から5年間は期限後申告ができること、③国税の賦課権があるのに、還付金請求権が先に消滅時効にかかるというのは均衡を失することなどを挙げて、「その請求をすることができる日」は、相続税の法定申告期限の最終日であると解するべきであると主張している。これに対し、本件東京地裁は、「相続時精算課税に係る贈与税相当額の還付金請求権は、…相続開始の日から法律上権利行使が可能であるにもかかわらず、Xの主張によれば、相続開始の日から相続税の法定申告期限までは、同還付金請求権の時効期間が進行しないことになるが、そのような解釈は、国税通則法74条1項に明らかに反する。」とし、また、「課税庁による更正又は決定についての除斥期間は、更正及び決定をすることができる最初の日を起算日としなければならず、その日は法定申告期限であり、また、除斥期間は相続時精算課税に係る贈与税相当額の還付金請求権の時効期間と同じく、5年とされている（国税通則法70条1項1号）。一方で、同還付金請求権は相続開始の日から権利行使が可能であるから、課税庁による更正又は決定についての除斥期間と同還付金請求権の時効期間の起算日が異なることが均衡を失するということはできない。」と断じている。

4　相続時精算課税における相続税の納税に係る権利又は義務の承継等

(1)　相続時精算課税適用者が特定贈与者よりも先に死亡した場合

　特定贈与者の死亡以前にその特定贈与者に係る相続時精算課税適用者が死亡した場合、その相続時精算課税適用者の相続人（包括受遺者を含む。）は、相続時精算課税適用者が有していた相続時精算課税を受けていたことに伴う納税に係る権利又は義務を承継する（相法21の17①）。ただし、その相続人のうちに特定贈与者がいる場合、特定贈与者はその納税に係る権利又は義務を

承継しない（相法21の17①ただし書）。

　なお、相続時精算課税適用者の相続人が２人以上いる場合、各相続人（相続人のうち特定贈与者を除く。）が還付を受ける税額又は納税をする税額については、民法900条《法定相続分》から902条《遺贈による相続分の指定》までに規定する相続分により按分した金額となる（相法21の17③、相令５の５、通則法５②③）。

(2)　贈与により財産を取得した者が「相続時精算課税選択届出書」の提出前に死亡した場合

　贈与により財産を取得した者が「相続時精算課税選択届出書」の提出前に死亡したときは、その相続人（包括受遺者を含み、その贈与者を除く。）は、相続の開始があったことを知った日の翌日から10か月以内に「相続時精算課税選択届出書」を贈与により財産を取得した者の納税地の所轄税務署長に提出することができる（相法21の18①）。

5　住宅取得等資金の贈与を受けた場合の相続時精算課税の特例

(1)　制度の目的

　冒頭で述べたとおり、高齢化の進展に伴って、相続による次世代への資産移転の時期が従来より大幅に遅れてきている。また、住宅などの高齢者の保有する資産の有効活用を通じて経済社会の活性化にも資するといった社会的要請もある。そのような状況の下、生前贈与の円滑化に資するため、生前贈与と相続との間で資金移転の時期の選択に対して税制の中立性を確保することが重要となってきた。

　かような状況を踏まえて、相続税・贈与税の一体化措置が平成15年度税制改正において新たに導入された。これまで述べてきたとおり、これが相続時精算課税である。

ところで、相続時精算課税では、贈与する取得財産の種類、数量には制限が設けられていないため、原則として住宅取得のための資金であっても、その対象となる。また、相続時精算課税には、贈与者の年齢が贈与の年の1月1日において60歳以上であること、かつ、受贈者の年齢が贈与の年の1月1日において18歳以上であることという年齢要件が付されている（251頁参照）。これは、高齢化の進展に伴う相続による次世代への財産移転時期の遅れへの対応という相続税・贈与税の一体化措置の趣旨及び現在の執行体制を踏まえた適正な長期管理等に配慮して設けられた要件であるといわれている。

しかしながら、ライフサイクルを考えると、自己の住宅を取得しようとするのは、いわゆる「団塊ジュニア」と称される世代前後の者であることが多く（当時30歳前後）、その親は、この制度が創設された当時は、おおむね団塊世代である60歳前後の者であったことから、相続時精算課税における贈与者は65歳以上であるという当時の要件によって、これら世代間の贈与については同制度を適用できないこととなっていた。

そこで、団塊ジュニア世代による住宅投資の促進は現在の経済情勢の下では重要な政策と考えられること、住宅は他の資産に比べ多くの者にとって一生に一度の大きな買い物であり一度に多額の資金を必要とすること、また、実物資産であるがゆえに執行上の管理も比較的容易であること等が勘案され、相続時精算課税の贈与者の年齢要件を緩和し、住宅取得等資金の贈与を受けた場合の相続時精算課税の特例制度が創設されたのである。

(2) 制度の内容

その年の1月1日において60歳未満の者（特定贈与者）からの贈与により住宅取得等資金の取得をした特定贈与者の直系卑属である推定相続人でその年1月1日現在18歳（令和3年12月31日以前に相続又は遺贈により財産を取得する場合は20歳）以上の者（特定受贈者）が、その住宅取得等資金を取得した日の属する年の翌年の3月15日までに、新築住宅若しくは中古住宅を取得し又

は増改築等のために支出した場合及びこれらとともにその敷地を取得し、これらをその特定受贈者の居住の用に供し又は遅滞なく供することが確実であると見込まれる場合において、相続時精算課税選択届出書及び贈与税の期限内申告書の提出要件を満たすときには、相続時精算課税を適用することができる（措法70の3①～③）。

なお、相続時精算課税や、この「住宅取得等資金の贈与を受けた場合の相続時精算課税の特例」は、「直系尊属から住宅取得等資金の贈与を受けた場合の非課税」の規定（159頁参照）と併せて適用することができる。併用した場合、その住宅用家屋の取得等に係る契約の締結期間に応じて定められている所定の非課税枠と、相続時精算課税（又はその特例）において特別控除される2,500万円の合計までは課税されない。

(3) 特例の適用要件

平成15年1月1日から令和8年12月31日までの間に、その年の1月1日において60歳未満の者からの贈与により住宅取得等資金の取得をした特定受贈者が、次に掲げる場合に該当するときは、当該特定受贈者については、相続時精算課税の適用を受けることができる（措法70の3）。

① 特定受贈者が、贈与により住宅取得等資金の取得をした日の属する年の翌年3月15日までに、その住宅取得等資金の全額を住宅用家屋の新築若しくは建築後使用されたことのない住宅用家屋の取得又はこれらの住宅用家屋の新築若しくは取得とともにするその敷地の用に供されている土地若しくは土地の上に存する権利（以下「土地等」という。）の取得のための対価に充てて、その住宅用家屋の新築をした場合又は取得した場合において、同日までに新築若しくは取得をしたこれらの住宅用家屋をその特定受贈者の居住の用に供したとき又は同日後遅滞なくその特定受贈者の居住の用に供することが確実であると見込まれるとき。

② 特定受贈者が、贈与により住宅取得等資金の取得をした日の属する年

の翌年3月15日までに、その住宅取得等資金の全額を既存住宅用家屋の取得又はその既存住宅用家屋の取得とともにするその敷地の用に供されている土地等の取得のための対価に充てて、その既存住宅用家屋をその特定受贈者の居住の用に供したとき又は同日後遅滞なくその特定受贈者の居住の用に供することが確実であると見込まれるとき。

③ 特定受贈者が、贈与により住宅取得等資金の取得をした日の属する年の翌年3月15日までに、その住宅取得等資金の全額をその特定受贈者又はその家族が居住の用に供している住宅用家屋について行う増改築等とともにするその敷地の用に供されることとなる土地等の取得の対価に充てて、その既存住宅用家屋についてその増改築等をした場合において、同日までに増改築等をしたその住宅用家屋をその特定受贈者の居住の用に供したとき又は同日後遅滞なくその特定受贈者の居住の用に供することが確実であると見込まれるとき。

　＊　住宅取得等資金については、159頁を参照されたい。

6　直系尊属から贈与を受けた場合の贈与税の非課税規定との併用

　贈与税に関しては、直系尊属から住宅取得等資金の贈与を受けた場合の非課税（159頁参照）、直系尊属から教育資金の一括贈与を受けた場合の非課税（162頁参照）、直系尊属から結婚・子育て資金の一括贈与を受けた場合の非課税の規定が設けられており（164頁参照）、所定の非課税枠が設けられている。相続時精算課税は、これらの非課税規定と併用して適用することができることから、その場合には、相続時精算課税における特別控除の2,500万円と、贈与税のそれぞれの非課税枠の合計までは課税がなされない。

裁判例の紹介㊲

相続時精算課税方式が否定され、暦年課税方式によって税額を計算すべきとされた事例

（神戸地裁平成25年11月13日判決・税資263号順号12332）
（大阪高裁平成26年4月25日判決・税資264号順号12465〔確定〕）

1 事案の概要

　本件は、a税務署長が、X（原告・控訴人）において、平成21年中に、Xの父親乙から、同人所有の土地及び建物（以下、同土地を「本件土地」、同建物を「本件建物」、両者を併せて「本件各不動産」という。）の贈与を受けたにもかかわらず、平成22年3月15日までに贈与税の申告をしなかったとして、平成21年分の贈与税の決定処分及び無申告加算税の賦課決定処分を行ったことに対し（以下、併せて「本件各処分」という。）、Xが、父からの贈与は実際には停止条件付贈与で、停止条件が成就したのは平成22年になってからであるなどと主張して、国Y（被告・被控訴人）を相手取り本件各処分の取消しを求めた事案である。

　争いのない事実は以下のとおり。

① 乙は、平成21年1月21日当時、本件各不動産を所有し、本件建物に居住していたところ、X及び乙らは、本件各不動産について、同月23日受付で、同月21日贈与を原因とし、X、Xの妻子を共有者（以下「Xら」という。）とする所有権移転登記（以下「本件名義変更登記」という。）を申請し、その旨の登記がされた。

② Xらは、同年10月26日、訴外A及びBに対し、本件各不動産を3,000万円で売却する一方、Xは、同月30日、訴外C社から、b市の宅地（以下「別件土地」という。）を2,344万円で購入した。その際、

Xが訴外D社との間で、4か月以内に別件土地上に建物を建築する旨の請負契約を締結することが条件とされた。

別件土地については、平成22年2月10日受付で、同年1月29日売買を原因として、Xを所有者とする所有権移転登記がされた。

③　その後、Xは、上記条件に基づき、別件土地上に建物を建築し、同年5月27日新築を原因とする表示登記を経た上、同年6月22日受付で、Xを所有者とする所有権保存登記をした。

④　Xは、平成23年2月10日、a税務署長に対し、乙から平成22年3月1日に住宅取得等資金2,900万円の贈与を受け、うち1,500万円については住宅取得等資金の贈与の非課税特例が適用され、残りの1,400万円については、相続時精算課税が適用され、納付すべき税額が0円となる旨記載した平成22年分の贈与税の申告書及び相続時精算課税選択届出書を提出した。

a税務署長は、平成23年7月4日、Xが本件各不動産について平成21年分贈与税の期限後申告書を提出しなかったので、Xに対し、本件各処分をした。

2　判決の要旨

(1)　第一審判決

「Xらが平成21年1月23日に本件名義変更登記を申請した際、その申請書には、同月21日、乙が本件各不動産をXらに贈与した旨が記載されており、その旨の本件名義変更登記がされたことが認められる。

さらに、…Xらは、同年10月26日、訴外A及びBに対し、本件各不動産を3,000万円で売却しており、…同売買の際には、乙が本件建物を無償の賃貸借権に基づき占有しているが、Aらが売買代金の残額を支払うまでに乙を退去させる旨の特約があることが認められる。

これらの事情からすれば、Xらが、本件各不動産を乙から贈与によって取得したのは、遅くとも本件名義変更登記のあった同年1月23日

であるといえる。」

「Xは、乙からXへの本件各不動産の贈与は、停止条件付のものであり、それが成就したのは平成22年2月19日（別件土地上の建物建築工事の着工日）から、同年6月1日（住民票異動日）の間である。」旨主張するとともに〔筆者注：証拠として提出する〕『契約書』…及び『金銭消費貸借契約書』…を提出する。

上記『契約書』及び『金銭消費貸借契約書』…には、本件土地の所有名義を乙からXに変更するが、それはXの新居取得のための名義貸しであって、本件土地及びその売却代金は乙の所有に帰属し、Xが、新居の建築に着工し、完成した新居の住所に住民票を移した際に、その時点を以て、乙は本件土地等をXに贈与するといった内容が記載されている。

しかしながら、これら契約書がa税務署職員に提出されたのは、平成23年1月14日であり…、それ以前にa税務署職員がXを調査した同年9月14日の時点では、これら契約書の存在等についてXから主張されることはなかった…。

さらに、Xの主張に従えば、XないしXらは、停止条件付の贈与であることを公示することなく（この場合には仮登記の手続をとることになる。）、本件各不動産につき本件名義変更登記をした上、未だ停止条件が成就していない、すなわち、乙からXに所有権が移転していないにもかかわらず、Aらに本件各不動産を売り渡したということになり、非常に不自然である。

以上からすると、Xと乙との間で、上記契約書等に記載されたとおりの合意がされたとは認め難い。」

「以上より、Xらが本件各不動産を乙から贈与によって取得したのは、平成21年1月23日であるといえ、Xは、平成21年分の贈与税の申告期限である平成22年3月15日までに、同贈与に係る本件各不動産の

持分の取得に関する贈与税の申告をしなかったのであるから、相続時精算課税方式ではなく、暦年課税方式によって税額を計算することとなる。」

(2) 控訴審判決

　控訴審大阪高裁平成26年4月25日判決は第一審の判断を維持した。

〔コメント〕

　本件では、本件各処分の適法性に関して、Xが贈与により本件各不動産の持分を取得した時はいつの時点であるかが争われている。

　贈与税の納税義務は、受贈者が贈与により財産を取得した時に成立するが、相続税法は、贈与による財産の取得の具体的時期について規定していない。したがって、その判断は解釈に委ねられることになるところ、課税実務は、贈与による財産取得の時期について、書面によるものについてはその契約の効力の発生した時、書面によらないものについてはその履行の時としている（相基通1の3・1の4共-8(2)）。書面によらない贈与については、履行が終わるまではいつでも撤回できることから、履行をもってその贈与が確定的になるという考え方を採用したものといえよう。それと同様に、停止条件付贈与については、「その条件が成就の時」をもって財産取得の時期とするとしている（相基通1の3・1の4共-9）。

　本件各不動産の贈与が書面によるものであるかは明らかではないものの、本件神戸地裁は、本件名義変更登記等からしてXが本件各不動産の持分を贈与により取得したのは、平成21年1月23日と判断している。

　そうなると、本件の贈与に関する贈与税の申告期限は平成22年3月15日となり、Xは申告期限を徒過したことになる。上述のとおり、相続時精算課税の適用を受けようとする受贈者は、贈与により財産を取得した年の翌年2月1日から3月15日までの間に、贈与税の申告書に、相続時精算課税選択届出書と所定の書類を添付して納税地の所轄税務署長に提出しなければならない

とされるが、提出期限についての宥恕規定は設けられていない。

したがって、本件においては、相続時精算課税の適用を受けることができず、宥恕規定もなく、Xの救済が図られる取扱いも見当たらないことから、本件各処分は違法なものとはいえないことになろう。

第8章　贈与税の課税価格と税額の計算〔暦年課税〕

1　贈与税の課税価格の計算

(1)　贈与税の課税価格

　贈与税の課税価格は、その年の1月1日から12月31日までの間に贈与により取得した財産及び贈与により取得したとみなされる財産の価額の合計額である。ただし、贈与により取得した財産のうちに非課税財産があるときは、課税価格に算入しない。

　贈与税は、贈与（死因贈与を除く。）により財産を取得した場合におけるその取得という事実を課税原因とする税であるから、必要経費や債務控除等の概念はなじまない。

　贈与税の課税方法には、「暦年課税」と「相続時精算課税」の二つがあり、受贈者（贈与を受けた者）は贈与者（贈与をした者）ごとにそれぞれの課税方法を選択することができる。以下、本章では「暦年課税」について述べる。

　具体的には、次により計算された金額が課税価格となる。

〔課税価格の計算〕

(2)　相続開始の年に被相続人から贈与を受けた財産

　相続を開始した年に被相続人から贈与により取得した財産は、相続税の課税価格に加算して相続税が課税されるから（相法19①）、贈与税の課税価格に算入しない（相法21の2④）。ただし、相続を開始した年に被相続人から贈

与により財産を取得した場合であっても、その被相続人から相続又は遺贈により財産を取得しない場合には、その財産の価額は贈与税の課税価格に算入される（相基通21の2-3）。

(3) 贈与税の税額の計算

贈与税は、課税価格から、「配偶者控除」及び「基礎控除」をした後の金額に税率をかけ、税額控除を差し引き、納付すべき税額を計算する（相法21の7）。

* 贈与税の税額控除として、在外財産に対する贈与税額控除（外国税額控除）がある（相法21の8）（300頁参照）。

具体的には、次により計算された金額が納付すべき贈与税額となる。

〔贈与税額の計算〕

2 贈与税の基礎控除

贈与税は、贈与（遺贈を除く。）により取得した財産に対して課されるもので、相続税の補完税という性格を有するものであるが、贈与による相続財産の分割を通じての相続税の負担回避を防止するために高い税率が適用される税である。もっとも、厳密にいえば、年々行われる生前の贈与については、全て課税するのが本来の形であるが、上記趣旨からみて少額のものまで課税することは適当ではないと考えられていることから、基礎控除が設けられている。

基礎控除の金額は110万円であり（相法21の5、措法70の2の4）、申告の有

278　第8章　贈与税の課税価格と税額の計算〔暦年課税〕

無に関係なく適用される（つまり、基礎控除に満たない贈与については、申告は不要である。）。

裁判例の紹介㊳

贈与税の基礎控除額が贈与額とは無関係に一律の定額であることなどが不合理な差別となるとの主張が排斥された事例

（大阪地裁平成12年2月23日判決・税資246号908頁〔確定〕）

1　事案の概要

　本件は、X₁ら（原告）がTから本件株式の贈与を受けたことから、X₁らが平成5年分の贈与税の申告をしたところ、税務署長Yら（被告）が、X₁らの申告に係る課税価格の計算において本件株式の価額が過小に評価されていることを理由として更正及び過少申告加算税賦課決定を行い、また、本件株式の贈与を受けたX₂が基礎控除額に満たなかったとして平成5年分の贈与税の申告をしなかったところ、贈与税の決定及び無申告加算税賦課決定を行ったのに対し、X₁らが各処分の取消しを求めた事案である。

　X₁らは、「現行の相続税制度は、2、3回相続がなされれば、高額の遺産はほとんど消滅してしまうほどの極度の累進課税制度であり、これは、贈与税についても同様であり、実質的には財産所有及び相続ないしは贈与自体を否定し、特に高額相続及び高額贈与を悪とする共産主義思想の発現である。贈与権及び受贈権は、財産権の態様の1つであって、贈与される財産が高額であるか低額であるかに関係なく、平等に保護されなければならない。ところが、累進課税制度を採用している現行の相続税法は、高額贈与を低額贈与と差別し、高額贈与に

極度の税額を賦課するものであり、これは、明らかに憲法13条、財産権の保障を定めた同法29条及び法の下の平等を定めた同法14条に違反している。」として、違憲である相続税法の累進課税税率を前提とする本件各処分も違法である旨主張した。

2 判決の要旨

　贈与税が相続税の補完税としての機能を有し、生前贈与が相続財産の分割に用いられ相続税を回避することを防止するために高い税率を定めており、一定の金額については右の趣旨から贈与税を課す必要がないとして設けられたのが基礎控除であると解されることからすると、右基礎控除額が贈与額にかかわらず一定額であることは何ら不合理なものではなく、また、高額の贈与に高い税率を課すことについては、贈与税が無償で財産を取得した者の担税力に着目した税であることからすると、贈与額が高額になるに応じて高い税率を課すことも何ら不合理なものではない。

〔コメント〕

　本件において、X₁らは、基礎控除額が贈与額とは無関係に一律の定額である上、高額の贈与については、著しく高い税率で賦課することが不合理な差別であると主張した。これに対して、本判決は、上記のとおり説示して、X₁らの主張を排斥している。

　なお、累進課税については、租税が、国家の財政需要を充足するという本来の機能に加えて、所得の再分配、資源の適正配分、景気の調整等の諸機能をも有しており、納税者の担税力を考慮して租税の機能を有効に果たすことを目的とすると解され、その立法目的はむしろ公共の福祉に合致していることが明らかであるし、また、我が国においては、課税標準を多数の段階に区分し、上の段階に進むに従って逓次に高率を適用する方法が用いられており、当該方法は担税力に応じた税負担の配分の要請によく適合すると説示されて

いる。そして、このような考え方から、相続税の累進課税はその目的を達成するための手段として必要かつ合理的なものといえるとして、憲法29条に違反しないとされた。さらに、累進課税制度の目的及び手段に鑑みれば、相続財産の価額による税率に差が出る累進課税制度は合理的なものというべきであり、それ自体が憲法14条の平等原則に違反するとはいえないとも説示されている。

3 贈与税の配偶者控除

(1) 贈与税の配偶者控除の趣旨

一般的に我が国では、夫婦間で形成された財産は夫婦の協力によって形成されたものとする考え方が強く、したがって、夫婦間において贈与があったとしても、それを贈与と認識する考え方があまり浸透していないのが実情であるといえよう。このように夫婦間における贈与という認識の薄い中にあって、配偶者の老後の生活保障を意図して夫婦間において財産を贈与することも少なくない。その理由の一つとしては、親子相互間の扶養義務の観念が薄らいでいることなどを挙げることができよう。このような点を考慮して、相続税法上、贈与税の配偶者控除が設けられているのである。

(2) 贈与税の配偶者控除の適用要件

婚姻期間が20年以上（民法に規定する婚姻の届出があった日から贈与の日までの期間）の配偶者から、次の居住用不動産又は居住用不動産を取得するための金銭（その金銭をもって信託に関する一定の権利を取得した場合を含む。以下「居住用不動産の取得資金」という。）の贈与を受けた場合には、その贈与を受けた居住用不動産等の課税価格から2,000万円までの金額を配偶者控除として控除することができる（相法21の6①）。

① 国内にある専ら居住の用に供する土地等又は家屋で、その贈与を受け

た日の属する年の翌年3月15日までに受贈者が居住し、かつ、その後も引き続き居住する見込みのもの

② ①の居住用不動産の取得資金で、その金銭の贈与を受けた年の属する年の翌年3月15日までに取得した居住用不動産に受贈者が居住し、かつ、その後引き続き居住する見込みのもの

その年の前年以前のいずれかの年において同じ配偶者からの贈与につき既に贈与税の配偶者控除を受けている場合には、重ねて配偶者控除の適用を受けることはできない（相法21の6①かっこ書き）。

なお、贈与税の配偶者控除の適用を受けた受贈財産のうち贈与税の配偶者控除相当額は、相続開始前3年以内に贈与を受けた財産の相続税の課税価格の加算からは除外される（相法19②）。

* 2,000万円の配偶者控除は基礎控除に先立って控除される。したがって、合計の控除額は、基礎控除額と合わせて2,110万円ということになる。
* 配偶者控除の額は、2,000万円と贈与を受けた居住用不動産等の課税価格のうちいずれか少ない方の金額となる。

(3) 店舗兼住宅等の贈与に係る配偶者控除の計算

受贈配偶者の居住の用に供している家屋のうちに居住の用以外の用に供されている部分のある家屋及びその家屋の敷地の用に供されている土地等（以下「店舗兼住宅等」という。）に係る居住用不動産とされる居住の用に供している部分は、以下により判定する（相基通21の6-2）。

① その家屋のうちその居住の用に供している部分は、次の算式により計算した面積に相当する部分

$$\left(\text{家屋のうち居住専用床面積(A)} + \text{家屋のうち併用部分の床面積(B)} \right) \times \frac{A}{\text{家屋の床面積} - B}$$

② その土地等のうち居住の用に供している部分は、次の算式により計算した面積に相当する部分

$$\frac{\text{土地の居住}}{\text{専用面積}} + \text{土地のうち併用部分の面積} \times \frac{\text{家屋のうち①の面積}}{\text{家屋の床面積}}$$

店舗兼住宅等の持分の贈与があった場合の居住用部分の判定については、次のとおりとなる（相基通21の6－3）。

<原則的取扱い：通達本文計算>

配偶者から店舗兼住宅等の持分の贈与を受けた場合には、上記(3)により求めた店舗兼住宅等の用に供している部分の割合にその贈与を受けた持分の割合を乗じて計算した部分が居住用不動産となる。

$$\begin{array}{l}\text{家屋のうち居住用部分の床面積(3)①} \times \text{贈与を受けた持分} = \text{贈与された家屋の居住用部分} \\ \text{土地のうち居住用部分の面積(3)②} \times \text{贈与を受けた持分} = \text{贈与された土地の居住用部分}\end{array}$$

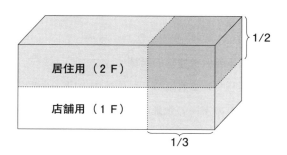

・居住用部分の占める割合　1/2

・贈与を受けた持分の割合　1/3

居住用不動産に該当する部分……1/2×1/3＝1/6（▨網掛部分）

<例外的取扱い：通達ただし書計算>

その贈与を受けた持分の割合が前述の(3)による店舗兼住宅等の居住の用に供している部分の割合以下である場合において、その贈与を受けた持分の割

合に対応するその店舗兼住宅等の部分を居住用不動産に該当するものとして申告したときには、贈与税の配偶者控除の規定の適用に当たっては、これを認めることとされている。また、贈与を受けた持分の割合が、前述の(3)により求めた店舗兼住宅等の居住の用に供している部分の割合を超える場合における、その居住の用に供している部分についても同様とされている。

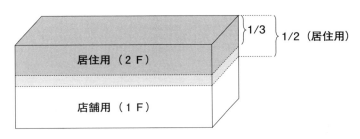

・居住用部分の占める割合　1/2
・贈与を受けた持分の割合　1/3
　居住用不動産に該当する部分……1/2＞1/3→1/3（■網掛部分）

【計算例】

　家屋　1,000万円　　全床面積200㎡　（うち居住専用部分は150㎡ 店舗部分は50㎡）

　土地　2,000万円　　面積　250㎡

夫から妻へ土地及び家屋の半分を贈与したケースを考える。

<原則的取扱い：通達本文計算>

　家屋　1,000万円 × $\frac{150㎡}{200㎡}$ × $\frac{1}{2}$ ＝ 375万円

　土地　2,000万円 × $\frac{150㎡}{200㎡}$ × $\frac{1}{2}$ ＝ 750万円

　居住用不動産価格 ＝ 家屋375万円 ＋ 土地750万円 ＝ 1,125万円

　＊　1,125万円は配偶者控除限度額2,000万円に満たないので、1,125万円

が配偶者控除額となる。

贈与税の課税対象額

1,500万円 － 1,125万円 － 110万円 ＝ 265万円

<例外的取扱い：通達ただし書計算>

$$\frac{150㎡}{200㎡} = \frac{3}{4}$$

$$\frac{1}{2} < \frac{3}{4}$$

家屋　1,000万円 × $\frac{1}{2}$ ＝ 500万円

土地　2,000万円 × $\frac{1}{2}$ ＝ 1,000万円

配偶者控除額は500万円 ＋ 1,000万円 ＝ 1,500万円

＊　1,500万円は配偶者控除限度額2,000万円に満たないので、1,500万円が配偶者控除額となる。

贈与を受けた財産は3,000万円 × $\frac{1}{2}$ ＝ 1,500万円

1,500万円（贈与財産額） － 1,500万円（配偶者控除） ＝ 0 円

裁判例の紹介㊴

贈与された持分が建物全体のうちの居住用部分の割合以下であって、相続税法基本通達21の6－3ただし書の特例の適用がある場合には、贈与された土地持分の全部を自用地として評価すべきであるとされた事例

（東京地裁平成4年10月28日判決・判時1449号82頁〔確定〕）

1　事案の概要

本件は、夫から、一部が住居、その余は貸店舗である建物及びその敷地の各持分の贈与を受けたX（原告）が、贈与税の申告について、税務署長Y（被告）によりなされた更正及び過少申告加算税賦課決定の取消しを求めた事案である。相続税法21条の6《贈与税の配偶者控除》の居住用不動産とみなされ、同条に規定する配偶者控除の適用を受けた当該敷地の持分の課税価格について、貸家建付地兼自用地として評価するか、全部自用地として評価するかが争われている。

Xは、本件において、相続税法基本通達21の6-3ただし書には、当該不動産を自用地として評価する旨の文言は一切書かれていないから、本件土地を、現況から離れて自用地として評価することは違法であると主張した。また、Yの主張するような相続税法基本通達による評価方式を採用すると、同一の土地について配偶者と子に同一割合の持分の贈与を行った場合、双方の持分について評価額が異なることとなり、自用地兼貸家建付地の贈与の事案において、配偶者控除を適用した方が課税価額が高くなる場合が生じ、専用の自用地に居住する場合の持分と、ビルの5階に居住し、その余の部分を賃貸の用に供している場合の持分についての評価が同額になり得ることとなると主張した。

2　判決の要旨

贈与税における配偶者控除の制度は、生存配偶者の老後の生活安定に配慮する趣旨から、婚姻期間が20年以上である等一定の要件を充たす夫婦間の居住用不動産の贈与について、一生に一回に限り、その取得した居住用不動産の課税価格から2,000万円を限度として控除することとする優遇措置である（相法21の6）。贈与に係る不動産のうち、配偶者控除の対象となるのは居住の用に供している部分のみであり、したがって、一部を居住の用に供している不動産の持分の贈与を受け

た場合については、相続税法基本通達（以下「基本通達」という。）21の6－3本文は、「配偶者から店舗兼住宅等の持分の贈与を受けた場合には、21の6－2により求めた当該店舗兼住宅等の居住の用に供している部分の割合にその贈与を受けた持分の割合を乗じて計算した部分を居住用不動産に該当するものとする」としており、課税実務上、居住用不動産の範囲は、当該居住の用に供している部分のうち贈与に係る持分に限られるのが原則となっている。

　しかし、配偶者控除の制度の趣旨が右のとおりであり、また、夫婦間で店舗兼住宅等の持分の贈与をした場合で、その持分割合が店舗兼住宅等のうち夫婦双方が居住の用に供している部分の割合以下であるときは、その贈与は、当事者夫婦間においては当該居住の用に供している部分のみが贈与の対象であるとの認識に立ってなされるのが通常であることに鑑み、このような場合の居住用不動産の範囲に関しては、基本通達21の6－3のただし書は、…受贈持分割合が居住用部分の割合以下である場合には、課税実務上、納税者の申告により、当該持分全部について相続税法21条の6第1項の適用を認めるものとするとされている。

　この通達の意義は、要するに、当該持分全部について同項の居住用不動産と同様に扱うという、いわば擬制を定めたものであるから、居住用不動産の範囲について納税者の選択により右通達を適用する以上、その課税価格の評価においても、申告のあった当該受贈持分全体について、居住用不動産すなわち自用不動産として評価せざるを得ず、これを現況に即して一部賃貸用のものと評価する余地はないものというべきである。実質的にみても、配偶者控除の制度は、夫婦間の居住用不動産の贈与については、2,000万円を限度として非課税を保障し、もって生存配偶者の老後の生活の安定に資するとの立法目的に出たものと解されるところ、前記のように、一部居住用の不動産の持分の贈

> 与を受けた配偶者は、当該居住用部分の全部を使用する（民法249参照）というのが贈与当事者間の通常の意思と解されるのであるから、持分全部について自用不動産とみなして2,000万円の限度で非課税を保障すれば右の立法目的は達成できない〔筆者注：「できる」の誤りかと思われる。〕のであり、かえって、Xの主張する評価方法を採用すると、居住用部分に関して実質的に非課税が保障される額が必要以上に多額になって不公平な結果になるというべきである。

〔コメント〕

　本件の争点は、婚姻期間20年以上の配偶者から住居及び貸店舗の持分の贈与を受けた場合、相続税法21条の6の適用に当たって、その課税価格を自用地として評価すべきか、貸家建付地（評価方法は506頁参照）兼自用地として評価すべきかである。本判決は、相続税法基本通達21の6－3ただし書を選択適用した場合には、その課税価格も受贈持分全体を自用の不動産として評価せざるを得ず、これを現況に即して一部賃貸用のものと評価する余地はないと判示している。

　相続税法基本通達21の6－3のただし書は、贈与を受けた持分の割合が店舗兼住宅等の居住用部分の割合以下である場合には、その贈与を受けた持分の割合に対応するその店舗兼住宅の部分を居住用不動産に該当するものとして申告があれば、配偶者控除の規定の適用を認めることとし、贈与を受けた持分の割合が店舗兼住宅等の居住用部分の割合を超えている場合にも、その居住用部分について同様に扱うという特例を通達するものである。居住用部分を超えない限度において持分全てについて居住用不動産として配偶者控除を認めるとする、いわば同控除の適用領域の拡大である。

　Xが主張するような弊害は、例えば、居住用部分についてのみ贈与されたものと扱う特例の適用を受けながら、評価については店舗兼住宅等としての扱いを受けることによるものである。しかし、配偶者控除は、配偶者の居住

用（自用不動産）につき、2,000万円を限度とする非課税を保障することにある以上、実質的にそれを上回る非課税を認めることはできないとの態度を本判決は示したのである。

本件は、相続税法基本通達21の6-3のただし書の趣旨及びこの取扱いの適用を受けた土地の評価方法について説示されたものとして注目すべき事例であるといえよう。

(4) 居住用不動産と同時に居住用不動産以外の財産を取得した場合

配偶者から贈与により取得した金銭及び当該金銭以外の資金をもって、居住用不動産と同時に居住用不動産以外の財産を取得した場合には、その金銭はまず居住用不動産の取得に充てられたものとして取り扱われる（相基通21の6-5）。

設問 結婚生活25年を記念してA（妻）は、B（夫）から現金2,000万円の贈与を受けたので、居住用不動産（1,700万円）を購入し、自己資金と併せて上場株式を取得した。贈与税の課税価格を計算しなさい。

計算

1 居住用不動産の取得に充てた金銭……1,700万円①
2 上場株式の取得に充てた金銭……2,000万円－1,700万円＝300万円②
3 配偶者控除額……2,000万円＞1,700万円③
4 課税価格…… 1,700万円①－1,700万円③＋300万円②－110万円（基礎控除額）＝190万円

---

(5) 適用手続

贈与税の申告書（期限後申告書及び修正申告書を含む。）又は更正請求書には、

配偶者控除の適用を受ける金額その他その控除に関する事項及び前年以前に贈与税の配偶者控除の適用を受けていない旨を記載して提出しなければならない（相法21の6②）。

* 上記の贈与税の申告書には、①贈与を受けた日から10日を経過した日以後に作成された戸籍の謄本（抄本）及び戸籍の附票の写し、②居住用不動産の登記事項証明書その他の書類で当該贈与を受けた者が当該居住用不動産を取得したことを証するものを添付しなければならない（相規9）。

裁決例の紹介⑩

居住の用に供していない土地家屋に係る贈与税の配偶者控除の適用が否認された事例

（国税不服審判所平成8年4月15日裁決・裁決事例集51号12頁）

1 事案の概要

審査請求人Xは、夫Fから平成4年に本件宅地及び本件宅地上の建物（以下「本件建物」といい、本件宅地と併せて、「本件資産」という。）の持分100分の37の贈与を受け、この贈与に係る贈与税について相続税法21条の6の贈与税の配偶者控除（以下「本件特例」という。）を適用して本件期限後申告をしたが、調査担当職員から、本件資産は本件贈与の特例にいう居住用不動産に当たらないとの指摘を受けたので、本件贈与の特例の適用はしない旨記載した本件修正申告書を提出した。原処分庁は、これに対し、重加算税の賦課決定処分をしたため、Xが、この処分を不服として、異議決定を経た後審査請求をしたのが本件である。

Xは、次のとおり、Xが本件期限後申告において本件贈与の特例を適用したのは、税に対する知識の不足から、本件資産が居住用不動産

に当たると誤認したためであり、税金を免れる目的で故意に隠蔽し又は仮装した等の事実はないから、本件賦課決定処分は違法である旨主張した。

① 本件資産は、Ｆが昭和51年に本件宅地を購入し、居住用として本件家屋を新築したもので、その後、Ｆが会社の都合でＢ県に転勤になる昭和54年までの約３年間、Ｘ夫婦が居住していたものである。

② 昭和54年にＢ県へ転勤後は、Ｘ夫婦は社宅に居住しており、本件資産以外に居住の用に供する資産は所有していない。

③ 本件宅地資産は、昭和54年にＢ県へ転勤後は、約10年の間賃貸していたが、平成２年12月に賃貸契約を解除した後は空き家とし、Ｆが○○方面へ出張した際に使用するとともに、将来は、Ｘ夫婦が永住するつもりでいた。

④ 平成３年ころ、Ｆの勤務先で組織改革の噂もあり、これが実施されれば、同人は、○○勤務の可能性が大であったことから、そのときは、当然本件資産をＸ夫婦の居住用として使用するつもりでいた。

⑤ 平成４年５月16日に本件資産の所在地にＸ夫婦の住民票上の転入届（以下「本件転入届」という。）をしたが、これは、世間一般的に住民登録の実際の居住地が異なる例は多く、Ｘも住民票上の届出について軽視していたこともあって、贈与税の申告に当たり添付書類として必要であると思い、深い考えもなしにしたことである。

⑥ 本件資産の贈与の後の平成５年１月にＣ社に本件資産の譲渡についての媒介を依頼しており、贈与を受けてから譲渡の媒介依頼までの期間が約６か月と短期間ではあるが、これは、Ｆの勤務先会社の状況及び本件資産の価値の状況の著しい変化に基づくものである。

⑦ 以上のとおり、素人の生半可な知識から、本件資産が居住用不動産に該当するものと確信し、本件贈与の特例を適用すれば無税で贈与ができるという単純な考えのもとに、本件資産の贈与が行われ、

この贈与に係る本件期限後申告をしたものであって、贈与税を免れる目的で故意に隠蔽し又は仮装した等の事実はない。

2 裁決の要旨

本件贈与の特例は、夫婦間の居住用不動産又は居住用不動産の取得のための金銭の贈与で、贈与を受けた配偶者が贈与の年の翌年3月15日までに居住用不動産を居住の用に供し、かつ、その後引き続き居住の用に供する見込みであること、及び贈与を受けた配偶者が居住用不動産を居住の用に供した日以後に作成された住民票の写し等を申告書に添付すること等が適用要件とされており、当該住民票の写しの添付は、贈与を受けた配偶者が居住用不動産を居住の用に供したこと等の確認のためにあると解される。

なお、居住用不動産を居住の用に供するとは、その者の生活の本拠としてその居住用不動産に居住することをいい、その生活の本拠となるところが住所であると解され、その者の生活の本拠であるかどうかは、客観的事実によって判断するものと解される。

本件住民票等によれば、X夫婦は平成4年5月16日から平成5年7月27日までP市の住所に住民登録をしているが、…当時のX夫婦の生活の本拠がQ市の社宅及びT市の社宅であったこと…、本件家屋を居住の用に供したとは認められないことからすると、P市の住所への住民票上の届出は明らかに事実と異なるものである。

また、仮に、X夫婦が近いうちに本件家屋に居住する意思のもとに、P市の住所に本件転入届をしたものであったとしても、平成5年1月ころには本件資産の売却についての仲介を依頼しており、このことはX夫婦が少なくともそのころには、本件家屋へ居住する予定をも断念したものとみるべきであり、これにともない住民票上も速やかに当時の生活の本拠であるQ市の住所へ転出届すべきところ、その転出届が行われたのは約半年後のことであって、P市の住所に住民登録をして

いたことの合理的な理由は認められない。

　総合勘案してみると、X夫婦の本件資産の贈与の当時におけるP市の住所への住民登録は、本件贈与の特例の適用を受けるために、本件資産をX夫婦の居住の用に供していたかの如く装うために行われたものとみざるを得ない。

〔コメント〕

　配偶者控除を巡っては、本裁決のようなケースが散見される。

　配偶者控除の適用要件は、居住の用に供する不動産であることから、この「居住」の意味するところが問題となる。ところで、相続税法上は、「居住」の定義を示していないことから、生活の本拠というような概念を用いることによって説明されることがある。「生活の本拠」という概念は、むしろ「住所」の意義として、ほぼ確定した解釈であるということはできよう（民22。武富士事件も参照（42頁））。

　なお、大阪地裁平成19年11月1日判決（税資257号順号10815〔確定〕）は、居住用財産の譲渡所得の特例を定める租税特別措置法35条1項の「居住の用に供している家屋」に該当するかどうかが争われた事案につき、「居住の用に供している家屋」とは、「所有者が、生活関係の拠点として使用している実態にある家屋をいい、別荘や仮住いである家屋のように、娯楽や一時的な目的で使用するにすぎない家屋は、これに含まないというべきである。そして、当該家屋に当該個人の生活関係の拠点があるといえるか否かは、当該個人の生活状況を総合的に勘案して判断すべきものである。」と説示している。

裁判例の紹介㊶

居住用不動産該当性が否定された事例

（静岡地裁平成19年7月12日判決・税資257号順号10752）

（東京高裁平成20年2月21日判決・税資258号順号10899）
（最高裁平成20年7月4日第二小法廷決定・税資258号順号10983〔確定〕）

1　事案の概要

　本件は、夫である乙から土地（以下「本件土地」という。）の持分3分の2（以下「本件土地持分」という。）の贈与（以下「本件贈与」という。）を受けたX（原告・控訴人・上告人。以下、Xと乙を併せて「Xら」ともいう。）が、本件土地持分に関する平成14年分贈与税の申告（以下「本件申告」という。）に際し、本件土地持分の課税価格は2,037万3,700円であるが、本件贈与については相続税法が規定する「居住用不動産の贈与を受けた配偶者に対する控除の特例」（以下「本件特例」という。）により2,000万円を控除でき、残額から基礎控除額を差し引くと納付すべき税額は零円であると判断して、その旨の申告をしたところ、税務署長Y（被告・被控訴人・被上告人）から、本件土地の西側部分は、乙が所有し、Xとともに居住する居宅の敷地であるが、同土地の東側部分は、本件贈与時に乙が代表者を務めていた同族会社であるA社が所有する倉庫兼事務所の敷地として賃貸されているので、上記特例は上記居宅の敷地とされている西側部分に係る持分のみに適用されるとの判断の下、課税価格を1,558万3,206円、納付すべき税額を261万9,400円とする更正処分及び36万6,500円の過少申告加算税を課するとの賦課決定処分を受け、国税不服審判所長に対して上記各処分に対する不服を申し立てたものの、同審査請求を棄却する旨の裁決がされたため、上記各処分及び裁決の取消しを求めた事案である。

　本件の争点は、本件特例の適用範囲を、本件土地持分中西側部分に関するものに限ることの適法性如何である。

2　判決の要旨

(1) 第一審判決

イ　贈与税は、被相続人が相続人となるべき者等に生前贈与を行うことによって容易に相続税の税負担を回避することができる点に着目し、かかる税負担回避行為を防止するために設けられた税制（相続税の補完税）ということができるところ、かかる贈与税の性質に照らし、相続税法は、課税価格から控除することができる事由を限定しており、本件特例以外には、基礎控除及び在外財産に対する控除が認められているにとどまるものである。

　　かかる贈与税の性質及び「専ら居住の用に供する」という相続税法21条の6の文言を考え併せれば、贈与された不動産が居住用不動産にあたるか否かの判断をするに当たっては、当該不動産の権利関係や利用の実態等を踏まえた上で、厳格にこれを行うことが相当であり、課税の公平をはかるためにも、安易に拡張解釈することは許されないというべきである。

ロ　これを本件についてみるに、…本件土地は西側部分と東側部分との2つの画地にわけて評価することができるところ、西側部分は、乙が所有する本件居宅の敷地としてXらの居住のために利用されているので本件特例が適用される居住用不動産に該当することが明らかである一方、東側部分は、A社が所有する本件倉庫兼事務所の敷地として賃貸され、実際の利用においてもA社が業務の際に使用していることが認められるのであるから、本件特例が適用される居住用不動産には該当しないというべきである。

(2) 控訴審判決

　原判決の説示するとおり、東側部分にはA社のために借地権が設定されており、同借地権は、A社が同族会社であるとはいえ、地代の支払もされるなど実体を伴うものであり、また、本件贈与の前後を問わずその借地権の範囲に変更があるとは認められない（平成16年6月22

日付け「土地の無償返還に関する届出書」…は、所轄税務署の担当者から修正申告の慫慂を受けた後で、同書に記載された賃貸借契約期間の開始後1年9か月も経過してから提出されたものである上、賃貸面積が実態に合致していないのであって、借地権の存否・範囲の判断を左右するものではない。）のであって、結局、本件土地の評価を東側部分と西側部分とに区分して行うとの判断の相当性が損なわれるものではない。

原判決は相当であって、本件控訴は理由がないからこれを棄却する。

(3) 上告審決定

上告審最高裁平成20年7月4日第二小法廷決定は上告棄却、上告不受理とした。

〔コメント〕

本件においても、上記裁決例㊵と同様、居住用不動産該当性が争われている。相続税法21条の6が「専ら」居住の用に供する不動産を対象としていることに鑑みれば、かような「専ら」という文言を無視して配偶者控除の規定を緩やかに捉えることは妥当ではなかろう。課税の減免規定の解釈においては厳格な解釈が求められると解されるところ、本件のように、二つの画地に分けて評価することができ、一方の部分について、事業用敷地として利用されているようなケースにおいては、かかる部分を居住用不動産に含めることは認められないと解される。

(6) 民法改正と配偶者控除

平成30年の民法改正では、民法903条《特別受益者の相続分》4項が創設され、「婚姻期間が20年以上の夫婦の一方である被相続人が、他の一方に対し、その居住の用に供する建物又はその敷地について遺贈又は贈与をしたときは、当該被相続人は、その遺贈又は贈与について第1項の規定を適用しない旨の意思を表示したものと推定する。」として、いわゆる持戻し免除の意

思表示を推定することで、残された配偶者が優先的に自宅等の財産を取得できるように手当てされた（17頁参照）。

この規定は、贈与税の配偶者控除の規定と似ている部分も多く、実務上、民法改正によって贈与税の配偶者控除の利用が促進されることも想定されるが、①贈与税の特例は、居住用不動産を取得するための金銭の贈与も特例の対象としているが、民法では含められていないこと、②贈与税の特例では遺贈を対象としていないが、民法では遺贈も対象としていること、③贈与税の特例では特例適用の上限額（2,000万円）が定められているが、民法ではそのような上限はないことといった相違もあり、留意が必要である。

4 贈与税の税率と税額の算出方法

贈与税の税率は、次のような超過累進構造となっている。

贈与税額は、贈与税の配偶者控除及び基礎控除後の課税価格について、この税率を適用して計算する（相法21の7）。

【贈与税の速算表】

右記以外の通常の贈与（一般贈与財産・一般税率）			直系尊属から18歳以上の者への贈与（特例贈与財産・特例税率）		
基礎控除等後の課税価格	税　率	控除額	基礎控除等後の課税価格	税　率	控除額
200万円以下	10%	—	200万円以下	10%	—
300万円以下	15%	10万円	400万円以下	15%	10万円
400万円以下	20%	25万円	600万円以下	20%	30万円
600万円以下	30%	65万円	1,000万円以下	30%	90万円
1,000万円以下	40%	125万円	1,500万円以下	40%	190万円
1,500万円以下	45%	175万円	3,000万円以下	45%	265万円
3,000万円以下	50%	250万円	4,500万円以下	50%	415万円
3,000万円超	55%	400万円	4,500万円超	55%	640万円

基礎控除等後の課税価格に対し、その該当欄の税率を乗じた金額から控除額を差し引いて税額を算出する。

【計算例】

1　贈与により一般贈与財産500万円を取得した場合

500万円－110万円（基礎控除額）＝390万円（基礎控除後の課税価格）

390万円×20％（一般税率）－25万円（控除額）＝53万円（税額）

2　贈与により特例贈与財産500万円を取得した場合

500万円－110万円（基礎控除額）＝390万円（基礎控除後の課税価格）

390万円×15％（特例税率）－10万円（控除額）＝48万5,000円（税額）

3　贈与により一般贈与財産100万円(A)と特例贈与財産400万円(B)を取得した場合

500万円－110万円＝390万円（基礎控除後の課税価格）

Aに対応する金額：(390万円×20％－25万円)×(100万円/500万円)
　　　　　　　　＝10万6,000円…①

Bに対応する金額：(390万円×15％－10万円)×(400万円/500万円)
　　　　　　　　＝38万8,000円…②

①＋②＝49万4,000円（税額）

裁判例の紹介㊷

贈与税の累進課税は憲法14条及び29条に反するものではないとされた事例

（大阪地裁平成12年2月29日判決・税資246号1103頁）

（大阪高裁平成12年11月22日判決・税資249号718頁）

（最高裁平成13年6月29日第二小法廷決定・税資250号順号8937〔確定〕）

1 事案の概要

Aは、平成5年3月30日、その所有する訴外会社の株式をXらに贈与したが、Xらは、本件贈与に係る贈与税につき、いずれも基礎控除額に満たないとして、贈与税の申告をしなかったところ、税務署長Y（被告・被控訴人・被上告人）は、Xらが受けた贈与につき贈与税決定処分及び無申告加算税の賦課決定処分を行った。

これに対し、Xらは、将来における相続税の節税効果を期待し、株式贈与に十分な節税効果があるとする税理士その他の専門家の説明を信じて株式の贈与を受けたものであるとし、このことから、仮に、贈与株式がYのいうような価額によって評価されて本件贈与に贈与税が課されるべきものであるとすれば、本件贈与の動機に錯誤があると主張した。その上で、その動機は表示されていたのであるから、本件贈与は、いずれも無効であるとして、無効の贈与に対してなされた本件各処分は違法であるとして提訴した。

訴訟において、Xらは、累進課税制度を採用している現行の相続税法は、財産権の保障を定めた憲法29条及び法の下の平等を定めた同法14条に違反するとし、累進課税税率による税額を前提とする本件各処分も違憲、違法であるなどと主張した。

2 判決の要旨

(1) 第一審判決

Xらは、累進課税制度が憲法29条及び14条に違反するから、累進課税税率による税額を前提とする本件各処分も違憲、違法であると主張する。しかし、相続税は、富の再分配機能を通じて経済的平等を実現することを目的とするもので、そのために如何なる課税制度を採用するかは、原則として立法府の裁量に委ねられているものというべきであり、累進課税制度についても、それが極めて極端なもので、憲法の

規定に反していることが一義的に明白であるなど特段の事情がある場合以外は、違憲の問題は生じないというべきである。Ｘらの右主張は、採用できない。

(2) 控訴審判決

　　Ｘらは、本件各処分は、租税法律主義を定めた憲法30条、適正手続を保障した同法13条及び31条、法の下の平等を定めた同法14条に違反する旨主張する。しかし、…配当還元方式を採用しないで本件各処分をなしたことは、適法なものであって、租税法律主義（憲法30条）に反するものとはいえない。Ｘらは、本件通達は法令に準ずるものであり、それに対する納税義務者の信頼は法的に保護されるべきである旨主張するが、通達それ自体を国民の権利義務を直接に定めた一般的抽象的法規範であるということはできない。もとより、通達に基づく画一的取扱がなされている場合に、それに対する納税者等の信頼が法的保護に値する場合はあるにしても、本件は、本件通達それ自体が例外的な取扱を許容している（本件通達〔筆者注：財産評価基本通達〕6）ものであるし、仮に、本件通達に対する納税者等の信頼を考慮するとしても、本件は、前記認定のとおり、租税負担の実質的な公平を著しく損なう方法によって租税負担の軽減ないし回避を図ろうとしたものであって、そのような利益は法的保護に値するものとはいえない。その他、本件各処分が憲法13条、14条及び31条に反すると認めるに足りる証拠はなく、Ｘらの右主張は採用できない。

(3) 上告審決定

　　上告審最高裁平成13年6月29日第二小法廷決定は上告棄却、上告不受理とした。

〔コメント〕

　本件では、上記のとおり、Ｘの主張する違憲主張は排斥された。

このように累進課税であることや基礎控除が一律であることの違憲性などが主張されることがあるが、これらの主張はことごとく排斥されており、この点については、裁判実務の考え方が合憲判断で定着しているとみてよいであろう（大阪地裁平成12年2月23日判決も同旨（278頁参照））。

5 外国税額控除

外国にある財産（以下「在外財産」という。）を贈与により取得した場合において、その財産についてその国の法令により贈与税に相当する税が課税されたときには、二重課税を排除する趣旨から、その者が贈与により取得した財産全体に対する贈与税額から、その国において課税された贈与税相当額を控除する（相法21の8）。

外国税額控除の額は、次の①又は②のいずれか少ない額となる。

① 外国で課税された贈与税相当額

② その者の贈与税額 × $\dfrac{\text{在外財産の価額}}{\text{その年分の贈与税の課税価格}}$

* 外国において課税された贈与税相当額は、納付すべき日における対顧客直物電信売相場（TTS）によって邦貨換算する（相基通20の2-1、21の8-1）。

6 特定土地等及び特定株式等に係る贈与税の課税価格の計算の特例等

特定非常災害の指定を受けた災害が発生した場合において、その特定非常災害発生日前に贈与により取得した財産に係る贈与税でその特定非常災害発生日以後に申告期限が到来するものについては、その課税価格の計算上、次に掲げる特定土地等及び特定株式等の価額を災害発生直後の基準とすることができる（措法69の7①）。

① 「特定土地等」とは、特定非常災害発生日以後に贈与税の申告期限の

到来する者が、特定非常災害発生日前に贈与により取得した特定地域内にある土地及び土地の上に存する権利（土地等）で特定非常災害発生日において所有していたものをいう。

② 「特定株式等」とは、特定非常災害発生日以後に贈与税の申告期限の到来する者が、特定非常災害発生日前に贈与により取得した株式及び出資（上場株式等を除く。）で、課税時期において特定地域内にあった動産（金銭及び有価証券を除く。）、不動産、不動産の上に存する権利及び立木の価額が保有資産の合計額の30％以上である法人の株式等（特定非常災害発生日において所有していたものに限る。）をいう。

なお、贈与税の課税価格に算入すべき価額は、相続税の場合と同じである（212頁参照）。

第9章　申告と税金の納付

1　相続税の申告等

(1)　申告書の提出

イ　申告書の提出を要する人

　相続又は遺贈（相続時精算課税の適用者に係る贈与を含む。以下同じ。）により財産を取得した全ての者の課税価格の合計額が遺産に係る基礎控除額を超える場合で、配偶者の税額軽減の適用がないものとして相続税額の計算を行った場合に税額が算出される者は、相続税の申告をしなければならない（相法27①）。

　　＊　配偶者に対する相続税額の軽減、小規模宅地等の課税価格の計算の特例など相続税に係る特例の中には、申告書の提出を適用要件にしているものが少なくない。このような規定の適用を受ける場合には、その規定の適用により納付すべき相続税額が零になる場合であっても、相続税の申告書を提出しなければならない（相法19の2③、措法69の4⑦、69の5⑦、70⑤⑩）。

　なお、同一の被相続人から相続又は遺贈により財産を取得した者で、相続税の申告をしなければならない者が2人以上ある場合には、共同して相続税の申告書を提出することができる（相法27⑤）。

ロ　申告書の提出期限

　相続税の申告期限は、その相続の開始があったことを知った日の翌日から10か月以内である（相法27①、通則法10②）。

　例えば、相続の開始があったことを知った日が令和6年4月20日とすると、申告期限は令和7年2月20日となる。

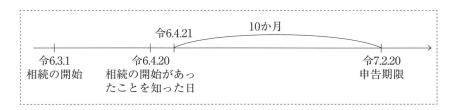

　なお、相続税の申告書の提出を要する者が申告書の提出期限前に、申告書を提出しないで死亡した場合には、その者の相続人及び包括受遺者は、その相続の開始があったことを知った日の翌日から10か月以内に、死亡した者に代わって相続税の申告書を提出しなければならない（相法27②）。

*　民法958条の2《特別縁故者に対する相続財産の分与》の規定により被相続人の特別縁故者に相続財産法人に係る財産の全部又は一部が与えられたこと、また、特別寄与者が特別寄与料を取得したことにより、新たに申告書の提出要件に該当することとなったときは、当該事由が生じたことを知った日の翌日から10か月以内に相続税の申告書を提出しなければならない（相法29①）。

ハ　申告書の提出先（納税地）

　相続税の申告書は、相続又は遺贈により財産を取得した者の納税地（住所又は居所（この法律の施行地に住所及び居所を有しないものは納税地として自ら定めた場所））の所轄税務署長に提出することとされている（相法27①、62①②）。

　しかし、被相続人の相続財産は、被相続人の住所地を中心に存在していることなどから、被相続人の死亡時の住所地が我が国にある場合には、被相続人の住所地が納税地とされているので、上記にかかわらず相続税の申告書は、被相続人の住所地を所轄する税務署長に提出することとなる（相法附則3）。したがって、ほとんどの場合、相続税の申告書は、被相続人の住所地を所轄する税務署長に提出される。

裁判例の紹介㊸

相続税法27条《相続税の申告書》にいう「相続の開始があったことを知った日」の意義

(東京地裁昭和47年4月4日判決・税資65号691頁)

1　事案の概要

イ　Sは、昭和39年に同人が亡夫から相続によって得た全財産(主として土地)をX(原告)に贈与する旨の遺言書を作成し死亡したが、同人には法定相続人に該当する者がいないので、Xは、Sの全財産を遺贈により取得した。Xが遺贈を受けたSの財産(以下「本件遺産」という。)は、同人が亡夫から同人の養子G夫妻(以下「Gら」という。)と共同して相続した財産のうち遺産分割協議に基づくSの取得分である。

ロ　税務署長Y(被告)は、Xに対して相続税の申告をしょうようしたところ、Xは、本件遺産について次に述べるような争いがあり、その実質的な所有が明らかでないことはもとより、これを処分することもできない状態であるから、それが解決するまで申告を猶予してもらいたいと述べ、申告のしょうように応じなかった。

すなわち、本件遺産はSの亡夫からの相続財産のうちSの取得分であるが、この相続財産(土地)に関してSとGらとの間に遺産分割協議ができていなかったにもかかわらず、共同相続人であるGらは、Sの印鑑を無断で使用し、既に相続財産(土地)の大部分を自己名義に書き換えし、Sの相続分を侵害しているので、XはSの包括受遺者としてGらを相手取りSの相続分の回復請求の訴えを提起したところ、Gらはこれに対してXを相手取りSの遺言の無効確認

請求の訴えを提起し、現在両事件とも東京地方裁判所において審理中であるから、かかる訴訟が解決するまで申告はできないと主張していたのである。

ハ　これに対して、Yは、遺言書は、昭和39年5月に東京家庭裁判所の検認を受けているから、遺言の内容及び存在が確認でき、また、Sの亡夫が死亡した日以後の昭和31年2月1日においてSとGらとの間に遺産分割協議が調い、Sの相続した財産は土地1,488.31坪であった（Sはこれについて相続税を申告・納付済み。）ところ、そのうち、Sが生前に売却していた一部を除いた残りの土地が本件遺産であるとして、更正処分を行った。この処分を不服としたXが提訴したのが本件である。

2　判決の要旨

「認知の裁判」または「相続人の廃除ないしその取消の裁判」による相続人としての身分関係の取得は、当該裁判の確定によってはじめて生ずるのであるから、右の場合には、当該裁判の確定したことを知った日をもって相続税法上の「相続の開始があったことを知った日」と解するのが相当というべきである。これに対し、包括遺贈においては…遺言者の死亡と同時にその一切の権利義務が受遺者に移転し、たとえ遺言の効力に関して争いがあって訴訟が係属中であっても、相続税法上租税債権の成立を妨げないものであることは…のとおりであるから、前者と同一に論ずることはできない。すなわち、包括遺贈に関しては、右のような係争中の場合をも含めて、自己のために包括遺贈のされていることおよび遺言者の死亡したことの両者を知った日をもって「相続の開始があったことを知った日」と解すべきである。

〔コメント〕

上記のとおり、本判決は、包括遺贈においては遺言者の死亡と同時にその

一切の権利義務が受贈者に移転し、たとえ遺言の効力に関して訴訟が係属中であっても、相続税法上租税債権の成立を妨げないものであるから、係争中の場合を含めて、自己のために包括遺贈のされていること及び遺言者の死亡したことの両者を知った日をもって相続税法27条の「相続の開始があったことを知った日」と解すべきであるとした。

なお、本判決では、財産取得の時期についても争点とされており、重要な論点が争われているので、ここで確認をしておきたい。

本件において、Xは、「本件課税処分は相続税法の納税義務者の解釈を誤ったものであり、Xはいまだ本件課税処分を受ける相手方ではない。すなわち、相続税法上租税債権が成立するためには、課税財産が存在し、該財産が納税義務者に帰属するという関係が必要である。しかるに、本件課税処分の課税財産である本件遺産については、その帰属、範囲に関しXとGらとの間において…係争中であって、その帰属は未確定であり、しかも、Gらがこれを占有支配しているのであるから、Xは法律上はもちろん現実になんら権利および経済的利益を得ていない。したがって、Xは前記訴訟において勝訴してはじめて本件遺産の取得となるものと解すべきであって、それまでは本件遺贈において遺言執行者とされたX訴訟代理人Aがその衝に当る〔ママ〕のであり、Xは取得すべき財産については無能力者というべきものであるから、いまだ『納税義務者』ではない。」と主張した。

これに対して、本判決は、「相続税法上租税債権の成立要件としては、納税義務者において相続等の所定の理由によって課税財産を取得することが必要であり、かつ、それをもって足りるものと解すべきであるから、課税処分時において右の取得が判決等をもって無効と確定されている場合には課税しえないことはいうまでもないけれども、取得の効力について他と争いのないことないし取得の有効であることが判決等をもって確定していることまでをも必要とするものではないというべきであるし、また、納税義務者が有効に課税財産を取得した場合には、右財産を納税義務者が現実に占有ないしは使

用収益しているか否かを問わずに課税しうるものというべきである。したがって、本件において遺産分割協議および遺贈の効力に関して共同相続人間に争いがあって訴訟が係属中であり、あるいはXが本件遺産を占有していないとしても、Xは、…本件遺産の所有権を取得したものである以上、相続税法上課税財産の取得者の地位にあるといわなければならないから、Xが前記訴訟に勝訴してはじめて取得者となるとのことを前提とするX…の主張は、その前提において失当といわざるをえない。」と判示している。

＊　東京高裁平成27年8月6日判決（税資265号順号12708〔確定〕）は、遺留分を有しない相続人の場合において、「相続の開始があったことを知った日」が争点となった事案である。同高裁は、「相続税法27条1にいう『相続の開始があったことを知った日』とは、自己のために相続の開始があったことを知った日をいうものと解され（最高裁平成18年7月14日第二小法廷判決・集民220号855頁参照）、具体的には、被相続人が死亡したことにより相続が開始したこと、及び自己が被相続人の相続人であることの双方を知った日をいうものと解するのが相当である。」と説示した上で、①被相続人Aは平成21年1月25日頃に死亡したこと、②Aの相続人はX（Aの甥）のみであること、③B（Aの従妹）は、AがBに対して全ての財産を無償で与える旨の死因贈与の合意をしたとして、Xに対し、所有権の移転の登記手続をすべきことを求める訴えを東京地方裁判所に提起し、その訴状は、平成22年4月14日に送達されたことの事実が認められるから、Xは、別件訴状が送達された時に、Aが死亡したことにより相続が開始したこと及びXがAの相続人であることをいずれも知ったものと認められると判断している。

裁判例の紹介㊹

相続財産の全容が判明しない場合における相続税の申告方法

（大阪高裁平成5年11月19日判決・行集44巻11＝12号1000頁〔確定〕）

1　事案の概要

本件は、税務署長Y（被告・被控訴人）がX_1及びX_2（いずれも原

告・控訴人）に対してした相続税の無申告加算税の賦課決定処分に対して、X₁らが、相続税の申告書を提出しなかったことについて正当な理由があったと主張して、その取消しを求めた事案である。

2 X₁らの主張

X₁及びX₂は、本件相続によって相続税の納税義務が生じたことを知り、納税申告書の作成及び提出の前提になる相続財産の内容を知るため、可能な限りの努力を払って相続財産の内容について調査を尽くしたが、期限内に相続財産の内容を知ることはできなかった。

① Tは、その夫のNと死別した昭和20年9月以降、その子であるX₁、X₂及び両名の姉であるO（本件相続に係るX₁及びX₂の共同相続人である。）を婚家に残したまま実家に帰った。昭和30年ころ、Tの兄のIが死亡したため、Tは、Iの財産（この財産のうち残存しているものが本件相続の対象になった財産である。）を相続したが、Tから婚家に残されたままのX₁及びX₂は、Tが相続したこれらの財産の内容を知ることはできなかった。

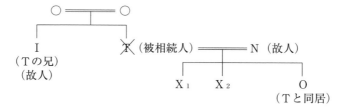

② Oは、昭和33年ころ、夫と離婚してTと同居するようになったが、Tの財産を独占しようと長期間にわたって画策するとともに、X₁及びX₂がOの同席なしにTと会うのを妨害し続けたので、X₁及びX₂は、Tからその財産の範囲を聴取する機会がなかった。

③ Oは、Tの死亡後も、X₁及びX₂に対し、相続財産の内容を一貫して秘匿し、Tの四十九日の法要に際しても、その形見分けをせず、相続財産の内容や遺言等についても知らせなかった。

④ このようなOの対応のため、X_1及びX_2が遺産分割の調停を申し立てたが、Oは、相続税の申告書提出期限が経過するまでの間、相続財産の内容を明らかにすることを拒み続けた。X_1及びX_2の代理人は、昭和61年2月26日、Oに対し、共同で申告書を提出するか、Oが単独で申告するならばOの申告書のコピーを事前にいただきたいという趣旨の申出をしたが、Oは、この申出を全く無視した。

⑤ X_1は、相続財産中の不動産の調査のため、申告期限前に、a市役所に赴いて、Tの相続人の一人であることの資料を示して、同市役所備付けのT名義の不動産についての土地課税台帳及び名寄等の閲覧を求めたが、担当職員は、Oの同意がないことを理由にその閲覧を拒否した。

このように、X_1及びX_2は、本件において、期限内に相続税の申告書を作成して提出するため、可能な限りの努力を払ってその前提となる相続財産の内容の調査を尽くしたにもかかわらず、Oの執拗な相続財産の秘匿及びその他の諸事情により、X_1及びX_2並びにその代理人はもちろん、家庭裁判所調査官の調査によっても相続財産の全貌を知ることができず、相続税申告書の提出期限内には相続財産の内容のほとんど全てがX_1らにとって判明していなかったのであるから、X_1及びX_2が法定期限内に申告書を提出できなかったのはやむを得ない事情があったということができる。

したがって、本件において、X_1及びX_2が納税申告書を提出しなかったことは、国税通則法66条《無申告加算税》1項ただし書に規定する「期限内申告書の提出がなかったことについて正当な理由があると認められる場合」に該当する。

3 判決の要旨

相続税は、相続又は遺贈による財産の取得時に納税義務が成立する国税である（通則法15①②）。そして、相続税の納税義務が成立した場

合、納税者は、相続税法により、納付すべき税額を申告すべきものと定められている（申告納税方式：通則法16②一）。そして、申告納税方式による国税の納税者は、国税に関する法律の定めるところにより、納税申告書を法定申告期限までに税務署長に提出しなければならず（通則法17①）、相続税法27条《相続税の申告書》1項は、相続又は遺贈により財産を取得した者は、その被相続人からこれらの事由により財産を取得したすべての者に係る相続税の課税価格の合計額がその遺産に係る基礎控除額を超える場合で、その者の相続税の課税価格に係る相続税額（同法15条ないし19条、19条の3ないし21条）があるときは、相続の開始があったことを知った日の翌日から6か月〔筆者注：現行法は10か月〕以内に申告書を納税地の所轄税務署長に提出しなければならないと規定し、その際、右申告書には、課税価格、相続税額その他政令で定める事項を記載しなければならないと定めている。

してみると、法定申告期限までに適正な相続税を自主申告するためには、納税者としては、相続財産の全容を正確に認識していることが必要であり、それゆえ、須らく相続財産を調査し、その全容を把握するよう努力すべきであるというのが右法条の趣旨と解される。

しかしながら、常時法定申告期限内に相続財産の全容を把握することができるとは限らないので、法は、申告後において、相続税額に不足を生じたり、過大となったときには、修正申告又は更正の請求をすることができるものとしているのであって（通則法19、23、相法31、32）、相続財産の全容が判明しない場合、その理由の如何によって申告書の提出義務を免除し、又は猶予する旨を定めた規定は存しない。

以上の規定を通覧すると、納税者が相続財産の全容を把握するため、種々の調査をし、情報入手の努力をした結果、相続財産の一部のみが判明し、その部分だけで遺産に係る基礎控除額を超える場合には、判明した相続財産につき、とりあえず自主的に申告しなければならず、

これにより相続税の納税義務を確定させるべきであり、残余の相続財産が後日判明したときは修正申告によることとし、したがって、平均的な通常の納税者を基準としても、相続財産の全容が把握できないからといって、それを理由に、法定申告期限までに相続税の申告をしないことは許されないというのが税確保の観点からみて、立法の趣旨であるといわなければならない。それゆえ、相続財産の全容が判明しなければ相続税の申告ができないというX_1らの主張は、当裁判所の採用しないところである。

　国税通則法は、66条1項ただし書において、期限内申告書の提出がなかったことについて正当な理由があると認められる場合には、無申告加算税を課さないこととしているところ、期限内申告書を提出しなかったことにつき、無申告としての行政制裁を課されないのは、平均的な通常の納税者を基準として、当該状況下において、納税者が相続税を申告することが期待できず、法定申告期限内に右の申告をしなかったことが真にやむを得ない事情のある場合に限られるものと解するのが相当であり、認定のとおり、本件のように、相続財産の一部とはいえ、これを把握し、納税者として相続税の申告をしなければならないと認識すべきであった場合には、そもそも、国税通則法66条1項ただし書の「正当な理由があると認められる場合」に当たらないのである。

〔コメント〕

　相続人の間が不和であったり疎遠であったりすると、共同相続人であっても、被相続人の相続財産を正確に把握できないという問題が起こり得る。相続税の申告書は、各相続人が共同で提出することができるが（相法27⑤）、相続人の間で仲違いをしている場合には、申告書を共同で提出することを期待できない。また、各相続人は、他の相続人が提出をした申告書を閲覧する

こうも許されていない。

　本件では、共同相続人間に相続財産の範囲、遺贈の効力等につき争いがあるため、相続財産の全容を把握することができない場合に相続税の申告義務が成立するかが争点とされたが、ここでは、かような状況にあったとしても、国税通則法19条《修正申告》、23条《更正の請求》、相続税法31条《修正申告の特則》、32条《更正の請求の特則》が後日の修正申告又は更正の請求を許容していることに照らすと、判明した相続財産の範囲内で相続税の申告をすることが予定されており、判明した相続財産の価額が遺産に係る基礎控除額を超えることを相続人が認識し得るときは、その申告義務を免れないとされている。

　また、無申告加算税（通則法66①）の課税要件が備わった場合、期限内申告書の提出がなかったことについての「正当な理由」があると認められるか否かについても争点となっているが、部分的にでも無申告加算税の課税要件が備わっていれば、納税者が認識できなかった相続財産に係る相続税額を無申告加算税額算出の基準額から除外する規定はないから、税務署長にはこの点に関する裁量はないと判断されている。

　　＊　平成12年7月3日付け国税庁長官通達〔課資2－264〕「相続税、贈与税の過少申告加算税及び無申告加算税の取扱いについて（事務運営指針）」（最新改正：令和5年6月23日）は、国税通則法66条ただし書にいう「期限内申告書の提出がなかったことについて正当な理由があると認められる事実」について、「通則法第66条の規定を適用する場合において、災害、交通・通信の途絶その他期限内に申告書を提出しなかったことについて真にやむを得ない事由があると認められるときは、期限内申告書の提出がなかったことについて正当な理由があるものとして取り扱う。」とした上で、注書きにおいて、「相続人間に争いがある等の理由により、相続財産の全容を知り得なかったこと又は遺産分割協議が行えなかったことは、正当な理由に当たらない。」と通達している。

(2) 申告書の記載事項及び添付書類

　相続税の申告書には、課税価格、相続税の総額の計算に係る事項、納税義

務者の住所、氏名など相続税法施行規則13条《相続税の申告書の記載事項》に規定する事項を記載するとともに（相法27①）、被相続人の死亡の時における財産及び債務、被相続人から相続人又は受遺者が相続又は遺贈により取得した財産又は承継した債務の各人ごとの明細並びにその遺産を各相続人がどのように分割したかなど、同規則16条に規定する事項を記載した明細書を添付しなければならない（相法27④）。

① 次に掲げるいずれかの書類（当該書類を複写機により複写したものを含む。）

(i) 相続の開始の日から10日を経過した日以後に作成された戸籍の謄本で被相続人の全ての相続人を明らかにするもの

(ii) 不動産登記規則247条《法定相続情報一覧図》５項の規定により交付を受けた同条１項に規定する法定相続情報一覧図の写しのうち、被相続人と相続人との関係を系統的に図示したものであって当該被相続人の子が実子又は養子のいずれであるかの別が記載されたもの（被相続人に養子がある場合には、当該写し及び当該養子の戸籍の謄本又は抄本）

② 被相続人に係る相続時精算課税適用者がある場合には、相続の開始の日以後に作成された当該被相続人の戸籍の附票の写し又は当該写しを複写機により複写したもの

③ 相続税法66条の２《特定の一般社団法人等に対する課税》１項の規定の適用がある場合には、相続の開始の日以後に作成された同項の特定一般社団法人等の登記事項証明書

＊ 配偶者の税額軽減の適用については、相続又は遺贈により取得することが確定した相続財産について、相続税の申告書（期限後申告書及び修正申告書を含む。）又は更正請求書を提出して初めて適用されることから、次の証明書等を添付することが必要である（相法19の２③、相規１の６③）。

① 遺言書の写し又は遺産分割協議書の写し（印鑑証明書を添付）

② その他生命保険金や退職金の支払通知書などの財産の取得状況の分かる書類

なお、遺産の分割がなされていない場合など、相続税の申告書に記載すべき課税価格等が確定していないときでも、それを理由に相続税の申告と納付期限を延期することは、分割の有無によって相続税の実質的な負担を左右することとなり、課税の公平の見地から認められないので、そのような場合には、民法に規定する相続分（民法904条の2《寄与分》に規定するものを除く。）又は包括遺贈の割合によって、取得した相続財産の価額及び承継債務の金額を算定し、これによって相続税の申告をすることとされている（相法55）。

(3) 相続税の期限後申告の特則

相続税の申告書の提出期限後に、遺産の分割、相続人の異動、遺留分侵害額の請求、遺言書の発見又は遺贈の放棄により、新たに相続税の申告書を提出しなければならなくなった者は、期限後申告書を提出することができる（相法30）。

* 「期限内申告書」とは、相続税又は贈与税の申告書が法定申告期限までに提出されたものをいい（通則法17）、期限内申告書を提出しなければならない者は、申告書の提出期限後であっても税務署長の決定があるまでは、期限後申告書を提出することができる（通則法18）。

期限後申告書を提出した場合、無申告加算税や延滞税が賦課されるが、相続税法に規定する期限後申告の特則に該当する期限後申告書を提出した場合には、無申告加算税は課されず（平成12年7月3日付け国税庁長官通達〔課資2-264〕「相続税、贈与税の過少申告加算税及び無申告加算税の取扱いについて（事務運営指針）」（最新改正：令和5年6月23日））、延滞税についても特例が設けられている（相法51②）。

(4) 相続税の修正申告の特則

一般の修正申告書は、国税通則法の規定に従って提出することとなるが、相続税法には、次のような修正申告の特則が設けられている。

① 相続税の期限後申告書を提出できる上記(3)に掲げる事由が生じたことにより、既に確定した相続税額が不足した場合には、相続税の修正申告書を提出することができる（相法31①、32一〜六）。

② 民法958条の3《特別縁故者に対する相続財産の分与》により特別縁故者に相続財産の全部又は一部が与えられたため、既に確定した相続税額に不足を生じた場合には当該事由が生じたことを知った日の翌日から10か月以内に相続税の修正申告書を提出しなければならない（義務的修正申告：相法4、31②）。

* 被相続人に係る財産が被相続人の特別縁故者に分与された場合には、その時点で遺贈があったものとみなされて、分与額が相続財産の課税価格に算入される（相法4）（91頁参照）。受遺者が遺贈により取得した財産について相続税の申告書を提出していた場合には、その分与によって相続財産の総額が増加し、相続税額が不足を生ずることになる。修正申告が義務付けられるゆえんである。

(5) **更正の請求の特則**

納付すべき税額を過大に申告した場合の救済手段としての更正の請求は、国税通則法23条《更正の請求》に規定されているが、相続税法には、相続税や贈与税の固有の事由によって納付すべき税額が過大となった場合について更正の請求の特則が設けられている（相法32）。

* 一般的な更正の請求は、申告書に記載した課税標準等や税額等の計算が国税に関する法律の規定に従っていなかったことや計算に誤りがあったことにより、納付すべき税額が過大等であるときに、法定申告期限から5年以内にすることができる（通則法23①）。また、更正の請求ができる期間は、通常の場合は、国税の法定申告期限から5年以内であるが、その後においても、判決や和解により申告に係る税額等の計算の基礎となった事実に変動を生じたこと、申告等の際その者に帰属するものとされていた所得その他の課税物件について、その後他の者に帰属するものとする当該他の者に対する更正・決定があったこと、その他特定の事由が生じたことにより、申告に係る税額等が過大となり、あるいは純損失等の金額が過少となった場合においては、例

外的に当該事由が生じた日の翌日から2か月以内に限り、更正の請求をすることが認められている（後発的事由による更正の請求：通則法23②）。

　ここにいう「判決」や「和解」には、馴れ合いでなされたものは含まれないとされている。例えば、最高裁平成15年4月25日第二小法廷判決（集民209号689頁〔確定〕）は、「通謀虚偽表示により遺産分割協議が成立した外形を作出し、これに基づいて相続税の申告を行った後、遺産分割協議の無効を確認する判決が確定したという事実関係の下においては、当該判決の確定が国税通則法23条2項1号に該当することを理由として更正の請求をすることはできない。」とする。

この更正の請求は、次の事由が生じたことを知った日の翌日から4か月以内に限りできる（相法32、相令8）。

① 相続税の申告期限までに遺産分割が行われなかったため、民法の規定による相続分又は包括遺贈の割合に従って取得したものとして課税価格を計算して申告していた場合において、その後、遺産分割が行われた結果、申告した課税価格と異なることとなったこと。

② 民法の規定による認知、相続人の廃除又はその取消しに関する裁判の確定、相続の回復、相続の放棄の取消しその他の事由によって相続人に異動を生じたこと。

③ 遺留分侵害額の請求に基づき支払うべき金銭の額が確定したこと。

④ 遺贈に係る遺言書が発見され又は遺贈の放棄があったこと。

⑤ 物納の条件付許可が取り消される事情が生じたこと。

⑥ 相続若しくは遺贈又は贈与により取得した財産についての権利の帰属に関する訴えについての判決があったこと。

⑦ 分割後の被認知者の請求があったことにより弁済すべき額が確定したこと。

⑧ 条件付きの遺贈又は期限付きの遺贈について、条件が成就し、又は期限が到来したこと。

⑨ 特別縁故者として相続財産の分与があったこと。

⑩　相続税の申告書の提出期限までに遺産分割ができなかった財産が
(ⅰ)　申告期限から3年以内に分割された場合
(ⅱ)　申告期限後3年以内に分割できないやむを得ない所定の事情について税務署長の承認を受けた場合
　　その遺産分割ができることとなった所定の日の翌日から4か月以内にその分割が行われ、その分割された財産を基として、配偶者の税額軽減に関する規定及び小規模宅地等の課税価格の計算特例を適用して計算した相続税額が、既に確定している相続税額と異なることとなったこと。
⑪　所得税法137条の2《国外転出をする場合の譲渡所得等の特例の適用がある場合の納税猶予》に規定する国外転出をした者に係る納税猶予分の所得税額についての納付の義務を承継したその者の相続人が当該納税猶予分の所得税額に相当する所得税を納付することとなったこと。

裁判例の紹介㊺

当初の遺産分割による申告に錯誤があったとして改めて遺産分割をした場合に、そのことを理由に更正の請求をすることができるか否かが争われた事例

(東京地裁平成21年2月27日判決・判タ1355号123頁〔確定〕)

1　事案の概要

　　平成14年8月26日に死亡した被相続人甲の共同相続人である妻X_1、長男X_2、次男X_3及び長女X_4（いずれも原告）は、その相続に際し、相続財産である同族会社A社株式につき、配当還元方式が適用されることを前提に遺産分割（第一次遺産分割）の合意をし、同方式に基づ

いてＡ社株式を評価した上で法定申告期限内に相続税の申告をした。その後、前記遺産分割の合意に基づくＡ社株式の配分方法では、Ａ社の発行済株式数につき議決権のない株式を除外して計算すると、X_1の持株割合は５％以上となり、Ａ社株式を類似業種比準方式により評価すべきことが判明した。そこで、X_1らは、遺産分割の再協議を行い、同年10月28日、X_1の取得するＡ社株式数を減少させ、その減少分をX_2とX_3が取得する旨の遺産分割（第二次遺産分割）の合意をした。このＡ社株式の配分では、X_1の持株割合が５％未満となり、Ａ社株式の評価を配当還元方式によることができる。

　X_1らは、第二次遺産分割を前提として、X_1は法定申告期限から１年以内に更正の請求をし、X_2及びX_3は修正申告をしたところ、所轄税務署長は、Ａ社株式の評価について、当初の第一次遺産分割合意の内容に従い類似業種比準方式によるべきであるとして更正処分及び過少申告加算税の賦課決定処分並びに更正をすべき理由がない旨の通知処分をした。本件は、Ｘらがかかる処分を不服として、国Ｙに対し訴訟を提起した事案である。

2　判決の要旨

　イ　本件における遺産分割の私法上の効力については、第一次遺産分割のうち、Ａ社株式の配分に係る部分のみが一部無効となるものと解するのが相当である。

　ロ　納税義務の発生の原因となる遺産分割の効果を前提として相続税の申告がされた後、申告期限後に、当該遺産分割の要素の錯誤による無効を主張して相続税額の減額更正をするには、更正の請求の事由のいずれかに該当することを要するところ、課税負担の錯誤に関しては、それが要素の錯誤に該当する場合であっても、我が国の租税法制が申告納税制度を採用し、申告義務の懈怠等に対し加算税等の制裁を課していること、相続税の法定申告期限は相続の開始を知

った日から原則として10月以内とされており、申告者は、その間に取得財産の価値の軽重と課税負担の軽重等を相応に検討し忖度した上で相続税の申告を行い得ること等にかんがみると、法定申告期限後も、更なる課税負担の軽減のみを目的とする課税負担の錯誤の主張を無制限に認め、当該遺産分割が無効であるとして納税義務を免れさせたのでは、租税法律関係が不安定となり、納税者間の公平を害し、申告納税制度の趣旨・構造に背馳することになる。したがって、申告者は、法定申告期限後において、課税庁に対し、課税負担又はその前提事項の錯誤を理由として当該遺産分割が無効であることを主張することはできない。例外的にその主張が許されるには、①申告者が、更正請求期間内に、かつ、課税庁の指摘等を受ける前に、自ら誤信に気付いて、更正の請求をし、②更正請求期間内に、新たな遺産分割の合意による分割内容の変更をして、当初の遺産分割の経済的成果を完全に消失させており、かつ、③その分割内容の変更がやむを得ない事情により誤信の内容を是正する一回的なものであると認められる場合のように、更正請求期間内にされた更正の請求においてその主張を認めても弊害を生ずるおそれがなく、申告納税制度の趣旨・構造及び租税法上の信義則に反するとはいえないと認めるべき特段の事情がある場合に限られるものと解するのが相当である。

〔コメント〕

　課税負担の錯誤を理由として更正の請求ができるか否かについては、これを否定する判決が少なくない（高松高裁平成18年2月23日判決（121頁参照）など）。本判決においても、原則として、法定申告期限後は課税負担の錯誤無効を理由とする更正の請求はできないとするが、例外的に、申告納税制度の趣旨・構造及び租税法上の信義則に反するとはいえないと認めるべき特段の

事情がある場合には、更正の請求が認められるとする。その上で、この場合の「特段の事情」について、①更正請求期間内に自ら誤信に気づいて更正の請求をし、②更正請求期間内に当初の遺産分割の経済的成果を完全に消失させており、③その分割内容の変更がやむを得ない事情により誤信の内容を是正する一回的なものであると認められる場合を例示している。本判決は上記①ないし③のいずれにも該当するとして、「特段の事情」を認めたものである。

なお、取引相場のない株式について、配当還元方式が適用できるかどうかは575頁を参照されたい。

裁判例の紹介㊻

遺産分割成立後の更正の請求は、遺産分割成立前の申告に係る課税処分取消判決で認定された課税価格に基づいて相続税額が過大になるかを判定すべきであるとされた事例

（東京地裁平成30年1月24日判決・民集75巻7号3283頁）
（東京高裁令和元年12月4日判決・民集75巻7号3313頁）
（最高裁令和3年6月24日第一小法廷判決・民集75巻7号3214頁〔確定〕）

1 事案の概要

X（原告・被控訴人・被上告人）は、その母が死亡したことにより開始した相続（以下「本件相続」という。）について相続税の申告を行うに当たり、他の相続人（6名）との間で遺産が未分割であるとし、相続税法55条《未分割遺産に対する課税》に基づき相続税の申告（以下「本件申告」という。）をしたところ、税務署長から、遺産のうち本件

各株式の一部の価額が過少であるとして更正処分を受けた。そこで、Xが、更正処分の取消しを求めて訴えを提起したところ（以下「前件訴訟」という。）、裁判所は、本件各株式の一部の価額が過大であるのみならず、本件申告における本件各株式の一部の価額も過大であるとした上で、更正処分のうち本件申告の額を超える部分を取り消す旨の判決を言い渡した（確定）。

その後、Xは、遺産分割が成立したとして、税務署長に対し旧相続税法32条《更正の請求の特則》1号〔現相続税法32条1項1号〕に基づき本件各株式の価額が前件訴訟で認定された額と同額であることを前提に更正の請求をした。これに対し、税務署長は、本件各株式の価額は本件申告における額と同額とすべきであるとし、これを前提とすると、Xの本件申告に係る相続税額が過少となることから、本件更正の請求について更正をすべき理由がない旨の通知処分をするとともに、X以外の相続人（6名）から別途されていた同号に基づく更正の請求に対し減額更正処分をした上で、Xに対し、同法35条《更正及び決定の特則》3項に基づき、相続税の増額更正処分をした。

本件は、Xが、かかる更正処分等における各株式の価額を不服として、国Y（被告・控訴人・上告人）を相手取り、本件更正処分等の一部の取消しを求めた事案である。

2　判決の要旨
(1)　第一審判決
　イ　相続税法は、国家の財源である税収を迅速・確実に確保する観点から、遺産分割が未了であっても、相続人は民法の規定による相続分の割合に従って財産を取得したものとしてその課税価格を計算して申告すべきこととした上で、後に遺産分割が行われ、財産の取得状況が変化し、申告又は従前の更正処分に係る課税価格及び相続税額が過大となった場合には、国税通則法23条《更正の請求》1項の

特則として、後発的事由に基づく更正の請求を認めたものと解される。したがって、相続税法32条1号に基づく更正の請求においては、原則として、遺産分割によって財産の取得状況が変化したこと以外の事由、すなわち、申告又は従前の更正処分における個々の財産の価額の評価に誤りがあったこと等を主張することはできないものと解される。また、相続税法35条3項は、相続税について、一部の相続人からの同法32条1号の更正の請求に基づき減額更正処分がされた場合において、その余の相続人について、当該減額更正処分の「基因となった事実を基礎として計算」した課税価格及び相続税額が申告又は従前の更正処分における金額と異なることとなったときには、当該相続人に対して更正処分をする旨を定めており、その規定振りからすれば、同項に基づく更正処分における課税価格の算定の基礎となる個々の財産の価額もまた上記と同様に解するべきである。

ロ　もっとも、本件のように、相続税の申告の後に個々の財産の価額を変更する更正処分がされた上、当該更正処分の取消しの訴えが当該申告をした相続人によって提起され、個々の財産の評価方法ないし価額が争点となり、判決がこの点について認定・判断をし、課税価格及び納付すべき税額につき当該更正処分における金額と異なる金額を認定して、当該更正処分の一部を取り消すこととなった場合には、後の相続税法32条1号に基づく更正の請求又は同法35条3項に基づく更正処分の際の計算において、従前の更正処分における個々の財産の価額のうち判決によって変更を受けたものをそのまま計算の基礎にすべきではないのはもちろんであるが、かといって、当該価額を申告における価額と置き換えることも、当該価額が従前の更正処分によって変更を受けている以上、判決がその変更前の価額を相当とする旨を判示しているのでない限り、相当ではなく、根拠を欠くというべきである。

上記のような場合には、争点となった個々の財産の評価方法ないし価額に係る認定・判断並びにこれらを基礎として算定される課税価格及び相続税額に係る認定・判断に、判決主文が導き出されるのに必要な事実認定及び法律判断として、行政事件訴訟法33条1項所定の拘束力が生じているということができる上、後の相続税法32条1号に基づく更正の請求又は同法35条3項に基づく更正処分に係る事件についても、同一の被相続人から相続により取得した財産に係る相続税の課税価格及び相続税額に関する事件であることに変わりがない以上、行政事件訴訟法33条1項にいう「その事件」として、上記の拘束力が及ぶものと解するのが相当であって、従前の更正処分について、争点となり、その評価方法ないし価額が判決によって変更されるに至った個々の財産については、課税庁において、同判決における評価方法ないし価額を基礎として課税価格を算定しなければならないものというべきである。

(2) 控訴審判決

イ　本件のような申告後に更正処分の取消訴訟において遺産の評価が改められたという事情は、本来、申告時に内在していた事情であって、相続税固有の後発的事情とはいえず、相続税法32条各号にこれに当たるような事由は規定されていない。したがって、本件各株式の評価方法及び価額に係る前件判決の判断を理由に、同条1号に基づいて更正請求をすることはできないと解するのが相当である。また、本件更正処分の根拠である同法35条3項も相続税特有の後発的事由（遺産分割）を理由に増額更正することを認めたものと解されるから、同項による増額更正処分が違法であると主張してその取消しを求める場合も、同法32条1号に基づく更正請求についてと同様、相続に固有の後発的事由を原因としない事情を違法の理由として主張することはできないと解される。

ロ　行政処分を取り消す判決は、「その事件」について、当事者たる行政庁その他の関係行政庁を拘束するとされる（行政事件訴訟法33①）。同項による拘束力は、取消判決の実効性を確保するために付与されたもので、行政庁に、処分又は裁決を違法とした判決の判断内容を尊重し、「その事件」について判決の趣旨に従って行動し、これと矛盾する処分等がある場合には、適切な措置をとるべきことを義務付ける効力であるから、訴訟における訴訟物に係る裁判所の判断について生じる既判力と異なり、主文が導き出されるのに必要な事実認定及び法律判断（理由中の判断）について生じるものと解される〔最高裁平成4年4月28日第三小法廷判決・民集46巻4号245頁参照〕。このような拘束力の具体的内容に鑑みれば、同項にいう「その事件」とは、取消判決に係る行政処分の対象である法律関係と解するのが相当である。これを本件についてみると、前件判決（に係る前件更正処分）と本件更正処分等は、いずれも本件被相続人の遺産に係るXが納付すべき相続税の課税という同一の法律関係に係るものであるから、本件更正処分等は、前件判決との関係で「その事件」に該当すると認めるのが相当である。したがって、前件判決の判断のうち、争点となった個々の財産の評価方法ないし価額に係る判断並びにこれらを基礎として算定される課税価格及び相続税額に係る判断に拘束力が生じ、課税庁において、前件判決における評価方法ないし価額を基礎として課税価格を算定しなければならないものというべきである。

(3)　上告審判決

　　「相続税法32条1号及び35条3項1号は、同法55条に基づく申告の後に遺産分割が行われて各相続人の取得財産が変動したという相続税特有の後発的事由が生じた場合において、更正の請求及び更正について規定する国税通則法23条1項及び24条の特則として、同法所定の期

間制限にかかわらず、遺産分割後の一定の期間内に限り、上記後発的事由により上記申告に係る相続税額等が過大となったとして更正の請求をすること及び当該請求に基づき更正がされた場合には他の相続人の相続税額等に生じた上記後発的事由による変動の限度で更正をすることができることとしたものである。その趣旨は、相続税法55条に基づく申告等により法定相続分等に従って計算され一旦確定していた相続税額について、実際に行われた遺産分割の結果に従って再調整するための特別の手続を設け、もって相続人間の税負担の公平を図ることにあると解される。

以上によれば、相続税法32条1号の規定による更正の請求においては、上記後発的事由以外の事由を主張することはできないのであるから、上記のとおり一旦確定していた相続税額の算定基礎となった個々の財産の価額に係る評価の誤りを当該請求の理由とすることはできず、課税庁も、国税通則法所定の更正の除斥期間が経過した後は、当該請求に対する処分において上記の評価の誤りを是正することはできないものと解するのが相当である。また、課税庁は、相続税法35条3項1号の規定による更正においても、同様に、上記の評価の誤りを是正することはできず、上記の一旦確定していた相続税額の算定基礎となった価額を用いることになるものと解するのが相当である。」

「相続税法55条に基づく申告の後にされた増額更正処分の取消訴訟において、個々の財産につき上記申告とは異なる価額を認定した上で、その結果算出される税額が上記申告に係る税額を下回るとの理由により当該処分のうち上記申告に係る税額を超える部分を取り消す旨の判決が確定した場合には、当該判決により増額更正処分の一部取消しがされた後の税額が上記申告における個々の財産の価額を基礎として算定されたものである以上、課税庁は、……国税通則法所定の更正の除斥期間が経過した後においては、当該判決に示された価額や評価方法

を用いて相続税法32条1号の規定による更正の請求に対する処分及び同法35条3項1号の規定による更正をする法令上の権限を有していないものといわざるを得ない。

　そうすると、上記の場合においては、当該判決の個々の財産の価額や評価方法に関する判断部分について拘束力が生ずるか否かを論ずるまでもなく、課税庁は、国税通則法所定の更正の除斥期間が経過した後に相続税法32条1号の規定による更正の請求に対する処分及び同法35条3項1号の規定による更正をするに際し、当該判決の拘束力によって当該判決に示された個々の財産の価額や評価方法を用いて税額等を計算すべき義務を負うことはないものというべきである。」

「本件更正処分がされた時点で国税通則法……所定の更正の除斥期間が経過していた本件においては、税務署長は、本件更正処分をするに際し、前件判決に示された本件各株式の価額や評価方法を用いて税額等の計算をすべきものとはいえず、本件申告における本件各株式の価額を基礎として課税価格及び相続税額を計算することとなるから、本件更正処分は適法である。なお、Xは、相続税の総額の計算においては本件申告における本件各株式の価額を用いるとしても、各相続人の取得割合の計算に当たっては前件判決に示された価額を用いるべきであるとも主張するが、……、相続税法上、各相続人の取得割合の計算は、相続税の総額の計算と同様に課税価格に基づいてするものとされていること等からすれば、上記の主張は理由がない。

　……以上と異なる原審の判断には、判決に影響を及ぼすことが明らかな法令の違反があり、論旨はこれと同旨をいうものとして理由がある。」

〔コメント〕

　本件における「前件訴訟」に係る判決とは、東京高裁平成25年2月28日判

決（557頁参照）のことであり、Xも同一人である。Xは、相続税の申告において、本件各株式の一部（A社株）が「株式保有特定株式」に該当するとして、S1＋S2方式により評価していたところ、当該株式（A社株）がA社・B社間の持合い株に該当し、その評価が誤っているとして更正処分等がなされた。Xは、課税処分取消訴訟を提起したところ、同高裁は、A社株が「株式保有特定株式」に該当せず、類似業種比準価額方式により評価すべきであると判断した（申告額を上回る部分の課税処分が違法）。同判決後、Xと他の相続人（6名）は、改めて遺産分割を行い、XがA社株及びB社株の7分の6を取得することとなったため、これらの株式を類似業種比準価額方式により評価して更正の請求をしたのが本件事案である。

本件において、Yは、相続税法32条1号に基づく更正の請求は、当初申告に存在する過誤の是正を求めるものではないから、未分割の遺産を分割した結果、既に確定した課税価格及び相続税額が過大になるか否かの判断に当たって、算定の基礎となる遺産の価額は、申告により確定した価額を基礎とすべきであると主張する（東京地裁平成9年10月23日判決・税資229号125頁、名古屋高裁平成17年7月21日判決・税資255号順号10085参照）。本件の第一審判決及び控訴審判決も同様な見解に立っているが、本件東京高裁は、「前件判決の判断のうち、争点となった個々の財産の評価方法ないし価額に係る判断並びにこれらを基礎として算定される課税価格及び相続税額に係る判断に拘束力が生じ、課税庁において、前件判決における評価方法ないし価額を基礎として課税価格を算定しなければならないものというべきである。」と説示して、本件各処分を取り消している。

相続税法32条1項の更正事由に相続財産の評価の誤りが含まれるかという点について、本件最高裁は、相続税法32条1号及び35号3項1号が国税通則法23条1項及び24条の特則であり、更正によって他の相続人の相続税等に生じた後発的事由による変動の限度で更正をすることができることとしたものとした上で、「一旦確定していた相続税額の算定基礎となった個々の財産の

価額に係る評価の誤りを当該請求の理由とすることはでき〔ない〕」としている。この結論は結局のところ、国税通則法に規定する更正の除斥期間が経過した後には、自己の誤りを是正することはできないとするものである。

この点の説示は明確であるといえよう。他方で、前件判決の拘束力が本件更正の請求等に及ぶかという点、前件判決のうちいかなる判断に拘束力が生じるか否かという点について、本件最高裁は明確な説示を展開していないようにも思われるが、「拘束力によっても、行政庁が法令上の根拠を欠く行動を義務付けられるものではない」としている点からすれば、実質的には前件判決の拘束力は否定されているとみてよいように思われる。

(6) 更正及び決定の特則
イ　相続財産法人から財産分与を受けた者に対する更正
　税務署長は、相続財産法人から財産分与を受けた者がその修正申告書を提出しなかった場合には、その課税価格又は相続税額を更正する（相法35①）。
ロ　申告書の提出期限前における更正又は決定
　税務署長は、次のいずれかに該当する場合には、申告書の提出前においても、その課税価格又は相続税額若しくは贈与税額を更正又は決定することができる（相法35②）。
　① 相続税の申告書の提出義務がある場合において、その提出義務者の被相続人が死亡した日の翌日から10か月を経過したとき
　② 贈与税の申告書の提出義務がある場合において、その提出義務者が死亡した日の翌日から10か月を経過したとき
　③ 相続時精算課税適用者が年の中途で死亡した場合において、その相続時精算課税適用者が死亡した日の翌日から10か月を経過したとき
　④ 贈与税の申告書の提出義務者が申告書を提出しないで死亡した場合において、その申告書の提出期限を経過したとき
　⑤ 相続財産法人から財産分与を受けたため相続税の申告書の提出義務が

ある場合において、その財産分与があった日の翌日から10か月を経過したとき

ハ　更正の請求の特則に基づき減額更正があった場合の更正又は決定

　税務署長は、相続税の更正の請求の特則（315頁参照）に基づき減額更正があった場合において、その請求をした者の被相続人から相続又は遺贈により財産を取得した他の者（その被相続人から相続時精算課税の適用を受ける財産を贈与により取得した者を含む。以下同じ。）につき、次に掲げる事由があるときは、その事由に基づきその者に係る課税価格又は相続税額を更正又は決定する（相法35③）。ただし、その請求があった日から１年を経過した日と国税通則法の除斥期間の規定（通則法70）により更正又は決定することができないこととなる日とのいずれか遅い日以後においては、その更正又は決定することができない（相法35③ただし書）。

① 相続税の申告書を提出した者又は決定を受けた者の課税価格又は相続税額がその請求に基づく更正の基因となった事実を基礎として計算した場合におけるその者に係る課税価格又は相続税額と異なることとなること

② その者が①に該当する者以外の者である場合には、その者についてその請求に基づく更正の基因となった事実を基礎として課税価格又は相続税額を計算することにより、その者が新たに相続税を納付すべきこととなること

裁判例の紹介㊼

被相続人の死亡後に認知の裁判が確定して相続人に異動が生じた場合に、被認知者に対する相続税の課税がその除斥期間経過後にされたものとして取り消された事例

（東京高裁平成14年11月27日判決・税資252号順号9236〔確定〕）

1　事案の概要

本件は、Aの死後、X（原告・被控訴人）がAの子であることを認知する裁判が確定したことから、Xが、民法910条《相続の開始後に認知された者の価額の支払請求権》に基づき、他の相続人から金銭の支払を受けたところ、税務署長Y（被告・控訴人）が、Aの死亡により開始した相続に係るXの相続税に関し、旧相続税法35条3項に基づいて、Xに対し相続税の決定処分をしたため、Xが、これを不服としてその取消しを求めた事例である。

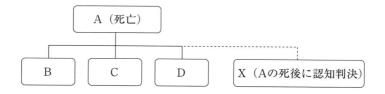

(1)　Aは、昭和63年9月18日に死亡した。

(2)　Aの子であるB、C及びDは、平成元年2月28日、Aの相続財産につき遺産分割を行い、分割した各遺産を取得した。そして、Bらは、Yに対し、本件相続に係る相続税について、その旨の申告をした。

(3)　Xは、死後認知請求事件において、Aの子であることを認知する旨の判決の言渡しを受け（平成2年1月9日確定）、Bらに対し、民法910条に基づき、遺産分割に代わる価額の支払を求める訴え（本件価額支払請求）を提起したところ、BらがXに対し支払を命じる判決がされた（平成8年12月11日確定）。

(4)　B及びCは、Xに対し、本件価額支払請求判決による元利金の合計金額をそれぞれ支払った。

(5)　Bらは、平成9年3月21日、Yに対し、本件支払により相続税額

が過大となったとして、相続税法（以下「法」という。）32条2号に基づき更正の請求をした。Yは、これに対し、平成9年6月3日付けで本件相続に係るBらの相続税について減額の更正をした。

(6) Yは、平成10年1月27日付けで、Xに対し、法35条3項に基づき、本件相続に係るXの相続税について、課税価格を4,755万4,000円、納付すべき税額を1,810万1,900円とする決定処分をした。

(7) 第一審東京地裁平成13年5月25日判決（税資250号順号8907）は、Xの請求を認容し、本件決定処分を取り消したため、Yが控訴した。

2 判決の要旨

法32条2号は、「民法第787条又は第892条から第894条までの規定による認知、相続人の廃除又はその取消しに関する裁判の確定、同法第884条に規定する相続の回復、同法第919条第2項の規定による相続の放棄の取消しその他の事由により相続人に異動を生じたこと」と規定して、相続人に異動を生じる後発的事由を列挙しているが、これは、相続税の申告又は決定の時に、相続人とされていた者がこれらの事由により相続人でなかったこととなり、又は相続人とされていなかった者が後に相続人とされるなど、申告又は決定の時以後に相続人に異動を生じた場合には、各相続人の取得する相続財産に異動が生じ、また、基礎控除額（相法15）が異なることとなり、先の申告又は決定により確定した相続税額に異動が生じることとなるため、申告又は決定に係る相続税額が過大となり、これを減少すべきこととなる者について更正の請求をすることを認めたものである。

法32条には、被認知者による民法910条の価額支払請求権の行使あるいは被認知者以外の共同相続人による価額金の支払を更正請求の事由とするとの別段の規定がないこと、同条2号は、上記のとおり、更正請求の事由として相続人に異動が生じる場合を列挙しているところ、上記価額支払請求権の行使自体は相続人に異動を生じさせる事由では

ないこと、認知に関する裁判が確定したとしても、被認知者において当然に上記価額支払請求権を行使するとはいえず、仮にこれを行使したとしても、被認知者に民法903条所定の特別受益が存在すること等の理由から、他の共同相続人の申告又は決定に係る課税価格及び相続税額が必ずしも過大となるとは限らないこと等に照らすと、法32条2号所定の「民法第787条の規定による認知に関する裁判の確定」という事由の中に、被認知者による民法910条の価額支払請求権の行使あるいは被認知者以外の共同相続人による価額金の支払が含まれると解することはできないものというべきである。

　もっとも、このように解すると、法32条所定の期間の経過後に被認知者による上記価額支払請求権の行使がなされ、これに対して他の共同相続人が価額金の支払をした場合には、他の共同相続人の申告又は決定に係る相続税額が過大となったことを是正する方法としては、通則法23条2項1号に基づく更正の請求以外にはないこととなるため、価額金の支払を受けた被認知者に対する法35条3項に基づく課税が実質上不可能となり、その限度でいわゆる課税漏れが生じることになると考えられるが、このような結果を回避するために、法32条2号において、「民法第787条の規定による認知に関する裁判の確定」により他の共同相続人の申告又は決定に係る「課税価格及び相続税額が過大となったときは」更正の請求をすることができると規定している趣旨にかんがみ、被認知者による民法910条の価額支払請求権の行使あるいは被認知者以外の共同相続人による価額金の支払により他の共同相続人の申告又は決定に係る課税価格及び相続税額が過大となった場合も、「認知に関する裁判の確定により相続人に異動を生じたことにより他の共同相続人の申告又は決定に係る課税価格及び相続税額が過大となったとき」に含まれると解することにも、遺産分割後の後発的事由に基づく共同相続人間における相続税負担の不均衡を是正してその公平

を図るとの見地から、合理性があることは否定できない。

　しかしながら、租税法規については、租税法律主義の見地から、納税義務者の不利益となる場合と利益になる場合とを問わず、文理から乖離した拡張解釈をすることには慎重であるべきことが要請されているところであり、上記の合目的解釈の趣旨に合理性があることを肯定し得ないわけではないとしても、法32条2号の「民法第787条の規定による認知に関する裁判の確定」という文言に被認知者による民法910条の価額支払請求権の行使あるいは被認知者以外の共同相続人による価額金の支払が含まれると解することは、文理上の乖離があまりにも大きいというべきであるから、上記の解釈を採用することは困難といわざるを得ない。Yは、被認知者による価額支払請求権の行使あるいは被認知者以外の共同相続人による価額金の支払を法32条の更正請求の事由として肯定し得ない場合には相続税の課税上種々の不合理な結果が生じるとして縷々主張するけれども、それらはいずれも立法問題として解決されるべきものであるというほかない。したがって、Yの前記主張は採用できない。

〔コメント〕

　相続税法では、更正の請求の特則に基づき減額更正があった場合の更正又は決定の特則が設けられており（相法35③）、「民法の規定による認知等によって相続人に異動が生じた」場合には、更正の請求ができることとされている（相法32①二）。本件事例は、被認知者（X）に対して遺産分割に代わる価額の支払を行った共同相続人（Bら）から更正の請求がなされ、これを受けて、YがBらに対して減額更正を行う一方、Xに対しては相続税法35条《更正及び決定の特則》3項（329頁ハ参照）による決定処分を行ったものである。Yは、「民法第787条の規定による認知に関する裁判の確定」という文言に被認知者以外の共同相続人による価額金の支払が含まれるから、Bらが更正の

請求を行った日（平成9年3月21日）から1年以内にされた本件決定処分は適法であると主張した。これに対して、Xは、認知により相続人に異動が生じたときには、それ自体独立した課税要件を構成するものと位置付けられているから、その段階において更正の請求をしなければならないはずであり（平成2年1月9日の認知の確定から4か月以内に更正の請求をすべき）、本件決定処分は期限徒過である旨の主張をしたのである。本判決は、Yのような解釈について合理性があることは否定できないとしつつも、文理上の乖離があまりにも大きいとして処分を取り消している。

なお、本判決後の平成15年度税制改正において、相続税法施行令が改正され、更正の請求の特則事由の一つに、「民法第910条《分割後の被認知者の請求》の規定による請求があったことにより弁済すべきことが確定したこと」が加えられている（相令8二）。

* 平成15年度税制改正以降は、死後認知があった場合の更正の請求は、認知の裁判が確定したことを知った日の翌日から4か月以内に更正の請求を行い、その後、当該弁済すべき額が確定したことを知った日の翌日から4か月以内に更正の請求を行うこととなるのであるが、認知の裁判が確定したことを知った日の翌日から4か月以内に更正の請求が行われず、弁済すべき額が確定したことを知った日の翌日から4か月以内に更正の請求があった場合には、更正の請求の期限内に請求があったものとして取り扱われる（相基通32-3）。

裁判例の紹介㊽

相続人が無能力者である場合の相続税の申告期限と更正決定との関係

（最高裁平成18年7月14日第二小法廷判決・集民220号855頁）

1 事案の概要

Aは昭和62年9月8日に死亡し、その妻B（意思無能力者）、長男C及び次男Dらの合計12名が相続人である。Aの相続人らは、Aの遺産

につき分割協議をしたが成立に至らず、Cは、昭和63年3月8日、自らの相続税の申告をするとともに、Bに代わってBに係る相続税の申告をし、B名義の借入金でその相続税を納付した。その後、Bは昭和63年9月28日に死亡し、Cも平成5年7月1日に死亡した。Cの相続人は、Dらに対して事務管理に基づく費用償還請求をした。

2　判決の要旨

相続税法35条2項1号は、同法27条1項又は2項に規定する事由に該当する場合において、当該相続の被相続人が死亡した日の翌日から6か月（現行法は10か月。以下同じ。）を経過したときは、税務署長はその申告書の提出期限前でも相続税額の決定をすることができる旨を定めている。これは、相続税の申告書の提出期限が相続人等の認識に基づいて定まり、税務署長がこれを知ることが容易でないにもかかわらず、上記提出期限の翌日から更正、決定の期間制限（通則法70）や徴収権の消滅時効（通則法72①）に係る期間が起算されることを考慮し、税の適正な徴収という観点から国税通則法25条の特則として設けられたものである。このことに照らせば、相続税法35条2項1号は、申告書の提出期限とかかわりなく、被相続人が死亡した日の翌日から6か月を経過すれば、税務署長は相続税額を決定することができる旨を定めたものと解すべきであり、同号は、意思無能力者に対しても適用されるというべきである。

そうすると、本件申告時において、Bに相続税の申告書の提出義務が発生していなかったということはできず、昭和63年3月8日の経過後においてBの相続税の申告書が提出されていなかった場合に、所轄税務署長が相続税法35条2項1号に基づいてBの税額を決定することがなかったということもできない。したがって、本件申告に基づく本件納付がBの利益にかなうものではなかったということはできず、Cの事務管理に基づく費用償還請求を直ちに否定することはできない。

〔コメント〕

　本件では、意思無能力者の代わりに相続税の申告と納税をした行為によって生じた費用につき、事務管理に基づいて償還請求できるかが争点となったものである。原審（名古屋高裁平成17年1月26日判決・判例集未登載）は、後見人が選任されていないBには相続税の申告書について提出義務がなく、また、相続税法35条2項1号は意思無能力者に適用されないから、相続税の申告期限までにBの相続税の申告書が提出されないままであったとしても、税務署長が相続税の決定をすることはないとした上で、Cが行った行為はBの利益にかなうものであったと認めることはできないとした（事務管理の要件に非該当）。

　これに対し、本件最高裁は、意思無能力者であっても、納付すべき相続税額がある以上、申告書の提出義務は発生しているのであって、法定代理人や後見人がいないときには、相続税の申告期限が到来しないというにすぎないのであり、相続税法35条2項1号は、国税通則法25条《決定》の特則であるから、意思無能力者にも適用されるとした上で、Cの行為はBの利益にかなうものであったことを否定することはできないとして、原審に差し戻す旨の判断を行った（事務管理の要件に該当）。

　国税通則法25条は、納税申告書を提出する義務のある者が当該申告書を提出しなかった場合には、税務署長が当該申告書に係る課税標準等を決定すると規定しているところ、相続税法35条2項1号は、申告書の提出期限前においても、税務署長が相続税の課税価格等を決定することができると規定している。したがって、相続人が意思無能力者であって、その相続税の申告期限が到来していない場合であっても、税務署長は相続税の課税価格等を決定できるということになるのである。

　＊　ここで、「事務管理」とは、義務がないのに他人のためにその事務を処理する行為をいい、管理者は、有益費の償還請求権を有する（民702）。

(7) 更正及び決定の特則

　申告納税制度においては、納税義務者が自ら正しい申告をし、その申告税額を期限までに納付することが理想的であるが、法解釈や財産の評価の認定の相違等によって、申告額の過不足や、申告義務があるにもかかわらず申告されないという事態が発生する。そこで、税の公正な負担を実現するため、申告された課税価格若しくは税額に過不足がある場合又は申告義務のある者が申告をしなかった場合には、税務署長は課税価格及び税額を更正又は決定することとされている。国税通則法では、一般的な場合の更正又は決定について規定しており（通則法24、25）、相続税法では、相続税の修正申告書を提出しなければならない者（314頁参照）がこれを怠った場合や贈与税の特有の事情に基づく更正及び決定の特則を規定している（相法35）。

　　＊　相続税の更正・決定等の除斥期間は、法定申告期限から5年を経過する日までとされているが、更正をすることができないこととなる日前6か月以内に、一部の相続人から更正の請求があった場合には、かかる相続人の更正の除斥期間については、その更正の請求があった日から6か月を経過する日まで延長される（通則法70③）。

　　　また、更正をすることができないこととなる日前6か月以内に一部の相続人から相続税の更正の請求がされた場合において、かかる更正に伴って他の相続人に係る相続税の課税価格又は相続税額に異動を生ずるときは、当該他の相続人の相続税に係る更正・決定の除斥期間についても、その請求があった日から6か月を経過する日まで延長することとされている（相法36）。これは令和5年度税制改正で創設された取扱いであるが、従来、更正・決定等をすることができないこととなる日の直前に、一部の相続人から更正の請求がされた場合、かかる更正の請求をした相続人については更正の除斥期間が延長されるものの、その者以外の相続人等についての除斥期間は延長されないことから、その他の相続人等については更正・決定等をすることができないという事例が生じていたことに対処するため手当てされたものである。

(8) 特定非常災害の指定を受けた災害の発生に伴う申告期限の延長等の特例

　特定非常災害の指定を受けた災害が発生した場合において、特定非常災害

発生日前に相続若しくは遺贈又は贈与により取得した財産に係る相続税又は贈与税で、当該特定非常災害発生日以後に申告期限の到来するものについて、その課税価格の計算上、被災者生活再建支援法の適用を受ける地域内にある土地等及び一定の株式等があるときは、その価額は、当該特定非常災害の発生直後を基準とした価額とすることができる（措法69の6、69の7。211頁及び300頁参照）。この特例の適用を受ける場合において、特定日（国税通則法11条《災害等による期限の延長》の規定により延長された申告期限と特定非常災害発生日の翌日から10か月を経過する日とのいずれか遅い日をいう。）の前日までに申告期限が到来するものについては、その申告書の提出期限は、特定日まで延長される（措法69の8）。

2　贈与税の申告等

(1)　申告書の提出
イ　申告書の提出を要する人

　暦年単位の課税方式を適用する者は、贈与により取得した財産の課税価格が110万円の基礎控除額を超え税額が算出される場合には、贈与税の申告をしなければならない（相法28①、措法70の2の4①）。

　また、相続時精算課税の適用を受けようとする受贈者は、贈与を受けた財産に係る贈与税の申告期限内に「相続時精算課税選択届出書」を贈与者ごとに作成し、贈与税の申告書に添付して提出しなければならない（相法21の9②）。

　令和5年度の税制改正により、相続時精算課税に係る贈与税の基礎控除が設けられたため、特定贈与者から贈与を受けた財産の価額が基礎控除以下である場合も、贈与税の申告が不要となった（相法28①②）。この場合においては、相続時精算課税選択届出書のみを提出し、その旨を相続時精算課税選択届出書に記載する（相令5①）。令和5年4月1日以後に贈与により取得す

る財産に係る贈与税について適用される（令和5年所法等改正附則19⑥）。

なお、令和5年3月31日以前において、相続時精算課税の適用を受けた以後の年分は、贈与税の基礎控除の適用がないので、贈与がなされた場合には、金額の多寡にかかわらず贈与税の申告が必要となる。

ロ　申告書の提出期間

贈与税の申告書の提出期間は、贈与により財産を取得した年の翌年2月1日から3月15日である（相法28①）。

贈与税の申告書を提出すべき者が納税管理人の届出をしないで、贈与を受けた年の翌年2月1日から3月15日までに国内に住所及び居所を有しないこととなるときは、その住所及び居所を有しないこととなる日までに贈与税の申告書を提出しなければならない（相法28①）。

*　財産の贈与を受けた者が年の途中で死亡した場合には、その相続人又は包括受遺者が相続開始があったことを知った日の翌日から10か月以内に贈与税の申告書を提出しなければならない（相法28②一）。

ハ　申告書の提出先（納税地）

贈与税の申告書は、贈与により財産を取得した者の納税地（住所又は居所（この法律の施行地に住所及び居所を有しないものは納税地として自ら定めた場所））の所轄税務署長に提出しなければならない（相法28①、62①②）。

(2)　申告書の記載事項及び添付書類

贈与税の申告書には、課税価格、贈与税額など相続税法施行規則17条1項に規定する事項を記載しなければならない（相法28①）。

また、贈与税の配偶者控除は、贈与税の申告書（期限後申告書及び修正申告書を含む。）又は更正請求書に、同控除を受ける金額その他その控除に関する事項及びその控除を受けようとする年の前年以前の各年分の贈与税につき同項の規定の適用を受けていない旨を記載した書類その他の次の書類の添付がある場合に限り認められる（相法21の6③、相規9）。

① 戸籍の謄本又は抄本及び戸籍の附票の写し(贈与を受けた日から10日を経過した日以後に作成されたものに限る。)
② 受贈者が取得した居住用不動産に関する登記事項証明書その他の書類で当該贈与を受けた者が当該居住用不動産を取得したことを証するもの

(3) 贈与税の期限後申告及び修正申告の特則

　贈与税の申告書の提出期限後において、相続税法32条1項1号から6号まで(更正の請求の特則)に規定する事由が生じたことにより相続又は遺贈による財産の取得をしないこととなったため、新たに贈与税の申告書を提出すべき要件に該当することとなった者は、期限後申告書を提出することができる(相法30②)。

　また、贈与税の期限内申告書又は期限後申告書を提出した者(決定を受けた者を含む。)は、相続税法32条1項1号から6号まで(更正の請求の特則)に規定する事由が生じたことにより相続又は遺贈による財産の取得をしないこととなったため、既に確定した贈与税額に不足が生じた場合には、修正申告書を提出することができる(相法31④)。

(4) 贈与税の更正の請求の特則

　贈与税の申告をし又は決定を受けた者は、贈与税の課税価格の計算の基礎に算入した財産のうち、相続開始の年に被相続人から贈与により取得していることが判明したとき、相続税の課税価格に加算されるものがあったことにより納付すべき贈与税額が過大となった場合には、その事由が生じたことを知った日の翌日から4か月以内に更正の請求をすることができる(相法32①十)。

　＊　相続を開始した年に被相続人から贈与により取得した財産の価額は、贈与税の課税価格に算入されないから(相法21の2④。276頁参照)、例えば、贈与税の申告をした後に、贈与者である被相続人が死亡していることを知った

場合にはこの更正の請求ができる。
* 一般的な更正の請求は、申告書に記載した課税標準等や税額等の計算が国税に関する法律の規定に従っていなかったことや計算に誤りがあったことにより、納付すべき税額が過大等であるときに、法定申告期限から6年以内にすることができる（通則法23①、相法32②）。
* 所得税法137条の3《贈与等により非居住者に資産が移転した場合の譲渡所得等の特例の適用がある場合の納税猶予》7項の適用贈与者等に係る納税猶予分の所得税額に係る納付の義務を承継した当該適用贈与者等の相続人が当該納税猶予分の所得税額に相当する所得税を納付することとなった場合においても、その事由が生じたことを知った日の翌日から4か月以内に更正の請求をすることができる（相法32①九ロ）。

(5) 贈与税の更正・決定等の期間制限の特則

更正又は決定は、法定申告期限から5年（法人税については10年）を経過した日以後はすることができない（通則法70①一、②）。ただし、偽りその他不正の行為によりその全部若しくは一部の税額を免れた場合についての更正は、法定申告期限から7年を経過する日まですることができる（通則法70⑤）。

以上は、国税通則法に定める更正又は決定の期間制限であるが、贈与税については、その特則として、法定申告期限から6年を経過する日まで更正又は決定をすることができるとされている（相法37）。

3 相続税と贈与税の納付

(1) 相続税又は贈与税の納付時期

期限内申告書を提出した者の納付期限は、申告書の提出期限である（通則法35①、相法33）。そして、期限後申告書又は修正申告書を提出した者の納付期限は、それらの申告書を提出した日である（通則法35②一）。また、更正又は決定の通知を受けた者の納付期限は、これらの通知書が発せられた日の翌日から起算して1か月を経過する日である（通則法35②二）。

(2) **連帯納付義務**

　相続税及び贈与税は、相続又は遺贈若しくは贈与により、取得した財産に担税力を見出して課税する資産課税であるため、財産の取得者にとって金銭納付が必ずしも容易ではなく、また、国にとっても、租税債権が確保しづらいために、次のような連帯納付義務が設けられている。

イ　**相続人又は受遺者が2人以上ある場合の連帯納付の責任**

　相続人又は受遺者が2人以上である場合には、これらの者は、その相続又は遺贈により取得した財産に係る相続税について、その相続又は遺贈により受けた利益の額に相当する金額を限度として、相互に連帯納付の責任がある（相法34①）。

　ただし、①申告期限から5年を経過した場合、②延納の許可を受けた場合、③納税猶予の適用を受けた場合には、連帯納付責任を負わない（相法34①ただし書）。

　　＊　相続から長期間経過後に連帯納付義務が追及されることについては、本来の納税義務者ではない連帯納付義務者にとっては不意打ちとなるケースも多く、予測可能性の観点から問題が指摘されていたことから、平成24年度税制改正において、ただし書の部分が追加されたものである。

ロ　**被相続人が納付すべき相続税又は贈与税の連帯納付の責任**

　相続税又は贈与税の申告をすべき者が、これらの申告書を提出する前に死亡した場合で、その者の相続人又は受遺者が2人以上であるときは、これらの者は、被相続人の納付すべき相続税又は贈与税について相続又は遺贈により受けた利益の価額に相当する金額を限度として、相互に連帯納付の責任がある（相法34②）。

ハ　**贈与、遺贈又は寄附行為により財産を取得した者の連帯納付の責任**

　相続税又は贈与税の課税価格計算の基礎となった財産について贈与、遺贈又は寄附行為による移転があった場合には、その贈与、遺贈により財産を取得をした者又は寄附行為により設立された法人は、その贈与、遺贈又は寄附

行為をした者が納付すべき相続税又は贈与税の額のうち相続又は贈与を受けた財産の価額に対応する部分の金額について、その受けた利益の価額に相当する金額を限度として、連帯納付の責任がある（相法34③）。

ニ 財産を贈与した者の連帯納付の責任

財産を贈与した者は、その贈与により財産を取得した者のその年分の贈与税額のうち、贈与した財産の価額に対応する部分の金額について、その財産に相当する金額を限度として、連帯納付の責任がある（相法34④）。

ホ 連帯納付義務者に対して連帯納付義務の履行を求める場合の手続

連帯納付義務者に対して連帯納付義務の履行を求める場合の手続は次のとおりである。

① 本来の納税義務者に対し相続税の督促状を発した場合の通知

税務署長又は税務署長からの徴収の引継ぎを受けた国税局長は、本来の納税義務者に対し相続税の督促をした場合において、その督促に係る督促状を発した日から1か月を経過する日までにその相続税が完納されないときは、連帯納付義務者に対し、次の事項を通知することとされている（相法34⑤、相規18の2）。

(i) その相続税が完納されていない旨

(ii) 連帯納付義務の適用がある旨

(iii) その相続税に係る被相続人の氏名

(iv) その他必要な事項

② 連帯納付義務者から徴収しようとする場合の納付通知

本来の納税義務者から滞納に係る相続税の納付がなく、また、納付も見込まれないときは、税務署長は、相続税の徴収を確保する必要があることから、相続税法34条《連帯納付の義務等》1項の規定に基づき連帯納付義務者から本来の納税義務者が滞納している相続税を徴収することとなる。その場合に必要な手続として税務署長等は、上記①の通知をした場合において、その通知に係る相続税を連帯納付義務者から徴収しよ

うとするときは、その連帯納付義務者に対し、納付すべき金額及び納付場所等を記載した納付通知書を送付しなければならない（相法34⑥）。

③　連帯納付義務者に対する督促

税務署長等は、上記②の納付通知書を発した場合において、当該納付通知書を発した日の翌日から2か月を経過する日までに当該納付通知書に係る相続税が完納されない場合には、当該納付通知書を受けた連帯納付義務者に対し、国税通則法37条《督促》の規定による督促をしなければならない（相法34⑦）。

④　繰上請求に該当する事実があった場合の督促

税務署長等は、上記①から③にかかわらず、連帯納付義務者に国税通則法38条《繰上請求》1項各号に規定する繰上請求に該当する事実があり、かつ、相続税の徴収に支障があると認められる場合には、その連帯納付義務者に対し同法37条の規定による督促をしなければならない（相法34⑧）。

裁判例の紹介㊾

相続税法34条1項の連帯納付義務には補充性がないとされた事例

（名古屋高裁金沢支部平成17年9月21日判決・訟月52巻8号2537頁）

1　事案の概要

平成3年、相続開始により被相続人Bの全財産を相続した共同相続人の一人であるX_1（控訴人・上告人。亡A（原告）の訴訟承継人）は、平成4年1月20日に相続税の申告書を提出し、担保を提供して延納許可申請を行い、その許可を受けた。一方、被相続人Bの配偶者であるAは、X_1に対して遺留分減殺請求を行い、価額弁済として関連法

の株式50万株及び25億円を得たとして、平成4年7月27日、遺留分減殺請求について合意したところに基づく相続税の申告書を提出したが、相続税法19条の2《配偶者に対する相続税額の軽減》により、Ａが納付すべき税額は0円であった。その後、X_1が延納の履行を怠ったことから、税務署長Ｙ（被告・被控訴人・被上告人）は、X_1に対する延納許可を取り消した。また、ＹはＡに対し、X_1の相続税について相続税法34条1項規定の相続税の連帯納付責任があるとして、平成11年3月1日に「相続税の連帯納付義務のお知らせ」と題する書面を送付し、同年3月31日、延納不履行分について連帯納付義務に係る督促状を送付し、同年6月7日、督促未了分の相続税の連帯納付義務に係る督促状を送付した（以下「本件督促処分」という。）。そして、徴収の引継ぎを受けた国税局長がＡの連帯納付義務に係る滞納処分としてＡの定期預金債権及び株券ほかを差し押さえ、同定期預金債権のうち満期日が到来したものについて取立てを行った。本件は、これに対し、Ａが本件督促処分の取消し等を請求した事案であるが、Ａが本件控訴後に死亡したため、その相続人X_1らが本件訴訟を承継した。

2 判決の要旨

イ 国税当局は、延納許可の際に徴した担保を処分して徴収を確保する方法と、連帯納付義務者にその履行を求めて徴収を確保する方法を併存的に有していると解するのが相当である。そして、本来の納税義務者に対する徴収手続と連帯納付義務者に対する徴収手続は本来別個の手続であるし、相続税法、通則法及び徴収法上、税務署長等が担保を維持管理する諸権限の行使を怠ったことを理由に連帯納付義務者の責任の消滅あるいは軽減を認める規定も存在せず、加えて国税の徴収について民法504条を準用する規定もなく、また、通則法及び徴収法が、保証人や第二次納税義務者に補充性を明示的に定めているにもかかわらず、連帯納付義務者にはそのような規定が

置かれていないことに照らすと、相続税法34条の連帯納付義務について補充性はないと解される。したがって、X_1から徴した担保の処分とAに対する連帯納付義務の履行請求という二つの手段を併存的に有している国税当局は、そのいずれから滞納に係る相続税を徴収することも可能であって、X_1から徴した担保の処分に先立ち、Aに対して督促処分を行ったとしても違法ではない。

ロ　相続税法34条1項は、連帯納付義務者の責任を当該相続等により受けた利益の価額に相当する金額に限定したにすぎず、連帯納付義務の範囲を限定したものではないから、国税当局は、各連帯納付義務者に対し、本来の納税義務者が納付すべき相続税全額の納付を請求することができるのであり、X_1の滞納税額が記載されていることをもって本件督促状を無効と解すべき理由はない。

〔コメント〕

　相続税の課税方式は、「遺産取得税方式」を採っているが、共同相続人中に資力のない者がいる場合等にあっては、相続税の徴収において不合理な結果を招きかねないことから、その徴収確保のため、各相続人等は、その受けた利益の価額相当額を限度として互いに連帯納付責任を負うこととされている（相法34①）。最高裁昭和55年7月1日第三小法廷判決（民集34巻4号535頁）は、「連帯納付義務は、同法〔筆者注：相続税法〕が相続税徴収の確保を図るため、相互に各相続人等に課した特別の責任であって、その義務履行の前提条件をなす連帯納付義務の確定は、各相続人等の固有の相続税の納税義務の確定という事実に照応して、法律上当然に生ずるものであるから、連帯納付義務につき格別の確定手続を要するものではないと解するのが相当である。それ故、相続人等の固有の相続税の納税義務が確定すれば、国税の徴収にあたる所轄庁は、連帯納付義務者に対して徴収手続を行うことが許されるものといわなければならない。」と判示している。本来の納税義務者に延納の許

可をし、担保も取得している場合にあっては、連帯納付義務は消滅するのではないかという疑義もあるが、本判決は、「連帯納付の責めに任ずる」との文言（相法34①④）からすると、相続税等の連帯納付義務に補充性はなく、本来の納税義務者又はその連帯納付義務者のいずれから徴収することも可能であると断じている。補充性とは、例えば、第二次納税義務（徴収法32）の規定のように、主たる納税者の納税義務の履行がない場合に初めて履行の責めに任ずることとなることをいう。

なお、本件は上告されたが、上告審最高裁平成18年9月8日第二小法廷決定（判例集未登載〔確定〕）は、上告棄却、上告不受理としてしている。

4 延納

(1) 延納の許可の要件

国税は金銭で一時に納付することが原則であるが、相続税額又は贈与税額が10万円を超え、金銭で納付することが困難である場合には、納税義務者の申請により、原則として5年以内の年賦延納が認められている（相法38①③）。

イ　相続税

相続税の要件は次のとおりである。
① 申告、更正又は決定による納付すべき相続税額が10万円を超えること。
② 金銭納付を困難とする事由があること。
③ 必要な担保を提供すること。
④ 納付を困難とする金額として政令で定める額の範囲内であること。
⑤ 相続税の納期限又は納付すべき日までに延納申請書を提出すること。

ただし、延納税額が100万円以下で、かつ、延納期間が3年以下である場合には、担保を提供しなくても延納の許可を受けることができる（相法38④）。

　　＊　担保に提供できる財産の種類は、①国債及び地方債、②社債その他の有価証券、③土地、④建物、立木、船舶などで保険に付したもの、⑤鉄道財

団・工場財団・鉱業財団など、⑥税務署長が確実と認める保証人の保証、⑦金銭である（通則法50）。

ロ　贈与税

　贈与税の延納は、相続税の延納許可の要件と同じであるが、贈与税については、5年を超える特別の延納は認められず（相法38③）、この点が、相続税の延納の場合と相違する。

(2)　延納の手続

　延納の許可を申請しようとする者は、次に掲げる日までに、延納申請書及び担保の提供に関する書類を納税地の所轄税務署長に提出しなければならない（相法39①）。

① 　期限内申告書を提出した者は、申告書の提出期限
② 　期限後申告書又は修正申告書を提出した者は、その申告書を提出した日
③ 　更正又は決定の通知を受けた者は、この通知書が発せられた日の翌日から起算して1か月を経過する日

(3)　延納の許可又は却下の処分

　相続税の延納の申請があった場合には、その申請について調査し、延納申請期限から3か月以内に許可又は却下する。延納の要件に該当しているときは延納の許可をしなければならない。ただし、税務署長がその申請者の提供しようとする担保が適当でないと認めるときは、その変更を求めることができ、もし、変更の求めに応じなかった場合には、その申請を却下することができる（相法39②）。なお、災害その他やむを得ない事由が生じた場合には、税務署長の審査期間は更に延長されることがある（相法39㉔）。

　贈与税の延納の申請があった場合には、延納の要件に該当しているか否かを調査し、その調査に基づいて、延納申請された税額の全部又は一部につい

て、その申請の条件により若しくはこれを変更した条件によって延納を許可
し、又はその申請を却下する（相法39③）。提供しようとする担保が適当で
ないと認めるときは、相続税の延納の場合と同様である。

(4) 延納税額に対する利子税

　国税通則法64条《利子税》は、租税を延納する場合に納付すべき利子税額
について規定しているが、相続税法等には、利子税の特則規定が設けられて
いる（相法52①、措法70の11）。

　延納の許可を受けた者は、その分納税額を納付するときに、利子税を分納
税額に併せて納付しなければならない。

　なお、災害等による期限の延長の適用がある場合（通則法11）や、やむを
得ない事由が生じた場合の申請者の準備期間の延長（相法39㉒）がある場合
には、延納許可の申請の却下又はみなし取下げがあった際、申請期限等の翌
日から却下又はみなし取下げがあった日までの期間については、利子税の計
算期間から除外することとされている（相法52④）。

(5) 延納期間及び延納利子税

　延納のできる期間と延納に係る利子税の割合については、その者の相続税
額の計算の基礎となった財産の価額の合計額のうちに占める不動産等の価額
の割合によって、おおむね次の表のようになる。

　なお、各年の特例基準割合（＊）が7.3％に満たない場合の利子税の割合は、
次の算式により計算される割合（特例割合）が適用される。

> 利子税割合（年割合）× 特例基準割合（＊）÷ 7.3％
> 　㊟　0.1％未満の端数は切捨て

＊　「特例基準割合」とは、各分納期間の開始の日の属する年の前々年の10月か
　ら前年の9月までの各月における銀行の新規の短期貸出約定平均金利の合計
　を12で除して得た割合として各年の前年の12月15日までに財務大臣が告示す

る割合に、年1％の割合を加算した割合をいう。

相続税の延納期間及び延納に係る利子

区　分		延納期間 （最高）	延納利子税割合 （年割合）	特例割合
不動産等の割合が75％以上の場合	① 動産等に係る延納相続税額	10年	5.4％	0.6％
	② 不動産等に係る延納相続税額（③を除く。）	20年	3.6％	0.4％
	③ 森林計画立木の割合が20％以上の森林計画立木に係る延納相続税額	20年	1.2％	0.1％
不動産等の割合が50％以上75％未満の場合	④ 動産等に係る延納相続税額	10年	5.4％	0.6％
	⑤ 不動産等に係る延納相続税額（⑥を除く。）	15年	3.6％	0.4％
	⑥ 森林計画立木の割合が20％以上の森林計画立木に係る延納相続税額	20年	1.2％	0.1％
不動産等の割合が50％未満の場合	⑦ 一般の延納相続税額（⑧、⑨及び⑩を除く。）	5年	6.0％	0.7％
	⑧ 立木の割合が30％を超える場合の立木に係る延納相続税額（⑩を除く。）	5年	4.8％	0.5％
	⑨ 特別緑地保全地区等内の土地に係る延納相続税額	5年	4.2％	0.5％
	⑩ 森林計画立木の割合が20％以上の森林計画立木に係る延納相続税額	5年	1.2％	0.1％

(注)　上記「特例割合」は、令和5年1月1日現在の「延納特例基準割合」0.9％で計算するものであり、「延納特例基準割合」に変更があった場合には「特例割合」も変動することに留意されたい。

(6) 連帯納付義務者が連帯納付義務を履行する場合の延滞税を利子税に代える措置

「延滞税」は、国税の期限内における適正な納付の実現を担保するとともに、期限内に適正な国税の納付を履行した者との権衡を図るために設けられたもので、履行遅滞の場合に納付する「遅延利息」に相当するものであるのに対し、「利子税」は、本来の納期限は経過しているが法律の規定によりその納付が猶予等されており、履行遅滞の状態にはなっていない場合に納付するものであることから、その性格は「約定利息」に相当するものである。

ところで、連帯納付義務者が連帯納付義務を履行する場合には、本来の納税義務者が履行遅滞の状態になった後に相続税を納付するものであることから、延滞税を納付することとされていたが、履行遅滞の状態になった直接の原因は本来の納税義務者にあり、帰責性のない連帯納付義務者にまで延滞税の納付を求めることは酷であると考えられることから、連帯納付義務者が連帯納付義務の履行により本来の納税義務者の相続税を納付する場合には、延滞税に代えてより負担の少ない利子税を納付することとされている。

なお、これらの措置は、連帯納付義務者が延滞税の負担を不当に減少させる行為をした場合には適用されない（相法51の2①柱書き）。

5　物納

本来、租税は金銭納付を原則とするが、相続税が財産課税であるということから、一度に課税された場合に多額の納税を困難とする事情が発生することがあり得る。また、相続税の課税財産には、換金しにくい土地や家屋などもあり、延納の許可を受けてもその延納期間や分納期限までに納付することができない場合も予測されるので、物納制度が設けられている。したがって、物納制度は、相続税だけに設けられている制度である。

イ 物納の要件

物納の要件は下記のとおりである。

① 延納によっても金銭で納付することを困難とする事由があり、かつ、その納付を困難とする金額を限度としていること（相法41①）。

② 物納申請財産は、納付すべき相続税の課税価格計算の基礎となった相続財産のうち、次に掲げる財産及び順位で、その所在が国内にあること（相法41②）。

順位	物納に充てることのできる財産の種類
第1順位	① 不動産、船舶、国債証券、地方債証券、上場株式等（注１） （注１） 特別の法律により法人の発行する債券及び出資証券を含み、短期社債等を除く。
	② 不動産及び上場株式のうち物納劣後財産に該当するもの
第2順位	③ 非上場株式等（注２） （注２） 特別の法律により法人の発行する債券及び出資証券を含み、短期社債等を除く。
	④ 非上場株式のうち物納劣後財産に該当するもの
第3順位	⑤ 動産

＊ 相続開始前から被相続人が所有していた特定登録美術品は、上の表の順位によることなく物納に充てることのできる財産とすることができる（措法70の12）。

「特定登録美術品」とは、「美術品の美術館における公開の促進に関する法律」2条《定義》3号に定める登録美術品のうち、その相続開始時において、既に同法による登録を受けているものをいう。

③ 物納に充てることができる財産は、管理処分不適格財産に該当しないものであること（相法41②）。

④ 物納劣後財産に該当する場合には、他に物納に充てるべき適当な財産がないこと（相法41④）。

＊ 「管理処分不適格財産」とは、例えば、担保権が設定されている財産、権利の帰属について争いがある財産、境界が明らかでない土地、譲渡制限株式などをいう（相令18）。また、「物納劣後財産」とは、物納に充てること

ができる順位が後れるものとして取り扱われる財産をいい、具体的には、地上権、永小作権、地役権等が設定されている土地、法令の規定に違反して建築された建物等が当たる（相令19）。

ロ　物納関係書類の提出期限

物納しようとする相続税の納期限又は納付すべき日（以下「物納申請期限」という。）までに、物納申請書に物納手続関係書類を添付して税務署長に提出する（相法42①）。ただし、物納申請期限までに物納手続関係書類を提出することができない場合には、物納手続関係書類提出期限延長届出書を提出することにより、1回につき3か月を限度として、最長1年まで延長が認められる（相法42④～⑥）。

ハ　物納の許可等までの審査期間

物納申請書が提出された場合、税務署長は、その物納申請に係る要件の調査結果に基づいて、物納申請期限から3か月以内に許可又は却下を行う（相法42②）。なお、災害その他やむを得ない事由が生じた場合には、税務署長の審査期間は更に延長されることがある（相法42⑱）。

ニ　物納財産の収納価額

物納財産を国が収納するときの価額は、相続税の課税価格計算の基礎となった財産の価額となる（相法43①）。ただし、収納の時までに当該財産の状況に著しい変化が生じたときは、収納の時の現況により税務署長が当該財産の収納価額を定めることができる（相法43①）。

* 小規模宅地等の課税価格の計算特例（183頁参照）及び特定計画山林の課税価格の計算特例（209頁参照）の適用を受けている場合には、その相続財産の物納価額は特例適用後の価額となる。

ホ　利子税の納付

物納の申請をした場合には、物納財産を納付するまでの期間に応じて年7.3％又は特例基準割合を加算した割合のいずれか低い利子税を納付しなければならない（相法53①、措法93①）。

＊　物納要件等の審査期間は利子税が免除されるので（相法53②）、具体的には、①物納手続関係書類の提出期限を延長した期間及び②物納申請後に申請者が物納手続関係書類の整備や財産の措置等を行った期間について利子税がかかることになる。

ヘ　特定物納制度

　平成18年４月１日以後の相続開始により取得した財産に係る相続税を対象として、延納の許可を受けた相続税額について、延納条件を変更してもなお延納を継続することが困難となった場合には、一定の要件により延納から物納へ変更することができる。これを「特定物納制度」という（相法48の２）。

　特定物納制度には、次のような要件がある（相法48の２①②）。

①　特定物納申請を行うときに、延納条件の変更を行ったとしても、延納によっても金銭で納付することが困難な事由があること及びこの延納によっても金銭で納付することが困難な金額を限度とすること。

②　申請財産が定められた種類の財産で申請順位によっていること。

③　延納許可に係る相続税の申告期限（相続開始があったことを知った日の翌日から10か月目の日）から10年以内に申請されること。

④　特定物納申請書及び物納手続関係書類を所轄税務署長に提出すること。

　なお、特定物納制度が利用できるのは、特定物納申請の日までに分納期限の到来していない延納税額に限られる。

＊　特定物納が許可された場合、物納許可税額に対して、特定物納申請日前の分納期限の翌日から特定物納許可に係る納付があったものとされる日までの期間について、当初の延納条件による利子税を納付する必要がある（相法48の２④二）。また、特定物納に充てる財産の評価は、特定物納申請を行う時の価額による（相法48の２⑤）。この価額は特定物納申請財産について、特定物納申請書が提出された時の財産の状況により、財産評価基本通達を適用して求めた価額をいう。

　　なお、特定物納に充てることのできる財産については、①管理処分不適格財産でないこと、②物納劣後財産に該当する場合は他に物納に充てるべき適当な財産がないこと、③物納に充てることのできる順位によっている

ことなど、通常の物納申請の場合と同様の要件に該当することが必要である。ただし、特定物納申請財産が延納担保になっている場合で、特定物納許可によりこの延納担保に係る抵当権が抹消できるとき（このほかには抵当権等が付されていない場合に限る。）には、この財産は管理処分不適格財産として取り扱わないこととされている。

6 納税の猶予（事業承継税制を除く。）

納税の猶予は、一時に納税をすることにより事業の継続や生活が困難となるとき、災害で財産を損失した場合などの特定の事情があるときは、税務署長に申請することで、最長1年間、納税が猶予される（通則法46）。

7 贈与税の申告内容の開示

(1) 開示請求者

相続又は遺贈（相続時精算課税の適用を受ける財産に係る贈与を含む。）により財産を取得した者は、他の共同相続人等がある場合には、被相続人に係る相続税の申告書（期限後申告書及び修正申告書を含む。）の提出又は更正の請求に必要となるときに限り、他の共同相続人等がその被相続人から相続開始前3年以内に取得した財産又は相続時精算課税の適用を受けた財産に係る贈与税の申告書に記載された贈与税の課税価格の合計額について、開示の請求をすることができる（相法49①）。

(2) 開示の内容

開示の請求があった場合には、税務署長は次に掲げる金額を請求後2か月以内に開示しなければならない（相法49③）。

① 被相続人に係る相続の開始前3年以内に当該被相続人から贈与により取得した財産の価額の合計額

② 被相続人から贈与により取得した財産で、相続時精算課税の適用を受けたものの価額の合計額

8　相続税及び贈与税の調査

(1)　**相続開始の通知**

市町村長その他戸籍に関する事務を管掌する者は、死亡又は失踪に関する届書を受理したときは、その届書に記載された事項を、その届書を受理した日の属する月の翌月末日までにその事務所の所在地の所轄税務署長に通知しなければならない（相法58②）。

(2)　**保険金、退職手当金などの支払調書の提出**

相続税法の施行地に営業所、事務所その他これらに準ずるものを有する保険会社、退職手当金等の支給者又は信託会社等は、その月中に支払った一定額以上の生命保険契約の保険金、損害保険契約の死亡保険金、支給した退職手当金等又は引き受けた信託についての調書を翌月15日までに、その調書を作成した営業所等の所在地の所轄税務署長に提出しなければならない（相法59①②）。

(3)　**職員の質問検査権**

国税庁、国税局又は税務署の当該職員は、相続税、贈与税に関する調査又は徴収について必要があるときは、国税通則法74条の3《当該職員の相続税等に関する調査等に係る質問検査権》1項1号に掲げる者に質問をし、又は納税義務者、納税義務があると認められる者の財産若しくはその財産に関する帳簿書類を検査することができる（通則法74の3）。

質問又は検査若しくは閲覧を求める場合には、身分証明書を携行し、関係人の請求があったときは、これを呈示しなければならない（通則法74の13）。

また、これらの質問、検査の権限は、犯罪捜査のために認められたものと解してはならない（通則法74の8）。

(4) **官公署等への協力要請**

国税庁、国税局又は税務署の当該職員は、相続税又は贈与税に関する調査について必要があるときは、官公署又は政府関係機関に、調査に関し参考となるべき帳簿書類及び資料の閲覧又は提供その他の協力を求めることができる（通則法74の12）。

裁判例の紹介㊿

相続税の調査は、相続財産から生じる相続人の所得に係る所得税の調査を実質的に含むものとされた事例

（東京地裁令和3年5月27日判決・訟月69巻6号715頁）
（東京高裁令和4年1月14日判決・訟月69巻6号695頁）
（最高裁令和4年7月26日第三小法廷決定・税資272号順号13738〔確定〕）

1　事案の概要等

　イ　亡A（以下「本件被相続人」という。）は、平成25年に死亡し、相続が開始した（以下、本件被相続人に係る相続を「本件相続」といい、本件相続に係る相続税を「本件相続税」という。）。本件被相続人は、死亡当時、本邦及び国外に財産を保有していたが、本件相続税の申告において、本件相続により相続人であるX_1（原告・控訴人・上告人）ほか4名が取得した国外財産は申告されていなかった。課税庁の調査担当職員は、X_1らから本件相続税の税務代理を委任されて

いた税理士に対し、本件相続税についての調査（以下「本件調査」という。）を行う旨連絡した。その後、X_1らは、本件被相続人名義であった国外財産の申告漏れを是正する本件相続税の修正申告をした。また、X_1らは、平成23年から平成27年までの所得税につき、X_1ら名義の国外財産の申告漏れを是正する修正申告書及び期限後申告書を提出したところ、処分行政庁から過少申告加算税及び無申告加算税の各賦課決定処分を受けた。本件は、X_1らが各賦課決定処分の取消しを求めて国Y（被告・被控訴人・被上告人）を相手に提訴したものである。

　なお、課税庁が、X_1らの平成23年から平成27年までの所得税の申告について調査を行う旨記載された通知書を送付したのは、修正申告等の2日前であった。

ロ　争点は、修正申告書等の提出が「その申告に係る国税についての調査があったことにより当該国税について更正等があるべきことを予知してされたものでないとき」に該当するか否かである。

2　判決の要旨

(1)　第一審判決

イ　本件各規定（通則法65⑤、66⑥）は、課税庁において課税標準の調査等による事務負担等を軽減することができることも勘案して、自発的に修正申告等を決意して申告書を提出した者に対しては例外的に加算税を賦課しないこととし、もって納税者の自発的な修正申告等を奨励することを目的とするものと解される。そして、本件各規定にいう「調査」は、納税者の修正申告等の自発性の否定につながる内容のものであること、すなわち、申告漏れの発見につながるものであることを要するものと解すべきであり、また、「更正等があるべきことを予知し」たとは、単に更正等がされる主観的なあるいは一般的抽象的な可能性があるにとどまらず、更正等がされる

ことについて客観的に相当程度の確実性がある段階に達した後に、更正等に至るべきことを認識したことをいうものと解すべきである。

ロ　本件各規定にいう「調査」とは、国税に関する法律の規定に基づき、特定の納税義務者の課税標準等又は税額等を認定する目的その他国税に関する法律に基づく処分を行う目的で職員が行う、証拠資料の収集、要件事実の認定、法令の解釈適用等の一連の行為を指すものと解され、認定事実からすれば、本件調査は、X_1ら名義の国外財産が、その名義とは異なり本件被相続人の相続財産に当たる可能性があることを前提に、その種別、数量、価額等とともにその帰属を明らかにすることを目的として行われたものであったといえ、そして、国外財産が相続財産に当たらないとすれば、名義どおりX_1らに帰属することとなることは確実であるから、仮に本件調査の結果、国外財産が本件被相続人に帰属する相続財産であると認定することができない場合には、当然にX_1らの国外財産から生じる所得の申告漏れが明らかになるという関係にあったものである。そうすると、本件調査は、国外財産から生じるX_1らの所得に係る所得税の調査を実質的に含むものであったというべきである。

ハ　調査担当職員は、平成27年3月頃までにX_1ら名義の国外財産の存在を把握し、本件調査を進めていたところ、同年12月15日、X_1らから「相続財産以外の所有財産」として、X_1ら名義の株式の銘柄や数量、預金の種類、残高等が具体的に記載された回答書を受領したことによって、X_1らがその所得税の申告又は無申告が不適正であることについて、その端緒となる資料を発見し、これによりその後の調査が進行し申告漏れの存することが発覚し更正等に至るであろうことが客観的に相当程度の確実性をもって認められる段階に至ったものと認めるのが相当である。そして、X_1らが課税当局に対して自主的に修正申告をする意思を表明したのは、同月25日であ

> って、客観的確実時期に達した同月15日に先立って、X₁らが修正申告等の意思を有していたことをうかがわせるような事情は認められない。したがって、本件修正申告書等の提出には、本件各規定は適用されない。
> (2) 控訴審判決及び上告審決定
> 　控訴審東京高裁令和4年1月14日判決は第一審の判断を維持し、上告審最高裁令和4年7月26日第三小法廷決定は上告棄却、上告不受理とした。

〔コメント〕

　本件事例は、X₁らが所得税の修正申告書及び期限後申告書を提出したところ、過少申告加算税及び無申告加算税の各賦課決定処分を受けたことにより、「修正申告等は、申告に係る国税についての調査があったことにより当該国税について更正等があるべきことを予知してされたものではない（通則法65⑤⑥）」と主張して、これら処分の取消しを求めた事案である。本判決は、「その申告に係る国税についての調査」について調査の性格等の実質に鑑みて判断するという考え方の下、相続税における調査が相続人名義本件各規定の調査に含まれ得ることを明らかにした事例判決として、今後の実務の参考になろう。

9　相続税及び贈与税に関する罰則

(1)　脱税犯

　偽りその他不正の行為によって相続税又は贈与税を免れた者は、10年以下の懲役若しくは1,000万円以下の罰金に処せられ、又はこれを併科される（相法68①）。

　免れた相続税又は贈与税が1,000万円を超えるときは、情状により、1,000

万円を超えた金額で、その免れた相続税額又は贈与税額に相当する金額以下の罰金とすることができる（相法68②）。

上記に規定するもののほか、期限内申告書又は義務的修正申告書（315頁参照）をこれらの申告書の提出期限までに提出しないことにより相続税又は贈与税を免れた者は、5年以下の懲役若しくは500万円以下の罰金に処せられ、又はこれを併科される（相法68③）。

(2) 無申告犯

正当な理由がなくて期限内申告書又は義務的修正申告書（315頁参照）をその提出期限までに提出しなかった者は、1年以下の懲役又は50万円以下の罰金に処せられる。

ただし、情状によっては、その刑を免除することができる（相法69）。

(3) 秩序犯

次に該当する者は、1年以下の懲役又は50万円以下の罰金に処せられる。

① 相続税法59条《調書の提出》に規定する生命保険金、信託財産及び退職手当金などに関する支払調書を提出せず、又はこの調書に虚偽の記載をして提出した者（相法70）

② 更正請求書に偽りの記載をして税務署長に提出した者（通則法128一）

③ 国税通則法74条の3（第2項を除く。）の規定による国税庁、国税局又は税務署の当該職員の行う質問検査に対して検査等を拒み、妨げ、又は忌避した者（通則法128二）

④ ③の質問に対し、答弁をしない者

⑤ ③の質問に対し、虚偽の答弁をした者

⑥ 国税通則法74条の3の規定による物件の提示又は提出の要求に対し、正当な理由がなくこれに応じず、又は偽りの記載若しくは記録をした帳簿書類その他の物件（その写しを含む。）を提示し、若しくは提出した者

（通則法128三）。

(4) 両罰規定

　法人の代表者又は法人若しくは人の代理人、使用人その他の従業員が、その法人又は人の業務又は財産に関して、次に掲げる違反行為をしたときは、その行為者を罰するほか、その法人又は人に対し、それぞれの規定による罰金刑が科せられる（相法71）。

① 相続税法68条1項又は3項（脱税犯）
② 相続税法69条（無申告犯）
③ 相続税法70条（秩序犯）

(5) 秘密漏えい犯

　相続税又は贈与税の調査又は徴収に関する事務に従事している者又は従事していた者が、その事務に関して知り得た秘密を漏らし、又は盗用したときは、その者は2年以下の懲役又は100万円以下の罰金に処せられる（通則法126）。

10　租税回避等の防止規定

(1) 同族会社等の行為計算の否認等

　相続税法は、所得税法や法人税法などと同様、租税回避を防止するため、あるいは回避の意図がない場合でも税負担の不当な減少を防止するため、同族会社等の行為計算の否認規定を設けている（相法64①）。

　その他、法人組織の再編成によって税負担が不当に減少することを防止するため、移転法人（合併等によりその資産・負債の移転を行った法人）又は取得法人（合併等により資産・負債の移転を受けた法人）の行為・計算で、これを容認した場合にはその株主等の相続税又は贈与税の負担を不当に減少させ

る結果となると認められるときは、税務署長は、相続税又は贈与税についての更正・決定に際し、これを否認して課税価格を計算することができることとされている（相法64④）。

裁判例の紹介㉕

被相続人と同族会社との間の地上権設定契約は、相続税法64条1項を適用して否認することができるとされた事例

（大阪地裁平成12年5月12日判決・訟月47巻10号3106頁）
（大阪高裁平成14年6月13日判決・税資252号順号9132）
（最高裁平成15年4月8日第三小法廷決定・税資253号順号9317〔確定〕）

1　事案の概要

X_1（原告・控訴人・上告人）らは、平成3年6月20日に死亡したB（83歳）の相続人であるところ、相続に先立つ同年6月14日に駐車場の経営等を目的として有限会社A社（同族会社）を設立した。Bは、同日、所有する本件土地について、A社に対し、駐車場事業の用に供する目的で、地代を年額3,684万円、存続期間を60年とする地上権を設定した。A社の収入は、平成4年8月期で1,675万円余であり、本件地上権に係る地代を支払うと赤字であった。X_1らは、本件土地について、更地価額から地上権割合90％を控除した9,688万円と評価して相続税の申告をした。税務署長Y（被告・被控訴人・被上告人）は、本件土地の時価について、5億1,712万円（貸宅地）と評価して更正処分をした。

2　判決の要旨

(1) 第一審判決

　相続税法64条1項は、同族会社の行為又は計算で、これを容認した場合においてはその株主若しくは社員又はその親族等（以下「株主等」という。）の相続税又は贈与税の負担を不当に減少させる結果となると認められるものがある場合においては、税務署長は、相続税又は贈与税についての更正等に際し、その行為又は計算にかかわらず、その認めるところにより、課税価格を計算することができると規定しているところ、右規定によれば、同族会社を一方当事者とする取引が、経済的な観点からみて、通常の経済人であれば採らないであろうと考えられるような不自然、不合理なものであり、そのような取引の結果、当該同族会社の株主等の相続税又は贈与税の負担を不当に減少させる結果となると認められるものがある場合には、税務署長は、当該取引行為又はその計算を否認し、通常の経済人であれば採ったであろうと認められる行為又は計算に基づいて相続税又は贈与税を課すことができるものと解するのが相当である。

　これを本件についてみると、法人税法2条10号、14号〔筆者注：当時〕によれば、有限会社の社員の3人以下でその会社の総出資金額の50％以上の出資金額を保有する場合は同族会社であるとされているから、A社が同族会社に当たることは既に認定したところから明らかであり、BとA社は、Bの所有にかかる本件宅地等について地代を年額3,684万円、存続期間を60年とする本件地上権の設定契約を締結したものであるところ、駐車場経営という利用目的に照らすと、本件宅地等の使用権原を賃借権ではなく、極めて強固な利用権である地上権が設定されたことは極めて不自然であることや、本件地上権の内容も、営業収益と比較して余りにも高額に設定された地代の支払のためにA社が大幅な営業損失を生じている点及びBの年齢を考えると、経済合理性をまったく無視したものであるといわざるを得ないことに徴する

ならば、本件地上権設定契約は、通常の経済人であれば到底採らないであろうと考えられるような不自然、不合理な取引であるということができ、また、財産評価基本通達25項、86項及び相続税法23条の規定によれば、本件地上権の存在を前提とした場合、本件宅地等は、自用地の価額からその90％相当額を控除したものとして評価されることになるため、Xらの相続税の負担を大幅に減少させる結果となることが明らかである。

よって、Yは、X_1らの相続税についての更正に際し、相続税法64条1項を適用して、A社がBとの間で締結した本件地上権設定行為を否認することができるというべきである。

X_1は、本件地上権の設定は同族会社の行為であるがゆえに相続税の軽減が生ずるというものではなく、これに代わる通常の行為なるものを観念することもできないから、右設定行為に相続税法64条1項を適用することは許されない旨主張する。

しかしながら、駐車場経営という利用目的や本件地上権の内容に照らすと、本件地上権の設定は、通常の経済人の取引行為としては不自然、不合理なものであって、A社の株主等の相続税の負担を軽減することを目的として行われたものであるといわざるを得ないのであり、また、このように不自然、不合理な本件地上権設定契約の締結は、A社が同族会社であったからこそ可能であったと考えられるから、A社とB間の本件地上権の設定につき相続税法64条1項の規定を適用することに何ら妨げはないものというべきである。

(2) 控訴審判決及び上告審決定

控訴審大阪高裁平成14年6月13日判決は第一審の判断を維持し、上告審最高裁平成15年4月8日第三小法廷決定は上告棄却、上告不受理とした。

〔コメント〕

　本件大阪地裁は、被相続人と同族会社は、被相続人の所有に係る宅地等について本件地上権の設定契約を締結したものであるところ、「駐車場経営という利用目的に照らすと、本件宅地等の使用権原を賃借権ではなく、極めて強固な利用権である地上権が設定されたことは極めて不自然であることや、本件地上権の内容も、営業収益と比較して余りにも高額に設定された地代の支払のためにA社が大幅な営業損失を生じている点及びBの年齢を考えると、経済合理性をまったく無視したものであるといわざるを得ないことに徴するならば、本件地上権設定契約は、通常の経済人であれば到底採らないであろうと考えられるような不自然、不合理な取引であるということができ」るとする。また、「財産評価基本通達25項、86項及び相続税法23条の規定によれば、本件地上権の存在を前提とした場合、本件宅地等は、自用地の価額からその90パーセント相当額を控除したものとして評価されることになるため、X_1 らの相続税の負担を大幅に減少させる結果となることが明らかである。」とする。これらのことから、税務署長Yは、X_1 らの相続税についての更正に際し、相続税法64条1項を適用して、同族会社A社が被相続人Bとの間で締結した本件地上権設定行為を否認することができると判示している。

裁判例の紹介㊾

同族会社の株主である予定相続人が同社に行った債務免除については、同族会社等の行為計算の否認規定が適用されないとされた事例

（浦和地裁昭和56年2月25日判決・行集32巻2号280頁）
（東京高裁昭和58年8月16日判決・税資133号462頁）
（最高裁昭和62年5月28日第一小法廷判決・訟月34巻1号156頁）
（差戻控訴審東京高裁昭和62年9月28日判決・税資159号833頁）

（差戻上告審最高裁平成 2 年 7 月13日第二小法廷判決・税資180号44頁〔確定〕）

1　事案の概要
　被相続人Aは、昭和50年 2 月 1 日、株式会社Bに対して有していた貸金（1,587万7,948円）及び未収土地代金（660万9,060円）の合計額2,218万7,008円を免除した（以下「本件債務免除」という。）。Aは、昭和50年 7 月31日に死亡したことから、Aの相続人であるX（原告・控訴人・上告人）らは、本件債務免除額を相続財産に含めずに申告したところ、税務署長Y（被告・被控訴人・被上告人）は、昭和52年10月31日、相続税法64条《同族会社等の行為又は計算の否認等》を適用して本件債務免除を否認し、本件債務免除に係る債務額をXらの課税価格に算入し、相続税の更正及び過少申告加算税の賦課決定処分をした。Xらは、これらの処分を不服として、Yを相手取り提訴した。なお、B社が同族会社に該当することについて争いはない。

2　判決の要旨
(1)　第一審判決
　イ　相続税法64条は、一定の要件のもとにおいて税務署長に同族会社の行為又は計算を否認できる旨を定めた規定であるが、同条 1 項にいう「同族会社の行為」とは、その文理上、自己あるいは第三者に対する関係において法律的効果を伴うところのその同族会社が行なう行為を指すものと解するのが当然である。そうだとすると、同族会社以外の者が行なう単独行為は、その第三者が同族会社との間に行なう契約や合同行為とは異って、同族会社の法律行為が介在する余地のないものである以上、「同族会社の行為」とは相容れない概念であるといわざるをえない。大正12年に創設された、所得税法73条の 3 の規定にいう、「同族会社と特殊関係者との間における行為」

とは、同族会社と特殊関係者とが行なう行為、すなわち、両者間の契約又は合同行為を指すものであって、これに特殊関係者の単独行為が含まれると解すべき理由はない。

　大正15年法律第8号所得税法中改正法律によって同規定が削られ、新たに…、同族会社の行為について、従来あった相手方の制限が撤廃されるとともに、否認の対象として新たに同族会社の「計算」が加えられ、その後この規定における「同族会社ノ行為又ハ計算」と同文ないし同旨の表現が現行税法に至るまで引継がれている（法人税法132条1項、所得税法157条1項）ことも、Y指摘のとおりである。

　結局上記立法の沿革等に照らしても、「同族会社の行為」が第三者の単独行為を含むものとは解されないし、いわんや、Y主張のような「同族会社とかかわりのある行為」という茫漠たる内容の解釈が許されるものでない。

ロ　もっとも、終戦後相続税法に同族会社の行為、計算の否認規定が導入されたことによって、大正12年の創設当時目的とされた同族会社の租税回避行為防止のほかに、同族会社と特別の関係がある個人の相続税等の回避行為を防止する機能をも有するに至ったことは、同法64条1項の規定からも明らかである。したがって、右導入を契機として、否認の範囲を直接同族会社関係者の行為にまで拡張することも可能ではあったが、もとより立法政策の問題であり、そのような特別な立法がされず、従来の税法におけると同一の表現を借用している以上、相続税法の解釈において従来のそれを拡張することは、租税法律主義の原則にも反し、到底賛成することができない。

　また、Yは、同族会社の役員等の行為（単独行為を指すものであろう。）は同族会社の行為と同視することができる旨主張するが、少なくとも税法の分野においては、同族会社とその役員等の個人とは明確に別個の法人格であることを前提とし、そのために所得税法

157条、相続税法64条等の規定が置かれているのであるから、右主張も採用することができない。

ハ　以上のとおりであるから、本件更正処分において、Yが、本件債務免除の存在を認めながら、相続税法64条を適用してこれを否認したことは、その余の点について論ずるまでもなく、同条の解釈を誤ったものというべきである。

(2)　控訴審判決及び上告審判決

控訴審東京高裁昭和58年8月16日判決では、相続税法64条の規定の適用は争点とされていない。上告審最高裁昭和62年5月28日第一小法廷判決にて破棄差戻し、差戻控訴審東京高裁昭和62年9月28日判決は課税処分の違法性を否定し、差戻上告審最高裁平成2年7月13日第二小法廷判決は上告棄却とした。

〔コメント〕

Yは、同族会社等の行為計算の否認規定が創設された沿革等を根拠として、同族会社の行為を同族会社と関わりのある行為と解すべきであると主張したが、これに対して、本件浦和地裁は「立法の沿革等に照らしても、『同族会社の行為』が第三者の単独行為を含むものとは解されないし、いわんやY主張のような『同族会社とかかわりのある行為』という茫漠たる内容の解釈が許されるものではない」として、かかるYの主張を斥けている。Aの行った債務免除はAの単独行為であるから、同族会社等の行為計算の否認規定が適用されないとするのである。

この点に関して、所得税法における同族会社等の行為計算の否認規定を適用した課税処分が争われた事例において、東京高裁平成10年6月23日判決（税資232号755頁）は、「経済活動として不合理、不自然であり、独立かつ対等で相互に特殊な関係にない当事者間で通常行われるであろう取引と乖離した同族会社の行為又は計算により、株主等の所得税が減少するときは、不当

と評価されることになる。」とし、「株主等と同族会社との間の取引行為を全体として把握し、その両者間の取引が客観的にみて、個人の税負担の不当な減少の結果を招来すると認められるかどうかという観点から判断するのが妥当であって、同族会社のみの行為計算に着目して判断するのは相当でない。」と説示している（上告審最高裁平成11年1月29日第三小法廷判決（税資240号342頁〔確定〕）は上告棄却とした。）。

(2) 特別の法人から受ける利益に対する課税

特定の者又はその関係者の私的支配が行われている法人に財産を遺贈することによる相続税の回避を防止するため、相続税法は、持分の定めのない法人（持分の定めのある法人で持分を有する者がないものを含む。）で、その施設の利用、余裕金の運用、解散した場合の財産の帰属等について、設立者・社員等（当該法人に対して遺贈をした者を含む。）又はこれらの者の親族その他これらの者と特別の関係のある者に対し特別の利益を与えるものに対して、財産の遺贈があった場合には、当該法人から特別の利益を受ける者が、その財産の遺贈により受ける利益の価額に相当する金額を、その遺贈者から遺贈によって取得したものとみなすこととしている（相法65①）。

(3) 人格のない社団又は財団等に対する課税

代表者又は管理者の定めのある人格のない社団又は財団に対し財産の贈与又は遺贈があった場合においては、その社団又は財団を個人とみなして、これに贈与税又は相続税を課する（相法66①）。これも、自己の親族その他特別の関係のある者の支配している人格のない社団又は財団に贈与又は遺贈することによる相続税又は贈与税の回避を防止するための規定である。

同様の理由から、持分の定めのない法人に財産の贈与又は遺贈があった場合において、その遺贈等によって遺贈者等の親族その他特別の関係のある者の相続税又は贈与税の負担が不当に減少する結果となると認められるときは、

その法人を個人とみなして、相続税又は贈与税を課すこととしている（相法66④）。

* 東京地裁昭和46年7月15日判決（行集22巻7号963頁）は、「相続税法66条4項の趣旨とするところは、公益法人等を設立するための財産の提供があり、又は公益法人等に財産の贈与若しくは遺贈があった場合において、その財産の提供者、贈与者又は遺贈者の親族その他これらの者と特別の関係のある者が当該公益法人等の施設の利用、余裕金の運用、解散した場合の残余財産の帰属等について一切の権限を有し、財産の提供、贈与、遺贈により法形式としては当該提供、贈与、遺贈に係る財産の権利は公益法人等に移転するにもかかわらずこれらの者が当該提供、贈与、遺贈の後においても実質的に当該財産を管理して、あたかも公益法人等が当該財産の名義上の権利者たるにすぎないようなときは、実質的にこれらの者が当該財産を有していると同様の事情にあるにかかわらず、これらの者には相続税又は贈与税が課されず、相続税又は贈与税の負担に著しく不公平な結果を生じることとなるので、右のようなこれらの者の相続税、贈与税の回避を防止しようとするにある。」と判示している（控訴審東京高裁昭和49年10月19日判決（行集25巻10号1254頁〔確定〕）は控訴棄却とした。）。

なお、相続税法基本通達21の3－2《人格のない社団又は財団からの贈与》は、「代表者又は管理者の定めのある人格のない社団又は財団からの贈与によって取得した財産については、法第21条の3第1項第1号に規定する法人からの贈与に準じ贈与税を課税しないことに取り扱う。」としている。

もっとも、国税通則法等においては、人格のない社団等を法人とみなす旨の規定を設けているが、租税法律主義の厳格な適用を前提とすると、みなし規定を解釈において拡張することには慎重であるとの判断も展開されている。例えば、東京地裁平成10年6月26日判決（訟月45巻3号742頁〔確定〕）は、人格のない社団等を実定法の根拠のない範囲にまで類推して適用することに消極的である。このことは、みなし規定を解釈において拡張することに対する消極的態度と捉えることも可能であろう。

すなわち、同地裁は、「措置法は所得税、法人税、相続税、贈与税及びその他国税についての特例を規定するものであり（措置法1条）、右各国税に関

する法律における用語の意義を措置法において統一的に解釈することはできないことから、各国税について必要な定義規定を設けることとし、所得税法の特例を定める第2章における用語の意義については、所得税法2条の定義規定とは独立して、措置法自体において定義規定を設けている（措置法2条1項）のである。したがって、右のような措置法の性格及び措置法における用語の定義の仕方に鑑み、措置法第2章は、所得税法の特例を定めるものではあるが、そこでの用語の意義は、所得税法におけるそれと必然的に一致するというものではなく、措置法の規定に即して解釈すべきものである。」とし、「原告は、通則法3条を根拠として、人格のない社団等を法人とみなして措置法40条1項を適用すべきであると主張するが、通則法3条は、通則法の規定の適用に当たって、人格のない社団等を法人とみなす旨規定するものであり、措置法40条1項の適用に当たり、人格のない社団等を法人とみなす根拠とすることはできないものというべきである。」と判示している。

なお、租税特別措置法は、用語の意義を規定する同法2条において、「内国法人」と「外国法人」については、人格のない社団等のうちの一定のものをかかる定義に含ましめる規定の仕方をしているものの、同法40条《国等に対して財産を寄附した場合の譲渡所得等の非課税》は、公益社団法人、公益財団法人、特定一般法人（法人税法別表第二に掲げる一般社団法人及び一般財団法人で、同法第2条第9号の2イに掲げるものをいう。）その他の公益を目的とする事業に限定しており、広く「内国法人」を対象とするものではない。

裁判例の紹介㊿

法人の設立時期、被相続人の年齢、地上権の存続期間等の事実を総合勘案すると、本件地上権設定契約は、経済的・実質的にみて明らかに不自然・不合理なものであるとして相続税法64条の適用が認められた事例

（大阪地裁平成15年7月30日判決・税資253号順号9402）
（大阪高裁平成16年7月28日判決・税資254号順号9708〔確定〕）

1 事案の概要

　A社は、本件相続開始日の約1年3か月前に設立された有限会社であり、4億9,000万円という多額の出資は、当時95歳という極めて高齢であった被相続人Bが借入金により調達したものであった。また、A社からの利益の配当はなく、Bは多額の利息の支払のみを行っていた。

　A社は、①不動産の賃貸及び管理業務、②有価証券に関する投資及び運用業務、③それらに附帯する一切の業務を目的として平成3年5月15日に設立された。A社の定款によると、同会社の資本の総額は1,000万円であり、これを1,000口に分け、出資1口の金額を1万円とした。そして、出資1口の金額は1万円であるにもかかわらず、設立の際の出資1口の引受金額を100万円とし、出資1口につき1万円を超える引受金額99万円を資本準備金とすることにした。その結果、引受金額計10億円のうち、1,000万円を資本金に、その余の9億9,000万円を資本準備金に組み入れることになった。

　Bは、A社の設立に当たり、平成3年5月15日にE社からの借入金によって4億9,000万円を出資し（以下「本件出資」という。）、出資口数490口を取得した。

　X（原告・控訴人）らは、Bからの相続に関する相続税の申告書において、本件出資の評価につき、財産評価基本通達（平成5年6月23日付け課評2－7、課資2－156による改正前のもの。）188－2（以下「本件通達」ともいう。）に定める配当還元方式により、1口当たりの資本金の額1万円をもとに計算し、その出資490口の総額を245万円と算定し、本件申告を行っている。税務署長Y（被告・被控訴人）は、本件

出資を評価する上で、本件通達をそのまま適用した場合に著しく不合理な結果となり、課税の公平を保つことができなくなるとして、本件通達に定める配当還元方式の算式中の「その株式の1株当たりの資本金の額」は、A社の資本金の額1万円によるのではなく、実際に出資された額100万円をもとに計算するのが相当であると判断した。

2　判決の要旨

(1)　第一審判決

　イ　「法〔筆者注：平成6年改正前相続税法〕64条は、同族会社の行為又は計算において、これを容認した場合、その株主若しくは社員又はその親族その他これらの者と特別の関係がある者の相続税又は贈与税の負担を不当に減少させる結果となると認められる場合において、税務署長は、相続税又は贈与税についての更正又は決定に際し、その行為又は計算にかかわらず、その認めるところにより、課税価格を計算できる旨規定している。これは、同族会社を一方の当事者とする取引当事者が、経済的動機に基づき、自然・合理的に行動したならば、通常採ったはずの行為形態を採らず、ことさら不自然・不合理な行為形態を採ることにより、その同族会社の株主その他所定の者の相続税又は贈与税の負担を不当に減少させる結果になると認められる場合には、取引当事者が経済的動機に基づき自然・合理的に行動したとすれば通常採ったであろうと認められる行為又は計算が行われた場合と同視して相続税又は贈与税を課することができるというものである。同条がこのように規定する趣旨は、私法上許された法形式を濫用することにより、租税負担を不当に回避し又は軽減することが企図される場合には、実質的にみて、租税負担の公平の原則に反することになるので、このような行為又は計算を租税回避行為として、税法上相対的に否認して本来の実情に適合すべき法形式の行為に引き直して、その結果に基づいて課税しようとする

ものである。したがって、本条の規定の適用に当たっては、その行為又は計算が単に結果において相続税又は贈与税の軽減をきたすということのみによってこれを決すべきではなく、当該行為又は計算が、経済的・実質的にみて経済人の行為として、不自然・不合理なものと認められるか否かにより判断すべきである。」

　「法64条の規定の趣旨・目的に徴するならば、税務署長は、課税価格の計算に関し、現実の法律関係を否認した上で、引き直された法律関係という結果に基づいて課税価格を計算することができるのである。」

ロ　「A社は、Bの死亡の1年2か月前に設立された同族会社であるところ、本件地上権設定契約は、その締結当時においてBが95歳という老齢であったにも関わらず、60年という長期の存続期間を定めて締結されたものであり、かつ、他人の土地に利用権を設定する場合は、賃借権の形態で行われるのが通常であるのに、敢えて用益物権である地上権を設定するという異例の形態が採られていること、本件土地はその形状からして利用価値が高いものと認められ、かかる土地上に、建設費用及び撤去費用がかさむ堅固な2階建ての駐車場を設置していること、A社の経営状態は、事業開始後5年を経過して黒字に転換したとはいえ、これは減価償却費の計上及び役員報酬の支払いがない等の結果であり、平成8年5月期の損益計算書によると、その累積損失は2,889万3,554円と多大なものとなっていること、以上の事実が認められ、これらの事実を総合勘案するならば、本件地上権設定契約は、経済的・実質的にみて、明らかに不自然・不合理なものであって、およそ通常利害を異にする経済人同士の当事者間であればとうてい行われなかったであろうといわざるを得ない。そして、本件地上権設定契約の締結により、本件土地の価額の算定上、法23条の規定に基づき本件地上権に相当する価額を控除し

て評価する以上は、前記…のとおり、本件相続にかかる相続税の課税価格は２億4,086万9,000円、納付すべき税額は１億3,990万8,000円減少することとなる。

　以上によれば、本件地上権設定契約は、Ａ社が同族会社であるが故に締結されたものというほかはなく、Ａ社等の社員であるＸらの相続税の負担を不当に減少させる目的で行われたものといわざるを得ない。

　したがって、Ｙが、本件地上権設定契約について法64条を適用したことは適法であ〔る。〕」

(2) 控訴審判決

イ　「法64条は、同族会社が少数の株主ないし社員によって支配されており、所有と経営が結合しているため、当該会社又はその関係者の税負担を不当に減少させる行為や計算が行われやすいことに鑑み、そのような行為や計算が行われた場合、税負担の公平を維持するため、これを正常な行為や計算に引き直して更正又は決定を行う権限を税務署長に認めたものである。そして、税務署長は、この規定に基づき、課税価格の計算に関し、現実の法律関係を否認し、引き直された法律関係に基づいて課税価格を計算することができることは、原判決を引用して説示したとおりである。したがって、これと異なる前提に立つＸらの主張は、採用することができない。」

ロ　「法64条１項所定の同族会社の行為又は計算は、同族会社と株主等との取引の全体を対象とし、その取引行為が客観的にみて経済的な合理性があるか否かの観点から同条項の適用の有無及び効果を判断すべきものである。株主等と同族会社間の取引に対して同条項の適用がないとすれば、同条項の適用場面はほとんど想定し難く、同条項の立法趣旨である税負担の公平が達成できなくなるし、文言上もそのように解し得るからである。」

〔コメント〕

　これまで同族会社等の行為計算の否認規定の適用に当たっては、同族会社等の行った行為の内容が、純経済人からみて不合理であることを判断基準とする考え方（経済合理性基準）が採用されてきている。本件においても、大阪地裁は、事実を総合勘案した上で、「本件地上権設定契約は、経済的・実質的にみて、明らかに不自然・不合理なものであって、およそ通常利害を異にする経済人同士の当事者間であればとうてい行われなかったであろうといわざるを得ない。」としているとおり、同様の判断枠組みが採用されているといえよう。

　もっとも、同族会社等の行為計算の否認規定は、その文理からも明らかなとおり、「同族会社等」による行為や計算を否認するものであって、さすれば、上記にいう経済的合理性を有する行為であったか否かは、同族会社等によるものであるはずである。しかしながら、相続税及び贈与税は、あくまでも被相続人にしても贈与者にしても原則として個人が対象とされていることからすれば、同族会社等が何らかの行為を行ったことがかかる個人の相続税や贈与税の負担の減少につながるというケースは必ずしも多くはない。

　この点がしばしば論点となるところであるが、控訴審においても、Xらは、「行為が異常・不合理なものであるか否かは、同族会社が達成しようとした経済的動機に応じた経済合理性があるか否かで判断すべきである。」とした上で、「A社が本件土地に地上権を設定したのは、堅固な立体駐車場設備を設けて駐車場事業を行い、長期にわたる安定的な土地利用を確保したいという経済的動機に基づく。この目的達成のためには、地上権の設定以外には考えられず、現にA社は、この目的達成のための駐車場事業を行ってきたのであって、本件土地に地上権を設定した行為は、自然で合理的な行為である。」と主張していた。これに対して、本件大阪高裁は、上記のとおり、「法64条1項所定の同族会社の行為又は計算は、同族会社と株主等との取引の全体を対象とし、その取引行為が客観的にみて経済的な合理性があるか否かの観点

から同条項の適用の有無及び効果を判断すべきものである。」とするのである。なぜなら、そのように解さないと、「同条項の適用場面はほとんど想定し難く」なるからというのである。

　このような判断は、所得税法上の事案ではあるが、いわゆるパチンコ平和事件においても採用されている。これは、同族会社の代表者が当該同族会社に対して無利息貸付けを行ったという事例において、利息相当額につき、所得税法157条《同族会社等の行為又は計算の否認等》の規定を適用した事案である。同事件において、東京地裁平成9年4月25日判決（訟月44巻11号1952頁）は、「本件規定にいう同族会社の行為又は計算とは、同族会社と株主等との間の取引行為を全体として指し、その両者間の取引行為が客観的にみて経済的合理性を有しているか否かという見地からその適用の有無及び効果を判断すべきものというべきである。」とし、「これに対し、Xは、本件規定の適用対象を株主等と同族会社との間の取引行為全体とすることは本件規定の文言からかけ離れた解釈であると主張するが、株主等の単独行為（同族会社に対する債権の免除等）であれば格別、株主等と同族会社との間の取引行為すら本件規定の対象とならないのであれば、本件規定の適用場面は想定しがたく、本件規定の趣旨である税負担の公平がおよそ達成し得なくなるし、本件規定の文言上も前記説示のように解し得るものというべきであるから、Xの右主張を採用することはできない。」とするのである（控訴審東京高裁平成11年5月31日判決（訟月51巻8号2135頁）では、「正当な理由」該当性についてのXの主張は採用されたものの、同族会社等の行為計算の否認規定の適用に係る上記の判断は、控訴審及び上告審最高裁平成16年7月20日第三小法廷判決（集民214号1071頁〔確定〕）においても維持されている。）。

裁判例の紹介㊽

相続税法64条1項の適用は、経済的、実質的見地において、当該行為又は計算が純粋経済人の行為として不自然、不合理なものと認められるか否かを基準として判断すべきであるとされた事例

（大阪地裁平成18年10月25日判決・税資256号順号10552）
（大阪高裁平成19年4月17日判決・税資257号順号10691）
（最高裁平成20年10月16日第一小法廷決定・税資258号順号11052〔確定〕）

1　事案の概要

　被相続人丙が株主であり代表取締役である同族会社A社は、平成2年1月31日、貸ビルを建設する目的で本件土地建物を代金18億7,662万円でMから購入した。上記購入代金として、A社はN銀行から17億3,700万円を借り入れたのであるが、その際、丙はN銀行に対して上記借入金を保証（包括根保証）する旨約した。その後、平成12年10月20日付けで、丙の体調不良から、代表取締役をX_1（丙の長男：原告・控訴人・上告人）に交替した後に、A社と丙との間で、同日付けで本件土地建物を16億5,200万円で売買する旨の契約書を締結したが、その代金は、A社がN銀行から借り入れた借入金債務の残高16億5,200万円の全額を承継することによりその支払に充当し、丙は、承継した借入金債務を各返済期日までにN銀行口座に元金、利息の合計金額を送金して支払う旨約定した。N銀行の了解が得られないままに、X_1は、売買代金16億5,200万円余をA社に対する未払金とし、また、銀行借入金債務はA社の借入名義のままとされていた。

　その後、平成12年11月12日に、丙が死亡し、相続人であるX_1は法

定申告期限までに相続税の申告書を所轄税務署長に提出せず、また、X_2（丙の二男：原告・控訴人・上告人）は、課税価格を零円とする期限後申告書を提出した。

これに対して、所轄税務署長は、本件売買契約自体の存在を否定し、また、契約が存在するとしても、相続税法64条1項を適用して、本件土地建物の時価を超える部分の債務額の債務控除は認められないとする相続税の更正処分を行った。

本件は、X_1らが、国Y（被告・被控訴人・被上告人）を相手取って、上記処分の取消しを求めた事案である。すなわち、本件売買契約が相続税法64条1項により課税価格の計算上否認することができる同族会社の行為計算に該当するか否かが争点である。

2　判決の要旨
(1)　第一審判決
イ　同族会社により租税回避行為が容易に行われるのを防止して租税負担の適正化を図るという相続税法64条1項の趣旨、目的からすれば、同族会社の行為又は計算が相続税又は贈与税の負担を不当に減少させる結果となると認められるかどうかは、経済的、実質的見地において、当該行為又は計算が純粋経済人の行為として不自然、不合理なものと認められるか否かを基準として判断すべきである。

　通常の経済人間の取引においてはその時価を主要な基準として代金額が決定されると考えられるにもかかわらず、A社及び丙は、本件売買契約の代金額を本件土地建物の時価〔筆者注：財産評価基本通達に基づき算定した額1億2,416万円余〕ではなく本件借入金債務残高の金額を基準として決定し、結果として上記の本件土地建物の時価相当額の13倍を超える金額の16億5,200万円を本件売買契約の代金額として定めたことにより、本件売買契約に基づく代金支払債務相当額と本件土地建物の時価の差額（約15億円）に係る相続税につ

き、丙の相続人でありA社の株主であるX₁らの負担が相当額減少することになったものと認められる。

　以上認定、説示したところに照らすと、A社と丙との間で締結された本件売買契約は、経済的、実質的見地において純粋経済人の行為として不自然、不合理なものというほかなく、同社の株主であるX₁らの相続税の負担を不当に減少させる結果をもたらすものであることは明らかである。

ロ　X₁は、本件売買契約の背景にはA社を存続させなければならない事情があり、丙らは同契約をそのための唯一の方策として採用したのであって、同契約はいわば緊急避難的な行為であり、丙らには不当に相続税の軽減を図るという意図など全くなかったから、本件売買契約は相続税法64条1項により課税価格の計算上否認することができる同族会社の行為又は計算には該当しないなどと主張する。

　しかしながら、同族会社の行為又は計算が相続税の負担を不当に減少させる結果となると認められるかどうかは、経済的、実質的見地において、当該行為又は計算が純粋経済人の行為として不自然、不合理なものと認められるか否かを基準として判断すべきであるところ、本件売買契約締結の究極的な目的がX₁の主張するとおりA社を存続させることにあるとしても、本件土地建物の時価相当額の13倍を超える16億5,200万円を本件売買契約の代金額として定めることが、経済人の行為として合理的かつ自然なものとは到底いうことはできない。のみならず、前記認定の本件売買契約の締結に至る経過事実に照らしても、本件売買契約がX₁らの相続税の不当な軽減を図ることをも目的として締結されたものであることは、明らかであるというべきである。

　以上のとおり、本件売買契約は、相続税法64条1項により課税価格の計算上否認することができる同族会社の行為又は計算に該当す

る。
(2) 控訴審判決

　　X₂は、この点〔筆者注：本件売買契約が仮装されたものであるとのYの主張のこと〕について、本件売買契約が丙にとって自らの経営責任を果たしA社の再建への道筋をつける重要な行為であり、また、丙が本件保証債務を負っている以上、同人の個人的な債務負担の増大にもならないものであったから、本件売買契約は、丙にとって、個人としてもA社の経営者としても、極めて合理的な取引であったということができ、丙と同様の立場に立たされた通常の経済人にとっても、本件売買契約をすることは合理的であったといえるとの主張をしている。確かに、既に説示したとおり、相続税法64条1項の同族会社の行為又は計算が相続税又は贈与税の負担を不当に減少させる結果となると認められるかどうかは、経済的、実質的見地において、当該行為又は計算が純粋経済人の行為として不自然、不合理なものと認められるか否かを基準として判断すべきものである。しかし、相続税法64条1項は、同族会社が同族会社の株主等の租税負担回避行為に利用されやすく、これを放置すれば税負担の実質的な公平を図ることができないから、実質的な税負担の公平を図るために設けられた規定であり、この趣旨、目的に照らすと、ここでいう純粋経済人の行為として不自然、不合理なものかどうかは、同族会社の利益を図るという同族会社の株主ないし経営者としての立場に重きを置くのではなく、個人としての合理性を中心に考えるべきものである。時価をはるかに上回る価額で同族会社の所有物件を購入する行為は、同族会社にとっては利益をもたらすものであるとしても、個人としては極めて不合理なものといわざるを得ないのであって、A社の経営者として本件売買契約を締結することの合理性を根拠とするX₂の主張は理由がないといえる。

〔コメント〕

　本件事例では、売買契約が相続税法64条1項の規定による否認の対象とならないとすれば、同法13条《債務控除》1項により、同契約に基づく丙のA社に対する代金支払債務（丙死亡時における債務額は15億5,000万円である。）が相続税の課税価格の計算上控除されることになる。本件大阪地裁は、上記のとおり「本件売買契約は、相続税法64条1項により課税価格の計算上否認することができる同族会社の行為又は計算に該当する。」と断じている。

　前述のとおり、同族会社等の行為計算の否認規定の適用に当たっては、経済合理性基準によって判断されることが多いが、否認されるべき行為や計算の主体が誰であるかという問題とは別に、行為や計算が否認されるとする場合の経済的不合理性というのは、誰にとっての不合理性を指すのかという問題が惹起される。

　相続税法64条1項の対象となる行為が同族会社等の行為に限定されるかという論点と当然に密接な関係を有するものの、かかる論点においては、同族会社等と被相続人との取引（行為や計算）を念頭に置くという考え方が採用される傾向にある。そうであった場合に、かかる取引の合理性について、本件大阪高裁は、「ここでいう純粋経済人の行為として不自然、不合理なものかどうかは、同族会社の利益を図るという同族会社の株主ないし経営者としての立場に重きを置くのではなく、個人としての合理性を中心に考えるべきものである。」とする。

　すなわち、時価をはるかに上回る価額で同族会社の所有物件を購入する行為は、同族会社にとっては利益をもたらすものであるとしても、個人としては極めて不合理なものといわざるを得ないとして、同族会社等の行為計算の否認規定の適用が妥当と判断されているのである。

(4)　**国外財産調書**

　居住者（非永住者を除く。）で、その年の12月31日において、その価額の合

計額が5,000万円を超える国外財産を有する者は、その国外財産の種類、数量及び価額その他必要な事項を記載した国外財産調書を、その年の翌年の3月15日までに、所轄税務署長に提出しなければならない（国外送金法5）。

　適正な調書提出を促すため、国外財産調書の提出の有無に応じて、過少申告加算税等の軽減と加重措置が設けられている。すなわち、国外財産調書を提出期限内に提出した場合には、国外財産調書に記載がある国外財産に関する相続税の申告漏れが生じたときであっても、その国外財産に関する申告漏れに係る部分の過少申告加算税等について、5％が軽減される一方、国外財産調書の提出が提出期限内にない場合又は提出期限内に提出された国外財産調書に記載すべき国外財産の記載がない場合（重要な事項の記載が不十分と認められる場合を含む。）に、その国外財産に関する相続税の申告漏れ（死亡した者に係るものを除く。）が生じたときは、その国外財産に関する申告漏れに係る部分の過少申告加算税等について、5％が加重されることとなっている（国外送金法6）。

　　＊　相続の開始の日の属する年分の国外財産調書については、その相続又は遺贈により取得した国外財産を記載しないで提出することができる。この場合において、相続開始年の年分の国外財産調書の提出義務については、国外財産の価額の合計額から相続国外財産の価額の合計額を除外して判定する。

　国外財産調書制度は、いわゆる富裕者層に係る相続税や所得税の課税漏れを防ぐ制度であり、租税回避等の防止規定と併せて公平な課税を担保する制度と位置付けることができる。

第10章 相続税・贈与税の納税猶予の特例（事業承継税制）

1 農地等の相続税・贈与税の納税猶予の特例（農業承継税制）

　農業の相続が起こると、次のような理由で農業経営が難しくなるという指摘がされている。すなわち、第一に、民法が均分相続制度を採用しているため、遺産分割によって農地が細分化され、農業経営を継続するための農地が確保できなくなること、第二に、農地周辺の土地の都市化に伴い地価が上昇し、相続税を納付するために農地を手放さなければならなくなるという問題である。

　そこで、農業基本法の目的とする農業経営の近代化に資するため、現行民法の均分相続による農地の細分化の防止と、農業後継者の育成を税制面で助成する観点から、「農地等を生前一括贈与した場合の贈与税の納税猶予の特例」と「農地等を相続した場合の相続税の納税猶予の特例」の二つの特例が設けられている。

　なお、農業基本法は、平成11年に廃止されているが、参考までに紹介すると、その前文及び第1条は次のとおりである。

農業基本法

（前文）

　わが国の農業は、長い歴史の試練を受けながら、国民食糧その他の農産物の供給、資源の有効利用、国土の保全、国内市場の拡大等国民経済の発展と国民生活の安定に寄与してきた。また、農業従事者は、このような農業のにない手として、幾多の困苦に堪えつつ、その務めを果たし、国家社会及び地

域社会の重要な形成者として国民の勤勉な能力と創造的精神の源泉たる使命を全うしてきた。

　われらは、このような農業及び農業従事者の使命が今後においても変わることなく、民主的で文化的な国家の建設にとってきわめて重要な意義を持ち続けると確信する。

　しかるに、近時、経済の著しい発展に伴なって農業と他産業との間において生産性及び従事者の生活水準の格差が拡大しつつある。他方、農産物の消費構造にも変化が生じ、また、他産業への労働力の移動の現象が見られる。

　このような事態に対処して、農業の自然的経済的社会的制約による不利を補正し、農業従事者の自由な意志と創意工夫を尊重しつつ、農業の近代化と合理化を図って、農業従事者が他の国民各層と均衡する健康で文化的な生活を営むことができるようにすることは、農業及び農業従事者の使命にこたえるゆえんのものであるとともに、公共の福祉を念願するわれら国民の責務に属するものである。

　ここに、農業の向うべき新たなみちを明らかにし、農業に関する政策の目標を示すため、この法律を制定する。

第1章　総則
第1条《国の農業に関する政策の目標》
　国の農業に関する政策の目標は、農業及び農業従事者が産業、経済及び社会において果たすべき重要な使命にかんがみて、国民経済の成長発展及び社会生活の進歩向上に即応し、農業の自然的経済的社会的制約による不利を補正し、他産業との生産性の格差が是正されるように農業の生産性が向上すること及び農業従事者が所得を増大して他産業従事者と均衡する生活を営むことを期することができることを目途として、農業の発展と農業従事者の地位の向上を図ることにあるものとする。

2 農地等を相続した場合の相続税の納税猶予の特例

(1) 趣旨

　都市近郊農地については、将来宅地として処分した場合において得られるであろう潜在的な宅地期待益を反映して、相当高額な価額で売買されているのが実情である。そのような価格は、農地の経営を前提とした場合には到底成立し得ないような価格水準となっている。このような価格水準をベースとして農地の相続税評価額が決定されるということになると、潜在的な宅地期待益が農地を譲渡してはじめて実現し得るものであり、農業が継続的に経営されている限りは未実現の利益であるから、相続税評価額を基とした価格水準自体は適当なそれではないということにもなる。すなわち、農業経営を継続する意思を有していたとしても、農地の評価額が宅地期待益を含んだ価額により評価されると、農業経営による収益からでは相続税が納付できないこととなるため、過重な税負担となってしまう。そのことは、ひいては農地の売却や農業経営の縮小ないし廃止を招来することにもなりかねない。

　そこで、将来にわたって、永続的に農業経営を行う農業者について、その農地を恒久的に農業の用に供する場合には農業経営を継続していくことにより獲得する収益還元価額に対応する相続税の負担を求める一方、潜在的な宅地期待益に対応する相続税額の納税を猶予し、農業経営に係る事業承継に資するために相続税の納税猶予の特例制度が設けられている。

(2) 特例の概要

　相続人が農地等（採草放牧地及びこれらとともに取得した準農地を含む。以下同じ。）を相続して農業を営む場合には、一定の要件の下に、相続又は遺贈により取得した農地等の価額のうち、「農業投資価格」による価額を超える部分に対応する相続税額の納税を猶予し、次のいずれかに該当したとき、その猶予した相続税額を免除するという農地等についての相続税の納税猶予の

特例が設けられている（措法70の6①⑥㊴）。

① その農業相続人が死亡した場合
② その農業相続人がその農地等の全部について「農地等を贈与した場合の贈与税の納税猶予」の規定の適用に係る贈与をした場合
③ その農業相続人が農業を20年間継続した場合

なお、特定市街化区域農地等については、本特例の適用を受けることができない（措法70の6①）。

* 「特定市街化区域農地等」とは、三大都市圏の特定市の市街化区域内に所在する農地等のうち、都市営農農地等（生産緑地地区内にある農地等）以外のものをいう（措法70の4②三）。
* 「農業投資価格」とは、恒久的に農業の用に供すべき農地等として取引される場合に通常成立すると認められる価格（将来、宅地として売却すれば高く売れるであろうという割高部分を排除した価格）をいう（措法70の6②一）。
* 農地法の改正（平成21年12月15日施行）により20年間の営農継続の免除が廃止され、農業相続人の死亡の日まで農業経営を継続することとされた。ただし、市街化区域内の農地等については、従来どおり、農業相続人の死亡の日又は相続税の申告期限の翌日から20年を経過する日のいずれか早い日において猶予税額が免除される（措法70の6⑥㊴）。

(3) 適用要件

本特例の適用が受けられるのは、次の要件のいずれにも該当する場合に限られる。

イ 被相続人の要件

被相続人は、次のいずれかに該当すること（措法70の6①、措令40の7①）。

① 死亡の日まで農業を営んでいた個人
② 農地等の生前一括贈与をした個人（死亡の日まで受贈者が贈与税の納税猶予又は納期限の延長の特例の適用を受けていた場合に限る。）

ロ 農業相続人の要件

農業相続人は、被相続人の相続人で、次のいずれかに該当すること（措法

70の6①、措令40の7②)。

① 相続税の申告期限までに農業経営を開始し、その後も引き続き農業経営を行うと認められる者
② 農地等の生前一括贈与の特例の適用を受けた受贈者で、特例付加年金又は経営移譲年金の支給を受けるためその推定相続人の1人に対し農地等について使用貸借による権利を設定して、農業経営を移譲し、税務署長に届出をした者(贈与者の死亡の日後も引き続いてその推定相続人が農業経営を行うものに限る。)

ハ 特例農地等の要件

特例の対象となる農地等は、次のいずれかに該当するものであり、相続税の期限内申告書にこの特例の適用を受ける旨を記載したものであること(措法70の6①⑤、措令40の7②)。

① 被相続人が農業の用に供していた農地等で相続税の申告期限までに遺産分割された農地等
② 被相続人から生前一括贈与により取得した農地等で、被相続人の死亡の時まで贈与税の納税猶予又は納期限の延長の特例の適用を受けていた農地等
③ 相続や遺贈によって財産を取得した人が相続開始の年に被相続人から生前一括贈与を受けていた農地等

(4) **適用手続**

相続税の申告書に本特例の適用を受ける旨を記載して(必要な書類の添付)、その申告書を期限内に提出するとともに、納税猶予税額に見合う担保を提供しなければならない(措法70の6①㉛)。

(5) **納税猶予期間中の手続**

本特例を受けている農業相続人は、納税猶予期限が確定するまでの間、相

続税の申告期限から3年を経過するごとの日までに、引き続きこの特例を受ける旨及び特例農地等に係る農業経営に関する事項を記載した届出書を納税地の所轄税務署長に提出しなければならない（措法70の6㉜）。

(6) 納税猶予税額の全部の納期限の確定

　本特例の適用を受ける農地等について、譲渡、贈与、転用をし、又はその農地等につき使用貸借若しくは賃借権の設定等（以下「譲渡等」という。）をした場合において、その譲渡等があった面積が納税猶予の適用を受けた農地等の総面積の20％を超えることとなったとき、又は農業経営を廃止した場合には、それぞれの事実が生じた日から2か月を経過する日に納税猶予の納期限が確定し、納税猶予税額及びそれに対応する利子税を納付しなければならない（措法70の6①㊵）。

(7) 納税猶予税額の一部の納期限の確定

　農地等の一部につき農業相続人による譲渡等があった場合には、納税猶予税額のうちその譲渡等があった農地等の価額に対応する部分の相続税について、その譲渡等があった日の翌日から2か月を経過する日に納税猶予の納期限が確定し、納税猶予税額及びそれに対応する利子税を納付しなければならない（措法70の6①㊵）。

(8) 営農困難時貸付けの特例

　本特例の適用を受けている農業相続人が障害等により農業経営を継続することが困難な状態となった場合には、障害要件（精神障害1級、身体障害1級又は2級、要介護認定の要介護5）を満たしていれば、農地を貸し付けても納税猶予が適用される（措法70の6㉘）。

(9) **納税猶予を適用している場合の特定貸付けの特例**

本特例の適用を受けている農業相続人が納税猶予を適用している農地等について、特定貸付け（農地保有合理化事業、農地利用集積円滑化事業又は農用地利用集積計画の定める貸付け）を行った場合で、その特定貸付けを行った日から2か月以内に特定貸付けを行っている旨その他の財務省令で定める事項を記載した届出書を納税地の所轄税務署長に提出した場合には、その特定貸付けに係る賃借権等の設定はなかったものとみなされ、引き続き相続税の納税猶予が継続される（措法70の6の2①）。被相続人が特定貸付けを行っていた農地を相続した場合でも、相続税の納税猶予の適用を受けることができる（措法70の6の3①）。

(10) **納税猶予を適用している場合の都市農地の貸付けの特例**

本特例の適用を受けている農業相続人が納税猶予を適用している特例農地等（生産緑地地区内の農地に限る。）について、次に掲げる一定の要件の下に地上権、永小作権、使用貸借による権利又は賃借権の設定に基づく認定都市農地貸付け又は農園用地貸付けを行った場合で、これらの貸付けを行った日から2か月以内に、認定都市農地貸付け又は農園用地貸付けを行っている旨その他の財務省令で定める事項を記載した届出書を納税地の所轄税務署長に提出した場合には、その貸付けはなかったものと（農業経営は廃止していないものと）みなされて、引き続き納税猶予の適用が継続される（措法70の6の4①）。

① 認定都市農地貸付け……猶予適用者が市町村長の認定を受けた認定事業計画に基づき他の農業者に直接農地を貸し付ける場合

② 農園用地貸付け……地方公共団体や農業協同組合等が農業委員会の承認を受けて開設する市民農園の用に供するために、これらの開設者に農地を貸し付ける場合

＊ 貸付け期限が到来した場合又は借り受けた者が耕作を放棄した場合には、

1年以内に新たな特定貸付けを行うか又は自らの農業の用に供すれば、その農地について納税猶予が継続される（措法70の4の2④、70の6の4②③）。

3 農地等を贈与した場合の贈与税の納税猶予の特例

(1) 趣旨

　日本の農業政策で一番問題なのは、農業の後継者難にあるといわれている。
　そこで、相続前に農業の後継者が希望をもって農業経営に従事できるよう農業経営者の育成を図るとともに、農地の細分化をも防止しようとする目的で、日本の農業政策を税制の面で助成するために、農地等についての贈与税の納税猶予の特例が設けられている。

(2) 特例の概要

　農業経営をしている者が、その推定相続人のうちの1人に農地（特定市街化区域農地等を除く。）の全部並びに採草放牧地及び準農地の3分の2以上の面積のものを贈与した場合には、担保の提供を条件に贈与税の納税を猶予し、贈与者が死亡した又は贈与者の死亡前に受贈者が死亡すると、猶予されていた贈与税が免除される（措法70の4①③④）。
　農地等の贈与者が死亡した場合には、その農地等は贈与者から相続により取得したものとみなされ（みなし相続財産）、相続開始時の価額で相続税が課税されることとなる（措法70の5①）。この場合、前述の農地等についての相続税の納税猶予の特例の適用がある場合には、その規定を適用して、納税猶予をすることとなる。
　なお、①適用手続、②納税猶予期間中の手続、③納税猶予税額の全部又は一部の納期限の確定、④営農困難時貸付けの特例、⑤都市農地の貸付けの特例については、前述の農地等についての相続税の納税猶予の特例とおおむね同様である。

*　贈与税の納税猶予制度は、生前一括贈与を原則としており、贈与段階において税負担が相当程度軽減される制度となっているから、贈与時の税負担を軽減するという意味においては、相続時精算課税制度と親和性を有している。

(3) **適用要件**

本特例の適用が受けられるのは、次の要件のいずれにも該当する場合に限られる。

イ　**贈与者の要件**

贈与の日まで3年以上引き続いて農業を営んでいた個人で、次に掲げる場合に該当しない者であること。

①　贈与をした日の属する年の前年以前において、その農業の用に供していた農地を推定相続人に対し贈与している場合であって、その農地が相続時精算課税の適用を受けるものであるとき

②　贈与をした日の属する年において、今回の贈与以外に農地等を贈与している場合

③　過去に農地等の贈与税の納税猶予の特例に係る一括贈与を行っている場合

ロ　**受贈者の要件**

贈与者の推定相続人のうちの1人で、次に掲げる要件の全てに該当するものとして農業委員会が証明した個人であること。

①　贈与を受けた日において、年齢が18歳以上であること。

②　贈与を受けた日まで引き続き3年以上農業に従事していたこと。

③　贈与を受けた日後、速やかにその農地及び採草放牧地によって農業経営を行うこと。

④　農業委員会の証明の時において、効率的かつ安定的な農業経営の基準として、農業経営を行っていること。

ハ 農地等の要件

贈与者の農業の用に供している農地等のうち「農地の全部」、「採草放牧地の3分の2以上の面積のもの」及び「準農地の3分の2以上の面積のもの」について一括して贈与を受けること。

4 非上場株式等についての相続税・贈与税の納税猶予等（法人版事業承継税制）

(1) 趣旨

我が国の中小企業は、経営者とその同族関係者で議決権株式の大半を保有している同族会社が多数を占めており、これらの企業は多くの雇用を抱え様々な技術を有するなど地域経済の中核を担っているが、経営者が退任したり死亡した場合には、その後継者に対する経営の引継ぎに障害をもたらすことが少なくない。このような中小同族会社の事業の承継に際しては、経営資源としての議決権株式の分散を防止し、安定的な経営の継続を確保することが重要である。そこで、平成21年度改正においては、中小企業における経営の承継の円滑化に関する法律（以下「経営承継円滑化法」という。）の制定を踏まえて、中小企業の事業承継の円滑化を通じた雇用の確保や地域経済活力の維持を図る観点から、非上場株式等についての相続税・贈与税の納税猶予の特例が創設された。これを一般的に「法人版事業承継税制」と呼ぶが、その後、数度の部分的改正を経て今日に至っている。

(2) 制度の概要

経営承継円滑化法による都道府県知事の認定を受ける非上場会社の後継者（経営承継受贈者、経営承継相続人等。以下では、便宜的に、単に「後継者」という。）が、先代経営者から非上場会社の株式又は出資（以下「非上場株式等」という。）を贈与若しくは相続又は遺贈（以下「贈与等」という。）により全部

又は一定数以上の取得をし、その会社を経営していく場合には、後継者が納付すべき贈与税・相続税のうち、一定部分の納税が猶予される。

この猶予税額は、後継者が死亡した場合等に該当したときには、その全部又は一部が免除される。

さらに、後継者から非上場株式等を贈与等により取得した後継者（3代目）についても、一定の要件を満たすことにより、本特例の適用を受けることができる。

ただし、免除されるまでに、対象非上場株式等を譲渡するなど一定の場合には、株式等納税猶予税額の全部又は一部について納税の猶予が打ち切られ、その税額と利子税を納付しなければならない。

本特例には、租税特別措置法70条の7から70条の7の4までの各規定による措置（以下、これを「一般措置」という。）と、平成30年度税制改正によって創設された同法70条の7の5から70条の7の8までの各規定による措置（以下、これを「特例措置」という。）との二つの制度があり、特例措置については、平成30年1月1日から令和9年12月31日までの10年間の時限制度とされている。

一般措置と特例措置は共通する部分が多いが、一般措置では、対象株数が総株式数の3分の2までとされ、かつ納税猶予割合が相続税については80％（贈与税については100％）であるのに対して（相続の場合、実質的には80％×2/3＝約53.3％の納税猶予、贈与の場合は100％×2/3＝約66.6％の納税猶予）、特例措置の場合は全株式を対象に納税猶予割合が100％とされることから（全額の納税猶予）、特例措置の方が税負担に係るメリットは大きい。また、特例措置では雇用確保要件の緩和が図られたこともポイントの一つである。その代わり、特例措置の適用に当たっては、事前の計画策定等や適用期限が設けられている。一般措置と特例措置の大まかな比較については次表のとおりである（国税庁HPを基に筆者加筆）。

	特 例 措 置	一 般 措 置
事前の計画策定等	5年以内の特例承継計画の提出 〔平成30年4月1日から 令和8年3月31日まで〕	不要
適用期限	10年以内の相続等・贈与 〔平成30年1月1日から 令和9年12月31日まで〕	なし
対象株数 (＊1)	全株式	総株式数の最大3分の2まで
納税猶予割合	100％	相続等：80％、贈与：100％
承継パターン	複数の株主から 最大3人の後継者	複数の株主から1人の後継者
雇用確保要件	弾力化（＊2）	承継後5年間 平均8割の雇用維持が必要
事業の継続が困難な事由が生じた場合の免除	譲渡対価の額等に基づき再計算した猶予税額を納付し、従前の猶予税額との差額を免除	なし （猶予税額を納付）
相続時精算課税の適用	60歳以上の贈与者から 18歳以上の者への贈与 （措法70の2の7等）	60歳以上の贈与者から 18歳以上の推定相続人 （直系卑属）・孫への贈与 （相法21の9・措法70の2の6）

＊1　議決権に制限のない株式等に限る。
＊2　雇用確保要件を満たさなかった場合には、経営承継円滑化法施行規則20条《特例承継計画に係る報告》3項に基づき、要件を満たさなかった理由等を記載した報告書を都道府県知事に提出し、その確認を受ける必要がある。なお、当該報告書及び確認書の写しは、継続届出書の添付書類とされている。

　かつて、一般措置については、承継後5年間、平均8割の雇用維持が必要とされており、それを満たさないこととなった場合には納税猶予が打ち切られるなど、制度として利用しづらいという実務上の声が多かった。特例措置が講じられた現在においては、特例措置を利用することの方が多いと想定さ

れることから、以下では、基本的に特例措置を中心に記述する。

なお、本特例には贈与税の特例と相続税の特例とがあるが、基本的には共通する部分が多いことから併せて記述し、相違する部分を特記することとする（以下の記述については、松岡章夫＝山岡美樹『大幅拡充された事業承継税制の特例のポイント』（大蔵財務協会2018）、酒井克彦編著監修『クローズアップ事業承継税制』（財経詳報社2019）も参照）。

(3) 特例承継計画の策定と提出

特例措置においては、特例承継計画の提出が要件とされており（措法70の7の5②、70の7の6②）、特例認定承継会社は、平成30年4月1日から令和8年3月31日までの間に特例承継計画を都道府県知事に提出し、経営承継円滑化法12条《経済産業大臣の認定》1項の認定を受ける必要がある（円滑化規17①②）。これを特例円滑化法認定という。認定申請期限は、相続税の特例においては相続開始の日から8か月以内、贈与税においては贈与が行われた年の翌年1月15日までである（円滑化規7⑥⑦）。

なお、一般措置については、特例承継計画の策定等を要しない（措法70の7②、70の7の2②参照）。

* 「特例承継計画」とは、認定経営革新等支援機関の指導及び助言を受けた特例認定承継会社が作成した計画で、特例会社の後継者、承継時までの経営見通し等が記載されたものをいう。
* 「認定経営革新等支援機関」とは、平成24年8月30日に施行された中小企業経営力強化支援法に基づき、中小企業に対して専門性の高い支援事業を行う経営革新等支援機関として国が審査・認定する機関をいう。認定制度は、税務、金融及び企業財務に関する専門的知識や支援に係る実務経験が一定レベル以上の個人、法人、中小企業支援機関等を経営革新等支援機関として認定することにより、中小企業に対して専門性の高い支援を行うための体制を整備するものと位置付けられている（中小企業庁HP）。

(4) 贈与

特例措置の適用を受けるためには、先代経営者等である贈与者から、全部又は一定数以上の非上場株式等の贈与を受ける必要がある。

(5) 会社、後継者、先代経営者の要件

特例措置を受けるためには、贈与又は相続の開始の時において会社の要件、後継者の要件、先代経営者の要件の全てを満たさなければならない。それぞれの要件はおおむね以下のとおりである。

イ 会社（特例認定承継会社）の要件（措法70の7の5②一、70の7の6②一）

① 経営承継円滑化法2条《定義》に規定する中小企業者であること（次頁の図表参照）。

② 上記特例円滑化法認定を受けた会社に該当すること（円滑化法12①一、円滑化規6①七参照）。

③ 常時使用従業員の数が1人以上であること。

④ 資産保有型会社又は資産運用型会社に該当しないこと。

　＊ 「資産保有型会社」又は「資産運用型会社」とは、①有価証券、自ら使用していない不動産、現預金等の特定の資産の保有割合が帳簿価額の70％以上の会社、又は②これらの特定の資産からの運用収入が総収入金額の75％以上の会社などをいう。

⑤ 非上場会社であること。

⑥ 風俗営業会社に該当しないこと。

⑦ 特別関係会社が外国会社（会社2二）に該当する場合にあっては、常時使用従業員の数が5人以上であること。

⑧ ③から⑦までに掲げるもののほか、会社の円滑な事業の運営を確保するために必要とされる要件を備えているものであること。

【経営承継円滑化法2条に規定する中小企業者の範囲】
・経営承継円滑化法2条の定める要件

業　種	下記のいずれかを満たすもの	
	資本金の額又は出資の総額	常時使用する従業員の数
1号：製造業、建設業、運輸業、その他の業種（以下の業種を除く。）	3億円以下	300人以下
2号：卸売業	1億円以下	100人以下
3号：サービス業	5,000万円以下	100人以下
4号：小売業	5,000万円以下	50人以下

・経営承継円滑化法施行令の定める要件

業　種	下記のいずれかを満たすもの	
	資本金の額又は出資の総額	常時使用する従業員の数
1号：ゴム製品製造業（自動車又は航空機用タイヤ及びチューブ製造業並びに工業用ベルト製造業を除く。）	3億円以下	900人以下
2号：ソフトウェア業又は情報処理サービス業	3億円以下	300人以下
3号：旅館業	5,000万円以下	200人以下

ロ　後継者の要件

　先代経営者から贈与等により承継会社の非上場株式等の取得をした個人で、次に掲げる要件の全てを満たす者（その者が2人又は3人以上ある場合には、承継会社が定めた2人又は3人までに限る。）を「特例経営承継受贈者」、「特例経営承継相続人等」という（措法70の7の5②六、70の7の6②七）。贈与税の特例と相続税の特例とで共通する部分もあるが、異なる部分もある。

① 年齢要件

【贈与税のみ】後継者が、贈与の日において18歳（令和4年3月31日以前は20歳）以上であること。

② 代表権保有要件

【贈与税】後継者が、贈与の時において、承継会社の代表権を有していること。

【相続税】相続の開始の日の翌日から5月を経過する日において、承継会社の代表権を有していること。

③ 同族関係者との議決権保有要件

【共通】贈与等の時において、後継者と後継者の同族関係者の有する議決権の数の合計が、総株主等議決権数の50％超であること。

④ 議決権保有要件

【共通】次に掲げる場合の区分に応じそれぞれ次に定める要件を満たしていること。

　(ⅰ) 後継者が1人の場合……贈与等の時において、後継者が有する議決権の数が、同族関係者のうちいずれの者が有する議決権の数をも下回らないこと。

　(ⅱ) 後継者が2人又は3人の場合……贈与等の時において、後継者が有する議決権の数が、総株主等議決権数の10％以上であること及び同族関係者のうちいずれの者が有する議決権の数をも下回らないこと。

⑤ 株式等保有要件

【共通】後継者が、贈与等の日からに贈与等に係る申告書の提出期限（当該提出期限前に後継者が死亡した場合には、その死亡の日）まで引き続き承継会社の当該株式等の全てを有していること。

⑥ 役員要件

【贈与税】後継者が贈与の日まで引き続き3年以上にわたり承継会社の

役員の地位を継続して有していること。

【相続税】相続開始の直前において、承継会社の役員であること（ただし、先代経営者が70歳未満で死亡した場合は、この限りでない。）。

* ここで、「役員」とは、会社法329条《選任》1項の役員を指す。贈与税の場合、当該地位のいずれかにあればよく、同一の地位を有している必要はない。

ハ　先代経営者の要件

承継会社の代表権（制限が加えられた代表権を除く。）を有していた個人で、次に掲げる要件の全てを満たす先代後継者を「特例贈与者」、「特例被相続人」という（措法70の7の5①、70の7の6①、措令40の8の5①一、40の8の6①一）。

① 同族関係者との議決権保有要件

【共通】贈与等の時の直前（先代経営者が贈与等の時の直前において承継会社の代表権を有しない場合には、その者が代表権を有していた期間内のいずれかの時及び贈与等の時の直前）において、先代経営者及びその同族関係者の有する承継会社に係る議決権の数の合計が、総株主等議決権数の50％超であること。

② 議決権保有要件

【共通】贈与等の時の直前（先代経営者が贈与等の時の直前において承継会社の代表権を有しない場合には、その者が代表権を有していた期間内のいずれかの時及び贈与等の時の直前）において、先代経営者が有する承継会社に係る議決権の数が、同族関係者（後継者となる者を除く。）のうちいずれの者が有する議決権の数をも下回らないこと。

③ 代表権非保有要件

【贈与税のみ】贈与の時において、先代経営者が承継会社の代表権を有していないこと。

(6) 非上場株式等の取得株数要件

後継者は、次の区分に応じた一定数以上の非上場株式等を取得する必要がある（措法70の7の5①、措通70の7の5-2）。

イ　後継者が1人の場合

次の①又は②の区分に応じた株数
① 　a ≧ b × 2 / 3 − c の場合……「b × 2 / 3 − c」以上の株数
② 　a ＜ b × 2 / 3 − c の場合……「a」の全ての株数

ロ　後継者が2人又は3人の場合

次の全てを満たす株数
① 　d ≧ b × 1 / 10
② 　d ＞ 贈与後における先代経営者等の有する会社の非上場株式等の数

a：贈与の直前において先代経営者等が有していた会社の非上場株式等の数
b：贈与の直前の会社の発行済株式等の総数
c：後継者が贈与の直前において有していた会社の非上場株式等の数
d：贈与後における後継者の有する会社の非上場株式等の数

* 　一般措置については、後継者が1人の場合と同様の株数の非上場株式等を取得する必要があり、対象となる非上場株式等の数は、上記イ①の場合は「b × 2 / 3 − c」の数、上記ロ②の場合は「a」の数がそれぞれ限度となる（措法70の7①、措通70の7-2）。
* 　一般措置における会社（認定承継会社）、後継者、先代経営者の要件も、基本的には、特例措置と同様である（措法70の7②、70の7の2②）。

(7) 申告等要件

贈与税等の申告書に、当該非上場株式等の全部若しくは一部につき特例措置の規定の適用を受けようとする旨の記載がない場合又は当該非上場株式等の明細及び納税猶予分の贈与税等の額の計算に関する明細その他所定の事項

を記載した書類の添付がない場合には、特例措置の適用を受けることができない（措法70の7の5⑤、措法70の7の6⑥）。

(8) 納税猶予分の税額計算
イ 贈与税の特例の場合

特例対象株式等の価額を後継者に係るその年分の贈与税の課税価格とみなして計算した金額となる（措法70の7の5②ハ）。相続時精算課税制度との併用も可能である。

【計算例１】贈与税の特例措置（暦年贈与）の場合

> **設問** 特例対象株式等（価額２億円）と、現金2,000万円の贈与を受けた場合の納税猶予額と納付税額はいくらか。なお、後継者は18歳以上で、先代経営者の息子（直系尊属）とし、相続時精算課税適用者でないものとする。
>
> **計算**
>
> 総額：（2.2億円－110万円）×55％－640万円＝11,399.5万円
>
> 猶予税額：（２億円－110万円）×55％－640万円＝10,299.5万円
>
> 納付税額：11,399.5万円－10,299.5万円＝1,100万円

【計算例２】贈与税の特例措置（相続時精算課税）の場合

> **設問** 上記の【計算例１】において、相続時精算課税を適用した場合はどうなるか（令和６年分）。
>
> **計算**
>
> 総額：｛2.2億円－（110万円＋2,500万円）｝×20％＝3,878万円

猶予税額：｛2億円 −（110万円 + 2,500万円）｝ × 20％ = 3,478万円

納付税額：3,878万円 − 3,478万円 = 400万円

ロ　相続税の特例の場合

　後継者以外の相続人等の取得財産を不変とした上で、後継者が相続等により取得した特例対象株式等の価額は、後継者に係る相続税の課税価格とみなして計算した金額となる（措法70の7の6②八）。

【計算例3】 相続税の特例措置の場合

[設問]　相続人は子Aと子Bの2人、遺産総額は14億円で債務が3億円である。

　子Aは後継者で取得相続財産は10億円、そのうち5億円が特例対象株式である。子Aは債務3億円を負担する。

　なお、子Bは経営を承継しない相続人であり、相続財産は4億円、債務を負担しない。

[計算]

① 　通常の方法により計算した相続税額

　[子A]（10億円 − 3億円）+ [子B]（4億円）−（3,000万円 + 600万 × 2）= 10億5,800万円

　　10億5,800万円 × 1 / 2 = 5億2,900万円

　　5億2,900万円 × 50％ − 4,200万円 = 2億2,250万円

　　2億2,250万円 × 2 = 4億4,500万円

　[子A]：4億4,500万円 × 7億円/11億円 = 2億8,318万円（本来の納税額）

　[子B]：4億4,500万円 × 4億/11億円 = 1億6,182万円

② 特例対象株式の価額を、後継者に係る相続税の課税価格とみなして計算した場合

＊ 控除未済債務額は、3億円 − (10億円 − 5億円) ＝△2億円となるためゼロ

$\boxed{子A}$（5億円）＋$\boxed{子B}$（4億円）− (3,000万円＋600万×2) ＝ 8億5,800万円

8億5,800万円×1／2 ＝ 4億2,900万円

4億2,900万円×50％ − 4,200万円 ＝ 1億7,250万円

1億7,250万円×2 ＝ 3億4,500万円

3億4,500万円×5億／9億円（5億＋4億）＝ <mark>1億9,166万円（納税猶予税額）</mark>

2億8,318万円 − 1億9,166万円 ＝ <mark>9,152万円（特例措置適用後の納税額）</mark>

(9) 税務署長及び都道府県知事への報告

イ 特例期間（原則として贈与税等の申告期限の翌日から5年を経過する日まで）

後継者は、贈与税等の申告期限の翌日から1年を経過する日ごとの日（これを「第一種基準日」という。）の翌日から5か月を経過する日までに、引き続いて特例措置の適用を受けたい旨及び承継会社の経営に関する事項を記載した届出書を納税地の所轄税務署長に提出しなければならない（措法70の7の5⑥、70の7の6⑥）。

上記期限までに届出書の提出がない場合には、届出期限の2か月を経過する日をもって猶予税額の全額を納付しなければならず、併せて利子税の納付も必要となる（措法70の7の5㉒、70の7の6㉓）。

なお、所轄税務署長に対する報告に加えて、経営承継円滑化法上の定めとして、毎年1回、贈与税等の申告期限から5年間、基準日（申告期限の翌日

から起算して1年を経過するごとの日)の翌日から3か月以内に、所定の事項を都道府県知事に報告しなければならない。

ロ　特例期間経過後

後継者は特例期間の末日の翌日から3年を経過する日ごとの日(これを「第二種基準日」という。)の翌日から3か月を経過する日までに、引き続いて特例措置の適用を受けたい旨及び承継会社の経営に関する事項を記載した届出書を納税地の所轄税務署長に提出しなければならない(措法70の7の5⑥、70の7の6⑥)。

なお、特例期間経過後は、都道府県知事への報告は不要となる。

(10)　猶予期限の確定

特例期間内に後継者又は承継会社について下記の事由に該当することとなった場合には、該当日から2か月を経過する日までに猶予税額の全額を納付しなければならない(猶予期限の確定。措法70の7③、70の7の5③、70の7の6③)。他方、期間後に下記の事由に該当することとなった場合には、譲渡等をした特例対象株式等の割合に応じて、該当日から2か月を経過する日までに猶予税額を納付しなければならない。ただし、以下の①ないし③、⑭ないし⑱については期間後の要件は課されていないため、期間内に生じた場合に限って納付義務が生じる。

①　後継者が承継会社の代表権を有しないこととなった場合

②　後継者及び同族関係者の有する議決権の数の合計が承継会社の総株主等議決権数の50％以下となった場合

③　後継者の同族関係者が、後継者が有する議決権の数を超える数の議決権を有することとなった場合

④　後継者が適用対象非上場株式等の一部の譲渡又は贈与(以下「譲渡等」という。)をした場合

⑤　後継者が適用対象非上場株式等の全部の譲渡等をした場合

⑥ 承継会社が吸収分割型分割又は金銭等を交付する組織変更を行った場合
⑦ 承継会社が解散をした場合（合併により消滅する場合を除く。）又は会社法その他の法律の規定により解散をしたものとみなされた場合
⑧ 承継会社が資産保有型会社又は資産運用型会社のうち政令で定めるものに該当することとなった場合
⑨ 承継会社の事業年度における総収入金額がゼロとなった場合
⑩ 承継会社が、資本金の額の減少をした場合又は準備金の額の減少をした場合
⑪ 特例措置の適用を受けることをやめる旨を記載した届出書を納税地の所轄税務署長に提出した場合
⑫ 承継会社が合併により消滅した場合（合併により当該承継会社に相当するものが存する場合として財務省令で定める場合を除く。）
⑬ 承継会社が株式交換等により他の会社の株式交換完全子会社等となった場合（当該株式交換等により当該承継会社に相当するものが存する場合として財務省令で定める場合を除く。）
⑭ 承継会社の株式等が非上場株式等に該当しないこととなった場合
⑮ 承継会社又は特定特別関係会社が風俗営業会社に該当することとなった場合
⑯ 承継会社が発行する黄金株を後継者以外の者が有することとなった場合
⑰ 承継会社の株式等の全部又は一部について、議決権を制限した場合
⑱ 贈与者が承継会社の代表権を有することとなった場合【贈与税のみ】
⑲ 都道府県知事への報告を怠った場合、税務署長への継続届出書の提出がなかった場合

猶予税額の全部又は一部を納付する場合には、法定申告期限からの利子税（年3.6％）を併せて納付しなければならないが、特例期間である５年を経過

した後に納税猶予の期限が確定し、猶予税額の全部又は一部を納付するときは、かかる特定期間中については利子税は課されない。

(11) 猶予税額の免除

猶予税額の全額又は一部の納付が免除される場合としては、おおむね以下のようなものがある。

【共通】
① 破産手続開始の決定等、法的な倒産等による免除
② 再生計画、更生計画による免除
③ 直前の3年間のうち2年以上、承継会社が赤字である場合など、経営環境の変化による免除

【贈与税のみ】
④ 贈与者が死亡した場合（10か月以内に免除届出書の提出を要する。）
⑤ 贈与者より先に後継者が死亡した場合による免除（6か月以内の免除届出書）
⑥ 特例期間経過後に、後継者が特例対象株式を次の後継者に贈与し、その次期後継者が、贈与税の特例措置の適用を受ける場合等（6か月以内の免除届出書）

【相続税のみ】
⑦ 後継者が死亡した場合（6か月以内の免除届出書）
⑧ 特例期間経過後に、後継者が特例対象株式を次の後継者に贈与し、その次期後継者が、贈与税の特例措置の適用を受ける場合等（6か月以内の免除届出書）

(12) 担保の提供

特例措置の適用を受けるためには、贈与税等の申告期限までに猶予税額相当額の担保を提供しなければならない（措法70の7の5④、70の7の6④）。

なお、特例対象株式等の全てを担保に供した場合には、猶予税額に満たないときであっても、原則として猶予税額相当額の担保が提供されたとみなされる（みなし充足）。

5　個人の事業用資産についての相続税・贈与税の納税猶予及び免除の特例（個人版事業承継税制）

(1)　趣旨

　令和元年度税制改正により、個人事業者についても、高齢化が急速に進展する中で、円滑な世代交代を通じた事業の持続的な発展の確保が喫緊の課題となっていることを踏まえ、個人事業者の事業承継を促進するため個人の事業用資産についての相続税・贈与税の納税猶予及び免除の特例が10年間の時限措置として創設された。これを一般的に「個人版事業承継税制」という。具体的には、従来の小規模宅地等の課税価格の計算特例との選択適用を前提に、事業用の宅地等（400㎡まで）に、事業用の建物（床面積800㎡まで）及び一定の減価償却資産を加えた「特定事業用資産」を「納税猶予及び免除の特例」対象とするとともに、「特定事業用資産」の課税価格（100％）に対応する相続税・贈与税額が納税猶予及び免除される。

(2)　制度の概要

　青色申告（正規の簿記の原則によるものに限る。）に係る事業（不動産貸付業、駐車場業及び自転車駐車場業を除く。）を行っていた事業者の後継者が、平成31年1月1日から令和10年12月31日までの贈与若しくは相続又は遺贈（以下「贈与等」という。）により特定事業用資産を取得した場合には、①青色申告に係る事業の継続等を要件として、特定事業用資産に係る贈与税・相続税の全額について納税が猶予され、②後継者が死亡等すると、その猶予されている贈与税・相続税の納税が免除される（措法70の6の8①、70の6の9①、70

の6の10①)。

なお、先代事業者の生計を一にする親族からの贈与等については、平成31年1月1日から令和10年12月31日までの贈与等で、先代事業者からの最初の適用に係る贈与等の日から1年を経過する日までに限り、本特例を適用することができる。

(3) 特定事業用資産

「特定事業用資産」とは、先代事業者(贈与者・被相続人)の事業の用に供されていた次の資産で、贈与等の日の属する年の前年分の事業所得に係る青色申告書の貸借対照表に計上されていたものをいう(措法70の6の8②、70の6の10②、措令40の7の8、措法23の8の8②)。

① 宅地等(土地又は土地の上に存する権利をいい、一定の建物又は構築物の敷地の用に供されていたもののうち、贈与者又は被相続人等の事業の用に供されていた部分に限られる。棚卸資産を除く。)……400㎡までの部分

② 建物(贈与者又は被相続人等の事業の用に供されていた部分に限る。棚卸資産を除く。)……床面積800㎡までの部分

③ 建物以外の減価償却資産で次のもの
　(ⅰ) 固定資産税の課税対象とされているもの
　(ⅱ) 自動車税・軽自動車税の営業用の標準税率が適用されるもの
　(ⅲ) 貨物運送用など一定の自動車、乳牛・果樹等の生物、特許権等の無形固定資産等

＊ 先代事業者が配偶者の所有する土地の上に建物を建てて事業を行っている場合における土地など、先代事業者と生計を一にする親族が所有する資産も特定事業用資産に該当する。後継者が複数人の場合には、上記①及び②の面積は各後継者が取得した面積の合計で判定する。

(4) 個人事業承継計画の策定・提出・確認

後継者は、先代事業者の事業を確実に承継するための具体的な計画を記載した「個人事業承継計画」を策定し、認定経営革新等支援機関（税理士、商工会、商工会議所等）の所見を記載の上、令和8年3月31日までに都道府県知事に提出し、その確認を受けなければならない（円滑化規16、17）。

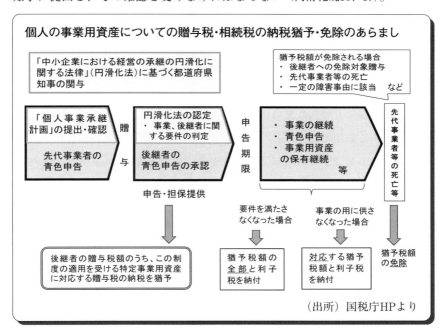

6 個人の事業用資産についての贈与税の納税猶予及び免除

(1) 制度の概要

特例事業受贈者が平成31年1月1日から令和10年12月31日までの間に贈与により特定事業用資産を取得し事業を継続している場合には、担保の提供を条件に、その特例事業受贈者が納付すべき贈与税額のうち、贈与により取得した特定事業用資産の課税価格に対応する贈与税の納税が猶予される（措法

70の6の8①)。

(2) 贈与者（先代事業者等）の要件（措法70の6の8①、措令40の7の8①）

イ 特定事業用資産を有していた個人（先代事業者）

① 贈与の時点において特定事業用資産に係る事業の廃業届出書を提出していること又は贈与税の申告期限までに提出する見込みであること。

② 贈与の日の属する年、その前年及びその前々年の確定申告書を青色申告書（正規の簿記の原則によるもの）により提出していること。

ロ 贈与者が先代事業者以外の場合

① 先代事業者の贈与又は相続開始の直前において、先代事業者と生計を一にする親族であること。

② 先代事業者からの贈与又は相続等後に特定事業用資産の贈与をしていること（先代事業者からの贈与又は相続開始の日から1年を経過する日までの贈与に限る。）。

(3) 特例事業受贈者（後継者）の要件（措法70の6の8②）

① 贈与の日において18歳（令和4年3月31日以前の贈与は20歳）以上であること。

② 経営承継円滑化法の認定を受けている中小企業者であること。

③ 贈与の日まで引き続き3年以上にわたり、特定事業用資産に係る事業（同種・類似の事業等を含む。）に従事していたこと。

④ 贈与の時から贈与税の申告書の提出期限まで引き続いて特定事業用資産の全てを有し、かつ、自己の事業の用に供していること。

⑤ 贈与税の申告期限において、特定事業用資産に係る事業の開業届出書を提出し、かつ、青色申告の承認を受けていること。

⑥ 特定事業用資産に係る事業が資産管理型事業及び性風俗関連特殊営業に該当しないこと。

⑦ 「個人事業承継計画」(前掲5⑷参照)に定められた後継者であること。

* 「資産管理型事業」とは、有価証券、自ら使用していない不動産、現金・預金等の特定の資産の保有割合が特定事業用資産の事業に係る総資産総額の70％以上となる事業（資産保有型事業）やこれらの特定の資産からの運用収入が特定事業用資産に係る事業の総収入金額75％以上となる事業（資産運用型事業）をいう。

⑷ 適用手続

イ　期限内申告

本特例の適用を受けるためには、贈与税の申告書を申告期限内に提出し、その申告書に、事業の用に供される資産の全部又は一部につきこの特例の適用を受けようとする旨を記載し、その資産の明細及び納税猶予分の贈与税額の計算に関する明細等を記載した書類を添付する（措法70の6の8①⑧、措規23の8の8⑯）。

ロ　担保の提供

本特例の適用を受けるためには、贈与税の申告期限までに猶予分の贈与税額に相当する担保を提供しなければならない（措法70の6の8①）。

ハ　継続届出書の提出

特例事業受贈者は、贈与税の申告書の提出期限の翌日から猶予税額に相当する贈与税の全部につき納税の猶予に係る期限が確定する日までの間に特例贈与報告基準日（特定申告期限の翌日から3年を経過するごとの日）が存する場合には、その届出期限までに、引き続き本特例の適用を受けたい旨及び特例受贈事業用資産に係る事業に関する事項を記載した届出書に必要な書類を添付して納税地の所轄税務署長に提出する（措法70の6の8⑨）。

(5) 納税猶予分の贈与税額の計算（措法70の6の8②、措令40の7の8⑧～⑩）

```
┌─────────────────────────────────┐     ┌──────────────────┐
│ 贈与を受けた全ての財産の価額の合計額 A │  →  │ Aに対応する贈与税 C │
└─────────────────────────────────┘     └──────────────────┘

┌─────────────────────────────────┐     ┌──────────────┐
│ この制度の適用を受ける特定事業用資産の額 B │  →  │ Bに対応する    │
└─────────────────────────────────┘     │ 贈与税 D      │
                                        └──────────────┘

                                        ┌──────────────┐
                                        │ 猶予税額 D    │
                                        └──────────────┘
```

* 相続時精算課税を適用する場合には、「相続時精算課税」を選択した贈与者ごとに、この制度の適用を受ける特定事業用資産の額の合計額から、①基礎控除額110万円及び②特別控除額2,500万円（前年以前にこの特別控除を適用した金額がある場合は、その金額を控除した残額）を控除した残額に20％の税率を乗じた金額を算出し、その合計額がDの贈与税額となる。

* 特定事業用資産とともに債務を引き受けた場合には、次により計算した金額を課税価格とみなして納税猶予分の贈与税額を計算する。

$$\begin{pmatrix}特定事業用\\資産の価額\end{pmatrix} - \begin{pmatrix}引き受けた\\債務の額 & - & \begin{matrix}左の債務のうち当該\\事業に関するものと\\認められない債務の\\額\end{matrix}\end{pmatrix}$$

設問 先代事業者から後継者が特定事業用資産（時価２億円）と現預金1,000万円の贈与を受けた場合には、特定事業用資産についての贈与税の納税猶予額及び納付税額はいくらになるか。なお、引き受けた債務額はない。

計算

1　暦年課税の場合

① （２億1,000万円－110万円）×55％－640万円＝１億849万5,000円
　　　　　　　　　　　　　　　　　　　　　　　　　（納税猶予額）
② （２億円－110万円）×55％－640万円＝１億299万5,000円
　　　　　　　　　　　　　　　　　　　　（納付税額）
③ １億849万5,000円－１億299万5,000円＝550万円

2 相続時精算課税の場合
① ｛2億1,000万円－（110万円＋2,500万円）｝×20％＝3,678万円
　　　　　　　　　　　　　　　　　　　　　　　　　　（納税猶予額）
② ｛2億円－（110万円＋2,500万円）｝×20％＝3,478万円
　　　　　　　　　　　　　　　　　　　（納付税額）
③ 3,678万円－3,478万円＝200万円

(6) 猶予税額の納付－猶予期限の確定（措法70の6の8③④）

イ 贈与税の全額と利子税の納付が必要

① 特例受贈事業者が当該事業を廃止した場合又は特例受贈事業者について破産手続開始の決定があった場合
② 特例受贈事業用資産に係る事業が資産管理型事業又は性風俗関連特殊営業に該当することとなった場合
③ 特例受贈事業用資産に係る事業について、その年の事業に係る事業所得の総収入金額がゼロとなった場合
④ 特例受贈事業用資産の全てが青色申告書の貸借対照表に計上されなくなった場合
⑤ 特例受贈事業者が青色申告の承認を取り消された又は青色申告書の提出をやめる旨の届出をした場合
⑥ 特例受贈事業者が本特例の適用をやめる旨の届出書を提出した場合
⑦ 継続届出書を提出しなかった場合

　＊「特例受贈事業用資産」とは、特定事業用資産で、贈与税の申告書に本特例の適用を受けようとする旨の記載があるものをいう。

ロ 贈与税の一部と利子税の納付が必要

特例受贈事業用資産が事業の用に供されなくなった場合には、納税が猶予されている贈与税のうち、その事業の用に供されなくなった部分に対応する贈与税と利子税を併せて納付する。

ただし、次の場合には納税猶予が継続される。

① 特例受贈事業用資産を陳腐化、腐食、損耗等の事由により廃棄した場合（措令40の7の8⑱）
② 特例受贈事業用資産を譲渡した場合において、その譲渡があった日から1年以内にその対価により新たな事業用資産を取得する見込みであることにつき税務署長の承認を受けたとき（措法70の6の8⑤）
③ 特定申告期限の翌日から5年を経過する日後の会社の設立に伴う現物出資により全ての特例受贈事業用資産を移転した場合において、その移転につき税務署長の承認を受けたとき（措法70の6の8⑥）

(7) **猶予税額の免除**（措法70の6の8⑭⑯～⑳）
① 贈与者の死亡の時以前に特例事業受贈者が死亡した場合……猶予税額の全額が免除
② 贈与者が死亡した場合……次の算式による部分の金額が免除

$$猶予税額 \times \frac{死亡時において事業の用に供されていた部分の贈与の価額}{贈与時の特例受贈事業用資産の価額}$$

③ 特定申告期限の翌日から5年を経過する日後に特例受贈事業用資産の全てについてこの特例の適用に係る贈与をした場合……猶予税額の全額が免除

* 「特定申告期限」とは、特例事業受贈者についての次に掲げる日のいずれか早い日をいう（措法70の6の8⑥）。
 (i) 最初の贈与税の納税猶予の適用に係る贈与の日の属する年分の贈与税の申告書の提出期限
 (ii) 最初の相続税の納税猶予の適用に係る相続に係る相続税の申告書の提出期限

④ 特例事業受贈者がやむを得ない理由により事業を継続することができなくなった場合……猶予税額の全額が免除

⑤ 法的な倒産等（破産手続開始の決定など）による免除……所定の額が免除

⑥ 事業の継続が困難な一定の事由が生じた場合において特例受贈事業用資産の全ての譲渡・事業の廃止をした場合……所定の額が免除

　＊　上記①～④の事由に該当する場合には、所轄税務署長に「免除届出書」を提出するが、⑤及び⑥の事由に該当する場合には、所轄税務署長に「免除申請書」を提出し、免除通知を受けなければならない。

7　個人の事業用資産の贈与者が死亡した場合の相続税の課税の特例

(1)　趣旨

　本特例は、個人の事業用資産についての贈与税の納税猶予（措法70の6の8）が、贈与者の死亡時に相続税で調整することを前提に、贈与に係る特定事業用資産に対する贈与税を実質的に課税しないものであることから、贈与者が死亡した場合には、それまで納税が猶予されていた贈与税を免除し、その贈与税額に対応する特例受贈事業用資産を贈与者から相続等によって取得したものとみなすというものである（みなし相続）。

(2)　制度の概要

　個人の事業用資産についての贈与税の納税猶予の適用を受ける特例事業受贈者に係る贈与者が死亡した場合には、特例事業受贈者が贈与者から相続又は遺贈（以下「相続等」という。）により特例受贈事業用資産を取得したものとみなされる。この場合において、その死亡による相続等に係る相続税の課税価格の計算の基礎に算入すべき特例受贈事業用資産の価額については、贈与者から贈与により取得をした特例受贈事業用資産の贈与の時における価額（贈与時に贈与者から特例受贈事業用資産の贈与とともに特例受贈事業用資産に係る債務を引き受けていた場合にあっては、特例受贈事業用資産の価額からその債

務の金額を控除した価額）を基礎として計算する（措法70の6の9①）。

8 個人の事業用資産についての相続税の納税猶予及び免除

(1) 制度の概要

特例事業相続人等が平成31年1月1日から令和10年12月31日までの間に相続等により特定事業用資産を取得し事業を継続している場合には、担保の提供を条件に、その特例事業相続人等が納付すべき相続税額のうち、相続等により取得した特定事業用資産の課税価格に対応する相続税の納税が猶予される（措法70の6の10①）。

(2) 被相続人の要件（措法70の6の10①、措令40①の7の10①）

イ　被相続人が先代事業者である場合

相続開始の日の属する年、その前年及びその前々年の確定申告書を青色申告書により提出していること。

ロ　被相続人が先代事業者以外の場合

① 先代事業者の相続開始又は贈与の直前において、先代事業者と生計を一にする親族であること。

② 先代事業者からの贈与又は相続後に開始した相続に係る被相続人であること（先代事業者からの贈与又は相続等の開始の日から1年を経過する日までの相続等に限る。）。

(3) 後継者である相続人等の要件（措法70の6の10②）

① 経営承継円滑化法の認定を受けている中小企業者であること。

② 相続開始の直前において特定事業用資産に係る事業（同種・類似の事業等を含む。）に従事していたこと。先代事業者等が60歳未満で死亡した場合には、相続開始の直前に従事しなくても納税猶予を受けることがで

③ 相続の開始の時から相続税の申告書の提出期限まで引き続いて特定事業用資産の全てを有し、かつ、自己の事業の用に供していること。
④ 相続税の申告期限において、特定事業用資産に係る事業の開業届出書を提出し、かつ、青色申告の承認を受けていること。
⑤ 特定事業用資産に係る事業が資産管理型事業及び性風俗関連特殊営業に該当しないこと。
⑥ 先代事業者等から相続等により財産を取得した者が特定事業用宅地等について小規模宅地等の課税価格の計算特例の適用を受けていないこと。

(4) 適用手続
イ 期限内申告
　本特例の適用を受けるためには、相続税の申告書を申告期限内に提出し、その申告書に、事業の用に供される資産の全部又は一部につきこの特例の適用を受けようとする旨を記載し、その資産の明細及び納税猶予分の相続税額の計算に関する明細等を記載した書類を添付する（措法70の6の10①⑨、措規23の8の9⑭）。

ロ 相続税の申告期限までの分割要件
　本特例の適用を受けることができるものは、その相続に係る相続税の申告書の提出期限までに、共同相続人又は包括受遺者によって分割されているものに限られる（措法70の6の10⑨）。

ハ 担保の提供
　本特例の適用を受けるためには、相続税の申告書の提出期限までに納税猶予分の相続税額に相当する担保を提供しなければならない（措法70の6の10①）。

ニ 継続届出書の提出
　特例事業相続人等は、相続税の申告書の提出期限の翌日から猶予分の相続

税額に相当する相続税の全部につき納税の猶予に係る期限が確定する日までの間に特例相続報告基準日（特定申告期限の翌日から３年を経過するごとの日）が存する場合には、その届出期限までに、引き続いて本特例の適用を受けたい旨及び特例事業用資産に係る事業に関する事項を記載した届出書に必要な書類を添付して納税地の所轄税務署長に提出する（措法70の６の10⑩）。

(5) **納税猶予分の贈与税額の計算**（措法70の６の10②、措令40の７の10⑨〜⑬）

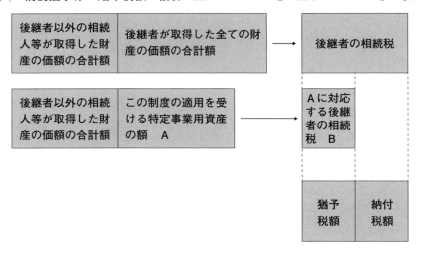

* Aの算定に当たり、後継者が負担した債務や葬式費用の金額がある場合には、特定債務額を特定事業用資産の額から控除する（特定価額）。
* 「特定債務額」は、次の算式により計算する（措令40の７の10⑩）。

$$特定債務額 = (A - B) + C$$

A：相続税法13条《債務控除》の規定により控除すべき特例事業相続人等の負担に属する部分の金額からＣの金額を控除した残額
B：特例事業相続人等が相続等により取得した財産の価額から特例事業用資産の価額を控除した残額
C：相続税法13条の規定により控除すべき特例事業相続人等の負担に属する部分の金額から特例事業用資産に係る事業に関する債務と認められるもの以外の債務の金額を控除した残額

＊ A－Bがマイナスの場合は、ゼロとして計算する。

設問 相続人は長男Aと次男Bの2人である。遺産総額は11億円であり、事業資産に係る債務額1億円がある。特例事業相続人であるAの取得した財産は7億円であり、そのうち特定事業用資産が3億円である。債務額1億円はAが負担した。納税猶予税額はいくらになるか。

計算

1 通常の方法により計算した相続税額

① 各人の課税価格

A （7億円－1億円）＝6億円

B　4億円

② 課税遺産総額

10億円－基礎控除額（3,000万円＋600万円×2）＝9億5,800万円

③ 法定相続分に応ずる各取得金額

A （9億5,800万円×1/2）＝4億7,900万円

B （9億5,800万円×1/2）＝4億7,900万円

④ 法定相続分に応ずる各相続税額

A （4億7,900万円×0.5－4,200万円）＝1億9,750万円

B （4億7,900万円×0.5－4,200万円）＝1億9,750万円

⑤ 各相続人の相続税額

A （1億9,750万円×2×6億円/10億円）＝2億3,700万円

B （1億9,750万円×2×4億円/10億円）＝1億5,800万円

2 特例事業相続人等の課税価格を特定価額のみとして計算した場合の相続税額

① 特定価額の計算

特定事業用資産の価額3億円－特定債務額1億円＝2億円

② 各人の課税価格
　A　2億円
　B　4億円
③ 課税遺産総額
　6億円－基礎控除額（3,000万円＋600万円×2）＝5億5,800万円
④ 法定相続分に応ずるAの取得金額
　A　（5億5,800万円×1／2）＝2億7,900万円
⑤ 法定相続分に応ずる各相続税額
　A　（2億7,900万円×0.45－2,700万円）＝9,855万円
　B　（2億7,900万円×0.45－2,700万円）＝9,855万円
⑥ 相続人Aの相続税額
　（9,855万円×2×2億円／6億円）＝6,570万円
⑦ 納税猶予税額
　6,570万円
⑧ 納付税額
　2億3,700万円－6,570万円＝1億7,130万円
（参考）　相続人Bの納付税額　1億5,800万円

(6) 猶予税額の納付－猶予期限の確定（措法70の6の10③④⑩）

イ　相続税の全額と利子税の納付が必要

① 特例事業相続人等が当該事業を廃止した場合又は特例事業相続人等について破産手続開始の決定があった場合
② 特例事業用資産に係る事業が資産管理型事業又は性風俗関連特殊営業に該当した場合
③ 特例事業用資産に係る事業所得の総収入金額がゼロとなった場合
④ 特例事業用資産の全てが青色申告書の貸借対照表に計上されなくなった場合

⑤ 特例事業相続人等が青色申告の承認が取り消された場合又は取りやめ届出書を提出した場合

⑥ 特例事業相続人等がこの特例の適用をやめる旨の届出書を提出した場合

⑦ 特例事業相続人等について青色申告の承認申請が却下された場合

* 「特例事業用資産」とは、特定事業用資産で相続税の申告書に特例の適用を受けようとする旨の記載があるものをいう。

ロ　相続税の一部と利子税の納付が必要

　特例事業用資産が事業の用に供されなくなった場合には、納税が猶予されている相続税のうち、その事業の用に供されなくなった部分に対応する相続税と利子税を併せて納付する。

　ただし、次の場合には納税猶予が継続される。

① 特例事業用資産を陳腐化、腐食、損耗等の事由により廃棄した場合（措令40の7の10⑮）

② 特例事業用資産を譲渡した場合において、その譲渡があった日から1年以内にその対価により新たな事業用資産を取得する見込みであることにつき納税地の所轄税務署長の承認を受けたとき（措法70の6の10⑤、措令40の7の10⑯〜⑳）

③ 特定申告期限の翌日から5年を経過する日後の会社の設立に伴う現物出資により全ての特例事業用資産を移転した場合において、その移転につき納税地の所轄税務署長の承認を受けたとき（措法70の6の10⑥）

(7) 猶予税額の免除（措法70の6の10⑮〜⑳）

① 特例事業相続人等が死亡した場合……猶予税額の全額が免除

② 特定申告期限の翌日から5年を経過する日後に、特例事業相続人等が特例事業用資産の贈与をし、贈与の納税猶予の適用を受ける場合……猶予税額の全額が免除

＊ 「特定申告期限」については、416頁を参照されたい。

③ 特例事業相続人等がやむを得ない理由により事業を継続することができなくなった場合……猶予税額の全額が免除

④ 法的な倒産等による免除……所定の額が免除

＊ 法的な倒産等には破産手続開始の決定などがある。

⑤ 事業の継続が困難な一定の事由が生じた場合において特例事業用資産の全ての譲渡・事業の廃止をした場合……所定の額が免除

＊ 上記①～③の事由に該当する場合には、納税地の所轄税務署長に「免除届出書」を提出するが、④及び⑤の事由に該当する場合には、納税地の所轄税務署長に「免除申請書」を提出し、免除通知を受けなければならない。

(8) 小規模宅地等の課税価格の計算特例との適用関係

先代事業者等（被相続人）に係る相続等により取得した宅地等について小規模宅地等の課税価格の計算特例の適用を受ける者については、その適用を受ける小規模宅地等の区分に応じ、個人版事業承継税制の適用が制限される。

適用を受ける小規模宅地等の区分	個人版事業承継税制の適用
特定事業用資産宅地等	適用不可
特定同族会社事業用宅地等	「400㎡ − 特定同族会社事業用宅地等の面積」が適用対象
貸付事業用宅地等	「400㎡ − 2 × (A × $\frac{200}{330}$ + B × $\frac{200}{400}$ + C)」が適用対象となる宅地等の限度面積
特定居住用宅地等	適用不可

＊ A＝特定居住用宅地等の面積、B＝特定同族会社事業用宅地等の面積、C＝貸付事業用宅地等の面積

【参考】個人版事業承継税制と小規模宅地等の課税価格の計算特例（特定事業用宅地等）の主な違い

	個人版事業承継税制	小規模宅地等の課税価格の計算特例
事前の計画策定等	5年以内の個人事業承継計画の提出 （平成31年4月31日から令和8年3月31日まで）	不要
適用期限	10年以内の贈与・相続等 （平成31年1月1日から令和10年12月31日まで）	なし
承継パターン	贈与・相続等	相続等のみ
対象資産	・宅地等（400㎡まで） ・建物（床面積800㎡まで） ・一定の減価償却資産	宅地等 （400㎡まで）のみ
減額割合	100％ （納税猶予）	80％ （課税価格の減額）
事業の継続	終身	申告期限まで

（出所）国税庁資料より引用

9　山林についての相続税の納税猶予等及び免除

(1)　特例の概要

　特定森林経営計画が定められている区域内に存する山林（立木又は土地をいう。）を有していた一定の被相続人から相続又は遺贈（以下「相続等」という。）等により特例施業対象山林の取得をした林業経営相続人が、自ら山林の経営（施業又はその施業と一体として行う保護をいう。）を行う場合には、その林業経営相続人が納付すべき相続税のうち、特例山林に係る課税価格の80％に対応する相続税の納税が猶予され、林業経営相続人の死亡により、納税が猶予されている相続税の納付が免除される（措法70の6の6①）。

　「特例山林」とは、林業経営相続人が自ら経営を行うものであって、次に

掲げる要件を満たすものをいう（措法70の6の6②）。

① 特定森林経営計画において作業路網の整備を行う山林として記載されている山林であること。

② 都市計画法7条《区域区分》1項に規定する市街化区域内に所在する山林でないこと。

③ 立木にあっては、相続開始の日からその立木が市町村森林整備計画に定める標準伐期齢に達する日までの期間が林業経営相続人の相続開始の時における平均余命と30年のうちいずれか短い期間を超えること。

＊ 「特定森林経営計画」とは、市町村長等の認定を受けた森林経営計画であって一定の要件を満たすものをいう。

＊ 「特例施業対象山林」とは、被相続人が相続開始の直前に有していた山林のうち、相続開始の前に特定森林経営計画が定められている区域内に存するものであって、一定の要件を満たすものをいう。

(2) 適用対象となる被相続人及び林業経営相続人

イ 被相続人の要件（措令40の7の6①）

① 相続の開始の直前において特定森林経営計画が定められている区域内に存する山林であって、作業路網の整備を行う部分の面積の合計が100ha以上である山林を所有していたこと。

② 次の事項について、相続開始の前に農林水産大臣の確認を受けていたこと。

(i) 特定森林経営計画の達成のため必要な機械その他の設備を利用できること。

(ii) 特定森林経営計画が定められている区域内に存する山林の全てについて、適正かつ確実に経営及び作業路網の整備を行うものと認められること。

(iii) 山林の経営の規模拡大を行うものと認められること。

ロ　林業経営相続人の要件（措法70の6の6②）
①　相続開始の直前において被相続人の推定相続人であること。
②　相続開始の時から申告期限まで引き続き相続等により取得した山林の全てを有し、かつ、特定森林経営計画に従ってその経営を行っていること。
③　山林の経営を適切かつ確実に行うものと認められる要件を満たしていること。

(3)　適用手続
イ　申告手続等
　相続税の申告書及び一定の書類を相続税の申告期限までに納税地の所轄税務署長に提出するとともに、猶予税額相当の担保を提供する（措法70の6の6①⑧⑩）。
ロ　継続届出書の提出
　継続届出書を一定の書類とともに、施業整備期間にあっては当初認定起算日から1年ごとに、施業整備期間の末日の翌日から納税の猶予に係る期限が確定するまでの期間にあってはその末日の翌日から3年を経過するごとに納税地の所轄税務署長に提出する（措法70の6の6⑪）。

(4)　納税の猶予期限の到来
　相続税の申告後において、次に掲げる場合などに該当することとなったときは、納税が猶予されている相続税の全部又は一部を利子税とともに納付しなければならない（措法70の6の6③④⑦）。
①　森林経営計画の認定が取り消された場合又は継続して認定を受けることができなかった場合
②　特定森林経営計画が定められている区域内に存する山林について伐採、造林又は作業路網の整備のいずれも行わない年があった場合

③ 特例山林について譲渡等又は路網未整備等があった場合
④ 特例山林に係る山林の経営を廃止した場合
⑤ 山林所得に係る収入金額がゼロとなった場合
⑥ この特例の適用を受けることをやめる旨を記載した届出書を提出した場合
⑦ 継続届出書の提出がなかった場合

(5) **猶予税額の免除**

林業経営相続人が死亡した場合には、その死亡した日から同日以後6か月を経過する日までに、免除届出書及び一定の書類を提出することにより、納税が猶予されている相続税の納付が免除される（措法70の6の6⑰）。

10 医療法人の持分についての相続税・贈与税の納税猶予及び免除

(1) **相続税の納税猶予及び税額控除**

個人（以下「相続人」という。）が医療法人の持分を有していた他の個人（以下「被相続人」という。）から相続又は遺贈により医療法人の持分を取得した場合において、当該医療法人が、相続に係る期限内申告書の提出期限において認定医療法人であるときは、相続人が納付すべき相続税の額のうち、当該持分に係る課税価格に対応する相続税額については、担保の提供を条件に、認定移行計画に記載された期間まで、その納税を猶予し、移行期間内に相続人が持分の全てを放棄した場合には、猶予税額が免除される（措法70の7の12①⑪）。

なお、持分あり医療法人が相続の開始の時において認定医療法人であり、かつ、その持分を取得した相続人等が相続の開始の時から相続税の申告期限までの間に厚生労働大臣の認定を受けた持分あり医療法人の持分の全部又は一部を放棄した場合には、通常の計算による相続税額から納税猶予分の相続

税額に相当する額を控除した残額が、相続税の申告期限までに納付すべき相続税額となる（措法70の7の13①）。

* 「認定医療法人」とは、平成26年10月1日から令和8年12月30日までの間に、持分なし医療法人に移行する計画を作成し、その計画について厚生労働大臣の認定を受けた医療法人をいう。
* 持分の定めのない医療法人への移行促進策として、持分の定めのない医療法人への移行計画を認定する仕組みが導入されている。この認定制度は、医療法人の任意の選択を前提としたものであり、認定期間は平成26年10月1日から令和5年9月30日、移行期限は認定日から5年以内とされている。移行計画の認定を受けた医療法人は、税制上の優遇措置や低利の融資を受けることができるなどのメリットが設けられている。これは、医療法人の経営者の死亡により相続が発生することがあっても、相続税の支払のための持分払戻しなどにより医業継続が困難になるようなことなく、当該医療法人が引き続き地域医療の担い手として、住民に対し医療を継続して安定的に提供していけるようにすること等を目的とした措置である（厚生労働省「『持分なし医療法人』への移行に関する手引書～移行促進税制を中心として～」も参照）。

(2) 贈与税の納税猶予及び税額控除

　持分の定めのある医療法人の出資者が持分を放棄したことにより他の出資者の持分の価額が増加することになる場合、その増加額（経済的利益）に相当する額の贈与があったものとみなして贈与税が課税される（相法9、相基通9－2参照）。この場合において、その医療法人が認定医療法人であるときは、贈与税の申告期限までの担保提供を条件に、当該他の出資者が納付すべき贈与税額のうち、当該経済的利益に対応する部分については、認定移行計画に記載されて移行期限まで、その納税が猶予されるとともに、当該他の出資者が持分の全てを放棄した場合には、猶予税額が免除される（措法70の7の9①⑪）。

　なお、受贈者が贈与者による放棄の時からその放棄により受けた経済的利益に係る贈与税の申告期限までの間に、その認定医療法人の持分の全部又は一部を放棄した場合には、通常の計算による贈与税額から上記の納税猶予分

の贈与税額に相当する額を控除した残額が申告期限までに納付すべき贈与税額となる（措法70の7の10①）。

(3) 贈与税の課税の特例

認定医療法人の持分を有する個人がその持分の全部又は一部の放棄（その認定医療法人がその移行期限までに持分なし医療法人への移行をする場合におけるその移行の基因となる放棄に限るものとし、その個人の遺言による放棄を除く。）をしたことによりその認定医療法人が経済的利益を受けた場合であっても、その認定医療法人が受けたその経済的利益については、贈与税が課されない（措法70の7の14①）。

11　特定の美術品についての相続税の納税猶予及び免除

個人が一定の美術館と特定美術品の寄託契約を締結し、認定保存活用計画に基づき美術品をその美術館に寄託した場合において、その者（被相続人）が死亡し、その特定美術品を相続又は遺贈により取得した者（寄託相続人）が、その後も保存活用計画に基づき寄託を継続したときは、担保の提供を条件に、その寄託相続人が納付すべき相続税額のうち、その特定美術品に係る課税価格の80％に対応する相続税の納税が猶予され、寄託相続人の死亡等により、納税が猶予されている相続税の納付が免除される（措法70の6の7①⑭）。

* 「認定保存活用計画」とは、文化財保護法に規定する認定重要文化財保存活用計画又は認定登録有形文化財保存活用計画をいう。
* 「特定美術品」とは、認定保存活用計画に記載された次に掲げるものをいう。
  ① 文化財保護法27条《指定》1項の規定により重要文化財として指定された絵画、彫刻、工芸品その他の有形の文化的所産である動産
  ② 文化財保護法58条《告示、通知及び登録証の交付》1項に規定する登録有形文化財（建造物であるものを除く。）のうち世界文化の見地から歴史上、芸術上又は学術上特に優れた価値を有するもの

第11章 財産の評価

1 評価の原則

(1) 概観

　相続税及び贈与税の課税財産は、相続又は遺贈（以下「相続等」という。）若しくは贈与という無償で取得した財産であるため、その課税価格の計算に当たっては、取得した財産をいくらに見積もるかという「評価」の問題が発生する。

　相続税法では、評価に関しては、地上権（借地借家法に規定する借地権又は区分地上権に該当するものを除く。）、永小作権、定期金に関する権利、配偶者居住権等など、若干の財産についてその評価方法を定めているが、その他の財産については、「取得の時における時価」により評価する（相法22）とだけを定め、いわゆる時価主義を採用し、その「時価」の意味内容は法律の解釈に委ねている。

　そして、課税実務上の解釈指針としては、財産評価基本通達が示されており、実務上、これが参考とされている。

> **財産評価基本通達 1 《評価の原則》**
> 　財産の評価については、次による。
> 　(1)　評価単位
> 　　　財産の価額は、第2章以下に定める評価単位ごとに評価する。
> 　(2)　時価の意義
> 　　　財産の価額は、時価によるものとし、時価とは、課税時期（相続、

> 遺贈若しくは贈与により財産を取得した日若しくは相続税法の規定により相続、遺贈若しくは贈与により取得したものとみなされた財産のその取得の日又は地価税法第2条《定義》第4号に規定する課税時期をいう。以下同じ。）において、それぞれの財産の現況に応じ、不特定多数の当事者間で自由な取引が行われる場合に通常成立すると認められる価額をいい、その価額は、この通達の定めによって評価した価額による。
>
> (3) 財産の評価
>
> 　財産の評価に当たっては、その財産の価額に影響を及ぼすべきすべての事情を考慮する。

(2) 時価主義の意義

　財産の評価に関して、その財産の取得価額によるとする「原価主義」と、その取得時の時価によるとする「時価主義」の二つの方法が考えられる。

　相続税法では、時価主義を基本原則としているが、これは相続税又は贈与税のような財産課税にあっては、相続等又は贈与により取得した財産を、その取得時の時価により評価することが、納税者の側からみて最も共通的な判断基準として受け入れることができるし、評価基準としても最も一般性、普遍性を持つ尺度として考えられることによるものである。

　なお、前述のとおり、相続税法は、地上権、永小作権などの特定の財産以外の財産については、具体的な評価方法を定めていないので、課税実務上は、「財産評価基本通達」に基づいて評価することとされている。

(3) 課税時期

　相続税法22条《評価の原則》に示されている「取得の時における時価」を解釈するに当たっては、その「取得の時」がいつかという点が重要となる。ここで「取得の時」とは、相続等又は贈与により財産を取得した時点である

と解されている。

 具体的に、「財産を取得した時点」とは、相続等の場合は原則として被相続人又は遺贈者の死亡の日であり、贈与の場合は贈与によって財産権を取得した日である。

 財産評価基本通達では、この取得の日を「課税時期」としている。

(4) **時価の意義**

 「時価」とは、客観的な交換価値を示す価額である。財産評価基本通達では「時価」とは、課税時期において、それぞれの財産の現況において、

① 不特定多数の当事者間で通常成立すると認められる価額であること。

② 自由な取引が行われる場合に通常成立すると認められる価額であること。

とされている。すなわち、いわゆる取得原価や処分価額とは異なり、いつでも正常な状態で他の財貨と交換できる価額が時価であるといえよう。

裁判例の紹介㊺

相続税法22条にいう「時価」とは、不特定多数の当事者間で通常成立すると認められる価額をいうとされた事例

（東京地裁平成7年7月20日判決・行集46巻6＝7号701頁）

1 事案の概要
(1) 概観
　　X₁ら（原告・控訴人）2名が、それぞれ、上場株式の負担付贈与を受け、贈与税の課税価格をゼロとして申告したところ、税務署長Y（被告・被控訴人）は、かかる株式の贈与時点の東京証券取引所におけ

る最終価格が株式の価額であるとの判断に基づき贈与に係る負担額との差額を課税価格として本件各課税処分を行った。本件は、X_1らが、株式の価額は、東京証券取引所における課税時期の最終価格又は課税時期の属する月以前3か月間の毎日の最終価格の各月の平均額のうち最も低い価額によって評価すべきであり、これによれば、株式の価額と贈与に係る負担額との差額はゼロであるとして、本件各課税処分の取消しを求めた事案である。

(2) 争いのない事実

イ 昭和63年11月29日、C（X_1の祖父、X_2の父）が証券会社にN社株式23万8,000株の現物買いの注文を出すと同時に、X_1らも、同社に対してそれぞれN社株式23万8,000株の信用売りの注文を出し、同日に1株当たり1,960円で売買が成立した。

ロ 昭和63年12月2日、Cは、2億4,999万円を借り入れ、同日に手持ち資金と合わせて4億6,524万円余をN社株式の購入代金等として証券会社に振り込んだ。

ハ 昭和63年12月15日、CとX_1らの間において、X_1らがCの銀行からの借入金2億4,990万円の債務を引き受けることを条件として、Cが購入したN社株式23万8,000株をX_1らに対して贈与する旨の負担付贈与契約を締結した。

なお、同日の証券取引市場におけるN社株式の最終価格は1,980円であり、一方、X_1らが負担付贈与契約により負担すべき額は、N社株式1株当たりに換算すると1,050円にすぎないものであった。

(3) 課税価格の計算

Yの主張……23万8,000株×1,950円－2億4,990万円＝2億1,420万円

X_1らの主張……23万8,000株×1,050円－2億4,990万円＝0

2 判決の要旨

贈与税は、相続税の補完税として、贈与により無償で取得した財産

の価額を対象として課される税であるが、相続税法22条は、相続、遺贈又は贈与に因り取得した財産の価額は、特別に定める場合を除き、当該財産の取得の時における時価による旨を規定している。ところで、同条に規定される時価とは、課税時期において、それぞれの財産の現況に応じ、不特定多数の当事者間で自由な取引が行われた場合に通常成立する価額をいうものと解するのが相当であるが、対象財産の客観的交換価格は必ずしも一義的に確定されるものではなく、これを個別に評価するとすれば、評価方法等により異なる評価額が生じたり、課税庁の事務負担が重くなり、課税事務の迅速な処理が困難となるおそれがあるため、課税実務上は、財産評価の一般的基準が財産評価基本通達により定められ、これに定められた評価方法によって画一的に財産の評価が行われているところである。

　右のように財産評価基本通達によりあらかじめ定められた評価方法によって、画一的な評価を行う課税実務上の取扱いは、納税者間の公平、納税者の便宜、徴税費用の節減という見地からみて合理的であり、一般的には、これを形式的にすべての納税者に適用して財産の評価を行うことは、租税負担の実質的公平をも実現することができ、租税平等主義にかなうものであるというべきである。

　しかしながら、財産評価基本通達による画一的評価の趣旨が右のようなものである以上、これによる評価方法を形式的、画一的に適用することによって、かえって実質的な租税負担の公平を著しく害し、また、相続税法の趣旨や財産評価基本通達自体の趣旨に反するような結果を招来させるような場合には、財産評価基本通達に定める評価方法以外の他の合理的な方法によることが許されるものと解すべきである。このことは、財産評価基本通達6が「この通達の定めによって評価することが著しく不適当と認められる財産の価額は、国税庁長官の指示を受けて評価する。」と定め、財産評価基本通達自らが例外的に財産

評価基本通達に定める評価方法以外の方法をとり得るものとしていることからも明らかである。

　ところで、財産評価基本通達169は、上場株式の評価に関して、上場株式の価額は、その株式が上場されている証券取引所の公表する課税時期の最終価格又は課税時期の属する月以前３か月間の最終価格の月平均額のうち最も低い価額によって評価する旨定めている。

　証券取引所における取引価格が毎日公表されている上場株式に関しては、本来、課税時期における証券取引所の最終価格が当該上場株式の客観的交換価値、すなわち、それぞれの財産の現況に応じ、不特定多数の当事者間で自由な取引が行われた場合に通常成立する価額そのものであるということができる。しかしながら、財産評価基本通達に基づいて評価することが予定されている相続による財産の移転は、被相続人の死亡という偶発的な要因に基づき発生するものであるところ、証券取引所における上場株式の価格は、その時々の市場の需給関係によって値動きすることから、時には異常な需給関係に基づき価格が形成されることもあり得るので、偶発的な要因等によって無償取得した上場株式がこうした一時点における需給関係に基づく偶発的な価格によって評価される危険性を排除し、評価の安全を確保するため、右財産評価基本通達169は、課税時期における証券取引所の最終価格のみならず、ある程度の期間の最終価格の月平均額をも考慮して上場株式の評価を行うこととしたものであると解することができる。また、相続税の補完税である贈与税の対象となる贈与についても、相続の場合と同様の評価を行うことが要請されており、贈与が親族間における無償の財産の移転であることから、証券取引所における取引価格等を意識することなくこれを贈与することや長年保有していた株式を親族に贈与する場合もあるところ、こうした贈与についても右財産評価基本通達169を適用することにより、その財産の時価を一時点における需

> 給関係に基づく偶発的な価格によって評価することの危険性を排除して、評価の安全を確保することとしたものと解することができる。

〔コメント〕

　財産評価基本通達1(2)では、相続税法22条にいう「時価」の意義についての課税実務上の考え方が示されている。すなわち、前述のとおり、同通達は、「財産の価額は、時価によるものとし、時価とは、課税時期…において、それぞれの財産の現況に応じ、不特定多数の当事者間で自由な取引が行われる場合に通常成立すると認められる価額をいい、その価額は、この通達の定めによって評価した価額による。」としており、この考え方は裁判例においても支持されている。

　例えば、東京地裁昭和53年4月17日判決（行集29巻4号538頁）は、「相続税法は、相続税の課税価額は相続により取得した財産の価額の合計とすると規定し（相法11の2①）、当該財産の評価については、財産の価額は当該財産の取得の時の時価によるとし、原則としていわゆる時価主義を採用している（相法22）。そして、右規定にいう時価とは、当該財産の客観的交換価値、すなわちそれぞれの財産の現況に応じ、不特定多数の当事者間で自由な取引が行なわれる場合に通常成立すると認められる価額（評基通1(2)参照）をいうものと解するのが相当である。」とし、名古屋地裁昭和63年4月25日判決（税資164号227頁）は、「同条にいう時価とは、課税時期における当該財産の客観的交換価値、すなわち、一般的にいえば、課税時期において、不特定多数の当事者間で自由な取引が行われる場合に通常成立すると認められる価額…をいうものと解するのが相当である」とする。控訴審名古屋高裁平成元年1月31日判決（税資169号219頁）もこの説示を支持している。また、神戸地裁昭和53年12月13日判決（後述531頁参照〔確定〕）は、「相続税法22条に規定する贈与財産の取得時の時価とは、課税時期において、それぞれの財産の現況に応じ、不特定多数の当事者間で自由な取引が行われる場合通常成立すると認

められる価額、即ち客観的交換価格をいうものと解せられる」とする。

本判決も、「同条〔筆者注：相続税法22条〕に規定される時価とは、課税時期において、それぞれの財産の現況に応じ、不特定多数の当事者間で自由な取引が行われた場合に通常成立する価額をいうものと解するのが相当である」として、上記の裁判例と同様の判断を示した上で、一連の取引は、N社株式の市場価格と財産評価基本通達169に基づいて計算される価額との間に相当の開差があることを利用して、X_1らの負担部分のみならず、CからX_1らへの実質的な財産の移転についても贈与税の負担を回避するために計画的に行われたものであるということができると断じている。

なお、本件は、X_1らにより控訴されたが、控訴審東京高裁平成7年12月13日判決（行集46巻12号1143頁〔確定〕）はX_1らの控訴を棄却した。

次に、問題となるのが、相続等又は贈与による財産の取得後、株式価値の低落や設定されていた抵当権が実行されたことなど、何らかの理由によってその価値が低落した場合である。通説や裁判例は、課税価格に算入されるべき価額は相続時又は贈与時のそのの財産の価額であるとしている。

裁判例の紹介㊶

贈与当時における目的土地の時価を課税価格として贈与税の賦課決定がされた後に、贈与前から当該土地に設定されていた根抵当権が実行されて、受贈者は売得金の一部の還付だけしか受けられないことになったとしても、そのことによりいったん有効に成立した課税処分が後発的に無効となるものではないとした事例

（名古屋高裁昭和55年10月29日判決・訟月27巻4号654頁〔確定〕）

1　事案の概要

　名古屋地裁一宮支部は、B市宅地に関する不動産競売事件につき、昭和52年10月7日税務署長Kの交付要求に基づき本件競売々得金から金67万余円をY（被告・被控訴人）に交付する旨の配当表を作成したので、X（原告・控訴人）は同日これに対し異議を申し立てた。

　Xは、昭和46年10月27日訴外Aから本件土地の贈与を受け、同年11月15日にその旨の登記をした。ところが、税務署長Kは昭和48年12月5日、Xに対し、かかる贈与につき課税価格を金219万円余、贈与税額を金43万円余、無申告加算税額を金4万円余とする決定をした。税務署長Kの前記交付要求債権67万余円は、上記贈与税額からXが昭和52年8月20日納付した金9,800円を控除した残額金42万余円、加算税金4万余円及び延滞税金20万余円の合計額である。

　しかし、税務署長Kは次の事由により右債権の交付要求をすることはできないものであるから、Yに対する前記配当額は全部取り消されるべきである旨、Xは主張した。

　すなわち、「Xが前記贈与を受けた当時、本件土地には株式会社T銀行のため、名古屋法務局B出張所において各根抵当権設定登記がなされていた。そして、本件課税処分後、本件土地が競売され昭和51年6月21日に一旦配当表が作成されたが、その一部が取消された結果、売得金から共益費用及び右各根抵当権者に対する配当額が控除され、所有者であるXに対する還付金は金49万余円になった。右各根抵当権の被担保債権（以下、『本件根抵当債権』という。）の債務者訴外A建設株式会社（以下、『A建設』という。）は昭和48年4月18日破産宣告を受け、Xは同会社に対し求償権を事実上行使できない状況にあるので、Xの本件贈与による実質的利益は右の金49万余円である。ところで贈与税は受贈者が贈与により現実に得た利益に課税すべきものであるから（実質課税の原則）、本件贈与税の課税価格は右の49万余円でなけれ

ばならない。本件課税処分は、右各根抵当権の負担を考慮しないで課税価格を決定したものであるから、本件競売による前記事実の発生により後発的に無効となったものというべきである。」というのである。

2　判決の要旨

　　Xが本件贈与を受けた当時、本件土地にX主張の各根抵当権設定登記がなされていたこと、本件課税処分後、本件土地が競売され、その売得金から共益費用及び右各根抵当権者に対する配当額を控除すると所有者であるXに対する還付金が金49万余円であること、本件根抵当債権の債務者A建設が昭和48年4月18日破産宣告を受けたこと、及び本件課税価格が右各根抵当権の負担を考慮しないで決定されたことは当事者間に争いがない。しかし本件課税処分後、右のような事実が発生したとしても、一旦有効に成立した本件課税処分が後発的に無効になると解することはできない。

〔コメント〕

　本件においては、課税処分において課税価格が根抵当権の負担を考慮しないで、贈与当時の時価により金219万2,680円と決定されたこと、課税処分後、土地が競売され根抵当権者に対する配当等を控除すると、還付金が金49万余円であることの事実が認められる。しかしながら、受贈後、競落に至るまで土地の所有権者としての利益を享受してきたものであるといえるし、債務者に対する求償権の行使が全くできないものとは認め難いから、贈与により得た実質的利益がかかる還付金のみであるということはできないとする。また、贈与税の課税処分後に贈与財産が競落された場合、課税庁が先になされた課税処分を変更できる旨の法の規定はなく、現行法はこのような場合、課税処分の変更を許さない趣旨と解されるから、課税庁には課税処分につき減額更正をする義務があるということはできないと判示している。

　相続財産の取得後にその価値が低落した場合でも、課税価格に算入される

べき価額は相続開始時の時価であるとした事例として、東京地裁平成12年2月29日判決（税資246号1000頁）がある。同地裁は、相続財産に係る抵当権が実行され、債務者に対する求償権の行使が不能な状態となった場合は、相続人は当該不動産の財産的価値を失うこととなるとする。しかし、抵当権付不動産の相続人は、相続開始後においてその使用収益権を有するのみならず、抵当権の実行を甘受せず、当該不動産を保全するかどうかの選択権を与えられているのであって、その法的地位を考慮すれば、結果的に抵当権の実行と求償権の行使不能という事態が生じたからといって、当該不動産が相続開始時から無価値であった場合と同一視できないことは明らかというべきであるとする。よって、上記事由をもって、抵当権付不動産に対する相続税課税の根拠を失わせる原因となるものと解するのは相当でない旨判示するのである（控訴審東京高裁平成12年7月26日（税資248号445頁〔確定〕）は原審判断を維持している。）。

このように、相続税や贈与税が基準日による時価を前提として課税価格を決定する税であることから、基準日以降に価格が低落した場合における評価額が争われる事例が散見される。

ほかには、東京地裁平成9年1月23日判決（税資222号94頁）においても、相続税法22条は、相続によって取得した財産の価額は、当該財産の取得の時における時価によると規定しているところ、そこにいう「取得の時」とは、具体的には被相続人の死亡の日をいい、「時価」とは、客観的な交換価値、すなわち不特定多数の独立当事者間の自由な取引において通常成立すると認められる価額をいうものと解され、相続による財産の取得後にその価値が低下したとしても、課税価格に算入されるべき価額は、相続時における当該財産の時価と解すべきであるという。また、地価公示法は、適正な地価の形成に寄与することを目的として、標準地を選定し、その正常な価格を公示するものとし（地価公示法1）、「正常な価格」とは、土地について、自由な取引が行われるとした場合におけるその取引において通常成立すると認められる

価格をいうと規定しているから（地価公示法2②）、相続税法22条の「時価」と地価公示法の「正常な価格」とは、本来は同一の価格を指向する概念ということができると判示されている（控訴審東京高裁平成9年6月26日判決（税資223号1178頁）及び上告審最高裁平成10年2月12日第一小法廷判決（税資230号434頁〔確定〕）も第一審の判断を維持している。）。

また、相続開始後の株価の変動を考慮せず、株式評価を行う財産評価基本通達の取扱いには合理性があるとした事例として、大阪高裁昭和62年9月29日判決（168頁、548頁参照）などがある。

2 法定評価

(1) 規定の概観

相続税法は、第3章「財産の評価」において、22条《評価の原則》を定めた上で、23条《地上権及び永小作権の評価》から26条《立木の評価》までに「法定評価」（地上権、永小作権、配偶者居住権、定期金に関する権利及び立木の評価方法）について規定している。

財産の時価を客観的に評価することには困難を伴い、容易なものではないといえよう。また、納税者間で財産の評価が異なることを放置することは公平の観点からみて好ましいこととはいえまい。そこで、相続税法は法定評価として、特に評価が困難であると思われる若干の財産に関し、その価額の算定について規定を設けているのである。それが、地上権、永小作権、配偶者居住権、定期金に関する権利及び立木の法定評価である。

(2) 地上権、永小作権

地上権（借地借家法に規定する借地権又は区分地上権に該当するものを除く。）及び永小作権の価額は、その残存期間に応じてその目的となっている土地のこれらの権利が設定されていないとした場合の時価に一定の割合を乗じて計

算した金額による（相法23）。

* 「地上権」とは、他人の土地において工作物又は竹木を所有するためその土地を使用する権利（民265）であり、「永小作権」とは、小作料を払い他人の土地に耕作又は牧畜をなす権利（民270）である。

(3) 配偶者居住権等

配偶者居住権の創設に伴い（4頁参照）、相続税法では、配偶者居住権のほか、居住建物、敷地利用権及び居住建物の敷地の用に供される土地（土地の上に存する権利を含む。）について評価方法が定められている（相法23の2）。

① 配偶者居住権

$$\text{居住建物の時価} - \text{居住建物の時価} \times \frac{\text{耐用年数} - \text{経過年数} - \text{存続年数}}{\text{耐用年数} - \text{経過年数}} \times \text{存続年数に応じた法定利率による複利現価率}$$

② 居住建物の所有権

$$\text{居住建物の時価} - \text{配偶者居住権の価額}$$

③ 配偶者居住権に基づき居住建物の敷地を使用する権利

$$\text{土地等の時価} - \text{土地等の時価} \times \text{存続年数に応じた法定利率による複利現価率}$$

④ 居住建物の敷地の用に供される土地

$$\text{土地の時価} - \text{敷地利用権の価額}$$

(4) 定期金に関する権利

郵便年金契約その他の定期金給付契約に基づく定期金に関する権利については、その定期金の給付期間に応じ、有期定期金、無期定期金、終身定期金

定期金に関する権利の評価

平成22年度税制改正により、定期金に関する権利（年金受給権）の評価について見直しが行われ、以下のとおりとされた。

1 定期金給付事由が発生しているもの（相法24）
  ① 有期定期金
  次のいずれか多い金額
  ・解約返戻金の額
  ・定期金に代えて一時金の給付を受けることができる場合には一時金相当額
  ・$\begin{pmatrix} 給付を受けるべき金額 \\ の1年当たりの平均額 \end{pmatrix} \times \begin{pmatrix} 残存期間に応ずる予定利率 \\ による複利年金現価率 \end{pmatrix}$

  ② 無期定期金
  次のいずれか多い金額
  ・解約返戻金の額
  ・定期金に代えて一時金の給付を受けることができる場合には一時金相当額
  ・$\begin{pmatrix} 給付を受けるべき金額 \\ の1年当たりの平均額 \end{pmatrix} \div 予定利率$

  ③ 終身定期金
  次のいずれか多い金額
  ・解約返戻金の額
  ・定期金に代えて一時金の給付を受けることができる場合には一時金相当額

・$\left(\begin{array}{l}\text{給付を受けるべき金額}\\\text{の1年当たりの平均額}\end{array}\right) \times \left(\begin{array}{l}\text{終身定期金に係る定期金給}\\\text{付契約の目的とされた者の}\\\text{平均余命に応ずる予定利率}\\\text{による複利年金現価率}\end{array}\right)$

④ 一定期間かつ受取人の生存中に限り支払われるもの（期間付終身年金）……①と③のいずれか少ない金額

⑤ 受取人の生存中に支払われ、かつ、一定の保証期間に限り継続受取人に支払われるもの（保証期間付終身年金）……①と③のいずれか多い金額

2 定期金給付事由が発生していないもの（相法25）

解約返戻金の額により評価する。

解約返戻金を支払う旨の定めがない場合には、次により評価する。

① 一時払いの場合

$\left(\begin{array}{l}\text{経過期間につき、掛金（保険料）の払込金額に対し}\\\text{予定利率の複利による計算をして得た元利合計額}\end{array}\right) \times 0.9$

② 一時払い以外の場合

$\left(\begin{array}{l}\text{経過期間に払い込まれた}\\\text{掛金（保険料）の額の1}\\\text{年当たりの平均額}\end{array}\right) \times \left(\begin{array}{l}\text{経過期間に応ずる}\\\text{予定利率による複}\\\text{利年金終価率}\end{array}\right) \times 0.9$

〔参考〕

【平成22年改正前】

1 定期金給付事由が発生しているものに関する権利の価額は、次によって評価する。

① 有期の定期金……給付金額の総額に次の割合を乗じて計算した金額（1年間に受ける金額の15倍を限度とする。）

残存期間	割合	残存期間	割合
5年以下	70%	15年超25年以下	40%
5年超10年以下	60%	25年超35年以下	30%
10年超15年以下	50%	35年超	20%

② 無期の定期金……1年間に受ける金額の15倍

③ 終身の定期金……1年間に受けるべき金額に、次の権利取得時の年齢に応じた倍数を乗じて計算した金額

年　齢	倍数	年　齢	倍数
25歳以下	11	50歳超60歳以下	4
25歳超40歳以下	8	60歳超70歳以下	2
40歳超50歳以下	6	70歳超	1

2　定期金給付事由が発生していないものに関する権利の価額は、その掛金等の払込開始の時から、その契約に関する権利を取得した時までの経過期間に応じて、その時までに払い込まれた掛金等の合計額に、次の割合を乗じて計算する。

経過期間	割合	経過期間	割合
5年以下	90%	10年超15年以下	110%
5年超10年以下	100%	15年超	120%

＊　「有期定期金」とは、一定期間に金銭その他の物の給付を受ける権利をいう。

＊　「無期定期金」とは、定期金の給付事由発生後給付期間が無期限のもので、将来無期限に定期的に金銭その他の物の給付を受ける権利をいう。

＊　「終身定期金」とは、その目的とされた者が死亡するまでの間、定期に金銭その他の物の給付を受ける権利をいう。

(5)　立木の評価についての特例

相続又は遺贈（包括受遺者及び被相続人からの相続人に対する遺贈に限る。）に

より取得した立木は、立木の時価の85％相当額により評価する（相法26）。

3　時価評価の取扱い

(1)　財産評価基本通達と財産評価

財産をどのように評価するかについては、しばしば多くの困難を伴う作業となる。前述したとおり、時価は相続税や贈与税の課税標準を構成するので、時価の評価が正しいものであるかどうかは、相続税又は贈与税の負担に直接影響するのである。したがって、課税上極めて重要な作業であるといえよう。

その際に、国税庁が示す財産評価についての課税実務上の解釈指針である財産評価基本通達が、通達行政に関する多くの問題点を抱えながらも重要な意味を有することは他言を要しない。この財産評価基本通達では、毎年基準となる土地の価額（路線価）を定めて、全国的に統一的取扱いを示しており、この通達に示されている評価方法を理解することは極めて重要であるといえよう。

もっとも、通達は法令ではなく、個別の財産の評価は、その価額に影響を与えるあらゆる事情を考慮して行われるべきであるから、ある財産の評価が通達と異なる基準で行われたとしても、それが直ちに違法となるわけではない。

裁判例の紹介(57)

通達は法規としての性格を有するものではないから、課税処分が評価通達の趣旨に反するとしても、その効力は左右されないとした事例

（東京地裁昭和45年７月29日判決・訟月16巻11号1361頁）

（東京高裁昭和48年３月12日判決・税資69号634頁）

（最高裁昭和49年６月28日第三小法廷判決・税資75号1123頁〔確定〕）

1 事案の概要

　X（原告・控訴人・上告人）らは、昭和39年1月11日、Tの死亡により、同人が賃貸していた本件宅地を相続し、協議の結果、そのうちA部分はXsに、残余のB部分はその余のXらに分割されたので、いずれの部分についても借地権割合を8割、したがって、底地価格を自用地としての価格の2割と算定して、それぞれ主張のごとき相続税の申告をした。これに対し、税務署長Y（被告・被控訴人・被上告人）は、Xsについては、地代が高額であるので借地権割合が経済的にはゼロであるとして更正処分を行い、また、その余のXらについても、Xsを含む全ての相続人らに係る課税価格の合計額を基礎として算出した相続税の総額が違ってきたことを理由として更正処分を行ったところ、Xらが提訴した。

2 判決の要旨

(1) 第一審判決

　イ　おもうに、借地権の設定されている宅地の価格は、借地権の設定にあたり権利金、礼金等の名目で一時金が支払われている場合においては、その一時金の法的性質如何にかかわらず、宅地所有者がこれに相当する宅地使用の対価を取得しているのであるから、地代の額もそれだけ低く定められており、したがって、借地権取引の慣行がみられる東京都のごとき大都市においては、当該宅地の自用地としての価格よりも、巷間借地権価格と称されている二分土地の適正賃料と実際に支払われる地代との差額に賃借権の存続期間を乗じた借地人に帰属すべき二分利益の額だけ低く評価されることとなる。これに対し、権利金等の授受がなく、地代の額が適正賃料によって定められ、しかも、それが地価の高騰に絶えず随伴して増額されている場合においては、前記借地人に帰属すべき利益の生ずる余地がなく、また、地代の資本還元額も宅地の自用地としての価格に等し

い関係にあるので、当該宅地の価格は、自用地としての価格に相応するものとなる。もっとも、この場合においても、宅地所有者は、賃貸条件に基づく宅地の最有効使用の制約を受け、また、譲渡抵当権の設定等についても事実上制約を受けているので、これらの経済的不利益が宅地の評価に影響を与えることは、否定し得ないところである。

また、相続税法の規定によれば、相続によって取得した財産の価格は、当該財産の取得の時における時価によって評価することとなっている（相法22参照）。そして、ここにいう時価とは、当該財産の取得の時において、その財産の現況に応じ、不特定多数の当事者間で自由な取引が行なわれる場合に通常成立すると認められる価格を指すものと解すべきであり（評基通１参照）、また、借地権は、契約の内容、締結の経緯、経過した契約期間等によって個々に異なるものであるとはいえ、特段の事情がある場合を除き、前記経済的利益又は不利益がそのまま底地所有権又は借地権の取引価格に反映するものではないので、これらの権利の時価は、近隣地域および同一需要圏内の類似地域における取引慣行とその成熟の程度等を考慮して決定するのが相当である。

いま、本件についてこれをみるのに、本件宅地のうちXsの取得したＡ部分は、権利金等の授受がなく、地代の額を3.3㎡当り年額６万6,000円（宅地の自用地としての価額3.3㎡当り41万6,000円に対する割合は15.8％）と定められ、他方、その余のＸらの取得した残余Ｂ部分については、権利金の授受が行なわれ、その地代の額が3.3㎡当り年額6,600円（宅地の自用地としての価額3.3㎡当り41万6,000円に対する割合は1.58％）と定められていたことは、Ｘらの自ら認めて争わないところであり、しかも、Ａ部分の地代の資本還元額が、市中金利を８％とみて複利年金現価率によって計算すると、借地権の存続

期間を20年と考えても、ほぼ宅地の自用地としての価格に相当すること、計数上明らかである。それ故、Xら主張のごとく、A・Bいずれの部分も、一筆の土地の一部であって、同一幅員で道路に面しており、その利用価値はもとより自用地としての価格も同一であるとしても、相続税の課税価格の決定に当たっては、両地を区別して取り扱うことは相当であるというべく、Xら主張のごとくB部分に適用された財産評価基本通達25・27による評価方法は、国税局長が本件宅地の属する地域においては宅地の自用地としての価格の約8割に相当する権利金の授受が行なわれるところから、その地代率が宅地の自用地としての価格のおおむね1.5％と定められているという調査結果に基づき、借地権割合を8割と定めて行なうものであること、証人Sの証言によって明らかであるから、かかる前提条件を欠くA部分については、右の評価方法を適用する余地がないものというべきである。

```
A部分（権利金等の授受なし）        B部分（権利金等の授受あり）

3.3㎡……年額6万6,000円           3.3㎡……年額6,600円

宅地自用地3.3㎡＝41万6,000円      宅地自用地3.3㎡＝41万6,000円

41万6,000円に占める割合…15.8％    41万6,000円に占める割合…1.58％
            ↓                              ↓
     評基通によらない評価              評基通による評価
```

ロ　また、Xらは、東京都内においては、本件宅地のごとく、宅地の自用地としての価額が3.3㎡当り35万円以上60万円未満で、権利金授受の慣行のある地域については、借地権割合を8割と定めて相続財産の評価を行うことが慣習法的規律として行政先例法となっているのに、本件各更正処分はかかる先例法に違反する、と主張する。

しかし、右の評価方法が行政先例法であると認めるに足る資料がないばかりでなく、かえって、前掲証人の証言によれば、従来、権利金等の授受が行なわれていない場合においても地代の額の多寡によって底地価格の調整をしていなかったのは、借地権の設定が古く、その地代の額が地代家賃統制令や社会的・経済的諸事情によって適正地代よりも低く押えられ、また、その値上率も地価の高騰率にはるかに及ばないのが実情であったし、たとえ適正地代に達する高額地代の定めがあったとしても、この場合には権利金等に相当する部分について認定課税を行なうこととしていたが、昭和37年ころより、右のごとく地代の資本還元額が当該宅地の自用地としての価格に等しいほど地代の額が高く定められているときは、権利金等の授受が行なわれるいわれがないという理由によって、認定課税を行なわない方針に改められたところから、同族会社相互間又は同族会社と法人の代表者間等において、借地権を設定するにあたり、権利金等の授受に代えて高額の地代の定めをする事例がみられるようになったので、国税庁長官は、昭和39年4月25日付で、各国税局長に宛て現行評価通達を発し、所論のごとき従来から行われてきた同通達25・27所定の方法によって相続財産を評価することが著しく不適当であると認められる場合には、同通達6の定めるとおり、国税庁長官の指示を受けて評価を行うべきこととした事実を認めることができるので、Xら主張のごとき慣行は、存在していなかったというべきである。

　なお、通達は、それが国民の権利義務に重大なかかわりをもつものであっても、法規としての性質を有するものではないから、行政機関が通達の趣旨に反する処分をしたからといって、そのことにより、当該処分の効力が左右されるわけではない（最高裁判所昭和43年12月24日第三小法廷判決・民集22巻13号3147頁参照）。それ故、評価

通達違反をいうXらのその余の主張は、それ自体理由がないこと明らかである。

(2) 控訴審判決

相続税の課税に当っては、相続財産の価格が、その相続取得の時価によって評価されることは相続税法22条の定めるところである。ところで、その時価の算定は具体的な財産毎に甚だしく多様な各種事情を参酌してなされることになり、その結果として、納税者にとって納税額の予測、申告額の算出等に困難をもたらし、他方、ときにより、課税処分の公正を疑われることもあり得ないとはいえない。したがって、その時価算定について取扱基準について通達等を定めて、可能なかぎり算定上の扱いを統一的にし、明確、公正な行政に資することは望ましいことではあるが、そのことは右各事情からしてより多く便宜であるというに止まり、すべての特種な場合を含めて一般基準を定めなければ、公平、公正、能率を期されないというものではない。社会事情は常に変動し、時価算定の参考諸要素は時と所によって一定でないから、特種な事情のあり得る財産の評価についてまでも一般的な基準によるように固執し、右変動と個別性とを無視するときは却って時価算定が不適正となり、課税の公平を欠くことになるからである。これを避けるためには、右特種財産の時価算定に当たり、課税当局者が、ただ通常一般の財産評価基準のみによるのではなく、変動する諸事情と個別性とを調査、観察した上、さらに上級官庁による指示を求めさせて、その厳正な検討と監督とを加えて個別にその時価を算定することにするのも、その算定の具体的な妥当性と課税の公平とを期し、かつ、算定の客観性と公正とを保たせる適切な方法でもあるということができる。

このように、右時価の算定基準を一般的に定め、常に社会事情の変動等に応じてその改定に努め、さらにこれによることが却って課税の

公平を期し難いものについて個別的な算定方法をとっても、なお、個々の財産の評価に当たって配慮すべき事情のある場合もあり得るのであって、右算定に当る行政庁の措置が右予め定められた基準や方法の範囲であれば、自由であるというものでないことはいうまでもなく、それが適正を欠くときは、所定の手段でその是正を求めることもでき、さらに、本件のように出訴の途もある。これらのことを併せ考えれば、右財産の時価算定方法が一般的なものにせよ、特別なものにせよ、法定されていないことをもって憲法84条に違反するとはいえない。

(3) 上告審判決

相続税法22条の規定が「時価」の算定を課税庁に一任したもの、又は一任したと同視すべきものであると解することはできず、したがって、所論違憲の主張は前提を欠き、また、同条の規定が所論申告納税方式に反するものとはいえない。

〔コメント〕

申告納税方式は、国税通則法16条《国税についての納付すべき税額の確定の方式》の定めるとおり、納付すべき税額は納税者の申告により確定することを原則とする方式である。

そのことから、Xらは、相続税も申告納税方式を採用しているとして、相続財産の価額算定についても所得税及び法人税と同じく法律により相続財産評価基準を設け、納税者に正確な自主的申告を容易かつ明確にすることは、租税公平の原則と憲法84条に適合するものであり、相続税法22条の如く相続財産の9割以上を占める財産の価額は「時価」によるものとし、「時価」の算定を最終的には課税上級庁の通達に基づき税務署長において決定することは、憲法の租税法律主義に違反するのみならず、申告納税方式にも著しく違反すると主張する。

この点について、本件最高裁は、相続税法22条の規定が「時価」の算定を

課税庁に一任したもの、又は一任したと同視すべきものであると解することはできず、したがって、憲法84条に違反するとの主張はその前提を欠き、また同規定が申告納税制度に反するとはいえないとして、Xらの主張を排斥している。

＊　相当の地代を収受している貸宅地の評価については、505頁を参照されたい。

裁判例の紹介 ㊽

通達による画一的な事務処理が確立している場合に、特段の合理的な理由がなく、特定の者に対してのみこれによらずに、不利益な処分をすることは平等原則に違反するものとして適切でないとした事例

（名古屋地裁平成元年3月22日判決・税資169号939頁）

1　事案の概要

本件は、特殊関係者とXら（原告・控訴人）の間の株式取引における適正な時価の算定について争われた事例である。

税務署長Y（被告・被控訴人）は、個人的経営形態の色彩の濃い株式会社における株式は、その本質において持分的経営参加性が極めて強く、その価値は、会社資産に密接に依存しているから、これを評価するには、純資産法、すなわち、課税時期直前の事業年度における総資産価額から負債を控除した純資産価額を当該会社の株式数で除した金額をもって1株の価額とする方法を適用するのが最も合理的であるとし、予備的に財産評価基本通達による類似業種比準価額法を主張した。これに対して、Xらは、一般的に、類似業種比準価額法は、①投機的要素から形成される上場株式の株価を基礎として非上場株式の価額を算定するのは誤りである、②配当金額、利益金額及び純資産価額

の三要素以外の株価形成要因を斟酌しないので妥当性を欠く、などと主張をした。

2　判決の要旨

通達は、一般には上級機関がその監督権の一環として下級機関の権限の行使について指図するものであり、当該行政機関の間で効力をもつ行政組織内部の規範にすぎないから、行政庁が国民に対し、通達に違反する処分を行っても、その処分は直ちに違法となるものではなく（最高裁昭和28年10月27日判決民集7巻10号1141頁参照）、逆に当該行政処分が通達に適合しているからといって、その処分の適法性を根拠づけることはできないことはXらの主張するとおりであると解されるが、そうであるとしても、当該通達による画一的な事務処理が確立している場合に、特段の合理的な理由がなく、特定の者に対してのみこれに拠らずに不利益な処分をすることは、平等原則に違反するものとして適切でないといわざるを得ない。

〔コメント〕

本判決は、純資産法が訴外会社や本件株式の特質に照らして合理的であるとしても、納税者に対する平等的取扱いの観点から、類似業種比準価額法を排除すべきものではなく、これらを総合した方式（具体的には、財産評価基本通達の定める方式による評価額が純資産法によるそれよりも下回る場合には、これをもって純資産法による評価額を修正する方式）によるのが相当であり、この意味で、Yが主位的に主張する純資産法と予備的に主張する類似業種比準価額法の重畳的適用が、本件においては最も合理的というべきであるとし、財産評価基本通達によって財産評価することの適法性を論じている。

通達による方式の妥当性が議論されるところ、本判決は、非上場株式に係る評価方法の合理性に関し、証券取引所における取引価額や適正な売買事例の存しない非上場株式を評価するには、事実認識としての客観的交換価値の

把握には自ずから限界があり、様々な事実を前提に推論を重ねる擬制的算定方式によらざるを得ないが、現状においては、かかる前提事実や推論の過程にどれほど社会科学の成果を組み入れようとも、普遍的法則性が認められる程度に株価形成のメカニズムが解明されているとはいえず、したがって、自然科学の分野におけるような正確性を持った評価は求め得べくもないので、ある評価方式が評価目的に沿った規範的観点からの前提事実、推論方法を採用しており、他に特段の不合理性が認められない以上、この方式によって得られた評価額は、一応合理的なものとして容認すべきものであるとしているのである。

ところで、株式の価額を評価する必要が生ずる場面としては、商法・会社法上、譲渡制限のある株式の先買権者による買取価格の決定、営業譲渡、株式譲渡制限のための定款変更、合併に反対する株主の買取請求に基づく買取価格の決定、新株発行が不公平なものか否かの判断を必要とする場合が考えられるが、本件株式の評価の目的は、これにより得られた価額をもって、Xらの贈与税の納税義務の有無及びその金額を判定することであって、そのような場合とは局面を異にすることはいうまでもないとし、特徴的な2点から一応の合理的な評価方法で足りるとするのである。

そこにいう二つの特徴として、本判決は次のような点を指摘している。

① そこには、私人間の対等な関係とは異なり、国とその統括権に服する国民という権力的な関係を規律するものとしての原理が求められているから、評価額が客観的交換価値を上回る可能性はできる限り排除されなければならないが、逆にこれを下回る可能性に対しては、特段の事情のない限り、これに対する配慮をしなくとも、その評価の合理性ないし適法性に影響を与えるものではないこと。

② 課税事務は、大量かつ反復して遂行されるものであるから、行政の公平性ないし一貫性の立場から、ある程度、画一的な基準を設定する必要のあることは容易に肯認することができ、したがって、そのような一般的な合

理性を満たす評価方式であれば、具体的にその株式に対して同方式を適用することが不合理であるとの特段の事情が明らかにされない限り、その結果たる評価額も合理性、適法性を失うものではないこと。

その上で、本判決では、特段の合理的な理由なく通達によらないこととした場合の平等原則違反を判示しているのである。

なお、本件は控訴されたが、本判決の判断は、控訴審名古屋高裁平成4年2月27日判決（税資188号446頁〔確定〕）によっても維持されている。

ところで、平等原則違反との関係で通達の取扱いの適法性につき判示された、つとに有名な例として、いわゆるスコッチライト事件がある。

同事件において、大阪高裁昭和44年9月30日判決（判タ241号108頁）は、「憲法84条は租税法律主義を規定し、租税法律主義の当然の帰結である課・徴税平等の原則は、憲法14条の課・徴税の面における発現であると言うことができる。みぎ租税法律主義ないし課・徴税平等の原則に鑑みると、特定時期における特定種類の課税物件に対する税率は日本全国を通して均一であるべきであって、同一の時期に同一種類の課税物件に対して賦課・徴収された租税の税率が処分庁によって異なるときには、少くともみぎ課・徴税処分のいづれか一方は誤った税率による課・徴税をした違法な処分であると言うことができる。けだし、収税官庁は厳格に法規を執行する義務を負っていて、法律に別段の規定がある場合を除いて、法律の規定する課・徴税の要件が存在する場合には必ず法律の規定する課・徴税をすべき義務がある反面、法律の規定する課・徴税要件が存在しない場合には、その課・徴税処分をしてはならないのであるから、同一時期における同一種類の課税物件に対する二個以上の課・徴税処分の税率が互に異なるときは、みぎ二個以上の課・徴税処分が共に正当であることはあり得ないことであるからである。そしてみぎ課税物件に対する課・徴税処分に関与する全国の税務官庁の大多数が法律の誤解その他の理由によって、事実上、特定の期間特定の課税物件について、法定の課税標準ないし税率より軽減された課税標準ないし税率で課・徴税処分

をして、しかも、その後、法定の税率による税金とみぎのように軽減された税率による税金の差額を、実際に追徴したことがなく且つ追徴する見込みもない状況にあるときには、租税法律主義ないし課・徴税平等の原則により、みぎ状態の継続した期間中は、法律の規定に反して多数の税務官庁が採用した軽減された課税標準ないし税率の方が、実定法上正当なものとされ、却って法定の課税標準、税率に従った課・徴税処分は、実定法に反する処分として、みぎ軽減された課税標準ないし税率を超過する部分については違法処分と解するのが相当である。したがって、このような場合について、課税平等の原則は、みぎ法定の課税標準ないし税率による課・徴税処分を、でき得る限り、軽減された全国通用の課税標準および税率による課・徴税処分に一致するように訂正し、これによって両者間の平等をもたらすように処置することを要請しているものと解しなければならない。」と判示している。

この事件において、納税者は、本件物品（スコッチライト。ポリエステル系の合成樹脂層等で組成されたもので道路標識、船舶浮標等夜間の標識用材料として利用されるもの）の関税率表の適用について、Ａ税関では30％と判断したがＢ税関では20％としていたから、Ａ税関の行った本件課税徴収処分は憲法84条さらには同法14条に違反すると主張した。そこで、大阪高裁は、課・徴税平等の原則に鑑みて、慣例に反してなされた関税の賦課、徴収処分は、租税平等主義に反し、違法であるとしたのである。

裁判例の紹介(59)

評価通達によらないことに合理性があるとした事例

（東京地裁平成４年３月11日判決・判時1416号73頁）

1　事案の概要

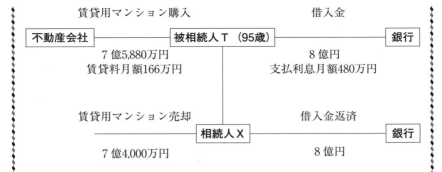

* 賃貸用マンションの相続税評価　　1億3,000万円
  債務控除　　　　　　　　　　　　　8億円

2　判決の要旨

　本件マンションの価額の評価について、税務署長Y（被告・被控訴人・被上告人）は評価通達によらないことが正当として是認される特別の事情があるからその購入価額をもって相続税法22条所定の時価とすべきであると主張するのに対し、Xら（原告・控訴人・上告人）は財産評価基本通達（以下「評価通達」という。）に基づいてこれを評価すべきであると主張するので、この点について判断する。

イ　相続税法22条は、相続財産の価額は、特別に定める場合を除き、当該財産の取得の時における時価によるべき旨を規定しており、右の時価とは相続開始時における当該財産の客観的な交換価格をいうものと解するのが相当である。しかし、客観的な交換価格というものが必ずしも一義的に確定されるものではないことから、課税実務上は、相続財産評価の一般的基準が評価通達によって定められ、そこに定められた画一的な評価方式によって相続財産を評価することとされている。これは、相続財産の客観的な交換価格を個別に評価する方法をとると、その評価方式、基礎資料の選択の仕方等により異なった評価額が生じることを避け難く、また、課税庁の事務負担が重くなり、課税事務の

迅速な処理が困難となるおそれがあること等からして、あらかじめ定められた評価方式によりこれを画一的に評価する方が、納税者間の公平、納税者の便宜、徴税費用の節減という見地からみて合理的であるという理由に基づくものと解される。

　そうすると、特に租税平等主義という観点からして、右通達に定められた評価方式が合理的なものである限り、これが形式的にすべての納税者に適用されることによって租税負担の実質的な公平をも実現することができるものと解されるから、特定の納税者あるいは特定の相続財産についてのみ右通達に定める方式以外の方法によってその評価を行うことは、たとえその方法による評価額がそれ自体としては相続税法22条の定める時価として許容できる範囲内のものであったとしても、納税者間の実質的負担の公平を欠くことになり、許されないものというべきである。

　しかし、他方、右通達に定められた評価方式によるべきであるとする趣旨が右のようなものであることからすれば、右の評価方式を画一的に適用するという形式的な平等を貫くことによって、かえって実質的な租税負担の公平を著しく害することが明らかな場合には、別の評価方式によることが許されるものと解すべきであり、このことは、右通達において「通達の定めによって評価することが著しく不適当と認められる財産の価額は、国税庁長官の指示を受けて評価する。」と定められていることからも明らかなものというべきである。すなわち、相続財産の評価に当たっては、特別の定めのある場合を除き、評価通達に定める方式によるのが原則であるが、評価通達によらないことが相当と認められるような特別の事情のある場合には、他の合理的な時価の評価方式によることが許されるものと解するのが相当である。

ロ　そこで、本件マンションの価額を評価するに当たり、評価通達によらないことが相当と認められるような特別の事情があるか否かについ

て判断する。

　そもそも、本件の場合のように、被相続人が相続開始直前に借り入れた資金で不動産を購入し、相続開始直後に右不動産が相続人によってやはり当時の市場価格で他に売却され、その売却金によって右借入金が返済されているため、相続の前後を通じてことがらの実質を見ると当該不動産がいわば一種の商品のような形で一時的に相続人及び被相続人の所有に帰属することとなったに過ぎないとも考えられるような場合についても、画一的に評価通達に基づいてその不動産の価額を評価すべきものとすると、他方で右のような取引の経過から客観的に明らかになっているその不動産の市場における現実の交換価格によってその価額を評価した場合に比べて相続税の課税価格に著しい差を生じ、実質的な租税負担の公平という観点からして看過し難い事態を招来することとなる場合があるものというべきであり、そのような場合には、前記の評価通達によらないことが相当と認められる特別の事情がある場合に該当するものとして、右相続不動産を右の市場における現実の交換価格によって評価することが許されるとするのが相当である。そして、右認定のような事実関係からすれば、本件はまさにそのような場合に該当するものといわなければならない。

　この点に関し、Xらは、Tによる本件マンションの購入は、転売利益を図ることをも目的として行われた通常の経済取引行為であって、ことさらに相続税の負担を免れることを企図してなされたものではないから、本件マンションを評価通達によらずに評価することが許されるような特別の事情は存しないと主張する。しかしながら、前述したところからすれば、前記のような借入金による不動産の取得が転売利益を図ることをも目的として行われたからといって、このことによって右不動産を評価通達によらずに評価することが許される特別の事情の存在が肯定されなくなるものとすべき根拠は乏しいものといわなけ

ればならない。のみならず、前記認定のとおり、被相続人であるTはかねてから相続税対策について関心を有していたところ、自己が病床にありしかも95歳という高齢にありながら、自らの発意で8億円もの資金を毎月の利息負担だけでも480万円になるという高利で借り入れて本件マンションを購入し、しかもこれを右1か月当たりの利息返済額の半額にも満たない月額166万円余でRに賃貸することをしたのであり、これらの事実からすれば、Tは、もともと本件マンションが相続開始後間もなく他に売却されることを予定して、評価通達による不動産評価額が実勢価格よりも低廉であることを利用することによって購入資金用の本件借入金と本件マンションの評価額との差額分について課税価格を圧縮し相続税の負担の回避を図るために、本件マンションの購入を行ったものであることが優に推認できるものというべきである。したがって、いずれにしても、Xらの右主張は採用できない。

〔コメント〕

　上記のとおり、本判決は、被相続人が死亡の直前の時期に購入資金を他から借り入れて購入し、相続人らが相続開始直後に売却処分してその売却代金で右借入金債務を弁済した土地付の分譲マンションについて、その相続財産としての価額を、評価通達に定められたいわゆる路線価及び固定資産税評価額によることなく、その取得価額自体によって評価してなされた相続税更正処分を適法なものとして是認した。

　本判決は、課税実務上、評価通達に定められた画一的な評価方式によって相続財産を評価することとしているのは、個別評価の方法を採ると、評価方式、基礎資料の選択の仕方等により異なった評価額が生じることを避け難く、課税庁の事務負担が重くなり、課税事務の迅速な処理が困難となるおそれがあること等からして、あらかじめ定められた評価方式により画一的に評価する方が、納税者間の公平、納税者の便宜、徴税費用の節減の見地から見て合

理的であるという理由に基づくものとする。そして、この趣旨からすれば、その評価方式を画一的に適用することにより、かえって実質的な租税負担の公平を著しく害することが明らかな場合には、別の評価方式によることが許されるものと解すべきであるとしている。この点については、財産評価基本通達6に定めがある（464頁参照）。

なお、本判決の判断は、控訴審東京高裁平成5年1月26日判決（税資194号75頁）及び上告審最高裁平成5年10月28日第一小法廷判決（税資199号670頁〔確定〕）によっても維持されている。

(2) 財産評価の原則

「時価」とは、課税時期における財産の状況に応じ、不特定多数の当事者間で自由な取引が行われる場合に通常成立すると認められる価額をいうのであるが、財産評価基本通達が評価方法について採用している共通原則のうち、主なものは次のとおりである。

① 個別評価の原則

　財産の価額は、個々の評価単位ごとに評価し、その評価額の合計額をもってその財産の価額とするいわゆる個別評価方法を原則とする（評基通1(1)）。

② 共有財産の持分

　共有財産の持分の価額は、共有財産の評価額をそれぞれ共有者の持分に応じてあん分した価額により評価する（評基通2）。

③ 区分所有されている財産

　区分所有されている財産の各部分の価額は、その財産の評価額を基とし、各部分の使用収益などの状況を勘案して計算した各部分に対応する価額により評価する（評基通3）。

④ 元物と果実

　天然果実の価額は、元物の価額に含めて評価し、法定果実の価額は、

元物とは別に評価するのを原則とする（評基通4）。

⑤ 邦貨換算

外貨建てによる財産及び国外にある財産の邦貨換算（円換算）は、納税者の取引金融機関が公表する課税時期における最終の為替相場（対顧客直物電信買相場：TTB）によることを原則とする（評基通4－3）。

⑥ 基準年利率

基準年利率は、年数又は期間に応じ、日本証券業協会において売買参考統計値が公表される利付国債に係る複利利回りを基に計算した年利率によることとし、その利率は、短期（3年未満）、中期（3年以上7年未満）及び長期（7年以上）に区分し、各月ごとに別に定める（評基通4－4）。

⑦ 国外にある財産

国外にある財産の価額についても、財産評価基本通達に定める評価方法により評価する（評基通5－2）。

⑧ 財産評価に影響を及ぼす事情の加味

財産評価は、それぞれの財産の現況に応じて評価するのであるが、その評価に当たっては、財産についての価額に影響を及ぼすべき全ての事情を考慮することとしている（評基通1(3)）。

⑨ この通達の定めにより難い場合の評価（いわゆる総則6項）

この通達の定めによって評価することが著しく不適当と認められる財産の価額は、国税庁長官の指示を受けて評価する（評基通6）。

裁判例の紹介⑩

節税目的で取得した不動産の相続税評価について財産評価基本通達6を適用した事例（いわゆるタワマン事件）

（東京地裁令和元年8月27日判決・民集76巻4号421頁）

（東京高裁令和2年6月24日判決・民集76巻4号463頁）
（最高裁令和4年4月19日第三小法廷判決・民集76巻4号411頁〔確定〕）

1 事案の概要
 イ 被相続人は、平成24年に94歳で死亡したが、その3年5か月前に甲不動産を8億3,700万円で取得し、更に2年6か月前に乙不動産を5億5,000万円で取得した。被相続人は、これらの不動産（以下「本件各不動産」という。）の購入資金としてM信託銀行から合計10億円余を借り入れているが、同銀行がその際に作成した貸出稟議書には「相続対策のため不動産購入を計画。購入資金につき、借入の依頼があったもの。」との記載がある。
 ロ 被相続人の共同相続人であるXら（原告・控訴人・上告人）は、本件相続により取得した本件各不動産の価額を財産評価基本通達（以下「評価通達」という。）の定める評価方法により評価して相続税の申告をしたところ、S税務署長から本件各不動産の価額につき評価通達の定めにより評価することが著しく不適当と認められるとして、鑑定評価額に基づき更正処分等を受けた。本件は、Xが国Y（被告・被控訴人・被上告人）を相手取り、かかる処分の取消しを求めて提訴した事案である。
2 判決の要旨
(1) 第一審判決
 イ 評価対象の財産に適用される評価通達の定める評価方法が適正な時価を算定する方法として一般的な合理性を有する場合においては、評価通達の定める評価方法が形式的に全ての納税者に係る全ての財産の価額の評価において用いられることによって、基本的には、租税負担の実質的な公平を実現することができるものと解されるので

あって、相続税法22条《評価の原則》の規定もいわゆる租税法の基本原則の一つである租税平等主義を当然の前提としているものと考えられることに照らせば、特定の納税者あるいは特定の財産についてのみ、評価通達の定める評価方法以外の評価方法によってその価額を評価することは、原則として許されないものというべきである。しかし、他方、評価通達の定める評価方法によっては適正な時価を適切に算定することができないなど、評価通達の定める評価方法を形式的に全ての納税者に係る全ての財産の価額の評価において用いるという形式的な平等を貫くことによって、かえって租税負担の実質的な公平を著しく害することが明らかである特別の事情（評価通達6参照）がある場合には、他の合理的な方法によって評価することが許されるものと解すべきである。

ロ　本件各不動産について、特別の事情があるか否かを検討するに、①評価通達による評価額は、鑑定評価額の約4分の1の額にとどまっていること、②本件鑑定評価は、いずれも、原価法による積算価格を参考にとどめ、収益還元法による収益価格を標準に鑑定評価額を求めたものであること、③不動産鑑定士が不動産鑑定評価基準に基づき算定する不動産の正常価格は、基本的に、当該不動産の客観的な交換価値を示すものと考えられること、④M信託銀行等からの借入れ及び本件各不動産の購入がなければ、本件相続に係る課税価格は6億円を超えるものであったにもかかわらず、各借入れ及び本件各不動産の購入がされたことにより、相続税の申告による課税価格は、2,826万円余にとどまるものとされ、基礎控除により、本件相続に係る相続税は課されないこととされたものであること、⑤M信託銀行が借入れに係る貸出しに際し作成した貸出稟議書の記載や証拠にもよれば、被相続人及びXらは、本件各不動産の購入及び借入れを近い将来発生することが予想される被相続人の相続において

Xらの相続税の負担を減じ又は免れさせるものであることを知り、かつ、それを期待して、あえてそれらを企画して実行したと認められ、これらの事実関係の下では、本件相続における本件各不動産については、評価通達の定める評価方法を形式的に全ての納税者に係る全ての財産の価額の評価において用いるという形式的な平等を貫くと、本件各不動産の購入及び借入れに相当する行為を行わなかった他の納税者との間で、かえって租税負担の実質的な公平を著しく害することが明らかというべきであり、評価通達の定める評価方法以外の評価方法によって評価することが許されるというべきである。

(2) 控訴審判決

控訴審東京高裁はおおむね第一審判決を維持した。

(3) 上告審判決

相続税法22条は、相続等により取得した財産の価額を当該財産の取得の時における時価によるとするが、ここにいう時価とは当該財産の客観的な交換価値をいうものと解される。そして、評価通達は、上記の意味における時価の評価方法を定めたものであるが、上級行政機関が下級行政機関の職務権限の行使を指揮するために発した通達にすぎず、これが国民に対し直接の法的効力を有するというべき根拠は見当たらない。そうすると、相続税の課税価格に算入される財産の価額は、当該財産の取得の時における客観的な交換価値としての時価を上回らない限り、同条に違反するものではなく、このことは、当該価額が評価通達の定める方法により評価した価額を上回るか否かによって左右されないというべきである。

そうであるところ、本件各更正処分に係る課税価格に算入された本件各鑑定評価額は、本件各不動産の客観的な交換価値としての時価であると認められるというのであるから、これが本件各通達評価額を上回るからといって、相続税法22条に違反するものということはできな

い。

　他方、租税法上の一般原則としての平等原則は、租税法の適用に関し、同様の状況にあるものは同様に取り扱われることを要求するものと解される。そして、評価通達は相続財産の価額の評価の一般的な方法を定めたものであり、課税庁がこれに従って画一的に評価を行っていることは公知の事実であるから、課税庁が、特定の者の相続財産の価額についてのみ評価通達の定める方法により評価した価額を上回る価額によるものとすることは、たとえ当該価額が客観的な交換価値としての時価を上回らないとしても、合理的な理由がない限り、上記の平等原則に違反するものとして違法というべきである。もっとも、上記に述べたところに照らせば、相続税の課税価格に算入される財産の価額について、評価通達の定める方法による画一的な評価を行うことが実質的な租税負担の公平に反するというべき事情がある場合には、合理的な理由があると認められるから、当該財産の価額を評価通達の定める方法により評価した価額を上回る価額によるものとすることが上記の平等原則に違反するものではないと解するのが相当である。

　これを本件各不動産についてみると、本件各通達評価額と本件各鑑定評価額との間には大きなかい離があるということができるものの、このことをもって上記事情があるということはできない。

　もっとも、本件購入・借入れが行われなければ本件相続に係る課税価格の合計額は6億円を超えるものであったにもかかわらず、これが行われたことにより、本件各不動産の価額を評価通達の定める方法により評価すると、課税価格の合計額は2,826万1,000円にとどまり、基礎控除の結果、相続税の総額が0円になるというのであるから、Xらの相続税の負担は著しく軽減されることになるというべきである。そして、被相続人及びXらは、本件購入・借入れが近い将来発生することが予想される被相続人からの相続においてXらの相続税の負担を減

じ又は免れさせるものであることを知り、かつ、これを期待して、あえて本件購入・借入れを企画して実行したというのであるから、租税負担の軽減をも意図してこれを行ったものといえる。そうすると、本件各不動産の価額について評価通達の定める方法による画一的な評価を行うことは、本件購入・借入れのような行為をせず、又はすることのできない他の納税者とＸらとの間に看過し難い不均衡を生じさせ、実質的な租税負担の公平に反するというべきであるから、上記事情があるものということができる。

したがって、本件各不動産の価額を評価通達の定める方法により評価した価額を上回る価額によるものとすることが上記の平等原則に違反するということはできない。

以上によれば、本件各更正処分において、Ｓ税務署長が本件相続に係る相続税の課税価格に算入される本件各不動産の価額を本件各鑑定評価額に基づき評価したことは、適法というべきである。所論の点に関する原審の判断は、以上の趣旨をいうものとして是認することができる。

〔コメント〕

本件東京地裁は、「本件被相続人の相続において相続人らの相続税の負担を減じ又は免れさせるものであることを知り、かつ、それを期待して、あえてそれらを企画して実行した」ことも認定した上で、財産評価基本通達6の適用を肯定している。このように租税負担の回避行為の存在が、同通達の適用の要件とされるか否かについては議論のあるところであろう。財産評価基本通達は、同1(3)において、「財産の評価に当たっては、その財産の価額に影響を及ぼすべきすべての事情を考慮する。」と通達しており（432頁参照）、租税負担の回避行為が、この影響を及ぼすべき事情の一つとされれば、「時価」評価に影響を及ぼすということを考えることも可能であるが、他方で、

租税回避については、相続税法64条の同族会社等の行為計算の否認規定をはじめとして条文を設けているのであるから（その他、相法51の2、63など）、租税回避の否認等はこれらの実定法によって解決すべき問題であり、財産評価基本通達6の適用に当たっての考慮要素にはなり得ないとする見解の対立などがあり得るところである。

なお、被相続人によって相続開始直前に借り入れた資金で不動産を購入するという行為が行われたため財産評価基本通達に基づいてその不動産の価額を評価すべきものとすると、結果としてその他の相続財産の課税価格が大幅に圧縮されることになるというような事案において、東京地裁平成5年2月16日判決（判タ845号240頁）は、「このような事態は、他に多額の財産を保有していないため、右のような方法によって相続税負担の軽減という効果を享受する余地のない他の納税者との間での実質的な租税負担の公平を著しく害し、富の再分配機能を通じて経済的平等を実現するという相続税の目的に反するものである。したがって、本件評価係争物件については、その相続財産としての評価を評価基本通達によらないことが相当と認められる前記の特別の事情がある場合に該当するものとして、右相続不動産を右の市場における客観的な交換価格によって評価することが許されるものと解するのが相当である。」と判示している（控訴審東京高裁平成5年12月21日判決（税資189号1302頁〔確定〕）は控訴棄却とした。）。

本件は、約13億8,000万円で購入した不動産を財産評価基本通達に従って評価すると、約3億3,000万円で評価できるという点を利用した租税負担の軽減行動であった。相続税負担の節税行動として、あえて金融機関からの借入れがなされ、それを一部原資として不動産の購入がなされたという点が、次のような事実認定から裏付けられている。すなわち、前述のとおり、本件被相続人は本件甲不動産の購入に当たって、M信託銀行から6億3,000万円を借り入れており、同銀行がその際に作成した貸出稟議書の採上理由欄に「相続対策のため不動産購入を計画。購入資金につき、借入の依頼があった

もの。」との記載があること、及び本件乙不動産の購入に当たっては同信託銀行から３億7,800万円を借り入れているが、同銀行がその際に作成した貸出稟議書の採上理由欄に「相続対策のため本年１月に630百万円の富裕層ローンを実行し不動産購入。前回と同じく相続税対策を目的として第２期の収益物件購入を計画。購入資金につき、借入の依頼があったもの。」との記載があるという点が認定されている。

　国税当局が行う実地の税務調査によって金融機関調査が展開されることは少なくなく、また、当局が貸出稟議書を確認することはいわば一般的な調査手法でもある。金融機関としても内部的な処理のために記録を残す必要があり、かかる貸出稟議書に「相続税対策」などとする表現が用いられることも決して例外的なものではなく、むしろ多くの事例で認められるところでもある。

　かような事実認定の下で、このような取引がなされたものであり、いわば一般的に行われている財産評価基本通達を使ったオーソドックスな節税手法であるともいえなくはない。そうであるとすると、かかる処理がなぜ、本件最高裁判決がいうところの「看過し難い不均衡」を生じさせるような「事情」と認定されたのであろうか（酒井克彦「いわゆるタワマン評価事件に関する諸論点（上）(中)(下)―最高裁令和４年４月19日第三小法定判決―」税理66巻１号191頁、３号175頁、４号148頁（2023）参照）。むしろ、被相続人としては、一般的な節税策として、このような処理を行ったともいい得るのである。

〔第一の均衡問題〕

本件購入・借入れのような行為につき更正処分を受けた者	均衡	本件購入・借入れのような行為につき更正処分を受けなかった者

しかしながら、他方で次のような均衡は問題とならないのであろうか。

〔第二の均衡問題〕

本件購入・借入れのような行為をした者	均衡	本件購入・借入れのような行為をしなかった者

本件最高裁は、その手法が一般的であるか否かについての問題関心のみならず、これを行った者と行わなかった者との間の均衡についてまで関心を持っているのである。そして、そのような処理を行うことが節税策として多くの事例において行われたか否かという点よりも、より実質的に、かような手法を行った者と行わなかった者との間の公平性として捉えることが優先されるべきと考えているようである。

第一の均衡問題が形式的租税平等主義の問題であり、第二の均衡問題が実質的租税平等主義の問題であると捉え直すことができるのであろう（酒井克彦「相続財産の個別評価と租税平等主義（上）（中）（下－1）（下－2）（下－3・完）」税務事例54巻10号54頁、11号37頁、12号48頁（2022）、同55巻1号66頁、2号42頁（2023））。そして別の角度からみると、第一の均衡問題は租税行政の在り方に関心が寄せられているのに対して、第二の均衡問題は納税者の行為に関心が寄せられているという点に違いがあることにも注意が必要である。

第一の均衡問題を論じたものと思われる事例として、いわゆるスコッチライト事件（457頁参照）が参考となる。同事件の大阪高裁昭和44年9月30日判決は、全国の税務官庁の大多数が、事実上、特定の期間、特定の課税物件について、法定の課税標準ないし税率よりも軽減された課税標準ないし税率で関税の賦課、徴収処分をしている場合には、かかる慣例に反してなされた関税の賦課、徴収処分は、たとえ実定法の正当な解釈適用によるとしても、租税平等主義に反し違法であるとしている。スコッチライト事件では均衡問題としての租税平等主義はいわば行政上の取扱いに公平的な視角が求められるというものである。本件最高裁判決が論じた形式的租税平等主義に対する関心と親和性があるといえよう。

もっとも、スコッチライト事件と本件が圧倒的に異なるのは、スコッチライト事件においては納税者の側の節税行動のようなものがその前提とされたものではないという点である。すなわち、スコッチライト事件では第二の均衡問題が惹起される余地がなかったのであって、第一の均衡問題で完結した

事例であったのである。

　かような意味では、第一の均衡問題とそれを凌駕する第二の均衡問題を、形式的租税平等主義と実質的租税平等主義との相克として捉えることは可能であるが、より本質的には、税務行政に求められる租税平等主義と税務行政以前の段階で求められる租税平等主義との対立として捉えることも不可能ではあるまい。

*　同旨のものに、東京地裁令和2年11月12日判決（訟月69巻3号369頁）、控訴審東京高裁令和3年4月27日判決（訟月69巻3号363頁）、及び上告審最高裁令和4年4月19日第三小法廷決定（税資272号順号13705〔確定〕）がある。

裁判例の紹介㉑

財産評価基本通達6の適用が否認された事例

（東京地裁令和6年1月18日判決・判例集未登載）
（東京高裁令和6年8月28日判決・判例集未登載〔確定〕）

1　事案の概要

　本件は、本件被相続人の相続人であるX（原告・被控訴人）らが、本件被相続人の相続（以下「本件相続」という。）により取得した財産（取引相場のない株式、以下「O株」という。）の価額を財産評価基本通達（平成26年6月2日付け課評2－19ほかによる改正前のもの。以下「評価通達」という。）の定める方法により評価（1株当たり8,186円）して本件相続に係る相続税（以下「本件相続税」という。）の申告をしたところ、S税務署長（処分行政庁）から、①相続開始日直後に高値でO株を売却することができたこと、②相続開始日以前から被相続人がO株の売却につき訴外V社と交渉をしており、かつ、その生前の段階で

譲渡予定価格（1株当たり10万5,068円）で基本合意していた事情が認められるなどとして、本件相続税の各更正処分（以下「本件各更正処分」という。）及びこれに伴う過少申告加算税の各賦課決定処分を受けたことから、これらを不服として、国Y（被告・控訴人）を相手取り、本件各更正処分等の取消しを求めた事案である。

本件では、処分行政庁が、評価通達6に基づき、Xらが本件相続税の申告時に使用した類似業種比準価額と異なる方法で株式の評価をした上で本件各更正処分等をしたことの適否が問題となっている。なお、仮に処分行政庁が類似業種比準価額と異なる評価をしたこと自体が適法であったとしても、その具体的な算定額が適正か否かが予備的に争われている。

本件において、S国税局長は、国税庁長官に対し、本件相続株式の評価については評価通達6に基づき評価通達で定められた方法によらずに他の合理的な方法によって評価することとしたい旨及び本件相続株式の評価額は本件相続開始日における本件相続株式の価値算定について訴外A社が作成した株式価値算定報告書における報告額の平均値17億2,000万円（1株当たり8万373円）とすることが適当である旨上申し、これに対し、国税庁長官は、同局長の意見のとおり取り扱うこととされたい旨を指示している（以下、この1株当たり8万373円を「本件算定報告額」という。）。

2　判決の要旨
(1)　第一審判決

イ　最高裁令和4年判決〔筆者注：最高裁令和4年4月19日第三小法廷判決・民集76巻4号411頁〕は、実質的には、特段の事情がある場合に評価通達6を適用することを肯定しているものと解されるが、当該特段の事情としてどのようなものが挙げられるかについて一般論

として明示はしておらず、被相続人側の租税回避目的による租税回避行為がない場合について直接判示したものとは解されない。もっとも、最高裁令和4年判決が租税回避行為をしなかった他の納税者との不均衡、租税負担の公平に言及している点に鑑みると、租税回避行為をしたことによって納税者が不当ないし不公平な利得を得ている点を問題にしていることがうかがわれる。

ロ　本件においては、最高裁令和4年判決の事案とは異なり、本件被相続人及び本件相続人らが相続税その他の租税回避の目的でO社株式の売却を行った（又は行おうとした）とは認められない。そうすると、本件各更正処分等の適否は、本件相続開始日以前に本件通達評価額を大きく超える金額での売却予定があったO社株式について、実際に本件相続開始日直後に当該金額で予定どおりの売却ができ、その代金を本件相続人らが得たことをもって、この事実を評価しなければ、「（取引相場のない大会社の株式を相続しながら評価通達の定める方法による評価額を大幅に超えるこのような売却による利益を得ることができなかった）他の納税者とXらとの間に看過し難い不均衡を生じさせ、実質的な租税負担の公平に反する」（最高裁令和4年判決）といえるかどうかによって判断すべきこととなる。

ハ　本件では、本件相続開始日直後に本件売却価格という評価通達の定める方法による評価額を大幅に上回る高値で本件相続株式を売却することができたという事情に加え、本件相続開始日以前から本件被相続人がO社株式の売却の交渉をしており、かつ、その生前の段階でV社との間でその譲渡予定価格まで基本合意していたという事情が認められる。しかしながら、この場合であっても、最終的に本件相続株式の売却が成立し、本件相続人らが本件通達評価額を大幅に上回る代金を現に取得したという事情がなければ、およそ本件算定報告額をもって課税しなければ他の納税者との間に看過し難い不

均衡が生ずるということはできない。

　本件のように、相続財産となるべき株式売却に向けた交渉が相続開始前から進行しており、相続開始後に実際に相続開始前に合意されていた価格で売却することができ、かつ、当該価格が評価通達の定める方法による評価額を著しく超えていたという事実をもってしても、直ちに納税者側に不当ないし不公平な利得があるという評価をすることは相当ではなく、評価通達6を納税者の不利に適用するに当たっては、上記オで説示したような不均衡や不利益等を納税者に甘受させるに足りる程度の一定の納税者側の事情が必要と解すべきである。例えば、被相続人の生前に実質的に売却の合意が整っており、かつ、売却手続を完了することができたにもかかわらず、相続税の負担を回避する目的をもって、他に合理的な理由もなく、殊更売却手続を相続開始後まで遅らせたり、売却時期を被相続人の死後に設定しておいたりしたなどの場合であるとか、最高裁令和4年判決の事例のように、納税者側が、それがなかった場合と比較して相続税額が相当程度軽減される効果を持つ多額の借入れやそれによる不動産等の購入といった積極的な行為を相続開始前にしていたという程度の事情が特段の事情として必要なものと解される。

(2)　控訴審判決

　イ　Yは、本件において評価通達6を適用すべき根拠として、本件相続株式につき、本件通達評価額と本件相続開始日における交換価値との間に著しいかい離があり、Xらがそのことを十分に認識することは可能であった旨主張する。

　　しかし、取引相場のない株式の交換価値は、本来、専門的評価を経ない限り判明し得ないものであって（現に、Yは、A社に評価を委託している。）、外形的事実によって取引相場のない株式の交換価値を合理的に推測することが可能であるとは必ずしもいえない。とり

わけ、Ｍ＆Ａが行われる場合においては、高度な経営判断や双方の交渉の結果等により株式の売買代金が決定されるのであって、売買代金が交換価値を反映しているとは限らないというべきである。

　このことは、結果的に、専門的評価により交換価値と評価通達180に定める類似業種比準価額とのかい離の程度が著しいと判定された場合においても変わらないのであって、本件相続株式について、譲渡予定価格（10万5,068円）と本件算定報告額（8万0,373円）が比較的近く、これらが本件通達評価額（8,186円）と大きくかい離しているからといって、更正処分の時点にさかのぼって、譲渡予定価格が交換価値を反映したものであるとして、評価通達の定める方法による画一的な評価を行うことが実質的な租税負担の公平に反するというべき事情（特段の事情）が存在していたということにはならない。

　そして、評価通達6の適用に当たり、上記かい離の有無を公平に判断するためには、他の相続案件も含め、取引相場のない株式その他市場性のない相続財産の全てについて、専門的評価を行うべきであって、合理的な理由がないのに、特定の相続財産のみについて専門的評価を行い、これを基にして課税処分を行うことは、平等原則に反するものというべきである。

ロ　Ｙは、取引相場のない株式について、売買契約が成立し、その所有権が買主に移転する前に、当該株式の所有者である売主が死亡した場合、売主の相続財産は売買代金債権になり、その価額は原則として売買相金額で評価される（最高裁昭和61年12月5日第二小法廷判決・訟月33巻8号2149頁参照）とした上で、相続開始時に売買契約成立に至っていなかったとしても、近い将来売買契約が成立し、売買代金債権に転化する蓋然性が高い場合には、当該株式の価値が現実的に実現する蓋然性が高いものとして、当該株式の価値としては、その売買代金相当額が一つの基準になり得るところであるとも主張

する。

　しかし、上記最高裁判決は、農地の売買契約が成立し、代金の相当部分の履行があったという場合において、農地法所定の要件が具備される前であっても、相続財産は売買残代金債権である旨判断したものであって、本件のように、売買契約が未だ成立していない場合とは明らかに状況を異にするというべきである。すなわち、売買契約が成立していない状況において上記のような蓋然性を判断するためには、中間合意の存在・内容、想定される売買契約の内容、契約を締結しようとした動機・目的、交渉経過、当事者の関係、契約締結前の仮の履行行為の有無・内容等、種々の事情を考慮する必要があり、信義則や権利濫用のような一般条項以外の場面でこのような不明確な基準によることは不適切であるといわざるを得ない。さらには、Yは、当該株式の価値は売買代金相当額に反映されていると主張するもののようであるが、そのこと自体、専門家による判定を経ない限り明らかであるとはいえないし、とりわけ、非上場会社の買収においては、上場会社と比較して個別性が強いため、買収価格が交換価値を反映しているという経験則が存すると直ちにいうこともできない。

　したがって、Yの主張するような、近い将来における売買契約の成立及び売買代金債権への転化の蓋然性の程度を基準にすることは適切でない。

ハ　最高裁令和4年判決は、評価通達6の適用の有無に当たり、被相続人が、相続税の負担を減じ又は免れさせる行為をしたことを考慮しているところ、本件被相続人及びXらによるこれに類する行為があったとは認め難い。…本件被相続人又はXらが、相続税の負担を減じ、又は免れさせる行為をしたと認めることができない以上、本件被相続人又はXらの行為に着目した場合に、他の納税者との関係

で不公平であると判断する余地はない。

　他に、不公平が生じる要素として、同種の遺産を相続により取得した者との均衡が考えられるところ、取引相場のない株式を遺産として取得した者を比較の対象とした場合、当該遺産は、評価通達180の定める類似業種比準価額により評価することになるのであって、Ｘらとの間で不公平が生じる余地はない。また、取引相場のある株式を相続により取得した者を比較の対象とした場合、遺産の種類が異なる以上、不公平が生じる余地はない。

〔コメント〕

　本件は、いわゆるタワマン事件最高裁令和4年4月19日第三小法廷判決（465頁）の射程範囲を考える上で参考となる事例と思われる。同判決では、通達評価額と鑑定評価額との間に存在する乖離があったとしても、かかる乖離を理由として平等原則を破ることはできず、かような主張は失当である旨が判示されたところ、いかなる場合に、平等原則を破るような「特段の事情」があると考えるべきかについては、更なる事例の蓄積が待たれるところである。

(3) **主な評価方法**

　評価方法は、課税財産の全てに共通する同一の評価方法によるのではなく、種類の異なるそれぞれの財産に即した評価方法を採用することとされているが、財産評価基本通達で定めている主な評価方法は次のとおりである。

　① 売買実例価額法
　　(i) 同種の財産の売買実例価額を直接時価とする方法……上場株式など
　　(ii) 類似の財産の売買実例価額を基として評価する方法
　　　(イ) 類似の売買実例価額を基とし、精通者意見価格などを参酌して評価額自体を算定する方法

　　　　a　類似の財産の売買実例価額により標準価額を定め、この標準価額を基として評価する方法……路線価方式、標準伐期にある立木など
　　　　b　類似の財産の売買実例価額により評価水準を想定し一定倍率を乗じて行う方法……固定資産税評価額倍率方式による土地
　　㈣　類似の財産の売買実例価額に比準し、一定の方式により評価する方法……取引相場のない株式で大会社の同族株主の取得したものなど
②　調達価額法……一般動産、大型船舶など
③　再取得価額法……建築物、門塀等の附属設備など
④　販売価額法……商品、製品など
⑤　仕入価額法……原材料、半製品など
⑥　投下資本法……建築中の家屋、幼齢樹など
⑦　複利現価法……特許権、実用新案権など
⑧　複利年金現価法……鉱業権、営業権など
⑨　収益（配当）還元法……取引相場のない株式のうち非同族株主が取得したもの
⑩　その他の方法……預貯金、貸付金など

裁判例の紹介㉒

相続土地の価額について不動産鑑定士の鑑定評価額によるべきものとされた事例

（東京地裁平成12年2月16日判決・税資246号679頁）

（東京高裁平成13年12月6日判決・訟月49巻11号3234頁〔確定〕）

1 事案の概要

本件は、被相続人Aの相続人であるX（原告・控訴人）らが、Xらの相続税のうち相続財産である本件相続土地の評価額を過大に申告したとして、税務署長Y（被告・被控訴人）に対し、更正の請求をしたところ、Yが更正をすべき理由がない旨の本件各通知処分をしたため、その取消しを求めた事案である。

2 判決の要旨

(1) 第一審判決

イ 本件鑑定評価について検討するに、取引事例比較法によって鑑定評価を行う場合には、同一需給圏内の類似地域等に存する不動産に係る取引事例を選択すること、取引等の事情が正常なものであること、地域要因の比較や個別的要因の比較が適正に行われることが必要であるというべきところ、本件においては、各取引事例に係る土地の所在が具体的に明らかにされていないばかりか、その形状についても不明であり、取引等の事情に関しても、特段、言及されていないことから、右の各点については不明であるといわざるを得ない。

ロ また、本件鑑定評価によれば、評価額の試算において、標準画地に比しての対象地の個別的要因として、地積大による20％の減価を行っているが、国土庁の比準表によれば、地積大による減価は最大でも10％とされており、これよりさらに10％の減価をすることが合理的であるという証拠は存しない。

ハ さらに、本件鑑定評価は、建物の新築ができないことによる減価を40％とするが、本件土地は、接道義務を充足しないことから、そのままでは、建物の新築ができないものの、不足土地は、本件土地の面積に比して、3％に満たない程度であり、不足土地を買い足すなどの方法によって接道義務を充足させ、本件土地を有効利用するという方法を採ることが社会通念上不可能であるとの事情も認めら

れないことからすれば、本件土地全体に対して40％の減価を行うことは過大な減価であるというべきである。

ニ　以上の各点と、本件鑑定評価を行ったMは、本件相続に係る申告書を作成し、更正の請求、異議申立て、審査請求においても本件相続人らの代理人でもあった者であることを考えると、本件鑑定評価による鑑定評価額が本件土地の時価を適正に評価したものであるとは認め難い。

(2) 控訴審判決

当審鑑定における評価は、まず、取引事例比較法を採用して、近隣地域及び同一需給圏内の類似地域から、評価時点である平成5年2月2日に近い時点での取引事例を収集、選択し、平成4年5月から平成5年2月までの間に取引された…具体的な4件の取引事例の土地価格について個別的要因に基づく標準化補正を施し、本件土地との地域要因の比較を行って1㎡当たり162万円から171万円の試算値を得、この試算値のほぼ中庸値である1㎡当たり168万円を標準的な画地の比準価格と査定した。上記標準化補正の過程では、街路条件、交通接近条件、環境条件、行政的条件、画地条件（間口の狭小、規模等による補正）がそれぞれ考慮されており、また、地域格差による修正に際しても同様の考慮が払われている。

また、地価公示価格を規準として、同様の補正を加え、標準画地の価格を1㎡当たり150万円とした。

そして、現実の取引価格を基礎として実証的に導かれた取引事例比較法による価格を重視して、これと地価公示価格とをほぼ7対3で加重平均し、近隣地域における標準的画地の更地価格を1㎡当たり163万円とした。

さらに、本件土地の個別的要因について、本件土地が公道から幅員約2.15m、長さ約17mの専用通路を経由して有効宅地部分に接続する

路地状敷地であること及び敷地が隣接画地に比し603.50㎡と過大であることから、まず、土地価格比準表等に基づき、路地状敷地であることによる減価率17％、再建築不可による減価率23％、地積過大による減価率10％として、これらによる減価率総乗積42％を算出し、他方、取引事例分析、土地残余法による効用格差分析等に基づき、路地状敷地であることによる減価率につき、取引事例分析による35％と収益価格比較による32％とを関連づけて34％とし、再建築不可による減価率につき35％とし、地積過大による減価率につき15％として、これらによる減価率総乗積64％を算出し、これらを総合して、最終的に、路地状敷地による減価率30％、再建築不可による減価率30％、地積過大による減価率15％として、総合減価率を58％として、本件土地の1㎡当たりの更地価格を68万5,000円とし、これに地積603.50㎡を乗じて、本件土地の時価を4億1,300万円と評価した。

本件土地の評価上の特性としては、路地状敷地であること、再建築が不可能なこと、規模が大きいことであるところ、当審鑑定は、これら一般的基準にはなじみにくい特性を含む本件土地の評価にあたり、その個別的要因、特殊性を十分考慮して、土地価格比準表等に基づく個別格差率だけでなく、路地状敷地の取引事例分析、土地残余法による効用格差分析に基づく検討も加えており、適正な鑑定方法と評価することができる。よって、本件土地の相続時点での時価は、当審鑑定に基づき4億1,300万円であると認めるのが相当である。

そして、本件相続土地は、本件土地の持分10分の9であること、相続開始の直前において亡Aが居住の用に供していた宅地であるから租税特別措置法69条の3（平成6年法律第22号による改正前のもの）により、200㎡までの部分についてはその金額の100分の60に相当する金額が相続税の課税価額から減額されることを考慮すると、本件相続土地の相続時点における時価は2億8,957万9,039円となる。

> Xらの各申告における本件相続土地の価額（4億266万4,462円）は、平成7年12月1日の減額更正処分後においても、3億8,850万3,837円であったから…、申告書に記載した課税標準等の計算が相続税法の規定に従っていない誤りがあり、納付すべき税額が過大であったということができる。そうすると、Xらの更正の請求に対し、更正すべき理由がないとした本件各通知処分は違法というべきである。

〔コメント〕

　上記のとおり、本件東京高裁は、Xらの各申告における本件相続土地の価額は、申告書に記載した課税標準等の計算が相続税法の規定に従っていない誤りがあり、納付すべき税額が過大であったと認めることができるから、本件各通知処分は違法というべきであるとして、原判決を取り消し、Xらの請求を認容した。このように、本件では、第一審においては、不動産鑑定士による宅地の鑑定評価額が適正でないとして、Xらの請求を棄却したのに対して、控訴審では、適正な鑑定方法と評価できるとして本件各通知処分を取り消す旨の逆転判断を示しており大変注目される。

4　土地及び土地の上に存する権利

(1)　宅地の評価

　土地については、宅地、田、畑、山林、原野、牧場、池沼、鉱泉地及び雑種地の地目別に、土地の上に存する権利については、地上権（借地借家法に規定する借地権及び区分地上権に該当するものを除く。）、区分地上権、永小作権、区分地上権に準ずる地役権、借地権、定期借地権等、耕作権（永小作権に該当するものを除く。）、温泉権（引湯権を含む。）、賃借権（借地権、定期借地権等、耕作権及び温泉権に該当するものを除く。）及び占有権の別に、それぞれ評価することとしている。宅地の評価方法には、路線価方式と固定資産税評価額に

一定の倍率を乗じる倍率方式とがあるが、市街化区域にあるものは前者により、それ以外の地域は後者により評価することとされている。

イ　路線価方式

「路線価方式」とは、同価額とみられるような宅地の面する路線ごとに、その路線の中央部の標準的な宅地の1単位当たりの価額を路線価として、これを基とし、宅地の奥行距離に応ずる奥行価格補正、側方路線影響加算等の修正など画地修正した価額によって評価する方法である。

> **財産評価基本通達13《路線価方式》**
> 　路線価方式とは、その宅地の面する路線に付された路線価を基として…計算した金額によって評価する方式をいう。

　路線価方式にいう路線価は、宅地の価額がおおむね同一と認められる一連の宅地が面している路線（不特定多数の者の通行の用に供されている道路をいう。）に設定されるのであるが、各路線価は、毎年、各国税局長が評定することとされている。

> **財産評価基本通達14《路線価》**
> 　前項の「路線価」は、宅地の価額がおおむね同一と認められる一連の宅地が面している路線（不特定多数の者の通行の用に供されている道路をいう。以下同じ。）ごとに設定する。路線価は、路線に接する宅地で次に掲げるすべての事項に該当するものについて、売買実例価額、公示価格、不動産鑑定士等による鑑定評価額（不動産鑑定士又は不動産鑑定士補が国税局長の委嘱により鑑定評価した価額をいう。以下同じ。）、精通者意見価格等を基として国税局長がその路線ごとに評定した1平方メートル当たりの価額とする。
> 　(1)　その路線のほぼ中央部にあること。
> 　(2)　その一連の宅地に共通している地勢にあること。

(3) その路線だけに接していること。
(4) その路線に面している宅地の標準的な間口距離及び奥行距離を有するく形又は正方形のものであること。

財産評価基本通達14−2 《地区》

路線価方式により評価する地域（以下「路線価地域」という。）については、宅地の利用状況がおおむね同一と認められる一定の地域ごとに、国税局長が次に掲げる地区を定めるものとする。
(1) ビル街地区
(2) 高度商業地区
(3) 繁華街地区
(4) 普通商業・併用住宅地区
(5) 普通住宅地区
(6) 中小工場地区
(7) 大工場地区

財産評価基本通達14−3 《特定路線価》

路線価地域内において、相続税、贈与税又は地価税の課税上、路線価の設定されていない道路のみに接している宅地を評価する必要がある場合には、当該道路を路線とみなして当該宅地を評価するための路線価（以下「特定路線価」という。）を納税義務者からの申出等に基づき設定することができる。特定路線価は、その特定路線価を設定しようとする道路に接続する路線及び当該道路の付近の路線に設定されている路線価を基に、当該道路の状況、前項に定める地区の別等を考慮して税務署長が評定した１平方メートル当たりの価額とする。

なお、路線価の評定は、売買実例価額、精通者意見価格及び公示価格の仲値の範囲で決定されるが、土地評価審議会の審議を経なければならないこととされている。

* 「公示価格」とは、地価公示法（昭和44年法律第49号）6条《標準地の価格等の公示》の規定により公示された標準地の価格をいう。また、精通者意見価格としては、複数の精通者の意見の平均値が用いられることとされている。

裁判例の紹介㊳

財産評価基本通達における路線価が地価の実態をかなり正確に反映していることは公知の事実であり、その評価方法も合理的であるとされた事例

（京都地裁昭和53年4月28日判決・税資101号292頁）

1 事案の概要

　税務署長Y（被告・被控訴人・被上告人）は、Xら（原告・控訴人・上告人）が本件土地そのものの共有持分2分の1ずつの贈与を受けたとして、昭和47年当時の本件土地の時価を1,364万9,981円（持分2分の1の価格）と算定し、これを課税価額として贈与税の決定及び無申告加算税の賦課決定をした。これに対して、Xらが処分の取消しを求めたのが本件である。

　本件において、Xらは次のように主張する。すなわち、XらがAらから贈与を受けたものは、土地区画整理事業における保留地であった本件土地に対する権利であり、換地処分の効力発生と同時に当然に所有権に転化し、訴外組合に対し、将来所有権移転登記を請求し得る権利をも内容とするものではあるが、本件土地に対する所有権（共有持分権）そのものではなく、一種特別な権利（財産権）というべきもの

であって、その価額は贈与者Aらが買い受けた代金1,369万4,000円であり、Xら各自についていえばその額の2分の1の684万7,000円がその贈与を受けた財産の価格というべきものである。そして、この財産権は、土地所有権（共有持分権）そのものではないのであるから、一般地価の変動と同様にその価格が変動するという性質のものではない。それゆえ、特別な事情のない限り、Xらの贈与を受けた財産権の価格は上記の価格をもって相当というべきであって、少なくとも、Xら受贈の財産の価額を昭和47年当時の本件土地の時価相当額とすることは不当であると主張した。また、Yらの主張に従い、所有権移転登記の時期をもって贈与の時期とし、この当時の本件土地の時価により課税するならば、Xらは、昭和43年に本件土地の贈与を受けながら、土地区画整理法により所有権移転登記を得ることができないまま経過している間に地価が高騰し、そのために課税上不当な不利益を強制される結果となるとも論じた。

2　判決の要旨

　贈与税の課税価額は、当該財産取得時における時価によるのを原則とする（相法22）のであるから、本件においては昭和47年当時における本件土地の時価をもって算定すべきである。…昭和47年当時の本件土地の時価をYら主張の財産評価基本通達により算定すれば、Yら主張のとおり一坪当たり〔筆者注：現行は1平方メートル当たり〕16万3,375円と認められる。

　ところで路線価は、宅地の価額がおおむね同一と認められる一連の宅地が面している道路ごとに一坪当たりの宅地（標準画地）の価額を表示したものであり、毎年の売買実例、前年の路線価、接続地域との均衡、専門家の意見等を参酌して定められるものであって、地価の実態をかなり正確に反映していることは公知の事実であり、また前記財産評価基本通達に定める評価方法も、国税庁が各種実績に基づいて定

めたものと解せられ、特段不都合な点があるとは認められず、更に…本件土地とは近隣にあり、本件土地の属するU土地区画整理地区内に所在のU土地について地価公示法6条に基づき土地鑑定委員会が公示した地価は、…一坪当たり昭和47年1月1日現在で17万4,900円、昭和48年1月1日現在で27万3,900円であることが認められ、この地価と比較してみても、Yらの本件土地の評価額が不当に高いとは認められない。

〔コメント〕

　本判決は、路線価による宅地価格の評価の妥当性を二つの観点から述べている。すなわち、①路線価は、宅地の価格がおおむね同一と認められる一連の宅地が面している道路ごとに一坪当たりの宅地（標準画地）の価額を表示したものであり、毎年の売買実例、前年の路線価、接続地域との均衡、専門家の意見等を参酌して定められたものであって、地価の実態をかなり正確に反映していることは公知の事実であるという点である。本判決は、これに加えて、②近隣の地価公示価格に照らしてみても、財産評価基本通達に基づくU土地の評価額は高くはないとしている。

　いわば前段における実態を正確に反映しているという一般の見方と、後段における他の評価方法との比較のいずれにおいても、適当であるとしているのである。これらは、路線価の具体的評価手法や具体的内容についての判断ではなく、いずれもいわば評価額の結果についての外側からの見方であるともいえよう。要するに、本判決においては、国税庁が路線価を定めるに使用した各種実績といわれているものの具体的な評価や、どのような専門家のどのような形での意見が付され、それがいかなる形で路線価設定に当たっていかなる影響を与えたのかという路線価形成における再点検による判断ではないという点には、関心が寄せられてはいない（前述の東京高裁平成13年12月6日判決と比較されたい。480頁参照）。

なお、本判決の判断は、控訴審大阪高裁昭和54年7月12日判決（税資106号7頁）及び上告審最高裁昭和55年2月14日第一小法廷判決（税資110号208頁〔確定〕）によっても維持されている。

具体例の検討

ここで簡単に路線価方式の具体例を考えてみたい。

(イ) 一路線に面する場合（評基通15、巻末付表1参照）

　　路線価×奥行価格補正率×地積

(ロ) 正面路線及び側方路線に面する場合（評基通16、巻末付表1、2参照）

　　（正面路線価×奥行価格補正率＋側方路線価×奥行価格補正率×側方路線影響加算率）×地積

　＊　2以上の路線に付された路線価のうちの正面路線価とは、原則として上記(イ)の「路線価×奥行価格補正率」により計算した1㎡当たりの価額のいずれか高い方の価額をいう。

(ハ) 正面路線及び裏面路線に面する場合（評基通17、巻末付表1〜3参照）

　　（正面路線価×奥行価格補正率＋裏面路線価×奥行価格補正率×二方路線影響加算率）×地積

(ニ) 三方又は四方の路線に面する場合（評基通18、巻末付表1〜3参照）

　　（正面路線価×奥行価格補正率＋側方路線価×奥行価格補正率×側方路線影響加算率＋側方（又は裏面）路線価×奥行価格補正率×側方（又は二方）路線影響加算率）×地積

＜例1＞ シンプルな路線価方式

下の図のような宅地の評価方法

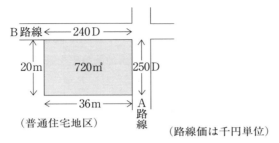

正面路線価

㋑　250,000×0.94＝235,000（A路線）

㋺　240,000×1.00＝240,000（B路線）

　　㋑と㋺のどちらか高い方……240,000（B路線）

1 ㎡当たりの価額

　　240,000×1.00＋(250,000×0.94×0.03)＝247,050円
　　　　　　　　　　　　　　　　　　(側方路線
　　　　　　　　　　　　　　　　　　 影響加算率)

宅地の評価額

　　247,050円×720㎡＝177,876,000円

＜例2＞　一の路線に2以上の路線価が付されている場合の宅地の評価

下の図のような宅地を相続した場合の宅地の価額の評価方法

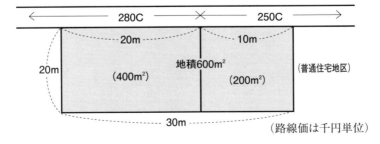

路線の中途で路線価の異なる場合には、それぞれの路線価に接する距離により加重平均した価額を基に評価する。

上の図のように一の路線に2以上の路線価が付されている場合には、それぞれの路線価に接する距離により加重平均して正面路線価を計算しその正面路線価を基に奥行価格補正率等の画地調整率を乗じて計算する。

（路線価の加重平均の計算）

$$\frac{280,000円 \times 20m + 250,000円 \times 10m}{20m + 10m} = 270,000円$$

（路線価）	（奥行20mに応ずる奥行価格補正率）		（基本価格）
270,000円	× 1.00	=	270,000円

（1㎡当たりの価額）	（地積）		（評価額）
270,000円	× 600㎡	=	162,000,000円

路線価が異なる部分ごとに合理的に分けることができる場合には、異なる部分に分けて評価して差し支えないとされている。

なお、部分ごとに係る間口狭小補正及び奥行長大補正は行わない。

<例3> 側方路線影響加算の取扱い

下の図のような側方路線に面する宅地の場合の評価方法

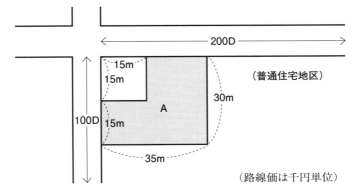

その宅地の立地条件、利用状況などにより個別に判断する。

　Aの宅地の大きさなどによって影響度合いが異なり、一律に側方路線影響加算はできない場合もあると考えられる。Aの宅地が極めて小さい場合には、本則どおり側方路線影響加算率を適用して評価することになるが、Aの宅地が大きく現実に角地としての効用を有しない場合には、側方路線影響加算率に代えて、二方路線影響加算率を適用することが実情に即しているといえよう。

　　　　　（正面路線価）　$\binom{奥行30mに応ずる}{奥行価格補正率}$
　イ　200,000円　×　0.98　＝　196,000円
　　　　（側方路線価）　$\binom{奥行35mに応ずる}{奥行価格補正率}$　$\binom{二方路線影}{響加算率}$　$\binom{側方路線に面}{している部分}$
　ロ　100,000円　×　0.96　×　0.03　×　15m／30m　＝　1,440円
　　　　　　イ　　　　　　ロ
　ハ　196,000円　＋　1,440円　＝　197,440円

＜例4＞　二方路線の宅地の評価

　下の図のような宅地を相続した場合の宅地の価額の評価方法

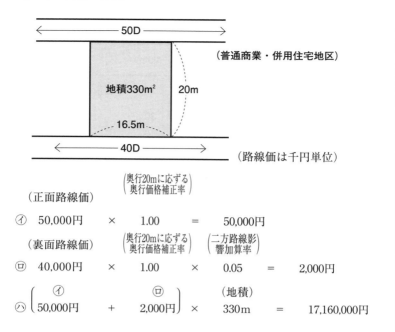

(正面路線価)　(奥行20mに応ずる奥行価格補正率)

㋑　50,000円　×　1.00　＝　50,000円

(裏面路線価)　(奥行20mに応ずる奥行価格補正率)　(二方路線影響加算率)

㋺　40,000円　×　1.00　×　0.05　＝　2,000円

　　　　㋑　　　　　㋺　　　　(地積)
㋩　(50,000円　＋　2,000円)　×　330㎡　＝　17,160,000円

(ヘ)　不整形地の場合（評基通20）

A　不整形地の価額は、次の(A)から(D)までのいずれかの方法により財産評価基本通達15《奥行価格補正》から18《三方又は四方路線影響加算》までの定めによって計算した価額に、その不整形の程度、位置及び地積の大小に応じ、地区区分及び地積区分に応じた不整形地補正率を乗じて計算した価額によって評価する。

(A)　次の図のように、不整形地を区分して求めた整形地を基として計算する方法

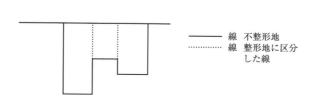

(B) 次の図のように、不整形地の地積をその間口距離で除して得た計算上の奥行距離を基として求めた整形地により計算する方法

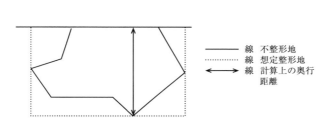

線 不整形地
線 想定整形地
線 計算上の奥行距離

* ただし、計算上の奥行距離は、不整形地の全域を囲む、正面路線に面するく形又は正方形の土地(以下「想定整形地」という。)の奥行距離を限度とする

(C) 次の図のように、不整形地に近似する整形地(以下「近似整形地」という。)を基として計算する方法

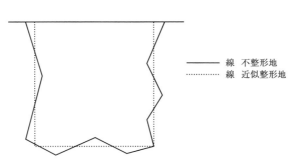

線 不整形地
線 近似整形地

* 近似整形地は、近似整形地からはみ出す不整形地の部分の地積と近似整形地に含まれる不整形地以外の部分の地積がおおむね等しく、かつ、その合計地積ができるだけ小さくなるように求める(Dにおいて同じ。)。

(D) 次の図のように、近似整形地①を求め、隣接する整形地②と合わせた全体の整形地の価額の計算をしてから隣接する整形地②の

価額を差し引いて計算する方法

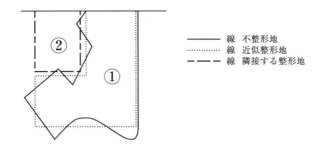

B　不整形地補正率

(A)　評価する不整形地（以下「評価対象地」という。）の地区及び地積の別を巻末付表4「地積区分表」に当てはめ、「A」、「B」又は「C」のいずれの地積区分に該当するかを判定する。

(B)　評価対象地の全域を囲む、正面路線に面するく形又は正方形の土地（以下「想定整形地」という。）の地積を算出し、次の算式により「かげ地割合」を算出する。

$$「かげ地割合」 = \frac{想定整形地の地積 - 評価対象地の地積}{想定整形地の地積}$$

(C)　上記(A)の地区区分及び地積区分と(B)の「かげ地割合」を巻末付表5「不整形地補正率表」に当てはめ、不整形地補正率を求める。

(D)　巻末付表6「間口狭小補正率表」に定める間口狭小補正率の適用がある評価対象地については、(C)で求めた不整形地補正率に間口狭小補正率を乗じて得た数値をその評価対象地の不整形地補正率とする。ただし、この場合の不整形地補正率の最小値は0.6とする。

(E)　大工場地区にある不整形地で地積がおおむね9,000平方メートル程度までのものについては、中小工場地区の区分により不整形地として補正を行って差し支えない。

(ト) 地積規模の大きな宅地の場合

　地積規模の大きな宅地（三大都市圏においては500平方メートル以上の地積の宅地、それ以外の地域においては1,000平方メートル以上の地積の宅地をいう。）で普通商業・併用住宅地区及び普通住宅地区として定められた地域に所在するものの価額は、前記の奥行価格補正から不整形地の評価までの定めにより計算した価額に、その宅地の地積の規模に応じた規模格差補正率（小数点以下第2位未満切捨て）を乗じて計算した価額によって評価する（評基通20－2）。

　なお、以下の宅地は、対象から除かれる。

① 市街化調整区域に所在する宅地
② 工業専用地域に所在する宅地
③ 容積率が10分の40（東京都の特別区においては10分の30）以上の地域に所在する宅地

(チ) 無道路地の場合

　無道路地の価額は、実際に利用している路線の路線価に基づき前記不整形地の評価の定めによって計算した価額からその価額の40％の範囲内において相当と認める金額を控除した価額によって評価する。この場合の「40％の範囲内において相当と認める金額」は、無道路地について建築基準法等による接道義務に基づき最小限度の通路を開設する場合のその通路に相当する部分の価額とする。

　なお、計算に当たっては、無道路地が接道義務に基づく最小限度の間口距離を有するものとして間口狭小補正率を適用する（評基通20－3、巻末付表6参照）。

(リ) 間口が狭小な場合

　次に掲げる宅地（不整形地及び無道路地を除く。）の価額は、前記の奥行価格補正の定めにより計算した1平方メートル当たりの価額にそれぞれ次に掲げる補正率表に定める補正率を乗じて求めた価額にこれ

らの宅地の地積を乗じて計算した価額によって評価する。この場合において、地積が大きいもの等にあっては、近傍の宅地の価額との均衡を考慮し、それぞれの補正率表に定める補正率を適宜修正することができる（評基通20－4、巻末付表6、7参照）。

① 間口が狭小な宅地「間口狭小補正率表」

② 奥行が長大な宅地「奥行長大補正率表」

(ヌ) がけ地等を有する場合

がけ地等で通常の用途に供することができないと認められる部分を有する宅地の価額は、その宅地のうちに存するがけ地等ががけ地等でないとした場合における価額に、その宅地の総地積に対するがけ地等部分の地積の割合に応じた「がけ地補正率表」に定める方位別の補正率を乗じて計算した価額によって評価する（評基通20－5、巻末付表8参照）。

(ル) 土砂災害特別警戒区域内にある宅地の場合

土砂災害特別警戒区域内となる部分を有する宅地の価額は、その宅地のうちの土砂災害特別警戒区域内となる部分が土砂災害特別警戒区域内となる部分でないものとした場合の価額に、その宅地の総地積に対する土砂災害特別警戒区域内となる部分の地積の割合に応じて「特別警戒区域補正率表」に定める補正率を乗じて計算した価額によって評価する（評基通20－6、巻末付表9参照）。

(ヲ) 容積率の異なる2以上の地域にわたる場合

容積率の異なる2以上の地域にわたる宅地の価額は、前記の奥行価格補正から土砂災害特別警報区域内にある宅地の評価までの定めにより評価した価額から、その価額に次の算式により計算した割合を乗じて計算した金額を控除した金額によって評価する。

ただし、正面路線に接する部分の容積率が他の部分の容積率よりも低い場合など、次の算式により計算した割合がマイナスとなるときは、

この取扱いは適用しない（評基通20－7�注2）。

（算式）

$$\left\{1 - \frac{\text{容積率の異なる部分の各部分に適用される容積率に}\\\text{その各部分の地積を乗じて計算した数値の合計値}}{\text{正面路線に接する部分の容積率×宅地の総地積}}\right\} \times \text{容積率が価額に及ぼす影響度}$$

* 上記算式により計算した割合は、小数点以下3位未満を四捨五入して求める。

なお、上記算式において適用する「容積率が価額に及ぼす影響度」は、14－2《地区》に定める地区に応じて下表のとおりとする。

地区区分	影響度
高度商業地区、繁華街地区	0.8
普通商業、併用住宅地区	0.5
普通住宅地区	0.1

* 2以上の路線に接する宅地について正面路線の路線価に奥行価格補正率を乗じて計算した価額からその価額に上記算式により計算した割合を乗じて計算した金額を控除した価額が、正面路線以外の路線の路線価に奥行価格補正率を乗じて計算した価額を下回る場合におけるその宅地の価額は、それらのうち最も高い価額となる路線を正面路線とみなして15《奥行価格補正》から20－6《土砂災害特別警戒区域内にある宅地の評価》までの定めにより計算した価額によって評価する。なお、15《奥行価格補正》から20－6までの定めの適用については、正面路線とみなした路線の14－2《地区》に定める地区区分によることに留意する。

(ワ) （参考）広大地の場合（平成29年の通達改正により削除）

正面路線価×広大地補正率（0.6－0.05×地積／1,000㎡）×地積

ロ 倍率方式

「倍率方式」とは、土地課税台帳等に登録された基準年度の価格又は比準価格に国税局長が一定の地域ごとにその地域の実情に即するように定める倍率を乗じて計算した金額によって評価する方式をいう。

> **財産評価基本通達21《倍率方式》**
>
> 　倍率方式とは、固定資産税評価額（地方税法第381条《固定資産課税台帳の登録事項》の規定により土地課税台帳若しくは土地補充課税台帳（同条第8項の規定により土地補充課税台帳とみなされるものを含む。）に登録された基準年度の価格又は比準価格をいう。）に国税局長が一定の地域ごとにその地域の実情に即するように定める倍率を乗じて計算した金額によって評価する方式をいう。

倍率方式により評価する宅地の価額は、その宅地の固定資産税評価額に地価事情の類似する地域ごとに、その地域にある宅地の売買実例価額、公示価格、不動産鑑定士等による鑑定評価額、精通者意見価格等を基として国税局長の定める倍率を乗じて計算した金額によって評価することとされている（評基通21－2）。

裁判例の紹介㉔

私道の用に供されている宅地の財産の評価における減額の要否及び程度は、当該宅地の客観的交換価値に低下が認められるか、その低下がどの程度かを考慮して決定する必要があるとした事例

（最高裁平成29年2月28日第三小法廷判決・民集71巻2号296頁）

1　事案の概要

イ 被相続人は、平成20年３月19日に死亡し、Ｘ（原告・控訴人・上告人）らがその財産を共同相続した。被相続人の相続財産の中には、Ａ土地及びＢ土地並びにＡ土地上の共同住宅３棟とＢ土地上の共同住宅８棟が含まれていた。Ｘらは、相続に係る遺産分割協議をし、Ｘが、Ａ土地及びＢ土地並びに本件各共同住宅を取得した。Ａ土地及びＢ土地には、インターロッキング舗装が施された幅員２ｍの歩道状空地が存在し、被相続人が市長から都市計画法所定の開発行為の許可を受けて各共同住宅を建築した際に、市の指導によって、市道に接する形で整備された。各歩道状空地とこれらに接する各市道との間には、若干の段差があるものの、特に出入りを遮るものはなく、外観上、車道脇の歩道として各共同住宅の居住者等以外の第三者も利用することが可能な状態となっている。各歩道状空地は、近隣の小学校の通学路として指定され、児童らが通学に利用している。

ロ Ｘらは、平成21年１月14日、各歩道状空地につき、不特定多数の者の通行の用に供されている私道供用宅地であるとしてその価額を評価せずに、相続税の申告書を提出した。その後、Ｘらは、Ａ歩道状空地につき、その価額を自用地の価額の100分の30に相当する価額とする旨の修正申告書を提出した。所轄税務署長は、平成23年７月８日付けで、各歩道状空地につき、いずれも私道供用宅地に該当せず、各共同住宅の敷地（貸家建付地）として評価すべきであるとして更正処分及び過少申告加算税賦課決定処分をしたため、これを不服としたＸらが国Ｙ（被告・被控訴人・被上告人）を相手取り提訴した。

ハ 原審（東京高裁平成28年１月13日判決・税資266号順号12782）は、要旨次のとおり判断して、Ｘらの請求を棄却すべきものとした。

私人が所有する道を私道と捉えた場合、①建物敷地の接道義務を満たすために建築基準法上の道路とされるものは、道路内の建築制

限や私道の変更等の制限などの制約があるのに対し、②所有者が事実上一般の通行の用に供しているものは、特段の事情のない限り、私道を廃止して通常の宅地として利用することも可能であるから、財産評価基本通達（以下「評価通達」という。）24にいう私道とは、その利用に①のような制約があるものを指すと解するのが相当である。各歩道状空地は、建築基準法等の法令上の制約がある土地ではなく、また、各歩道状空地が市から要綱等に基づく指導によって設置されたことをもって上記①のような制約と評価する余地があるとしても、これは被相続人がそれを受け入れつつ開発行為を行うのが適切であると考えた上での選択の結果生じたものであり、Xらが利用形態を変更することにより通常の宅地と同様に利用することができる潜在的可能性と価値を有するから、評価通達24にいう私道供用宅地に該当するとはいえない。

2 判決の要旨

イ 相続により取得した財産の価額は、当該財産の取得の時における時価による旨を定めているところ、ここにいう時価とは、課税時期である被相続人の死亡時における当該財産の客観的交換価値をいうものと解される。そして、私道の用に供されている宅地については、それが第三者の通行の用に供され、所有者が自己の意思によって自由に使用、収益又は処分をすることに制約が存在することにより、その客観的交換価値が低下する場合に、そのような制約のない宅地と比較して、相続税に係る財産の評価において減額されるべきものということができる。そうすると、相続税に係る財産の評価において、私道の用に供されている宅地につき客観的交換価値が低下するものとして減額されるべき場合を、建築基準法等の法令によって建築制限や私道の変更等の制限などの制約が課されている場合に限定する理由はなく、そのような宅地の相続税に係る財産の評価におけ

る減額の要否及び程度は、私道としての利用に関する建築基準法等の法令上の制約の有無のみならず、当該宅地の位置関係、形状等や道路としての利用状況、これらを踏まえた道路以外の用途への転用の難易等に照らし、当該宅地の客観的交換価値に低下が認められるか否か、また、その低下がどの程度かを考慮して決定する必要があるというべきである。

ロ　これを本件についてみると、各歩道状空地は、車道に沿って幅員２ｍの歩道としてインターロッキング舗装が施されたもので、いずれも相応の面積がある上に、各共同住宅の居住者等以外の第三者による自由な通行の用に供されていることがうかがわれる。また、各歩道状空地は、いずれも各共同住宅を建築する際、都市計画法所定の開発行為の許可を受けるために、市の指導要綱等を踏まえた行政指導によって私道の用に供されるに至ったものであり、各共同住宅が存在する限りにおいて、Ｘらが道路以外の用途へ転用することが容易であるとは認め難い。そして、これらの事情に照らせば、各共同住宅の建築のための開発行為が被相続人による選択の結果であるとしても、このことから直ちに各歩道状空地について減額して評価をする必要がないということはできない。

ハ　以上によれば、各歩道状空地の相続税に係る財産の評価につき、建築基準法等の法令による制約がある土地でないことや、所有者が市の指導を受け入れつつ開発行為を行うことが適切であると考えて選択した結果として設置された私道であることのみを理由として、減額をする必要がないとした原審の判断には、相続税法22条の解釈適用を誤った違法があるというべきである。

〔コメント〕

　私道の用に供されている宅地の価額は、自用地の価額の30％で評価し、そ

の私道が不特定多数の者の通行の用に供されているときは、その私道の価額は評価しないこととされており（評基通24）、課税実務では、いわゆる歩道状空地の適用を否定する。広島高裁平成25年11月28日判決（税資263号順号12344）は、「宅地が『私道』の用に供されている場合に減額評価すべきとした理由は、通り抜け道であれ、袋小路であれ、『私道』であることによって、第三者の利用を容認しなければならない負担が生じることを前提に、そのことが宅地の利用を制限し、ひいては当該宅地の客観的な交換価額を減じるという実情を、時価評価の面で反映しようとしたものということができる。」と説示した上で、問題となる通路部分は、私道の用に供されている宅地とはいえず、各共同住宅の敷地の一部と認めるのが相当であると断じている。

本判決は、「私道の用に供されている宅地の相続税に係る財産の評価における減額の要否及び程度は、私道としての利用に関する建築基準法等の法令上の制約の有無のみならず、当該宅地の位置関係、形状等や道路としての利用状況、これらを踏まえた道路以外の用途への転用の難易等に照らし、当該宅地の客観的交換価値に低下が認められるか否か、また、その低下がどの程度かを考慮して決定する必要がある。」として原判決を破棄し、原審に差し戻している（その後、Yの訴え取下げにより終了）。

なお、国税庁は、平成29年7月24日、「財産評価基本通達24《私道の用に供されている宅地の評価》における『歩道状空地』の用に供されている宅地の取扱いについて」（お知らせ）において、本判決を踏まえ、①都市計画法所定の開発行為の許可を受けるために、地方公共団体の指導要綱等を踏まえた行政指導によって整備され、②道路に沿って、歩道としてインターロッキ

ングなどの舗装が施されたものであり、③居住者等以外の第三者による自由な通行の用に供されている「歩道状空地」については、財産評価基本通達24に基づき評価することとしている。

ハ　貸宅地の評価

宅地の上に存する権利の目的となっている宅地は、次により評価する（評基通25）。

① 普通借地権の目的となっている宅地

> 自用地価額　×（1－借地権割合）＝　貸宅地の評価額

② 定期借地権の目的となっている宅地

> 自用地価額　－　定期借地権価額

又は

> 自用地価額　×（1－残存期間に応じる割合）

のいずれか低い価額

＊　借地権が設定されている土地について、①相当の地代（自用地価額に対しておおむね年6％程度の地代をいう。）を収受している場合、又は②無償返還届出書が提出されている場合には、その貸宅地の価額は自用地価額の80％相当額で評価する（相当地代通達6、8）。

＊　東京地裁平成20年7月23日判決（税資258号順号10996〔確定〕）は、「相続開始時に特別医療法人に賃貸していた土地は、借地権の設定に際してその設定の対価として権利金を支払う取引慣行があると認められる地域に存在していたところ、その土地に係る賃貸借契約の締結に当たり、権利金の授受はされず、収受される地代も相当の地代に満たなかったが、権利金の授受に代えて、借地人と土地所有者が無償返還届出書を提出したことが認められるから、その土地の時価は、上記通達によって評価されることとなり、その評価方法は、土地所有者と借地人との間の経済的実態に即した評

価の在り方として、合理性がある。」と判示している。

* 東京地裁平成29年3月3日判決（税資267号順号12986）は、「財産評価基本通達25の定める借地権価額控除方式は、底地の価額をその地域の借地権取引の状況等を踏まえて定められた借地権割合を乗じて算定される当該土地の借地権価額との相関関係において捉え、自用地としての価額から借地権価額を控除して残余の土地の経済的価値を把握しようとするものであり、このような考え方は、底地の客観的交換価値に接近する方法として相応の合理性を有すること、他方で、低廉な地代を基準とした収益価格による算定を標準として底地の時価とみる原告主張の方法は相当ではないというべきことに加え、底地の価額や借地権価額の算定の前提である自用地としての価額の基礎となる路線価の付設に当たっては、評価の安全性を考慮して各年1月1日時点の公示価格と同水準の価格のおおむね80％程度を目途として評定するという控え目な運用が行われており、借地権価額控除方式により算出された底地の価額が直ちに時価を超えることとなるわけではないと考えられること、およそ完全所有権への復帰の可能性があるとは考え難い場合など、財産評価基本通達に定める評価方法によっては財産の時価を適切に評価することのできない特別の事情がある場合には、借地権価額控除方式によらずに時価を算定することが可能であること（評基通6）をも考慮すると、借地権価額控除方式は、底地の客観的交換価値を算定する上での一般的な合理性を有していると認められる。」と判示している（控訴審東京高裁平成29年12月20日判決（税資267号順号13102）及び上告審最高裁平成30年11月15日第一小法廷決定（税資268号順号13210）も第一審の判断を維持している。）。

二　貸家建付地の評価

貸家の敷地の用に供されている宅地の価額は、次に掲げる算式により計算した価額によって評価する（評基通26）。

```
その宅地の    その宅地の                      評基通94《借家
自用地とし －  自用地とし × 借地権割合 ×  権の評価》に定 × 賃貸割合
ての価額      ての価額                        める借家権割合
```

貸ビルや貸アパートの敷地（貸家建付地）の評価

具体的に駐車場にする場合と貸ビルを建てる場合とで評価額がどのくらい違うか確認することとする。

〔事例〕

土地の単価：100万円／㎡　　借地権割合：70％

土地の面積：300㎡　　　　　借家権割合：30％

① 駐車場にする場合の評価額

　100万円×300㎡＝3億円

② 貸ビルを建てる場合の評価額

　100万円×（1－0.7×0.3）＝79万円

　79万円×300㎡＝2億3,700万円

③ ①－②＝6,300万円

裁判例の紹介㉞

貸家建付地や貸家の評価において借家権相当額等を控除することの意義

（横浜地裁平成7年7月19日判決・税資213号134頁）

1　事案の概要

　本件は、亡父を相続したX（原告・控訴人・上告人）が、共同相続した賃貸用マンションは貸家用に建てられたものであるから、その敷地及び建物の全部が貸家建付地及び貸家として課税評価すべきであるのに、税務署長Y（被告・被控訴人・被上告人）は、相続開始日に現実に貸し付けられていた部屋に対応する土地及び建物部分についてのみ、

貸家建付地及び貸家としての課税評価をなし、その余の部分については、自用地及び自用家屋として評価した更正処分をしたのは違法であるとして、その取消しを求めた事案である。

2　判決の要旨

イ　貸家建付地及び貸家の評価において借家権相当額等を控除するのは、建物が借家権の目的となっている場合には、賃貸人は一定の正当事由がない限り、建物賃貸借契約の更新拒絶や解約申し出ができないため、立退料等の支払いをしなければ、右借家権を消滅させられず、また借家権が付いたままで貸家及びその敷地を譲渡する場合にも、譲受人は、建物及び敷地利用が制約されることなどから、貸家建付地及び貸家の経済的価値がそうでない土地及び建物に比較して低下することを考慮したものと解され、合理的なものと認められる。

ロ　相続開始時点において、いまだ賃貸されていない部屋がある場合の建物全体の評価については、建物の自用家屋としての評価額から、賃貸されている部屋に存在すると認められる借家権の価額を控除して算出するのが相当である（評基通93、94）。すなわち、相続税法22条所定の相続開始時の時価とは、相続等により取得したとみなされた財産の取得日において、それぞれの財産の現況に応じて、不特定多数の当事者間において自由な取引がされた場合に通常成立すると認められる価額をいうものと解するのが相当であるから、相続開始時点において、いまだ賃貸されていない部屋が存在する場合は、当該部屋の客観的交換価額はそれが借家権の目的となっていないものとして評価すべきである。

〔コメント〕

本判決は、財産評価基本通達26（貸家建付地の評価）、93（貸家の評価）

及び94《借家権の評価》が貸家及び貸家建付地について所要の減額を認める理由について説示したものである。本判決は、「建物が借家権の目的となっている場合には、賃貸人は一定の正当事由がない限り、建物賃貸借契約の更新拒絶や解約申し出ができないため、立退料等の支払いをしなければ、右借家権を消滅させられず、また借家権が付いたままで貸家及びその敷地を譲渡する場合にも、譲受人は、建物及び敷地利用が制約されることなどから、貸家建付地及び貸家の経済的価値がそうでない土地及び建物に比較して低下することを考慮したもの」と判示している。

そして、その上で、「相続開始時点において、いまだ賃貸されていない部屋が存在する場合は、当該部屋の客観的交換価額はそれが借家権の目的となっていないものとして評価すべきである。」と断じている。その後の平成11年の財産評価基本通達26の改正により「貸付割合」という用語が用いられた。

なお、本判決の判断は、控訴審東京高裁平成8年4月18日判決（税資216号144頁）及び上告審最高裁平成10年2月26日第一小法廷判決（税資230号851頁〔確定〕）によっても維持されている。

裁判例の紹介⑯

相続税の課税時期において空室が生じている場合の貸家建付地の価額

（大阪地裁平成28年10月26日判決・税資266号順号12923）
（大阪高裁平成29年5月11日判決・税資267号順号13019）
（最高裁平成29年12月8日第二小法廷決定・税資267号順号13098〔確定〕）

1 事案の概要

イ 財産評価基本通達（以下「評価通達」という。）26本文は、借家権

の目的となっている家屋(以下「貸家」という。)の敷地の用に供されている宅地(宅地及び当該宅地上の家屋の双方を所有する者が当該家屋を賃貸している場合の宅地。以下「貸家建付地」という。)の価額は、次の算式により計算した価額によって評価する旨規定する。

$$\left(\begin{array}{c}\text{宅地の自用地}\\\text{としての価額}\end{array} - \begin{array}{c}\text{その宅地の自用}\\\text{地としての価額}\end{array}\right) \times \begin{array}{c}\text{借地権}\\\text{割合}\end{array} \times \begin{array}{c}\text{借家権}\\\text{割合}\end{array} \times \text{賃貸割合}$$

ロ　評価通達26本文(2)は、賃貸割合につき、その貸家に係る各独立部分(構造上区分された数個の部分の各部分をいう。)がある場合に、その各独立部分の賃貸の状況に基づいて、次の算式により計算した割合による旨規定する。

$$\left(\begin{array}{c}\text{家屋の各独立部分のうち課税時期において}\\\text{賃貸されている各独立部分の床面積の合計}\end{array}\right) \div \begin{array}{c}\text{当該家屋の各独立部}\\\text{分の床面積の合計}\end{array}$$

ハ　評価通達26(注)1は、上記ロの算式の「各独立部分」とは、建物の構成部分である隔壁、扉、階層(天井及び床)等によって他の部分と完全に遮断されている部分で、独立した出入口を有するなど独立して賃貸その他の用に供することができるものをいう旨規定し、その(注)2は、上記ロの算式の「賃貸されている各独立部分」には、継続的に賃貸されていた各独立部分で、課税時期において、一時的に賃貸されていなかったと認められるもの(以下「一時的空室部分」という。)を含むこととして差し支えない旨規定する。

ニ　X(原告・控訴人・上告人)は、被相続人が賃貸していた相続物件につき、一時的空室部分に該当するものとして賃貸割合を計算して相続税の申告をしたところ、所轄税務署長は、当該空室部分は賃貸されていない部分に該当するとして更正処分を行った。本件は、XがY国(被告・被控訴人・被上告人)を相手取り、かかる処分の取消しを求めて提訴したものである。

ホ　本件の争点は、継続して賃貸人を募集していれば、長期間空室であっても一時的空室といえるかどうかである。

2 判決の要旨
(1) 第一審判決
　イ　評価通達の趣旨に照らせば、構造上区分された複数の独立部分からなる家屋の一部が課税時期に賃貸されていない場合において、当該独立部分が評価通達26(注)2の一時的空室部分といえるためには、当該独立部分の賃貸借契約が課税時期前に終了したものの引き続き賃貸される具体的な見込みが客観的に存在し、現に賃貸借契約終了から近接した時期に新たな賃貸借契約が締結されたなど、課税時期前後の賃貸状況等に照らし実質的にみて課税時期に賃貸されていたと同視し得ることを要するというべきである。

　ロ　本件各空室部分についてみると、本件各空室部分の相続開始時前後の賃貸状況は、別表のとおりであるところ、本件各空室部分が賃貸されていない期間は最も短い場合でも5か月であり、本件各空室部分について、相続開始前に賃貸借契約が終了した後も引き続き賃貸される具体的な見込みが客観的に存在したにもかかわらず上記の期間新たな賃貸借契約が締結されなかったことについて合理的な理由が存在したなどの事情は認められず、むしろ、本件各係争家屋の賃借人を継続的に募集していたというＸの主張を前提とすれば、そのような募集状況にあったにもかかわらず5か月以上も賃貸されていないことから、上記のような事情はなかったものと推認される。したがって、本件各空室部分は、相続税の課税時期に賃貸されていたと同視することはできず、一時的空室部分に該当しない。

　ハ　一時的空室部分該当性の判断に当たっては、現実の賃貸状況、空室期間の長短を重要な要素として考慮しなければならないのであって、これを考慮せずに、本件各空室部分が「継続的に賃貸の用に供されている」状態にあるという理由のみで上記例外的な取扱いを認めることはできない。また、本件各空室部分の空室期間は、最も短

い場合でも5か月であり、「例えば1か月程度」にとどまらずに、むしろ長期間に及んでいるといえるから、「一時的」なものであったとはいえない。

　ニ　一時的空室部分該当性の判断に当たっては、単に賃貸用建物として建築されたか否かという事情のみならず、現実の賃貸状況をも考慮すべきであるところ、評価通達26(注)2の文言や趣旨を考慮すると、本件各空室部分につき、賃貸借契約が終了した後も引き続き賃借人の募集を行い、何時にても新しい賃借人が入居できるように保守・管理が行われていたとしても、それだけで直ちに一時的空室部分に該当するといえないことは明らかである。

(2)　控訴審判決

　相続財産につき、貸家及び貸家建付地として所要の減額を行うか否かは、課税時期において当該財産が現実に賃貸されているか否かを基準に判断すべきであって、現実に賃貸されていない場合には、借家権が存在することに伴う種々の制約による経済的価値の低下がない以上、貸家及び貸家建付地として所要の減額を行わないのが原則であり、課税時期に現実に賃貸されていないにもかかわらず、一時的空室部分として評価して賃貸されているものに含めることとして差し支えないとする評価通達26(注)2の定めは例外的な取扱いを定めたものにすぎない。そして、評価通達26(注)2が「『賃貸されている各独立部分』には、継続的に賃貸されていた各独立部分で、課税時期において、一時的に賃貸されていなかったと認められるものを含むこととして差し支えない」と定めるとおり、課税時期において賃貸されていなかったことが「一時的」なものであることを要件としていることからすると、上記例外的な取扱いが認められるか否かを判断するに当たっては、賃貸されていない期間（空室期間）が重要な要素となることは明らかである。

　そうすると、一時的空室部分該当性の判断に当たっては、現実の賃

貸状況、取り分け、空室期間の長短を重要な要素として考慮しなければならないのであって、これを考慮せずに、本件各空室部分が「継続的に賃貸の用に供されている」状態にあるという理由のみで上記例外的な取扱いを認めることはできない。また、本件各空室部分の空室期間は、最も短い場合でも5か月であり、「例えば1か月程度」にとどまらずに、むしろ長期間に及んでいるといえるから、「一時的」なものであったとはいえない。

(3) 上告審決定

最高裁は上告不受理とした。

〔コメント〕

本件は、財産評価基本通達26の(注)2が、同通達に示す算式の「賃貸されている各独立部分」には、継続的に賃貸されていた各独立部分で、課税時期において、一時的に賃貸されていなかったと認められるものを含むこととして差し支えないとしている点について争われているが、本件大阪高裁は、「課税時期に現実に賃貸されていないにもかかわらず、一時的空室部分として評価して賃貸されているものに含めることとして差し支えないとする評価通達26(注)2の定めは例外的な取扱いを定めたものにすぎない。」とした上で、「課税時期において賃貸されていなかったことが『一時的』なものであることを要件としていることからすると、上記例外的な取扱いが認められるか否かを判断するに当たっては、賃貸されていない期間（空室期間）が重要な要素となることは明らかである。」と結論付けている。

同様の判断を示すものに、大阪高裁平成30年1月12日判決（税資268号順号13106。上告審最高裁平成30年7月10日第三小法廷決定（税資268号順号13166〔確定〕は上告棄却））がある。

裁判例の紹介�667

相続開始時に建物が存在していない場合の「貸家建付地」該当性

（大阪地裁平成18年9月13日判決・税資256号順号10499）
（大阪高裁平成19年3月29日判決・税資257号順号10678〔確定〕）

1　事案の概要

　Cは、平成5年10月26日当時、本件土地を所有し、Dは、同日当時、D所有地を所有していた。C及びDとE生協とは、同日、本件土地、D所有地及びその敷地（以下「本件敷地」という。）上に三者共同で商業施設関連建物（本件建物）を建築してこれを三者で共有すること、C及びDは各人の所有地及び本件建物の使用権を放棄し、E生協が本件敷地及び本件建物を専用使用して本件建物において店舗の営業をすること、E生協は、C及びDに対し、上記使用権の放棄の代償として各人の持分比率に応じた賃借料を支払うことなどをその目的として、「建物賃貸借に関する覚書」（本件覚書）を交わし、本件建物の竣工までに本契約を締結することを合意した。本件覚書において、E生協は、本件覚書の締結と同時に契約証拠金として、Cに対して1,950万円を、Dに対して300万円をそれぞれ支払うものとされ、また、E生協は、本契約締結時に本件建物の建築協力金としてCに対して1億9,500万円を、Dに対して3,000万円をそれぞれ支払うものとされ、上記契約証拠金は本契約締結時に同建築協力金に充当する旨が合意された。

　C及びDとE生協とは、平成7年9月7日、本件覚書に基づき、本件契約を締結した。E生協は、平成9年3月26日、本件建物の建築着工が遅延したことによってC及びDに迷惑を掛けたとして、同年4月からE生協による開店に至るまで、毎月、Cに対して31万1,431円を、

Dに対して11万5,129円をそれぞれ支払うこととし、これに従い同人らに対し上記金員を支払った。C及びDとE生協とは、平成9年4月7日、本件契約における建築協力金の合計を2億2,500万円、C分を1億6,427万2,500円、D分を6,072万7,500円と決定した上、「建築協力金・保証金・敷金の追加契約書」と題する書面を作成し合意をした。Cは、平成9年11月17日、E生協の店舗開店が遅延して賃借料収入がないため、経済的に逼迫しているとして、賃貸料の一部前払いを要請したのに対し、E生協は、同月25日、これを承諾した。そして、同人らは、同日付け覚書を作成して以下の内容で賃貸料前払いの合意をし、E生協は、この合意に基づき、Cに対し、賃借料の前払いをしていた。

　E生協は、平成9年12月26日、本件建物の建築に必要な開発行為の許可を申請し許可を得た。E生協、C及びDは、平成10年3月2日、建設業者との間で本件工事につき、請負代金を4億2,768万4,744円とする請負契約を締結した。

　Cが死亡したため、Cの妻G、長女H、長男X_1（原告・控訴人・（被控訴人））及び次男X_2（原告・控訴人（被控訴人））がCを相続した（本件相続）。

　X_1は、本件相続によって、本件土地の所有権を単独で取得するとともに、本件契約におけるCの地位を承継した。

　X_1らは、税務署長Y（被告・被控訴人（控訴人））に対し、本件相続に係る相続税につきそれぞれ申告をした。X_1らは、各申告において、本件土地を各筆ごとに各別に評価し、その利用区分をいずれも定期借地権付きの土地とした。Yは、X_1らに対し、上記申告につき、本件土地の利用区分は定期借地権付きの土地でなく自用地である旨指摘した。X_1らは、Yに対し、本件土地の実測面積が申告した面積より大きく、本件土地の利用区分は定期借地権付きの土地でなく貸家の目的に供されている宅地（貸家建付地）であるとして、それぞれ修正

申告をした。Yは、X₁らに対し、本件土地は貸家建付地でなく自用地として評価すべきであるとして、それぞれ更正及び過少申告加算税賦課決定をした。

　本件は、X₁らが処分の違法性を訴えて提訴したものである。
2　判決の要旨
(1)　第一審判決
　イ　本件契約は、本件建物の建築並びにその後の本件敷地及び本件建物のE生協による専用使用についての合意に加え、本件建物建築時においては、その建築費用の全額を実質的にE生協が負担し、C及びDの負担部分は、後日、同人らからE生協に無利息で返還されるという資金計画についての合意、本件建物を建築し、又はそこにおいて店舗経営をするために法律上、又は事実上必要な手続又は作業をE生協が主となって行うという合意、本件契約が中途で解約され、又はその期間が満了することにより終了する場合の精算方法についての合意などを含むものであって、これらの合意内容に照らせば、本件契約は、本件敷地上にE生協、C及びDが本件建物を建築してこれを共有し、完成した本件建物においてE生協が本件店舗を開店し、経営するという事業計画（以下「本件事業計画」という。）全般にわたる総合的な契約であって、実質的には、共有者間における共有物（本件建物）の管理に関する協議（民252。なお、民249参照。）、本件建物の賃貸借契約、消費貸借契約及び準委任契約としての性格等を有する契約であるということができる。そして、本件契約の合意内容に加え、上記本件契約の法的性格に照らせば、本件事業計画全般にわたる総合的な契約としての本件契約の効力は、その締結によって確定的に生じているというべきであって、本件建物が完成して初めてその効力を生じるものということはできない。

　ロ　本件事業計画の内容並びに本件契約の内容、法的性格及び効力発

生時期に加え、店舗という本件建物の使用目的、本件建物の構造及び規模…、本件工事に係る請負代金額…、本件相続開始時において、本件工事のうち宅地造成工事等が着手され、その出来高金額は契約時に合意した代金額の約2.9％に及んでいたこと、Ｅ生協がＣに対して本件契約に基づく賃借料の一部を前払していたことなどを併せ考えれば、本件相続開始時において、本件建物が未完成で、本件店舗も開店していないこと、本件単位土地がＥ生協、Ｃ及びＤら数人の所有に係る土地14筆を併せたものであって、１人の者の所有権に属するものでないことなどをしんしゃくしてもなお、本件相続開始時において、社会通念に照らし客観的にみて本件単位土地の全体が前記認定のような構造及び規模を有する本件建物等の敷地予定地として一体として利用されていたというべきである。

ハ　前記のような事実関係の下においては、本件相続開始時においてはＣを含む関係当事者が本件契約関係から離脱することは極めて困難であって、本件事業計画は、本件相続開始時において、社会通念に照らし、客観的にみて、既に不可逆的な状態にあったということができるのであり、本件相続開始後に、本件建物が完成せず、又は本件契約が何らかの事情によって解約されるなど、本件事業計画が頓挫するという事態が生ずるであろうことをうかがわせるような具体的な事情は、証拠上認められない。

ニ　本件契約によれば、本件敷地及び本件建物は、Ｅ生協が専用使用して本件店舗における営業の用に供するものとされ、Ｃは、本件土地を専属的に使用する権利及び本件建物を自己の持分に応じて使用する権利（民249参照）を放棄する対価として、Ｅ生協から賃借料名義の一定額の金員の支払を受けることとされていたのであるから、本件建物は、上記の限度で借家権の目的となっているのと同視すべき状態にあったということができる。そして、前記のとおり、本件

相続開始時において、本件土地は、本件建物の敷地の用に供されることが確定していたというべきであるから、所有者であるCによる本件土地の利用は、本件相続開始当時、本件契約の存在及びその履行により、経済的及び法律的に一定の制約を受ける状態にあったというべきであり、したがって、貸家の目的に供されている宅地と同視すべき状態にあったというべきである。

そうであるとすれば、本件土地の価額の評価においては、財産評価基本通達26の貸家建付地に準じ、その自用地としての価額から本件契約の存在及びその履行による本件土地の利用に対する制約の内容、態様、程度等に相応する一定の価額を控除した価額とするのが相当というべきである。

(2) 控訴審判決

控訴審は、原審の理由を引用するほか、「貸家建付地の評価の趣旨は、物権的な制約ないしこれに準じた制約を受けるからだけではなく、一定の事由がない限り、解約の申入れをすることができないことにより、その敷地利用につき制約を受けることをも理由とするものである。そして、引渡し等第三者対抗要件を備えていなくても、契約当事者間は賃貸借契約に拘束され、契約締結後、何ら理由なく解約できないのであるから、当該建物について賃貸借契約を締結していない場合に比して、その建物の敷地の経済的価値は低くなることは明らかである。」と判示している。

〔コメント〕

本件において、Yは、財産評価基本通達26にいう「貸家建付地」とは、相続開始時において、当該土地上の建物が現実に貸し付けられている場合をいうと解すべきであるところ、本件においては、本件相続開始時において、本件建物は存在しておらず、本件建物がE生協に現実に貸し付けられていたと

いうことはできないから、本件土地は、貸家建付地に該当しないといった趣旨の主張をした。

これに対して、本件大阪地裁は、「確かに、財産評価基本通達26が、貸家建付地の価額をその宅地の自用地としての価額から一定の価額を控除した価額によって評価するとしている趣旨は、土地上の建物が借家権の目的となっている場合、賃貸人は、自己使用の必要性などの正当の事由がある場合を除き、賃貸借契約の更新を拒絶したり、解約の申入れをしたりすることができない（借地借家法28）から、借家権を消滅させるために立退料の支払を要することになること、借家人は、賃貸借の登記がなくても、建物の引渡しがあったときは、その後その建物について物権を取得した者に対し借家権の効力を対抗することができる（同法31①）から、建物に借家権を付着させたままで当該建物及びその敷地を譲渡する場合には、その譲受人は、当該建物に加え、その敷地の利用についても制約を受けることなどから、その敷地の経済的価値が借家権の目的となっていない建物の敷地に比べて低くなることなどによるものと解される。そして、建物の賃貸借については、その性質上、一般的に、当該建物が賃借人に対しその賃貸借契約に基づいて引き渡されるまでは、賃貸人と賃借人との間の権利関係はなお流動的であるということができるから、建物が現実に貸し付けられて初めて敷地の利用に対する制約が確定的に生じ、その結果としてその敷地の価額が低下するのが通常であるということができる。」と一応の理解は示したものの、本件の事実認定を前提とすれば、「本件相続開始当時、本件契約の存在及びこれに基づく諸手続の履践により、E生協が専用使用する本件建物の敷地の用に供されることが確定した土地として、経済的及び法律的に一定の制約を受ける状態にあったと認められるのであり、その限りにおいて、上記通常の場合における地上家屋が現実に貸し付けられた貸家建付地と同視すべき状態にあったというべきである。」とするのである。

この判示を前提とすると、建物が現実に貸し付けられていないとしても、

形式的に判断をするのではなく、実質面からの検討の上で、貸家建付地として評価することが相当とされる場合があるという点に留意すべきであろう。

(2) 農地等の評価

市街地周辺農地、市街地農地及び市街地山林・原野は、原則として、宅地比準方式により評価し（評基通39、40、49、58－3）、純農地、純山林・原野、中間農地及び中間山林・原野は、倍率方式により評価する（評基通37、38、48、58、58－2）。

* 「市街地周辺農地」とは、宅地などへの転用ができる農地をいい、宅地の価額に類似する価額で取引されていることから、その土地が宅地であるとした場合の1㎡当たりの価額から、その土地を宅地に転用する場合に通常必要と認められる1㎡当たりの造成費に相当する一定の金額を差し引き、その残額の80％に当たる金額で評価する（評基通39）。
* 「市街地農地」とは、都市計画により市街化区域と定められた区域にある農地のほか、転用の許可を受けた農地、転用に当たって許可を要しないこととなっている農地をいい、上記の市街地周辺農地と同様の方法により評価する（ただし、20％減はしない。評基通40）。

裁判例の紹介⑱

大字を単位として評価倍率を定めることについて合理性を肯定した事例

（千葉地裁平成7年4月24日判決・税資209号155頁）

（東京高裁平成7年12月18日判決・税資214号860頁〔確定〕）

1　事案の概要

本件は、X（原告・控訴人）が税務署長Y（被告・被控訴人）に対して、相続税の更正の請求に対してYが行った更正をすべき理由がない旨の通知処分は、Xが相続により取得した土地の評価につき憲法14条、

相続税法22条に違反するものであり、その結果課税価格を過大に認定したものであって違法であるとして、その取消しを求めた事案である。

本件において、Xは次のように主張した。

すなわち、Xの主張は、大字ごとに評価倍率を定めることを原則とするのが合理的であることは認めるが、それには例外があり、国税局長自身も、例えば同一大字のうちでも幹線道路沿いの場合には異なる評価倍率を適用し、飛地の場合には、大字名によらず実際に存在する地域の大字の評価倍率を適用するというように、より合理的な方法によっている。こうしてみると、大字名が同じであっても、地理的条件が異なるならば、その相違に応じた評価倍率を定めるべきである。本件関連地域における評価倍率も大字ごとに定められているが、M地域の農地及び山林の中には、M地域のほかに飛地が存在するなどしている。そして、M地域の飛地は、飛地というには余りにも面積が大きく、別の字といってもよいものである。このように、M地域の飛地がM地域の本体と地理的条件を異にしていることは、地図上において一見しただけで明らかであるから、M地域の本体とM地域の飛地は同一の評価倍率によるべきではなく、例外的場合として、別個の評価倍率を適用すべきである、というものであった。

2　判決の要旨

(1)　第一審判決

財産評価基本通達によると、評価倍率は、純農地については、田又は畑の別に、地勢、土性、水利等の状況の類似する地域ごとにその地域にある農地の売買実例価額、精通者意見価格等を基にして国税局長が定めることとされており（37項）、純山林については、地勢、土層、林産物の搬出の便等の状況の類似する地域ごとにその地域にある山林の売買実例価額、精通者意見価格等を基として国税局長が定めることとされている（47項）。

右財産評価基本通達にいう「類似する地域」として、評価倍率表においては、原則として市町村内の町（丁目）又は大字ごとに倍率が定められており、本件市内の相続により取得した各土地が存在する地域については大字ごとの評価倍率が定められている。これは、右のような地域の単位が行政区画としてまとまった地域であり、ことに大字は、歴史的にみても道路、河川、水路、山の尾根、谷、崖、湖沼等で区画されている場合が多く、このため土地の地目ごとの利用形態は勿論のこと、地勢、土性、土層、水利、農林産物の搬出の便等の状況も比較的似通っており、土地の価額も類似していると考えられるとともに、納税者にとっても風土、慣習、行政上の地域区分等から評価上の単位として最もなじみやすく、かつ、課税行政における経済性、技術面等をも含めて総合的に判断した場合、この方法が合理性を有することによるものと考えられる。仮にこのような大字の単位の原則に広範な例外を認め、より狭い範囲の地域を単位とするとすれば、評価倍率を定めるための事務量、経費等の膨大な負担増加を招くだけでなく、評価倍率を算定する根拠となる売買実例が少なくなり、結果として評価自体の正確性を損なうおそれもあり、課税の不安定、ひいては納税者の不利益という好ましからざる事態に立ち至るおそれがあると考えられる。

　したがってまた、大字単位に評価倍率を定める原則について例外を認める場合にどの程度の個別事情を考慮すべきかは、評価精度の向上と事務量及び徴税経費の抑制、売買実例の確保等の諸要素の比較衡量によることになり、技術的、専門的、政策的判断にわたるものである。

　よって、大字単位に評価倍率を定める方法が著しく合理性を欠くとか、他に全国的にも通用しうる簡易かつ適正な方法を採りうるといった特段の事情が存しない限り、大字を地域の単位とする右方法は、合理的な評価方法として一応是認することができる。

(2) 控訴審判決

　　Xの主張するように、ひとつの大字を地理的条件等の違いに応じて更に細分化して、それぞれに別個の評価倍率を定めるものとすると、いわゆる飛地に当たるような区域の例にあっては格別、全国的にも通用し得る細分化の一般的な基準をどこに求めるかの決定に著しい困難が伴い、また、かえって売買実例の希薄化を招来するなどして評価の不安定を来す恐れさえあるのであって、必ずしも合理的であるとは解されない上、評価通達及び評価基準が、前述のとおり、課税事務の公平と効率のために存することよりすれば、ある程度の一般性を有することは避けられず、その適用結果の不合理は、個別の適正時価の主張を許すことによって是正されるものであるから、大字を単位とすることを不合理であるとはいえない。

〔コメント〕

　財産評価基本通達にいう「類似する地域」として、評価倍率表においては、原則として市町村内の町（丁目）又は大字ごとに倍率が定められているが、この点の合理性が問題となった。

　本判決は、地域単位が行政区画としてまとまった地域であり、歴史的にみても、土地の地目ごとの利用形態からみても、土地の価額の面からみても類似していると考えられるとともに、納税者にとっても風土、慣習、行政上の地域区分等から評価上の単位として最もなじみやすく、かつ、課税行政における経済性、技術面等をも含めて総合的に判断した場合、この方法が合理性を有すると判断している。すなわち、本判決は、もし仮に、このような大字単位の原則に広範な例外を認め、より狭い範囲の地域を単位とするとすれば、評価倍率を定めるための事務量、経費等の膨大な負担増加を招くだけでなく、評価倍率を算定する根拠となる売買実例が少なくなり、結果として評価自体の正確性を損なうおそれもあり、課税の不安定、ひいては納税者の不利益と

いう好ましからざる事態に立ち至るおそれがあるという点も考慮をしている。その上で、「大字単位に評価単位を定める方法が著しく合理性を欠くとか、他に全国的にも通用しうる簡易かつ適正な方法を採りうるといった特段の事情が存しない限り、…右方法は、合理的な評価方法として一応是認することができる。」との判断を示したのである。

裁判例の紹介㊳

農地を買い受ける契約をして手付金を支払った被相続人が知事の許可を得る前に死亡した場合、相続財産を構成するのはその農地ではなく、売買契約に基づく債権としての所有権移転請求権・所有権移転登記請求権等の総体であり、その評価は契約金額によるべきであるとした事例

（名古屋地裁昭和55年3月24日判決・訟月26巻5号883頁）
（名古屋高裁昭和56年10月28日判決・税資121号104頁）
（最高裁昭和61年12月5日第二小法廷判決・集民149号263頁〔確定〕）

1　事案の概要

　TはOとの間で、昭和49年1月30日に本件土地を代金1,916万4,000円でOより買い受ける契約を締結し、同日、手付金200万円及び仲介手数料48万7,470円を支払った。

　Tは本件土地の所有権を取得するため、同年2月13日A市農業委員会に対し、農地法3条《農地又は採草放牧地の権利移動の制限》の定めによる許可申請をしたところ、農業委員会は同申請を許可し、同年3月7日付けでTに対しその旨通知した。

　ところが、Tは同年2月28日に既に死亡していたため、その相続人であるX（原告・控訴人・上告人）は、農業委員会に対して、同年3

月11日に許可取消願を申請した上で同年3月16日Oに対して本件土地の買受代金の残金1,716万4,000円を支払い、同年3月18日にはOが本件土地について有していた所有権移転請求権（仮登記）を取得し、同登記を経由した。

　Xは、本件土地の所有権を取得するため、同年4月11日A市農業委員会に対し、農地法3条の定めによる許可申請をし、農業委員会は、同申請を許可し、同年5月8日付けでXに対し、その旨通知した。

　Xは、本件相続により本件土地を取得したとして、財産評価基本通達に基づく評価額299万1,360円を相続税の課税価額に算入し、本件土地の買受残代金1,716万4,000円及び仲介手数料48万7,470円、合計1,765万1,470円を相続債務として計上した。

2　判決の要旨
(1)　第一審判決
　イ　農地の所有権移転を目的とする法律行為については、当事者において農地法3条所定の許可を受けない限り、農地所有権移転の効力を生じないのであるから（農地法3④）、相続開始前にTが農地の買受契約を締結していたとしても、その生存中に当該農地の所有権移転について右許可を受けていない限り、当該農地はTの所有とはならず、従って、相続税の課税の対象となる財産とはなり得ないものというべきである。本件において、前記のとおり、Tは、Oとの間で昭和49年1月30日に本件土地を買受ける契約を締結したが、所有権移転に関するA市農業委員会の許可通知を受ける前に死亡したのであるから、本件土地の所有権はTには移転するには至らなかったものというべきである。従って、本件土地は、本件相続税の課税の対象となる財産には該らない。
　ロ　ところで、相続税の課税価格に算入すべき価額は、相続、遺贈の対象となった財産について当該相続または遺贈のあった時における

価額を評価し、その合計額から相続人の負担に属する被相続人の債務で相続開始の際現に存するもの及び被相続人に係る葬式費用に相当する金額を控除して計算されるが、相続税法22条によれば、相続により取得した財産の価額は特別の定めがあるものを除く外、相続開始時の時価によるものとされている。ここで時価とは、当該財産の客観的交換価値をいい、それぞれの財産の現況に応じ、不特定多数の当事者間で自由な取引が行われる場合に通常成立する価額をいうものと解するのが相当である。

しかして、本件相続によりXが取得した債権的請求権としての前記所有権移転請求権、所有権移転登記請求権、所有権移転許可申請協力請求権の価額については、何ら特別の定めがないので、右各請求権の価額は相続開始時における時価によることとなるのであるが、右時価は、当該土地の取得価額が通常の取引価額に比して著しく高額であるとか、もしくは低額であるとかの特段の事情がない限り、右取得価額に一致するものと解するのが相当である。

本件において、本件土地の取得価額は1,965万1,470円であるところ、T・O間の本件土地売買契約における代金額はその当時において通常の取引価額であったことが認められ、また宅地建物取引業法及び建設省告示によれば、前記仲介手数料も相当額であることが認められる。従って、前記所有権移転許可申請協力請求権等の価額は右1,965万1,470円と評価され、右価額は、本件相続によりXが取得した財産の価額に算入されるべきである。

Xは、前記各請求権は本件土地の所有権の取得を唯一の目的とするものであるから、本件土地の財産評価基本通達による評価額299万1,360円を最高限度とし、それ以下で評価すべきである旨主張する。なるほど…税務行政実務上、国税局においては、財産評価基本通達及び「相続税財産評価基準」を定めており、右によれば、本件土地

の評価額はXの右主張額であることが認められるが、右基本通達には、その適用すべき財産の中に、前記各請求権等は含まれていないばかりか、右基本通達等は、その規定する各種財産の評価に関し、全国的な課税の公平を期するため課税庁の評価方法として一般的な基準を示したものであって、そこに定められている方法が絶対的なものではなく、他の方法により、より適確な時価を把握できる場合には、その方法によるのが相当であると解すべきである。よって、Xの右主張は理由がない。

(2) 控訴審判決

控訴審名古屋高裁はおおむね第一審判決を維持した。

(3) 上告審判決

本件相続税の課税財産は本件農地の売買契約に基づき買主たる被相続人が売主に対して取得した当該農地の所有権移転請求権等の債権的権利と解すべきであり、その価額は右売買契約による当該農地の取得価額に相当する1,965万1,470円と評価すべきであるとした原審の判断は、正当として是認することができ、原判決に所論の違法はない。

〔コメント〕

本件最高裁判決は、農地法3条所定の許可前に買主が死亡した場合の相続税の課税対象財産は当該農地の所有権移転請求権等の債権的権利であり、その価額は当該農地の売買価額により評価すべきであるとした最高裁の初めての判断である。

Xは、上告理由として、本件所有権移転請求権等の債権はいずれ農地に転化されるものであるということを前提として、所有権移転請求権が後の農地の仮の姿にすぎないとして、農地としての評価をすべきと主張したが、相続開始段階においては、農業委員会からの許可の通知が到達しておらず、後述するように、相続段階において本件農地は相続財産に含まれていないのであ

るから、Xの主張のように解釈することは、相続開始後の事情を前提とした相続税額の計算を認めることとなり許容されないと思われるし、また、Xの主張のように解することは、不特定多数の当事者間で自由な取引が行われる場合に通常成立する価額としての「時価」の概念（最高裁昭和49年9月20日第三小法廷判決・民集28巻6号1178頁）からも乖離することになる。

本件名古屋地裁判決では、農地の所有権移転を目的とする法律行為について、当事者が農地法3条所定の許可を受けない限り、農地所有権移転の効力を生じないから、「相続開始前に被相続人が農地の買受契約を締結していたとしても、その生存中に当該農地の所有権移転について、右許可を受けていない限り、当該農地は被相続人の所有とはならず、従って、相続税の課税の対象となる財産とはなり得ない」ところ、Tは、土地を買い受ける契約を締結したが、「所有権移転に関するA市農業委員会の許可通知を受ける前に死亡したのであるから、本件土地の所有権はTには移転するには至らなかったというべきであ」り、土地はTが契約締結時に引渡しを受けて使用収益を始めていたとしても、相続税の課税の対象となる財産には当たらないと判示されている。

(3) **宅地の上に存する権利の評価**

イ　借地権

借地権の価額は、次の算式により計算した金額によって評価する（評基通27）。

> 借地権＝自用地としての宅地の価額×国税局長の定める借地権割合

＊　借地権割合は、路線価図（A～Gの記号で表示）及び倍率表に示されている。
＊　借地権の価額は、借地権の設定に際し、その設定の対価として権利金等を支払うなど、借地権の取引慣行があると認められる地域に限られる。
　なお、権利金等の支払に代えて、相当の地代を支払うこととしている場合

には、①借地権の価額はゼロ、②貸宅地の価額は自用地価額の80％相当額となる（相当地代通達3、6）。
* 平成4年8月1日施行の「借地借家法」
  ① 通常の借地権
     借地権の存続期間……当初の期間30年以上（契約の定めがない場合等は30年）
     借地権の更新……最初の更新20年以上、2回目以降の更新10年以上
     　土地の所有者は、正当事由がなければ、借地権の存続期間が満了しても契約期間の更新を拒絶できない（借地権は強い権利）
  ② 定期借地権（契約の更新を認めない。）

	一般定期借地権	建物譲渡特約付借地権	事業用借地権
契約期間	50年以上	30年以上	10年～20年
借地の目的	制限なし	制限なし	事業用建物の所有
契約終了時	建物買取請求権なし	建物買取請求権あり	建物買取請求権なし
契約書	公正証書などの書面	制限なし	公正証書

ロ　定期借地権等

　定期借地権等の価額は、次の算式により計算した金額によって評価する（評基通27－2）。

> 定期借地権等＝自用地としての宅地の価額×評基通27－2の割合

* 「評基通27－2の割合」とは、次の割合をいう。

$$\frac{\text{評基通27－3に定める定期借地権等の設定の時における借地権者に帰属する経済的利益の総額}}{\text{定期借地権等の設定の時におけるその宅地の通常の取引価額}} \times \frac{\text{課税時期におけるその定期借地権等の残存期間年数に応ずる基準年利率による複利年金現価率}}{\text{定期借地権等の設定期間年数に応ずる基準年利率による複利年金現価率}}$$

ハ　貸家建付借地権等

「貸家建付借地権等」とは、借地権者又は定期借地権等の権利者がその土地の上に有する建物を貸し付けている場合の借地権又は定期借地権等をいう。

貸家の目的とされている借地権の価額又は定期借地権等の価額は、次による（評基通28）。

> 貸家建付借地権＝
> 　　借地権の価額－（借地権の価額×借家権割合×賃貸割合）

> 貸家建付定期借地権等＝
> 　定期借地権等の価額－（定期借地権等の価額×借家権割合×賃貸割合）

＊　「賃貸割合」は、その貸家に係る各独立部分がある場合に、その各独立部分の賃貸の状況に基づいて、次の算式により計算した割合による。

$$賃貸割合 = \frac{Aのうち課税時期において賃貸されている各独立部分の床面積の合計}{当該家屋の各独立部分の床面積の合計（A）}$$

＊　①「貸家」とは借家権の目的となっている家屋をいい、現実に貸し付けられている家屋をいうと解すべきであるから、たとえ、その家屋が専ら賃貸用として建築されたものであっても、課税時期において現実に貸し付けられていない家屋の敷地については、土地に対する制約がなく、貸家建付地としての減価を考慮する必要がないし、②この家屋がアパート等であって、その一部について、課税時期において現実に貸し付けられていない部分がある場合には、当該現実に貸し付けられていない部分に対応する敷地部分について、減額を行う必要性がない。そこで、課税時期におけるその建物のうち現実に貸し付けられている部分の割合を賃貸割合として定め、この割合を評価の計算に反映させるようにしている。

裁判例の紹介 ⑩

夫がその所有する営業用土地及び建物を妻に贈与し、贈与後それらを無償かつ期限の定めなく借り受けて、従前の営業の用に供している場合には、妻に対する贈与税の課税価格の計算のための土地及び建物の評価に当たって夫の使用借権の価額はゼロとして評価するのが相当であるとされた事例

（神戸地裁昭和53年12月13日判決・訟月25巻4号1148頁〔確定〕）

1　事案の概要

　Tは、これまで同人所有の本件土地及び本件建物1、2階全部を利用してうなぎ料理店を営んでいたところ、本件土地建物をその妻X（原告）に贈与することとした。かかる贈与後も、Tは、Xより本件土地建物全部を無償で期限を定めず借り受け、従前どおり営業専用でうなぎ料理店を営んでいた。

　上記事実によると、Xは、Tより本件建物の贈与を受けるとともにTに期限を定めず、従前どおりTが本件土地建物を利用してうなぎ料理店を営むためにこれを使用貸借することを約したことが認められる。

　本件においては、本件贈与財産の評価に当たり、X主張の使用貸借を本件贈与の負担分として評価し控除すべきか否かについて争われた。

2　判決の要旨

　相続税法22条に規定する贈与財産の取得時の時価とは、課税時期において、それぞれの財産の現況に応じ、不特定多数の当事者間で自由な取引が行われる場合通常成立すると認められる価額、即ち客観的交換価格をいうものと解せられるところ、本件において、Tの使用貸借が本件土地、建物の客観的交換価値の評価に当たり右評価額から控除

されるべき負担となるかどうかについて考えるに、およそ、使用貸借は賃貸借と異なり無償で他人の物を使用収益させる権利を生じさせる契約であり、通常、親族、友人、知人などの親しい間柄で成立する好意、感謝、恩恵等の存在を伴っているものであり、土地、家屋等の不動産の使用貸借においても賃借権の如く格別の法的保護は与えられておらないもので、それだけに不安定であり、所有権に対する制約力も薄弱であって、それは交換経済の埒外にあるものである。一方、借地権、借家権は借地法、借家法、建物保護ニ関スル法律等により手厚く保護され、それだけ所有権のうちの相当部分が右賃借権によって制約を受けているところから、世上、いわゆる借地権割合、借家権割合を生じているところであり、又これら賃借権が取引の対象となっているところである。しかしながら、使用貸借においては前示のとおり無償の使用関係として交換経済の外にあり、又、法的保護も弱いところから一般的取引慣行においても借地権割合、借家権割合のような一般的標準が存しないことは当裁判所に顕著な事実であり、殊に本件のような、他人間ではなく夫婦間でなされた使用貸借においては、かかる契約は夫婦間の愛情等の特殊の絆で結ばれ、その基礎のうえに成立しているものであり、そこは何等の利害の対立がなく、本件においてはうなぎ店経営という使用目的が存在するとしても、かかる使用貸借は、通常世間一般において行われているが如く、夫婦間の情誼によって解決されるものと云うべきである。なお、夫婦間には契約取消権（民754）があり、本件の場合、Ｘはこの取消権によって何時でも本件使用貸借を取消すことが出来るところである。このように夫婦間の使用貸借はその殆んどが夫婦の愛情、情誼にもとづき解決されているところから、法的保護の点においても一層薄いというべきである。したがって、本件土地、建物が不特定人間の自由取引において通常成立するであろう市場価格を考える場合においては、本件使用貸借の価値は零

として評価するのが相当であると考える。

〔コメント〕
　本件においては、妻が夫より贈与を受けた土地、建物の贈与税の課税価格の評価上、その贈与物件につき夫が有する使用借権の価値を評価額から控除すべきかどうかが争点となった。
　本判決は、相続税法22条《評価の原則》にいう「財産の取得の時における時価」とは、課税時期の財産の現況に応じ、不特定多数の当事者間で自由な取引が行われる場合、通常成立すると認められる客観的交換価格をいうものと解されるところ、使用借権は賃貸借と異なり無償で他人の物を使用収益させる権利を生じさせる契約であり、通常、親族、友人、知人などの親しい間柄で成立する好意、感謝、恩恵等の存在を伴っているものであり、法的保護が与えられていないことから不安定であり、所有権に対する制約力も薄弱であって、それは交換経済の埒外にあるものと判示している。殊に本件のような夫婦間でなされた使用貸借においては、かかる契約は夫婦間の愛情等の特殊な絆で結ばれ、その基礎の上に成立しているものであり、そこには何らの利害の対立がないから、本件の土地、建物について不特定多数の当事者間の自由取引において通常成立するであろう市場価格を考える場合においては、使用貸借の価値は零として評価するのが相当であるとしている。
　これと類似のものに、東京高裁平成元年1月31日判決（税資169号219頁〔確定〕）がある。同高裁は、被相続人が生前に使用貸借により土地を借り受け、その土地上に建物を建築して第三者に貸し付けていた場合において、当該土地が貸家建付地として評価することができるかについて、「貸家建付地の場合は、敷地所有者と建物所有者が同一なので、敷地所有者の借家人に対する明渡し請求には借家法1条の2に定める正当事由が必要となるのに対し、本件土地の場合は、建物退去土地明渡しの請求をするについて借家法等の制限を受けず、その請求を不可能とする事由は認められないから、本件土地の場

合を貸家建付地の場合と同視することは相当でない。」と判示して、これを排斥しているところである。

なお、課税実務上は、昭和48年11月1日付け直資2-189ほか個別通達「使用貸借に係る土地についての相続税及び贈与税の取扱いについて」がある（141頁参照）。

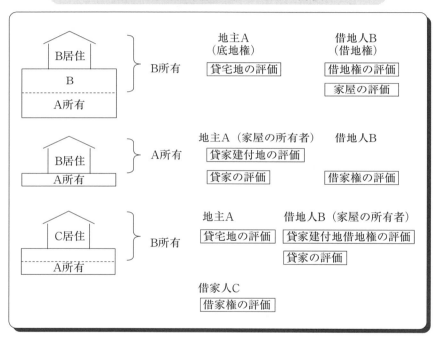

5　家屋及び家屋の上に存する権利

(1)　家屋の評価

家屋の価額は、その家屋の固定資産税評価額（地方税法381条《固定資産課税台帳の登録事項》の規定により家屋課税台帳若しくは家屋補充課税台帳に登録された基準年度の価格又は比準価格をいう。以下同じ。）に財産評価基本通達別

表1に定める倍率（1.0倍）を乗じて計算した金額によって評価する（評基通89）。

$$\text{家屋の価額} = \text{固定資産税評価額} \times 1.0$$

なお、課税時期の属する年に新築した家屋などのように、固定資産課税台帳に登録されていない家屋について、課税実務では、その家屋の付近にある家屋で構造、用途等が同一のものの固定資産税評価額を基として適正に評定した価額をもって、便宜上その家屋の固定資産税評価額として取り扱われている。

(2) **貸家の評価**

貸家の価額は、次により評価する（評基通93）。

$$\text{貸家の価額} = \text{固定資産税評価額} \times (1 - \text{借家権割合} \times \text{賃貸割合})$$

　＊　借家権割合は各国税局長の定めるところによる。

(3) **建築中の家屋**

建築中の家屋の価額は、家屋の費用現価の70％に相当する金額によって評価する（評基通91）。ここで「費用現価」とは、課税時期までのそれぞれの時期に投下した費用の額を課税時期の価額に引き直した額の合計額をいう。

裁判例の紹介⑦

相続開始直前に改造工事がされていた建物の評価

（東京地裁昭和53年12月21日判決・訟月25巻4号1197頁）

1 事案の概要

X（原告・控訴人・上告人）は、相続税について自己の分を申告したところ、税務署長Y（被告・被控訴人・被上告人）から更正処分及び過少申告加算税賦課決定を受けたため審査請求をしたが、再更正及び再々更正処分によって課税価格と税額が一部減額されたものの、審査請求は棄却された。これを不服としてXが提訴したのが本件事案である。

Xは、本件相続によって本件家屋を取得し、その価額を、昭和47年度分の固定資産税評価額である1,254万3,000円のみを基礎として財産評価基本通達（以下「基本通達」という。）の定めるところに従って計算した752万5,800円として申告した。これに対して、Yは、その正当な価額は、以下のとおり、1,201万5,430円とすべきものであると主張した。

イ　本件家屋は、登記簿上、(1)種類　店舗、事務所、居宅、(2)構造　鉄筋コンクリート４階建、陸屋根式、(3)面積　１階ないし４階各145平方メートル、屋上7.20平方メートルとなっており、その利用状況は、１階は店舗、３階及び４階は居宅（アパート）としてそれぞれ貸し付けられており、２階は事務所の形態をとっていたところ、本件の相続開始直前に代金462万1,900円で２階の事務所を居宅（アパート）に改造する工事がされたが、本件の相続開始当時、改造後の２階の居宅は全て空家となっており、借家人が入居したのは本件の相続開始後であった。

ロ　本件家屋は、上記改造工事によりその資産価値利用価値が増加したにもかかわらず、昭和47年度分固定資産税評価額は、昭和45年以降評価替えをされておらず、資産価値利用価値の増加を反映してはいなかった。

ハ　相続税における相続財産の価額は、相続開始時における時価によ

り評価すべきものであるから、本件家屋の価額は、前記改造工事による資産価値利用価値の増加をも考慮に入れて評価しなければならない。そして、その時価は、基本通達の定めによって評価した価額によるのが合理的であり、基本通達88によれば、家屋の価額は原則として1棟の家屋ごとに評価することとされているが、これは例外を許さないものではなく、本件家屋は、本件の相続開始当時、1階、3階、4階は貸家、2階は空家であって、その利用状況に違いがあり、また、改造工事が施されたのは2階のみであったから、基本通達88により本件家屋を全体として一括評価することは合理的でなく、評価方法の定めのない財産として評価すべきであり（評基通5）、本件家屋は、建物の区分所有等に関する法律により区分することも可能であるから、基本通達3に準じて各部分ごとにそれぞれその価額を評価すべきである。そこで、本件家屋の各部分の価額をみると、本件家屋全体の4分の3に当たる1階、3階、4階の価額合計は、前記固定資産税評価額1,254万3,000円の4分の3に基本通達93《貸家の評価》に従い6割〔筆者注：当時の借家権割合は40％であった〕を乗じた564万4,350円であり、2階の価額は、1,254万3,000円の4分の1に当たる313万5,750円である。2階は、本件の相続開始当時、全て空家となっており借家人はいなかったのであるから、基本通達93によるべきではない。改造部分の価額は、相続開始時において固定資産税の評価額が確定していない場合の評価方法である基本通達91《建築中の家屋の評価》に準じて、前記改造費用462万1,900円の7割に相当する323万5,330円である。

　以上を合計すれば、本件家屋の価額は前記のとおり1,201万5,430円となる。

2　判決の要旨

　家屋の価額は、原則として、1棟の家屋ごとに評価することが合理

的である（評基通88）が、本件の相続開始直前に本件家屋の２階を462万1,900円の費用を投じて改造する工事がされたのであるから、特段の事情がない限り、これによって２階の資産価値が増加したと推認することが相当であり、また、本件の相続開始当時、１階、３階、４階は貸し付けられていたのに対し、２階は貸し付けられることはなく空家となっており、貸家と空家とでその価額の評価に違いがあることは当然であるから、本件の場合、右家屋を１棟の家屋として一括評価することは相当ではなく、右の事情を反映した時価を求めるには、１階、３階、４階と２階とを分けて、それぞれその価額を評価することが適切な方法であるというべきである。

　本件家屋の時価は、１階、３階、４階の評価額と２階の評価額に、さらに右改造工事による資産価値の増加額を加えた額によって評価すべきものであり、右増加額については、通常の場合に家屋の価額を評価する基礎となる固定資産税評価額が存しないのであるから、実際に要した改造費用を基礎として評価するほかはなく、その価額は、Ｙの主張するように固定資産税評価額が存しない建築中の家屋の評価方法（評基通91）に準じて、所要費用の100分の70に相当する金額と評価してもあながち不合理であるとはいえない。

〔コメント〕

　本件では、建物のうち相続開始直前に改造工事がされていた場合に財産評価基本通達91が示す改造工事費用の100分の70で評価することの合理性が争点となったのであるが、本判決は、同通達の取扱いについて不合理なものとはいえないと判示している。

　なお、本判決の判断は、控訴審東京高裁昭和56年２月19日判決（税資116号286頁）及び上告審最高裁昭和56年12月８日第三小法廷判決（税資121号493頁〔確定〕）によっても維持されている。

裁判例の紹介㊷

財産評価基本通達に従って算定された中古マンションの課税価格は、客観的な交換価値としての適正な時価を上回るものではないと推認された事例

（東京地裁平成25年12月13日判決・訟月62巻8号1421頁）
（東京高裁平成27年12月17日判決・訟月62巻8号1404頁）
（最高裁平成29年3月2日第一小法廷決定・税資267号順号12985〔確定〕）

1 事案の概要

イ X（原告・控訴人・上告人）らは、平成19年7月21日、5棟の4階建てのマンション（以下「本件マンション」という。）の住戸並びに階段室及び事務所の各持分（以下「本件不動産」という。）をXの父から贈与により取得し、不動産鑑定士の評価に基づき課税価格を2,300万円とした上で、相続時精算課税を選択して贈与税の申告をした。これに対し、税務署長は、本件不動産の価額は財産評価基本通達（以下「評価通達」という。）に定められた価額とすべきであるとして、更正処分等をした。本件は、これを不服としたXが、国Y（被告・被控訴人・被上告人）に対し取消しを求めたものである。

ロ 本件マンションの管理組合（以下「本件管理組合」という。）は、本件マンション（昭和33年建築）の老朽化が進んでいたことから、平成18年に臨時総会を開いて、その建替えを推進する旨の決議をし、同19年10月の一括建替え決議を経た上で、同20年5月31日には、建設会社Fと各区分所有者との間で等価交換契約が締結され、同21年2月26日までに、各区分所有者との間で等価交換契約の締結を完了

2 判決の要旨

(1) 第一審判決

東京地裁は、本件マンションの建替えが実現する蓋然性が高かったにもかかわらず、本件鑑定評価額は、当該蓋然性が高くなかったことを前提として積算価格を参考程度にとどめて取引事例比較法による比準価格等に基づき算定されたものであるから、その評価の前提を欠くものであって、評価通達による本件不動産の評価額が贈与時における時価を上回っていたと認めることはできないとして、Ｘらの請求をいずれも棄却した。

(2) 控訴審判決

イ　相続税法22条《評価の原則》は、贈与等により取得した財産の価額を当該財産の取得の時における時価によるとするが、ここにいう時価とは当該財産の客観的な交換価値をいうものと解される（最高裁平成22年7月16日第二小法廷判決・集民234号263頁）。ところで、相続税法は、地上権及び永小作権の評価、定期金に関する権利の評価及び立木の評価については評価の方法を自ら直接定めるほかは、財産の評価の方法について直接定めていない。同法は、財産が多種多様であり、時価の評価が必ずしも容易なことではなく、評価に関与する者次第で個人差があり得るため、納税者間の公平の確保、納税者及び課税庁双方の便宜、経費の節減等の観点から、評価に関する通達により全国一律の統一的な評価の方法を定めることを予定し、これにより財産の評価がされることを当然の前提とする趣旨であると解するのが相当である。そして、同法26条の2《土地評価審議会》は、各国税局に土地評価審議会を置き、同審議会が土地の評価に関する事項で国税局長から意見を求められたものについて調査審議し、当該意見を踏まえて土地評価をすることによって土地評価の一層の

適正化を図るものである。同条も、多種多様であり時価の評価が必ずしも容易なことではない土地評価につき、その意見を土地評価審議会に委ねるものであり、同法の上記趣旨に沿う規定であると解される。上記趣旨を受けて、国税庁長官は評価通達を定め、この通達に従って実際の評価が行われている。上記趣旨に鑑みれば、評価対象の不動産に適用される評価通達の定める評価方法が適正な時価を算定する方法として一般的な合理性を有するものであり、かつ、当該不動産の贈与税の課税価格がその評価方法に従って決定された場合には、上記課税価格は、その評価方法によっては適正な時価を適切に算定することのできない特別の事情の存しない限り、贈与時における当該不動産の客観的な交換価値としての適正な時価を上回るものではないと推認するのが相当である（最高裁平成25年7月12日第二小法廷判決・民集67巻6号1255頁参照）。

ロ 本件贈与時には本件マンションの建替えが実現する蓋然性が高かったというべきであるから、本件マンションの建替えの実現性に不透明な部分があったということはできず、評価通達が定める評価方法によっては適正な時価を適切に算定することができない特別の事情が存在したということはできない。したがって、上記建替えを前提として評価通達が定める評価方法に従って本件不動産を評価して決定された課税価格は、贈与時における本件不動産の客観的な交換価値としての適正な時価を上回るものではないと推認される。

ハ 認定事実を前提とすれば、本件不動産の客観的交換価値は建替えを前提とするものになったというべきであり、それにもかかわらず、Ｘらが主張する本件鑑定評価は、取引事例比較法に基づく比準価格によって建替え前の客観的交換価値を算定するものであるから、その前提を欠くというほかない。現に、Ｘらは、本件贈与の1年後には、等価交換契約に基づき更正処分に係る課税価格を優に超える価

格で譲渡しているのであるから、本件不動産について、昭和33年に建築されて耐震基準も満たさず老朽化の進んだ建替え前のものを前提として評価するのは、かえって、課税の公平性の確保という観点からしても相当でない。
(3) 上告審決定
　上告審最高裁平成29年3月2日第一小法廷決定は上告棄却、上告不受理とした。

〔コメント〕
　本件東京高裁は、「評価対象の不動産に適用される評価通達の定める評価方法が適正な時価を算定する方法として一般的な合理性を有するものであり、かつ、当該不動産の贈与税の課税価格がその評価方法に従って決定された場合には、上記課税価格は、その評価方法によっては適正な時価を適切に算定することのできない特別の事情の存しない限り、贈与時における当該不動産の客観的な交換価値としての適正な時価を上回るものではないと推認するのが相当である」とし、最高裁平成25年7月12日第二小法廷判決を参照している。同最高裁は、「評価対象の土地に適用される固定資産評価基準の定める評価方法が適正な時価を算定する方法として一般的な合理性を有するものであり、かつ、固定資産課税台帳に登録された基準年度に係る賦課期日における当該土地の価格がその評価方法に従って決定された価格を上回るものでない場合には、その登録された価格は、その評価方法によっては適正な時価を適切に算定することのできない特別の事情の存しない限り、同期日における当該土地の客観的な交換価値としての適正な時価を上回るものではないと推認される。」と判示したものである。もっとも、固定資産評価基準の定める評価方法は、地方税法388条《固定資産税に係る総務大臣の任務》1項を法的根拠とするのであるが、財産評価基本通達に従って算定された課税価格も、適正な時価を上回るものではないと理解するのであろう。

6 居住用の区分所有財産（分譲マンション）

　財産評価基本通達に定める評価方法については、相続税法の時価主義の下、適正なものとなるよう適宜見直しがなされているが、近時、マンションの相続税評価額について、時価（市場売買価格）との大きな乖離を用いた相続税の負担回避事例が散見されていた。この点につき争われたのが、前述の最高裁令和4年4月19日第三小法廷判決（465頁参照）であり、同事件は「タワマン事件」などと呼ばれて大きく注目を集めたところである。同事件の最高裁判決後、国税庁は、令和5年9月28日付け個別通達（課評2－74）「居住用の区分所有財産の評価について（法令解釈通達）」を発遣し、近年の区分所有財産の取引実態等を踏まえ、居住用の区分所有財産の評価方法を新たに示し、特に高層マンションの評価についての見直しを図っている。計算の詳細は下記のとおりであるが、ごく簡潔に述べれば、①築年数が新しいほど（算式A）、②マンションの総階数が高いほど（B）、③評価の対象となる一室の所在階数が高いほど（C）、④敷地権割合が小さいほど（D）、評価額が大きく算出されるような評価算式となっている。

　令和5年9月28日付け「居住用の区分所有財産の評価について（法令解釈通達）」の概要は、以下のとおりである。

イ　区分所有者が存する家屋で、居住の用に供する専有部分のあるもの（以下「一棟の区分所有建物」という。）に存する居住の用に供する専有部分一室に係る区分所有権及び敷地利用権（以下「一室の区分所有権等」という。）については、次のように評価する。

　①　一室の区分所有権等に係る敷地利用権の「自用地としての価額」

> 自用用地としての価額（路線価方式又は倍率方式）× 区分所有補正率

　②　一室の区分所有権等に係る区分所有権の「自用家屋としての価額」

> 自用家屋としての価額（固定資産税評価額×1.0）× 区分所有補正率

* 「区分所有補正率」は、評価水準の区分に応じて、次のとおりとなる。

区　　分	区分所有補正率
評価水準＜0.6	評価乖離率 ×0.6
0.6≦評価水準≦1	補正なし
1＜評価水準	評価乖離率

* 「評価水準」は、次の算式（評価乖離率の逆数）により計算する。

> 評価水準 ＝ 1 ÷ 評価乖離率

* 「評価乖離率」は、次の算式により計算する。

> 評価乖離率 ＝ A ＋ B ＋ C ＋ D ＋3.220
> 「A」＝ 一棟の区分所有建物の築年数 × △0.033
> 「B」＝ 一棟の区分所有建物の総階数指数 ×0.239（小数点以下第4位切捨て）
> 「C」＝ 一室の区分所有権等に係る専有部分の所在階 ×0.018
> 「D」＝ 一室の区分所有権等に係る敷地持分狭小度 × △1.195（小数点以下第4位切上げ）

ロ　本通達が適用される「一棟の区分所有建物」とは、区分所有者が存する家屋で、居住の用に供する専有部分のあるものをいうが、次に掲げるものは本通達の適用対象から除かれている。

①　構造上、主として居住の用に供することができるもの以外のもの（事業用のテナント物件など）

②　区分建物の登記がされていないもの（一棟所有の賃貸マンションなど）

③　地階（登記簿上「地下」と記載されているものをいう。）を除く総階数が2以下のもの（総階数2以下の低層の集合住宅など）

④ 一棟の区分所有建物に存する居住の用に供する専有部分一室の数が3以下であって、その全てを区分所有者又はその親族の居住の用に供するもの（いわゆる二世帯住宅など）

⑤ 棚卸商品等に該当するもの

(注) 借地権付分譲マンションの敷地の用に供されている「貸宅地（底地）」の評価をする場合などにも、本通達の適用はない。

マンションの相続税評価の方法と乖離の要因分析

○ 現行のマンションの評価方法

相続等で取得した財産の時価（マンション（一室）の評価額）は、不動産鑑定価格や売却価格が通常不明であることから、次の①と②の合計額としている（通達）。

| ① 建物（区分所有建物）の価額
＝建物の固定資産税評価額×1.0 | ② 敷地（敷地利用権）の価額
＝敷地全体の面積×共有持分×平米単価（路線価等） |

○ 評価額が市場価格と乖離する主な要因とされた項目

- 建物の評価額は、再建築価格をベースに算定されている。他方、市場価格はそれに加えて建物の<u>総階数</u>、マンション一室の<u>所在階</u>も考慮されているほか、評価額への<u>築年数</u>の反映が不十分だと、評価額が市場価格に比べて低くなるケースがある（建物の効用の反映が不十分）。
- マンション一室を所有するための敷地利用権は、共有持分で按分した面積に平米単価を乗じて評価されるが、この面積は一般的に高層マンションほどより細分化され狭小となるため、このように<u>敷地持分が狭小</u>なケースは立地条件の良好な場所でも、評価額が市場価格に比べて低くなる（立地条件の反映が不十分）。

⬇

相続税評価額が市場価格と乖離する要因となっている築年数、総階数（総階数指数）、所在階、敷地持分狭小度の4つの指数に基づいて、評価額を補正する方向で通達の整備を行った。
具体的には、これら4指数に基づき統計的手法により乖離率を予測し、その結果、評価額が市場価格理論値の60％（一戸建ての評価の現状を踏まえたもの）に達しない場合は60％に達するまで評価額を補正することとされた。

（出所）国税庁HPより

評価方法の見直しのイメージ

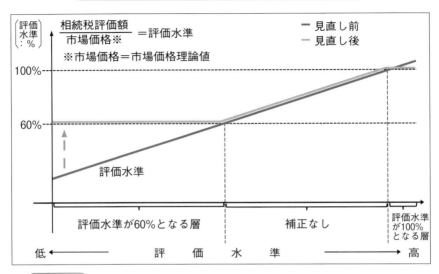

概要

① 一戸建ての物件とのバランスも考慮して、相続税評価額が市場価格理論値の60％未満となっているもの（乖離率1.67倍を超えるもの）について、市場価格理論値の60％（乖離率1.67倍）になるよう評価額を補正する。
② 評価水準60％〜100％は補正しない（現行の相続税評価額×1.0）
③ 評価水準100％超のものは100％となるよう評価額を減額する。

（注1）　令和6年1月1日以後の相続等又は贈与により取得した財産に適用する。
（注2）　上記の評価方法の適用後も、最低評価水準と重回帰式については、固定資産税の評価の見直し時期に併せて、当該時期の直前における一戸建て及びマンション一室の取引事例の取引価格に基づいて見直すものとする。
　　　　　また当該時期以外の時期においても、マンションに係る不動産価格指数等に照らし見直しの要否を検討するものとする。

（出所）国税庁HPより

7　株式及び株式に関する権利など

　株式については、上場株式、気配相場等のある株式及び取引相場のない株式の別に、株式に関する権利については、株式の割当てを受ける権利、株主

となる権利、株式無償交付期待権、配当期待権、ストックオプション及び上場新株予約権の別に、それぞれの銘柄の異なるごとに1株単位で評価することとしている。

　評価方法としては、①財産の費用化に着目した再調達価格方式としての純資産価額方式、②財産の収益性に着目した収益還元方式、③財産の市場性に着目した取引実例比較方式がある。

　①　純資産価額方式……会社の純資産価額を発行済株式総数で割って、1株当たりの評価額とする方式
　②　収益還元方式……将来期待される1株当たりの予想収益を一定の資本還元率で割って求められる金額を評価額とする方式
　③　取引実例比較方式……評価対象株式と類似性のある株式の価格とを比較して、評価対象株式に取引相場があるとすればどの程度の価格になるかを算出する方式

(1) 上場株式

　上場株式については、取引価格法が採用されている。すなわち、上場株式は、市場で毎日取引が行われ、その取引価格がそのまま時価を示しているといえることから、上場株式の価額は、その株式が上場されている金融商品取引所の公表する最終価格（次の①の価格）によって評価する。ただし、課税時期の属する月以前3か月間の毎日の最終価格の各月の平均額のうち最も低い価格を超える場合には、その低い価格によって評価する（この評価方法の趣旨については、後述の大阪高裁昭和62年9月29日判決（548頁）を参照）。つまり、①の価額が、②〜④のうち最も低い価額を超える場合には、その最も低い価額によって評価することとされている（評基通169）。

　①　課税時期の最終価格
　②　課税時期の属する月の毎日の最終価格の月平均額
　③　課税時期の属する月の前月の毎日の最終価格の月平均額

④　課税時期の属する月の前々月の毎日の最終価格の月平均額

この場合において、その株式が２以上の金融商品取引所に上場されているときは、納税者が選択した金融商品取引所とする。

なお、負担付贈与又は個人間の対価を伴う取引により取得した上場株式の価額は、その株式が上場されている金融商品取引所の公表する課税時期の最終価格（終値）によって評価することとしている。

＊　課税時期が権利落又は配当落の日から株式の割当て、株式の無償交付又は配当金交付の基準日までの間にあるときは、その権利落等の日の前日以前の最終価格のうち、課税時期に最も近い日の最終価格をもって課税時期の最終価格とする（評基通170）。

＊　課税時期に最終価格がないものについては、原則として課税時期の前日以前の最終価格又は翌日の最終価格のうち、課税時期に最も近い日の最終価格とする（評基通171）。

なお、課税時期が土曜日で金曜日が祝日のときは、木曜日の最終価格と月曜日の最終価格の平均額が課税時期の最終価格となる。

＊　課税時期の属する月以前３か月間に権利落等がある場合における最終価格の月平均額については、財産評価基本通達172《上場株式についての最終価格の月平均額の特例》による。

裁判例の紹介(73)

相続による取得財産中の株式の評価を財産評価基本通達によるのは不当である旨の納税者の主張が斥けられた事例

（大阪高裁昭和62年９月29日判決・行集38巻８＝９号1038頁）

１　事案の概要

168頁参照。

２　判決の要旨

X（原告・控訴人・上告人）は、本件相続による取得財産中の本件各株式の評価は、財産評価基本通達（以下「基本通達」という。）の基準によるのは不当であり、本件における本件各株式の評価は不当に高額である旨主張している。
　この点に対して、大阪高裁は、次のとおり判示している。
　相続税法22条は、相続財産の評価は、同法第3章に特別の定のある場合を除いて、当該財産の取得時における時価による旨定め、株式の時価については特別の定めは設けられていない。そして、税務実務については、右評価基準として基本通達が出されているのであるが、Xが特に問題としている上場株式については、…同株式の評価は、右通達169において、その株式が上場されている証券取引所の公表する課税時期の最終価格又は課税時期の属する月以前3か月間の毎日の最終価格の各月ごとの平均額（以下「最終価格の月平均額」という。）のうち最も低い価額によってなされることとなっていることが認められる。ところで、一般的にいって、株式の価格は、その発行会社の経営状態のほかこれと無関係の需給関係等から日々変動するものであるから、相続財産である株式の価格をその取得時点すなわち相続開始時点の取引価格に固定することは、その時点で一時的に騰貴した株価を評価額とする場合も生じ、納税者に過酷な結果となることもあり得るから、相当とはいえない。従って、右株式の評価に当っては、相当な期間内における株価の変動を考慮するのが妥当であるが、右の考慮期間として基本通達では相続開始後のそれを考慮しないこととしている。この点の合理性が問題となるが、相続税は相続財産の取得時点すなわち相続開始時点で納税義務が成立し（通則法15②四）、相続財産を取得したものは、相続開始のあったことを知った日の翌日から6か月〔筆者注：現行は10か月〕以内に相続税の申告をし、右期限までにその納付をする（相法27、33）こととなっているところ、右申告期限までの株

価も考慮することとなると、相続開始後に株価の恣意的操作がなされるおそれがあり、かくては課税の公平を欠くに至るから、基本通達において相続開始後における期間についての株価の変動を相続株式の評価に当たり考慮していないことが不合理とはいえない。また、基本通達では、前記のように相続開始日の属する月以前3か月間の最終価格の月平均額を考慮することとしている点の合理性であるが、前記のように相続税法上相続財産の評価はその取得時における時価によることとなっている以上、株式についてのみ右時点より余り長期にまで遡ってその価格の変動を考慮して評価するのは相当でなく、この点でも期間的な制約があることは否定できないし、他方、前記のように3か月間の最終価格の月平均額と課税時期の最終株価のうち最低株価を採用することにより、一般的にいって、相続開始時に一時的に騰貴した株価を評価額とすることを避けるという目的を満たす効果のあることは否定できず、多量の税務事務の処理と課税の公平を期するという要請も参酌すると、右の過去に遡る期間の考慮に関しても前記の株価についての通達の基準の合理性を否定するのは相当ではない。

　さらに、Xは、本件各株式がいずれも転々流通する可能性のないいわゆる支配株である点やそれらの株式が相続開始時より以前から関連企業の不況傾向から価格の下落することが予想される状況にあったことを考慮すると、前記通達の基準を適用して評価するのは相当でない旨主張するが、右支配株の点は、当該企業の支配関係を相続開始前と同様の状態に維持しつつ、右株式を譲渡するには通常の株式の場合にはみられない困難が伴うことは否定できないが、他面、支配株であっても換金可能であって相応した取引価格がある以上、同額の財産を取得したものと考えざるを得ないのであって、非支配株と特に区別して評価しないことが不合理とまではいえない。また、前記のような経済状況があるとしても、税務実務においてこれらの状況を的確に把握す

> るのは困難であり、また、納税者において右の状況があると考えるときは、取得後早期に処分して価額下落による損失を防止することも可能であることを考慮すると、相続株式の評価に当り右のような状況を特に考慮せず、株価自体の変動のみを考慮する基本通達の評価方法を採用することが特に不合理とはいえない。

〔コメント〕

　本件において、Xは、株式が転々流通する可能性のないいわゆる支配株である点やそれらの株式が相続開始時より以前から関連企業の不況傾向から価格の下落することが予想される状況にあったことを考慮すると、財産評価基本通達の基準を適用して評価するのは相当でない旨の主張をしている。この点について、本判決は、支配株について、「当該企業の支配関係を相続開始前と同様の状態に維持しつつ、右株式を譲渡するには通常の株式の場合にはみられない困難が伴うことは否定できないが、他面、支配株であっても換金可能であって相応した取引価格がある以上、同額の財産を取得したものと考えざるを得ない」とする。

　本件では、相続開始後の株価の変動を考慮に入れることなく、期間を3か月に区切って平均額を計算することの適法性が問題とされた。本判決においては、昭和48年当時の財産評価基本通達が、上場株式の評価について、相続前3か月間の株価の変動を評価の基礎に採り入れ、相続後のそれを考慮しないこととしていることは、上記のとおり合理的であると判断された。その理由としては、申告期限までの株価をも考慮することとすると、株価の恣意的な操作を可能とし、課税の公平を欠くことになるという点、相続開始時点より、あまり長期間にわたって株価の変動を考慮することは、相続財産の評価が取得時の時価によることとされていることからすれば相当ではなく、大量な税務処理と課税の実現を考慮すると、3か月の期間は相当であるという点が挙げられている。

ところで、株式の価額を評価する必要が生ずる場面としては、会社法上、譲渡制限のある株式の先買権者による買取価格の決定、営業譲渡制限のための定款変更、合併に反対する株主の買取請求に基づく買取価格の決定、新株発行が不公正なものか否かの判断を必要とする場合などが考えられるが、本判決は、本件株式の評価の目的は、これにより得られた価額をもって、納税者の相続税の納税義務の有無及びその金額を判定することであって、上記のような場合とは局面を異にすることはいうまでもないとする。

　したがって、第一の特徴として、そこには私人間の対等な関係とは異なり、国とその統治権に服する国民という権力的な関係を規律するものとしての原理が求められているから、評価額が客観的交換価値を上回る可能性はできる限り排除されなければならないが、逆にこれを下回る可能性に対しては、特段の事情のない限り、これに対する配慮をしなくとも、その評価の合理性ないし適法性に影響を与えるものではないと解すべきものである。

　また、第二の特徴として、課税事務は、大量かつ反復して遂行されるものであるから、行政の公平性ないし一貫性の立場から、ある程度、画一的な基準を設定する必要のあることは容易に肯認することができ、したがって、そのような一般的な合理性を満たす評価方式であれば、具体的に当該株式に対して同方式を適用することが不合理であるとの特段の事情が明らかにされない限り、その結果たる評価額も合理性、適法性を失うものではないというべきものであると説示する。

　なお、本件は上告されたが、上告審最高裁平成元年6月6日第三小法廷判決（税資173号1頁〔確定〕）は上告棄却としている。

(2)　気配相場等のある株式

　気配相場等のある株式の評価は、次に掲げる区分に従い、それぞれ次に掲げるところによる（評基通174）。

イ　登録銘柄及び店頭管理銘柄

　上場株式の評価と同じ。

　＊　平成16年12月13日にジャスダック市場が金融商品取引所に改組されたことに伴い、現在、これらの銘柄の株式に該当するものはない。

ロ　公開途上にある株式

① 　株式の上場又は登録に際して、株式の公募又は売出し（以下「公募等」という。）が行われる場合における公開途上にある株式の価額は、その株式の公開価格（金融商品取引所又は日本証券業協会の内規によって行われるブックビルディング方式又は競争入札方式のいずれかの方式により決定される公募等の価格をいう。）によって評価する。

② 　株式の上場又は登録に際して、公募等が行われない場合における公開途上にある株式の価額は、課税時期以前の取引価格等を勘案して評価する。

(3)　取引相場のない株式

イ　評価をする上での区分

　取引相場のない株式には、金融商品取引所における市場取引や証券会社の店頭取引で成立するような取引価格というものがない。仮に、取引価格と称されるものがあったとしても、それは通常、特定の当事者間の取引で成立した価格あるいは特別の事情の下で成立した価格であって、その価格を相続税法22条《評価の原則》に規定する時価すなわち客観的な交換価値とすることは適当ではないといえる。また、取引相場のない株式を発行している会社の事業規模は大小様々であり、その株主構成も様々で株主相互間の実質的な会社支配力にも大きな差があることから、その株式評価に当たっては、それぞれ会社の規模等の実態に応じて適正に評価する必要がある。

　そこで、財産評価基本通達では、取引相場のない株式の価額を客観的・合理的に、かつ、その実態に即して評価することができるようにするため、そ

の評価する株式の発行会社（評価会社）の規模に応じて、大会社、中会社、小会社に区分し、その規模区分に従いそれぞれの会社に適用すべき原則的な評価方法（原則的評価方式）を定めるとともに、その例外として、少数株主など会社支配権のない株主の取得した株式についての特例的な評価方法（特例的評価方式）を併せて定めている。具体的には、取引相場のない株式の価額は、評価しようとするその株式の発行会社（以下「評価会社」という。）が次の表の大会社、中会社又は小会社のいずれに該当するかに応じて、それぞれ評価する（評基通178）。

規模区分	区分の内容		総資産価額（帳簿価額によって計算した金額）及び従業員数	直前期末以前1年間における取引金額
大会社	従業員数が70人以上の会社又は右のいずれかに該当する会社	卸売業	20億円以上（従業員数が35人以下の会社を除く。）	30億円以上
		小売・サービス業	15億円以上（従業員数が35人以下の会社を除く。）	20億円以上
		卸売業、小売・サービス業以外	15億円以上（従業員数が35人以下の会社を除く。）	15億円以上
中会社	従業員数が70人未満の会社で右のいずれかに該当する会社（大会社に該当する場合を除く。）	卸売業	7,000万円以上（従業員数が5人以下の会社を除く。）	2億円以上30億円未満
		小売・サービス業	4,000万円以上（従業員数が5人以下の会社を除く。）	6,000万円以上20億円未満
		卸売業、小売・サービス業以外	5,000万円以上（従業員数が5人以下の会社を除く。）	8,000万円以上15億円未満
小会社	従業員数が70人未満の会社で右のいずれにも該当する会社	卸売業	7,000万円未満又は従業員数が5人以下	2億円未満
		小売・サービス業	4,000万円未満又は従業員数が5人以下	6,000万円未満
		卸売業、小売・サービス業以外	5,000万円未満又は従業員数が5人以下	8,000万円未満

表中の「総資産価額（帳簿価額によって計算した金額）及び従業員数」及び

「直前期末以前1年間における取引金額」は、それぞれ次の①から③により、「卸売業」、「小売・サービス業」又は「卸売業、小売・サービス業以外」の判定は④による。

① 「総資産価額（帳簿価額によって計算した金額）」は、課税時期の直前に終了した事業年度の末日（以下「直前期末」という。）における評価会社の各資産の帳簿価額の合計額とする。

② 「従業員数」は、直前期末以前1年間においてその期間継続して評価会社に勤務していた従業員（就業規則等で定められた1週間当たりの労働時間が30時間未満である従業員を除く。以下「継続勤務従業員」という。）の数に、直前期末以前1年間において評価会社に勤務していた従業員（継続勤務従業員を除く。）のその1年間における労働時間の合計時間数を従業員1人当たり年間平均労働時間数で除して求めた数を加算した数とする。この場合における従業員1人当たり年間平均労働時間数は、1,800時間とする。

　従業員には、社長、理事長並びに法人税法施行令71条《使用人兼務役員とされない役員》1項1号、2号及び4号に掲げる役員は含まないこととされている。

③ 「直前期末以前1年間における取引金額」は、その期間における評価会社の目的とする事業に係る収入金額（金融業・証券業については収入利息及び収入手数料）とする。

④ 評価会社が「卸売業」、「小売・サービス業」又は「卸売業、小売・サービス業以外」のいずれの業種に該当するかは、上記③の直前期末以前1年間における取引金額（以下「取引金額」という。）に基づいて判定し、当該取引金額のうちに2以上の業種に係る取引金額が含まれている場合には、それらの取引金額のうち最も多い取引金額に係る業種によって判定する。

ロ　特定の評価会社の株式評価

　特定の評価会社の株式は、原則として、①〜⑤については純資産価額方式により、⑥については清算分配見込額により評価する（評基通189）。また、①〜④の会社の株式を取得した同族株主以外の株主等については、特例的な評価方式である配当還元方式により評価する（評基通188－2）。

① 類似業種比準方式で評価する場合の三つの比準要素である「配当金額」、「利益金額」及び「純資産価額（簿価）」のうち直前期末の比準要素のいずれか二つがゼロであり、かつ、直前々期末の比準要素のいずれか二つ以上がゼロである会社（比準要素数1の会社）の株式

② 株式等の保有割合（総資産価額中に占める株式、出資及び新株予約権付社債の価額の合計額の割合）が50％以上の会社（株式等保有特定会社）の株式

③ 土地等の保有割合（総資産価額中に占める土地などの価額の合計額の割合）が一定の割合（大会社70％、中会社90％）以上の会社（土地保有特定会社）の株式

④ 課税時期において開業後の経過年数が3年未満の会社や、類似業種比準方式で評価する場合の三つの比準要素である「配当金額」、「利益金額」及び「純資産価額（簿価）」の直前期末の比準要素がいずれもゼロである会社（開業後3年未満の会社等）の株式

⑤ 開業前又は休業中の会社の株式

⑥ 清算中の会社の株式

裁判例の紹介㊾

非上場株式の相続に係る評価方法の妥当性（株式保有特定会社該当性）が争われた事例

(東京地裁平成24年3月2日判決・判時2180号18頁)
(東京高裁平成25年2月28日判決・税資263号順号12157〔確定〕)

1 事案の概要

　本件は、Xら（原告・被控訴人）が、平成16年2月28日にP（以下「亡P」という。）が死亡したことによって開始した相続（本件相続）に係る相続税の申告をしたところ、税務署長から、各相続税に係る更正処分及び過少申告加算税賦課決定処分を受けたことにつき、各更正処分は、本件相続に係る相続財産中のA工業所及びA（A工業所と併せて「本件各会社」という。）の各株式の価額の評価を誤ってされたもので、相続税法22条に違反するなどと主張し、国Y（被告・控訴人）を相手取り、本件各処分の取消しを求めた事案である。

　本件においては、本件各会社の各株式がいずれも取引相場のない株式であることからその評価方式が問題とされ、相続財産の時価の算定方式等について定めた財産評価基本通達（以下「評価通達」という。）において、取引相場のない大会社（評基通178）の株式の価額の算定については、原則として類似業種比準方式によって評価することとしているが、株式保有割合が一定以上の会社を「株式保有特定会社」と定義して、その会社の株式の価額につき、いわゆる純資産評価方式又は$S_1＋S_2$方式という特別の評価方式によって評価するとしていることから、A工業所が評価通達にいう「株式保有特定会社」に該当するか否かが主要な争点となっている。

2 判決の要旨

(1) 第一審判決

　東京地裁は、A工業所が株式保有特定会社に該当するとして特別の方式でその株式を評価するのは相当ではなく、その評価について原則的評価方式である類似業種比準方式によるべきであり、これを特別の

方式で評価することを前提とした本件各更正処分における各株式の評価は誤りであるとして、Xらの主張を認め、Xらの請求をいずれも認容した。

(2) 控訴審判決

　大会社において株式保有特定会社に分類される基準として規定される株式保有割合25％という数値は、平成2年当時の法人企業統計等に示された資本金10億円以上の会社の株式保有割合の平均値が7.8％であり、これを実際の相続税評価額ベースに直すと、土地の含み益もあり、それを若干下回ることになると考えられ、25％は一般会社の株式保有割合の3倍から4倍という数字になるということから決定されたものと認められ、そうであるとすると、当時においては、一般に、株式保有割合25％以上であることは、資産構成が著しく株式に偏っているものと認識されていたといえる。

　しかし、本件判定基準が本件相続開始時である平成16年においても合理性を有しているというためには、この時点においても株式保有割合25％以上であることをもって当該会社の資産構成が著しく株式に偏っていると評価できなければならない。

　しかるところ、評価通達の平成2年改正時と本件相続開始時の上場会社における株式保有状況を比較してみると、…評価通達の平成2年改正の後、平成9年の独占禁止法の改正によって従前は全面的に禁止されていた持株会社が一部容認されることになるなど、会社の株式保有に関する状況は大きく変化しており、また、本件相続開始時を調査期間に含む平成15年度の法人企業統計を基に算定された資本金10億円以上の全ての業種の営利法人（金融業及び保険業を除く。）の株式保有割合の数値は、16.31％であり、本件判定基準とされている25％と比して格段に低いとまではいえないし、さらに、独占禁止法9条4項1号では、子会社の株式の取得金額…の合計額の当該会社の総資産額に

対する割合が100分の50を超える会社が持株会社とされ、特別な規制がされているという状況にある。

　Yは、…資本金5,000万円以上10億円未満の法人に係る統計数値を根拠に、本件判定基準が本件相続開始時においても合理性がある旨主張するが、①…本件判定基準の25％という数値は、法人企業統計等に示された資本金10億円以上の会社の株式保有割合を根拠として定められたものであるから、本件判定基準が本件相続開始時にも合理性を有するか否かの判断においても、同様の会社の株式保有割合を検討するのが相当であること、②法人企業統計上の区分をみると、法人企業統計上資本金5,000万円以上10億円未満の区分に属する法人の集団と、10億円以上の区分に属する法人の集団とでは、前者の集団における株式保有割合の平均値はいずれの年度においても５％前後であるのに、後者の集団のそれは平成２年度で10.1％、平成15年度で16.2％であって、平均的な株式保有割合に明らかに有意の差が認められること、③本件相続開始時の直前期末である平成15年５月31日時点におけるＡ工業所の総資産価額（帳簿価額）が2,120億円余であったことからすれば、１法人当たり帳簿価額による総資産額の平均値が1,000ないし1,300億円程度である法人企業統計上資本金10億円以上の区分に属する法人がＡ工業所のような会社といえる（資本金5,000万円以上10億円未満の区分に属する法人の総資産額は、資本金10億円以上の法人のそれを更に下回ることは明らかである。）。そうすると、資本金5,000万円以上10億円未満の法人に係る統計数値を採ることが合理的であることを前提とするＹの主張は採用できない。

　そうすると、評価通達189の⑵の定めのうち、大会社につき株式保有割合が25％以上である評価会社を一律に株式保有特定会社と定める本件判定基準が本件相続開始時においてもなお合理性を有していたものとはいえない。

> 　以上によれば、Yの主張によっても株式保有割合が約25.9％にとどまるＡ工業所について、本件判定基準をそのまま適用して株式保有特定会社に該当するものとすることできないから、Ａ工業所が株式保有特定会社に該当するか否かは、…その株式保有割合に加えて、その企業としての規模や事業の実態等を総合考慮して判断するのが相当である。
>
> 　しかして、…Ａ工業所の企業としての規模や事業の実態等は上場企業に匹敵するものであり、Ａ工業所株式の価額の評価に関しては、租税回避行為の弊害を危惧しなければならないというような事情はうかがわれないことからすれば、本件相続開始時におけるＡ工業所が、その株式の価額の評価において原則的評価方式である類似業種比準方式を用いるべき前提を欠く株式保有特定会社に該当するとは認められない。

〔コメント〕

　本件東京高裁は、上記のとおり判示して、財産評価基本通達189《特定の評価会社の株式》(2)の取扱いのうち、大会社につき株式保有割合が25％以上である評価会社を一律に株式保有特定会社と定める本件判定基準が本件相続開始時においてもなお合理性を有していたものとはいえないと判示している。この点につき、原審東京地裁は、「評価通達に定めるところにより算定した株式保有割合が25％以上である大会社の全てについて、一律に、資産構成が類似業種比準方式における標本会社に比して著しく株式等に偏っており、その株式の価額の評価において類似業種比準方式を用いるべき前提を欠くものと評価すべきとまでは断じ難いものというべきである。」とした上で、「そうすると、少なくとも本件相続の開始時を基準とすると、評価通達189(2)の定めのうち、大会社につき株式保有割合が25％以上である評価会社を一律に株式保有特定会社としてその株式の価額を同通達189－3の定めにより評価す

べきものとする部分については、いまだその合理性は十分に立証されているものとは認めるに足りないものといわざるを得ない。」と判示していたところである。本件東京高裁判決も、この原審判断をそのまま引用しているが、ここでは、財産評価基本通達に定められた評価方式が財産取得時における時価を算定するための手法として合理的なものであることについて、課税当局側に立証責任があるとしている点は特に注目される点である。

　なお、財産評価基本通達189⑵における大会社の株式保有割合による株式保有特定会社の判定基準については、本件東京高裁判決があったことを受け、平成25年に改正が行われている。すなわち、株式保有特定会社の株式について、「課税時期において評価会社の有する各資産をこの通達に定めるところにより評価した価額の合計額のうちに占める株式及び出資の価額の合計額…の割合が<u>25％以上（178《取引相場のない株式の評価上の区分》に定める中会社及び小会社については、50％以上）</u>である評価会社…の株式の価額は、189－3《株式保有特定会社の株式の評価》の定めによる。」とされていたものを、「…合計額…の割合が<u>50％以上</u>である評価会社…の株式の価額は、189－3《株式保有特定会社の株式の評価》の定めによる。」と改正されている。

ハ　株主の区分による評価

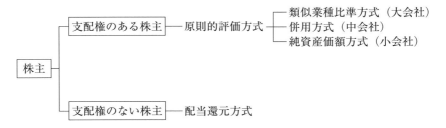

㈹　評価会社に同族株主がいる会社

　評価会社に同族株主がいる場合で、株式の取得者が同族株主に当たるときは、原則的評価方式により評価し、同族株主でないときは特例的評価方式

（配当還元方式）により評価する（評基通188(1)）。この場合の「同族株主」とは、課税時期における評価会社の株主のうち、株主の1人及びその同族関係者（以下「筆頭株主グループ」という。）の有する議決権総数の合計数がその会社の議決権総数（以下「議決権割合」という。）の30％以上である場合におけるその株主及びその同族関係者をいう。ただし、筆頭株主グループの議決権割合が50％超の場合は、その50％超の株式を有するグループに属する株主だけが同族株主となる。

① 筆頭株主グループの議決権割合が50％超の会社
  (i) 筆頭株主グループに属する株主……原則的評価方式
  (ii) 上記以外の株主……配当還元方式
② 筆頭株主グループの議決権割合が30％以上の会社
  (i) 議決権割合が30％以上の株式を有する株主……原則的評価方式
  (ii) 上記以外の株主……配当還元方式

㈹ **評価会社に同族株主がいない会社**

評価会社に同族株主がいない会社（筆頭株主グループの議決権割合が30％未満の会社）の株式は、次により評価する（評基通188(3)）。

① 議決権割合が15％以上の株式を有する株主……原則的評価方式
② 上記以外の株主……配当還元方式

裁判例の紹介㊄

財産評価基本通達の定める評価方式以外の評価方式によるべき特段の事情があるとされた事例

（東京地裁平成26年10月29日判決・訟月63巻12号2457頁）

（東京高裁平成27年4月22日判決・訟月63巻12号2435頁）

（最高裁平成28年10月6日第一小法廷決定・税資266号順号12912〔確

定〕)

1 事案の概要

イ　X₁（原告・控訴人・上告人）は、平成17年3月31日当時、酒類食料品の卸売等を目的とするD株式会社と不動産賃貸を目的とするE合名会社及び有限会社Cの代表者であり、D社の株主かつE社及びC社の社員である。X₂（原告・控訴人・上告人）は、X₁の子であり、D社の株主でありE社の社員である。B（X₁の母、X₂の祖母）は、平成17年3月31日まで、C社の社員であった。

ロ　平成17年3月31日当時、D社の発行済株式総数は700万株で、X₁が39万1,150株、X₂が5万株、E社が198万9,100株、C社が200万株を保有していた。E社の出資総額は3,000万円（60万口）で、X₁が1,990万円（39万8,000口）、X₂が10万円（2,000口）の出資持分を保有していた。C社の資本総額は1億円（10万口）で、その出資持分は、Bが4,799万5,000円（4万7,995口）、X₁が5,000円（5口）であったほか、D社の取引先である会社13社（以下「本件13社」という。）が各400万円（各4,000口）の持分を保有していた。D社、E社及びC社は、いずれも同族会社に該当する会社であった。

ハ　Bは、平成17年3月31日、自己が有していたC社出資の全部を代金を1口当たり3万9,235円として売却した。

① 2万4,000口（譲渡先・D社、代金9億4,164万円）

② 2万3,995口（譲渡先・E社、代金9億4,144万円余）

ニ　所轄税務署長は、上記の各譲渡が時価より著しく低い価額の対価でされたもので、同族会社であるD社の株式及びE社の持分の価額が増加したことから、X₁及びX₂は相続税法9条にいう「対価を支払わないで」「利益を受けた」として贈与税の決定処分等をした。本件は、これを不服としたX₁らが、国Y（被告・被控訴人・被上告

人）を相手取り、取消しを求めたものである。

　ホ　争点は、①本件各譲渡により相続税法9条に規定する「対価を支払わないで、又は著しく低い価額の対価で利益を受けた」と認められるか、②Ｃ社持分の価額はいくらかである（争点①については148頁に記載している。）。

2　判決の要旨
(1)　第一審判決

　イ　Ｃ社は、その設立時には、Ａ（X_1の父、平成3年に死亡）及びX_1が持分の全てを保有していたところ、Ａから本件13社に対するＣ社持分の譲渡の後においても、Ａ及びX_1が、出資の口数の総数の過半数に極めて近い48パーセントという高い比率の持分を保有していたものである上、Ａの死亡後は、ＢがＡの保有していたＣ社出資を取得したほかは、本件各譲渡に至るまで、Ｃ社の社員及び出資の口数には変更がなかったところ　本件13社は、いずれも、Ｄ社側からの依頼を受け、Ｄ社との取引関係の強化又は維持を動機としてＣ社出資を購入したものであり、上記購入後、本件13社がＥ社に対してＣ社出資を売却した平成17年当時までの間、Ｄ社は、本件13社にとっての得意先又は主要な取引先であり続けたと認められる。また、本件13社は、Ｃ社の社員であった間、社員総会への出席をせず、白紙委任し又は賛成する旨の委任状を提出するなどしており、これらの事実からすると、Ｃ社の経営に関し、本件13社は、Ｃ社の代表者であるX_1及び同じＢ（本件各譲渡後はＥ社）の意向に反するような行動をとることは全くなかったと認められる。そうすると、Ｃ社は、本件13社が社員であった間、一貫して、X_1及びその同族関係者（本件各譲渡まではＢ、各譲渡後はＥ社）によって実質的に支配されていたと認められる。

　ロ　評価通達188及び188－2は、「同族株主以外の株主等が取得した

株式」の価額について例外的な方法である配当還元方式によって評価することとしたものであるところ、これは、いわゆる少数株主が取得した株式について、その株主は単に配当を期待するにとどまるという実質のほか、評価手続の簡便性をも考慮して、例外的な方法を採用したものである。そして、特定の株主等が評価会社において同通達188(1)の「同族株主」に該当するかどうかを判定するに当たっては、株主の１人及びその同族関係者の有する議決権の割合をみる必要があるところ、同定めにおいて、上記「同族関係者」に該当するための要件の一つとして、法人税法上の同族会社の意義につき定める法人税法施行令４条２項が、判定会社株主等の１人又はこれと特殊の関係のある個人等が他の会社の50パーセントを超える議決権を有することを定めている例によるものとしているのは、ある株主等（及びその同族関係者である個人等）が他の会社を支配している場合には、その会社も同族関係者とし、その同族関係者たる会社を含めて、当該株主等が、評価会社について単に配当を期待するにとどまる少数株主といえるかどうかを判定するべきであるという趣旨に出たものであると考えられる。

　そうすると、本件におけるX_1及びE社とC社との関係のように、前者が後者を実質的に支配する関係にある場合において、同通達188(1)及び同令４条２項を形式的に適用することは、結局のところ、同通達188及び188－２の趣旨にもとるものというべきであって、上記の場合には、後者を前者の同族関係者とみることとするのが相当であり、その点において、同通達の定める評価方式以外の評価方式によるべき特段の事情があるというべきである。以上のとおり、本件各譲渡の時において、X_1及びその同族関係者であるE社は、C社を実質的に支配していることから、C社は、X_1及びE社の同族関係者に該当するというべきである。

ハ　D社の発行済株式総数700万株のうち、X_1が39万1,150株、X_2が5万株、E社が198万9,100株、C社が200万株を保有しており、X_1及びその同族関係者の保有する株式数の合計は443万250株となる。そうすると、X_1及びその同族関係者の有するD社の議決権の合計数は、D社の議決権総数の50パーセントを超えるから、D社は、X_1の同族関係者に当たる（評基通188(1)、法令4②三）。

(2) 控訴審判決

東京高裁は、控訴審におけるX_1らの主張を踏まえて、次のとおり補足するほかは、原審の判断を維持した。

X_1らは、評価通達6により、評価通達の定める方式以外の評価方式によって評価する場合には、国税庁長官の指示を受ける必要があるのに、YにおいてC社出資の評価に際し評価通達の定める方式以外の評価方式によって評価することに国税庁長官の指示を受けた事実はないから、本件各処分には手続違反があり、これは課税庁を拘束する規範に違反した処分といえ、適正手続の保障にも違反し、違法性があると主張するが、評価通達6にいう「国税庁長官の指示」は、行政組織内部における指示、監督に関する定めと解すべきであり、これに反することが直ちに国民の権利、利益に不利益を与えるものとはいえないから、その指示の有無は本件各処分の効力に影響しないというべきである。

(3) 上告審決定

最高裁は上告棄却、上告不受理とした。

〔コメント〕

本件では、有限会社の出資の価額について、財産評価基本通達6を適用し、配当還元方式による評価をすべきとするX_1らの主張が否定されている。これに対し、東京地裁平成16年3月2日判決（訟月51巻10号2647頁）及びその

控訴審東京高裁平成17年1月19日判決（訟月51巻10号2629頁〔確定〕）は、本件事例のAに係る相続税更正処分等取消訴訟について、同通達を画一的に適用することが著しく不適当と認められる特別の事情があるとして、同族会社の保有する非上場株式を配当還元方式ではなく、類似業種比準方式で評価すべきであると判断している。

なお、X₁らは、控訴審において「財産評価基本通達6により、同通達の定める方式以外の評価方式によって評価する場合には、国税庁長官の指示を受ける必要があるのに、YにおいてC出資の評価に際し同通達の定める方式以外の評価方式によって評価することに国税庁長官の指示を受けた事実はないから、本件各処分には手続違反がある」旨を主張したが、本件東京高裁は、「評価通達6にいう『国税庁長官の指示』は、行政組織内部における指示、監督に関する定めと解すべきであり、これに反することが直ちに国民の権利、利益に不利益を与えるものとはいえないから、その指示の有無は本件各処分の効力に影響しないというべきである。」と断じている。

＊　財産評価基本通達6の取扱いについては、464頁を参照されたい。

裁判例の紹介⑯

「同族株主以外の株主等が取得した株式」に該当するとされた事例
（東京地裁平成29年8月30日判決・判タ1464号106頁〔確定〕）

1　事案の概要

　イ　X（原告）は、被相続人乙の有していたA社株式18万3,925株（以下「本件株式」という。）を相続により取得し、これを配当還元方式により1株当たり75円と評価して相続税の申告をしたところ、税務署長は、類似業種比準方式により1株当たり2,292円と評価すべき

であるとして更正処分等をした。本件は、Ｘが国Ｙ（被告）を相手取り、かかる処分の取消しを求めて提訴した事案である。

ロ　Ａ社は、昭和25年9月設立の金属製品及び消防器材の製造販売等を業とする資本金4億6,000万円の株式会社である。本件相続開始日（平成19年12月）において、Ａ社の発行済株式総数は920万株であり、Ａ社の株主は1株につき1個の議決権を有し、その株式の譲渡については取締役会の承認が必要である。Ａ社は「大会社」（評基通178）に、Ａ社の株式は「取引相場のない株式」（評基通168(3)）に該当する。Ａ社には、従業員持株会と研究会持株会があり、いずれも民法上の組合である。また、Ａ社には、次の関連会社がある。

①　Ｂ社……平成16年2月に金銭貸付業・株式投資等を目的として設立された資本金300万円の会社であり、取締役及び株主はＡ社の役員又は従業員である。

②　Ｃ社……昭和62年12月に金銭貸付業、損害保険代理業等を目的として設立された資本金1億1,540万円の会社である。本件相続開始日において、乙の親族が発行済株式総数の32.6％を有し、研究会持株会及びＢ社並びにＡ社の役員及び従業員個人が有する株式を加えると、発行済株式総数の65.3％を占める。

③　Ｄ社……Ｄ社は、平成3年5月に錠前の設計、製造販売等を目的として設立された会社であり、平成19年2月1日から平成20年1月31日までの事業年度の終了の日において、Ａ社が、Ｄ社の発行済株式の全部を有している。

ハ　乙は、平成19年8月1日、Ｂ社に対し、自己が有するＡ社株式のうち72万5,000株を代金1株当たり75円として譲渡した。本件相続開始日のＡ社の株主構成比は、①Ｘが3.74％、②乙親族らが14.91％、③Ｂ社が7.88％、④Ｃ社が24.18％、⑤研究会持株会が24.03％、⑥従業員持株会が25.16％、⑦その他の個人株主が3.84％である。

ニ 本件の争点は、①本件株式が「同族株主以外の株主等が取得した株式」に該当するか、②本件株式を類似業種比準方式により評価することが正当と是認される特別な事情があるかである。

2 判決の要旨

イ 課税時期におけるA社の株主は、Xと乙親族らは相互に「同族関係者」に当たるが、その他の株主が相互に「同族関係者」に当たる旨の主張・立証はない。そうすると、A社には合計して30％以上の議決権を有する株主及びその同族関係者がいないため、A社は「同族株主のいない会社」に当たる。また、X及び乙親族らの有する議決権の合計割合は14.91％であり、「株主の1人及びその同族関係者の有する議決権の合計数が、その会社の議決権総数の15％未満である場合」にも当たる。

ロ Yは、評価通達188における議決権割合の判定に当たり、C社及びB社がその有するA社の議決権についてA社の意思と同一の内容の議決権を行使することに同意していれば、法人税法施行令4条6項により、評価通達188の適用上、その議決権はA社が有するとみなされる旨主張する。しかしながら、評価通達188は、評価会社の株主の「同族関係者」の定義として、法人税法施行令4条を引用しており、同条6項は当該「同族関係者」に当たる同条3項に定める特殊の関係のある法人についてのその該当性の判断等に関して設けられた規定である。そうすると、評価通達188の適用上、評価会社における株主の議決権割合の判定そのものに、法人税法施行令4条6項が適用されるわけではないから、仮にC社及びB社がその有するA社の議決権についてA社やXの意思と同一の内容の議決権を行使することに同意していたとしても、評価会社であるA社における株主の議決権割合の判定において、C社及びB社の有する議決権をA社やXが有するとみなされることになるものではない。

ハ　Yは、B社が乙一族のA社における持株比率を下げることを目的に設立された会社であると主張するが、乙からのB社への株式譲渡が行われたのは、B社の設立から3年以上が経過した後のことであることや、乙により乙一族の持株比率を15％未満とする旨の話が初めてされたのも、B社設立後の約3年を経過した平成19年6月のことであることが認められることからすれば、B社の設立時にB社への株式譲渡を目的としていたということはできない。

ニ　A社の株主の中にはC社及びB社も含まれているが、C社又はその株主とB社又はその株主が、それぞれの会社が有するA社の議決権行使につき、Xとの間で何らかの合意をしたことはなく、Xから指示をされたこともなかったことからすると、C社及びB社がその有するA社の議決権について、Xの意思と同一の内容の議決権を行使することに同意していたと認めることはできない。

ヘ　Yは、特別な事情として、乙によるA社及びその関連会社の実効支配体制の確立や、Xが乙からこの体制を引き継いだこと等を主張するが、乙のA社に対する影響力は、代表取締役としてあり得る範ちゅうを超えるようなものではなく、乙とA社との間に特殊な支配関係等があったということはできない。以上のとおりであるから、本件株式が「同族株主以外の株主等が取得した株式」に該当するものであるにもかかわらず、配当還元方式ではなく、類似業種比準方式により評価することが正当と是認される特別な事情があるとするYの主張は採用することができず、本件株式につき、配当還元方式によって適正な時価を算定することができない特別な事情があるとは認められない。

〔コメント〕

　課税実務上、「同族株主」とは、課税時期における評価会社の株主のうち、

株主の1人及びその同族関係者の有する議決権の合計数が評価会社の議決権総数の30％以上である場合におけるその株主及びその同族関係者をいい、同族株主がいない会社のうち、議決権割合が15％未満の株主グループは、その株式を配当還元方式で評価することとされている（評基通188(1)、188－2）。したがって、本件では、本件株式が「同族株主以外の株主等が取得した株式」に該当すれば、財産評価基本通達に従う限り配当還元方式で評価されるというべきところ、Yは、「C社及びB社の有する議決権の数をA社の議決権総数から除外すること」、あるいは「Xの有する議決権の数に合算すること」などを主張するが、本判決は、「判決の要旨」に記載したとおり、このYの主張を排斥している。また、Yは、財産評価基本通達を画一的に適用することが著しく不適当と認められる特別の事情がある旨も主張したが、本判決は、詳細な事実認定の上で、「乙とA社との間に特殊な支配関係等があったということはできない。」と断じている。

　本件では、乙がB社にA社株式のうち72万5,000株を譲渡しているところ、その譲渡前でみると、乙グループの議決権割合は、22.19％であるから、本件株式は原則的評価方式（類似業種比準方式）で評価されることになる。本件は相続税の更正処分が争われたものであるが、本件訴訟とは別に所得税の更正処分が争われた事例（いわゆるタキゲン事件）において、最高裁令和2年3月24日第三小法廷判決（集民263号63頁）は、配当還元方式で評価した課税処分を違法とする原審東京高裁平成30年7月19日判決（訟月66巻12号1976頁）を破棄し、原審に差し戻している。なお、原審では、所得税基本通達59－6《株式等を贈与等した場合の「その時における価額」》や財産評価基本通達の文理解釈に基づく判断により納税者の主張が採用されたが、通達の文理解釈については最高裁判所の判事による補足意見が出されている。参考までに同最高裁判決の要旨と補足意見を掲載するので、確認されたい。

○ **最高裁令和２年３月24日第三小法廷判決の要旨**

　評価通達は、相続税及び贈与税の課税における財産の評価に関するものであるところ、取引相場のない株式の評価方法について、原則的な評価方法を定める一方、事業経営への影響の少ない同族株主の一部や従業員株主等においては、会社への支配力が乏しく、単に配当を期待するにとどまるという実情があることから、評価手続の簡便性をも考慮して、このような少数株主が取得した株式については、例外的に配当還元方式によるものとする。そして、評価通達は、株式を取得した株主の議決権の割合により配当還元方式を用いるか否かを判定するものとするが、これは、相続税や贈与税は、相続等により財産を取得した者に対し、取得した財産の価額を課税価格として課されるものであることから、株式を取得した株主の会社への支配力に着目したものということができる。

　これに対し、本件のような株式の譲渡に係る譲渡所得に対する課税においては、当該譲渡における譲受人の会社への支配力の程度は、譲渡人の下に生じている増加益の額に影響を及ぼすものではないのであって、前記の譲渡所得に対する課税の趣旨に照らせば、譲渡人の会社への支配力の程度に応じた評価方法を用いるべきものと解される。

　そうすると、譲渡所得に対する課税の場面においては、相続税や贈与税の課税の場面を前提とする評価通達の前記の定めをそのまま用いることはできず、所得税法の趣旨に則し、その差異に応じた取扱いがされるべきである。所得税基本通達59－６は、取引相場のない株式の評価につき、少数株主に該当するか否かの判断の前提となる「同族株主」に該当するかどうかは株式を譲渡又は贈与した個人の当該譲渡又は贈与直前の議決権の数により判定すること等を条件に、財産評価基本通達の例により算定した価額とする旨を定めているところ、この定めは、上記のとおり、譲渡所得に対する課税と相続税等との性質の差異に応じた取扱いをすることとし、少数株主に該当するか否かについても当該株式を譲渡し

た株主について判断すべきことをいう趣旨のものということができる。ところが、原審は、本件株式の譲受人であるＣ社が評価通達188の(3)の少数株主に該当することを理由として、本件株式につき配当還元方式により算定した額が本件株式譲渡の時における価額であるとしたものであり、この原審の判断には、所得税法59条１項の解釈適用を誤った違法がある。

○　**宇賀克也裁判官の補足意見（抄）**
　原審は、租税法規の解釈は原則として文理解釈によるべきであり、みだりに拡張解釈や類推解釈を行うことは許されないとし、通達の意味内容についてもその文理に忠実に解釈するのが相当であり、通達の文言を殊更に読み替えて異なる内容のものとして適用することは許されないという。原審のいう租税法規の文理解釈原則は、法規命令については、あり得べき解釈方法の一つといえよう。しかし、通達は、法規命令ではなく、講学上の行政規則であり、下級行政庁は原則としてこれに拘束されるものの、国民を拘束するものでも裁判所を拘束するものでもない。確かに原審の指摘するとおり、通達は一般にも公開されて納税者が具体的な取引等について検討する際の指針となっていることからすれば、課税に関する納税者の信頼及び予測可能性を確保することは重要であり、通達の公表は、最高裁昭和60年（行ツ）第125号同62年10月30日第三小法廷判決・裁判集民事152号93頁にいう「公的見解」の表示に当たり、それに反する課税処分は、場合によっては、信義則違反の問題を生ぜしめるといえよう。しかし、そのことは、裁判所が通達に拘束されることを意味するわけではない。さらに、所得税基本通達59－6は、評価通達の「例により」算定するものと定めているので、相続税と譲渡所得に関する課税の性質の相違に応じた読替えをすることを想定しており、このような読替えをすることは、そもそも、所得税基本通達の文理にも反して

いるとはいえないと考える。

○ **宮崎裕子裁判官の補足意見（抄）**

　所得税法に基づく譲渡所得に対する課税と相続税法に基づく相続税、贈与税の課税とでは、課税根拠となる法律を異にし、それぞれの法律に定められた課税を受けるべき主体、課税対象、課税標準の捉え方等の課税要件も異にするという差異がある。その点を踏まえると、所得税法適用のための通達の作成に当たり、相続税法適用のための通達を借用し、しかもその借用を具体的にどのように行うかを必ずしも個別に明記しないという所得税基本通達59－6で採られている通達作成手法には、通達の内容を分かりにくいものにしているという点において問題があるといわざるを得ない。本件は、そのような通達作成手法の問題点が顕在化した事案であったということができる。租税法の通達は課税庁の公的見解の表示として広く国民に受け入れられ、納税者の指針とされていることを踏まえるならば、そのような通達作成手法については、分かりやすさという観点から改善が望まれることはいうまでもない。

　さて、所得税基本通達59－6には上記の問題があることが認められるものの、より重要なことは、通達は、どのような手法で作られているかにかかわらず、課税庁の公的見解の表示ではあっても法規命令ではないという点である。そうであるからこそ、ある通達に従ったとされる取扱いが関連法令に適合するものであるか否か、すなわち適法であるか否かの判断においては、そのような取扱いをすべきことが関連法令の解釈によって導かれるか否かが判断されなければならない。税務訴訟においても、通達の文言がどのような意味内容を有するかが問題とされることはあるが、これは、通達が租税法の法規命令と同様の拘束力を有するからではなく、その通達が関連法令の趣旨目的及びその解釈によって導かれる当該法令の内容に合致しているか否かを判断するために問題とされて

いるからにすぎない。そのような問題が生じた場合に、最も重要なことは、当該通達が法令の内容に合致しているか否かを明らかにすることである。通達の文言をいかに文理解釈したとしても、その通達が法令の内容に合致しないとなれば、通達の文理解釈に従った取扱いであることを理由としてその取扱いを適法と認めることはできない。このことからも分かるように、租税法の法令解釈において文理解釈が重要な解釈原則であるのと同じ意味で、文理解釈が通達の重要な解釈原則であるとはいえないのである。

二 同族株主等のうちの特定の株主が取得した株式

(イ) 評価会社に同族株主のいる会社

同族株主のいる会社の同族株主のうち、いずれかの同族株主グループの中に「中心的な同族株主」がいる場合には、その「中心的な同族株主」以外の株主で議決権割合が5％未満となる者の取得した株式については、配当還元方式により評価する。ただし、その会社の役員である株主又は役員となる株主の取得する株式を除く（以下、(ロ)に同じ。）（評基通188(2)）。

* この場合の「中心的な同族株主」とは、同族株主の1人及びその同族関係者の有する議決権割合が25％以上となる株主をいう。

(ロ) 評価会社に同族株主のいない会社

同族株主のいない会社において、議決権割合の合計が15％以上の株主グループに属する株主の中に「中心的な同族株主」がいる場合には、その「中心的な同族株主」以外の株主で議決権割合が5％未満となる者の取得した株式については、配当還元方式により評価する（評基通188(4)）。

* この場合の「中心的な同族株主」とは、同族株主の1人及びその同族関係者の有する議決権割合が15％以上である株主グループのうち、いずれかのグループに単独でその会社の議決権割合の10％以上を有している株主がいる場合におけるその株主をいう。

* ①評価会社が自己株式を有する場合には、その自己株式に係る議決権の数はゼロ、②評価会社の株主のうちに会社法308条《議決権の数》1項の規定により評価会社の株式につき議決権を有しないこととされる会社があるときは、その会社の有する評価会社の議決権の数はゼロとして計算する（評基通188－3、188－4）。

ホ　原則的評価方法

(イ)　会社規模による区分

上記のように区分された大会社、中会社及び小会社の株式の価額は、それぞれ次による（評基通178、179）。

〔会社規模による評価方式の区分〕

	原則的評価方式	特例的評価方式
大会社	類似業種比準価額方式 （純資産価額方式との選択可）	配当還元方式
中会社	類似業種比準価額方式と純資産価額方式との併用方式 （類似業種比準価額方式について純資産価額方式を選択可）	
小会社	純資産価額方式 （中会社と同じ併用方式選択可）	

(1)　中会社の株式の価額は、次の算式の①＋②により計算した金額によって評価する。ただし、納税義務者の選択により、算式中の類似業種比準価額を1株当たりの純資産価額（相続税評価額によって計算した金額）によって計算することができる。

①　類似業種比準価額　×　L

②　1株当たりの純資産価額（相続税評価額によって計算した金額）×（1－L）

*　上の算式中の「L」は、評価会社の1株当たりの総資産価額（帳簿価額によって計算した金額）及び従業員数又は直前期末以前1年間における取引金額に応じて、それぞれ次に定める割合のうちいずれか大きい方の割合とする。

(イ) 総資産価額（帳簿価額によって計算した金額）及び従業員数に応ずる割合

卸売業	小売・サービス業	卸売業、小売・サービス業以外	割合
4億円以上（従業員数が35人以下の会社を除く。）	5億円以上（従業員数が35人以下の会社を除く。）	5億円以上（従業員数が35人以下の会社を除く。）	0.90
2億円以上（従業員数が20人以下の会社を除く。）	2億5,000万円以上（従業員数が20人以下の会社を除く。）	2億5,000万円以上（従業員数が20人以下の会社を除く。）	0.75
7,000万円以上（従業員数が5人以下の会社を除く。）	4,000万円以上（従業員数が5人以下の会社を除く。）	5,000万円以上（従業員数が5人以下の会社を除く。）	0.60

＊ 複数の区分に該当する場合には、上位の区分に該当するものとする。

(ロ) 直前期末以前1年間における取引金額に応ずる割合

卸売業	小売・サービス業	卸売業、小売・サービス業以外	割合
7億円以上30億円未満	5億円以上20億円未満	4億円以上15億円未満	0.90
3億5,000万円以上7億円未満	2億5,000万円以上5億円未満	2億円以上4億円未満	0.75
2億円以上3億5,000万円未満	6,000万円以上2億5,000万円未満	8,000万円以上2億円未満	0.60

(2) 小会社の株式の価額は、1株当たりの純資産価額（相続税評価額によって計算した金額）によって評価する。ただし、納税義務者の選択により、Lを0.50として(1)の算式により計算した金額によって評価することができる。

(ロ) **類似業種比準価額方式**

「類似業種比準価額」とは、評価すべき株式の発行会社（評価会社）と同一ないし類似の業種の上場株式の平均株価等に比準して算出された評価会社の株式の評価額のことをいう。株価決定要因は、①1株当たりの配当金額、

②利益金額、③純資産価額である。

類似業種比準価額の算定は以下のとおりである。

> **財産評価基本通達180《類似業種比準価額》**
>
> 　類似業種比準価額は、類似業種の株価並びに1株当たりの配当金額、年利益金額及び純資産価額（帳簿価額によって計算した金額）を基とし、次の算式によって計算した金額とする。この場合において、評価会社の直前期末における資本金等の額（法人税法第2条《定義》第16号に規定する資本金等の額をいう。以下同じ。）を直前期末における発行済株式数（自己株式（会社法第113条第4項に規定する自己株式をいう。以下同じ。）を有する場合には、当該自己株式の数を控除した株式数。以下同じ。）で除した金額（以下、「1株当たりの資本金等の額」という。）が50円以外の金額であるときは、その計算した金額に、1株当たりの資本金等の額の50円に対する倍数を乗じて計算した金額とする。
>
> $$A \times \left[\frac{\frac{ⓑ}{B} + \frac{ⓒ}{C} + \frac{ⓓ}{D}}{3} \right] \times 0.7$$
>
> (1) 上記算式中の「A」、「ⓑ」、「ⓒ」、「ⓓ」、「B」、「C」及び「D」は、それぞれ次による。
>
> 「A」＝類似業種の株価
>
> 「ⓑ」＝評価会社の1株当たりの配当金額
>
> 「ⓒ」＝評価会社の1株当たりの利益金額
>
> 「ⓓ」＝評価会社の1株当たりの純資産価額（帳簿価額によって計算した金額）
>
> 「B」＝課税時期の属する年の類似業種の1株当たりの配当金額
>
> 「C」＝課税時期の属する年の類似業種の1株当たりの年利益金額
>
> 「D」＝課税時期の属する年の類似業種の1株当たりの純資産価額

　　　　（帳簿価額によって計算した金額）
　　㊟　類似業種比準価額の計算に当たっては、Ⓑ、Ⓒ及びⒹの金額は183《評価会社の１株当たりの配当金額等の計算》により１株当たりの資本金等の額を50円とした場合の金額として計算することに留意する。
⑵　上記算式中の「0.7」は、178《取引相場のない株式の評価上の区分》に定める中会社の株式を評価する場合には「0.6」、同項に定める小会社の株式を評価する場合には「0.5」とする。

　取引相場のない株式の評価に関しては、平成29年に大きく通達の改正がなされているところである。類似業種比準価額の算式も改正されており、従来１株当たりの利益金額（Ｃ）については、その他の要素の３倍とされていたところ（配当：利益：純資産＝１：３：１）、現在は１：１：１の割合とされている。これにより、好業績の会社株式については評価額が下がることとなった一方、配当金額が大きい会社や内部留保の多い会社については評価額が上昇する結果となる。

　ところで、前述の類似業種は、大分類、中分類及び小分類に区分して別に定める業種（以下「業種目」という。）のうち、評価会社の事業が該当する業種目とし、その業種目が小分類に区分されているものにあっては小分類による業種目、小分類に区分されていない中分類のものにあっては中分類の業種目によることとされている。

　ただし、納税者の選択により、類似業種が小分類による業種目にあってはその業種目の属する中分類の業種目、類似業種が中分類による業種目にあってはその業種目の属する大分類の業種目を、それぞれ類似業種とすることができる（評基通181）。

　　＊　会計検査院は、令和６年11月６日付け「令和５年度決算検査報告」において、類似業種比準方式及び併用方式による各種評価額は純資産価額方式に比べて相当程度低く算定され、各評価方式の間で１株当たりの評価額に相当の乖離

が生じている状況になっていると指摘している。具体的には、配当金額（Ⓑ）の比準割合が「0」の評価会社がおよそ80％を占めている中、配当金額（Ⓑ）を計上していない評価会社の類似評価比準価額の計算においては、実質的に二つの比準要素の合計を3で除するなどとして評価額を算定することになるため（評基通180参照）、評価額が下がるとの指摘がなされているのである。この点について、今後見直しがなされる可能性があろう。

㈈ 純資産価額方式

「1株当たりの純資産価額（相続税評価額によって計算した金額）」は、課税時期における各資産を財産評価基本通達に定めるところにより評価した価額の合計額から課税時期における各負債の金額の合計額及び評価差額に対する法人税額等に相当する金額を控除した金額を、課税時期における発行済株式数で除して計算した金額とする（評基通185）。

その際、課税時期における各資産を評価する場合において評価会社が課税時期前3年以内に取得又は新築した土地及び土地の上に存する権利並びに家屋及びその附属設備又は構築物の価額は、課税時期における通常の取引価額に相当する金額によって評価する。ただし、当該土地等又は当該家屋等に係る帳簿価額が課税時期における通常の取引価額に相当すると認められるときは、当該帳簿価額に相当する金額によって評価することができるとされている。

なお、同族株主等の議決権割合が50％以下の場合は総資産価額の80％を評価額とする。

$$\left[\begin{matrix}総資産価額（相続\\税評価額によって\\計算した金額）\end{matrix} - \begin{matrix}負債\\の合\\計額\end{matrix} - \begin{matrix}評価差額に対\\する法人税額\\等相当額(※)\end{matrix}\right] \div \begin{matrix}課税時期に\\おける発行\\済株式数\end{matrix}$$

$$(※)\begin{matrix}評価差額に対する\\法人税額等相当額\end{matrix} = \left[\begin{matrix}相続税評価額に\\よる純資産価額\end{matrix} - \begin{matrix}帳簿価額によ\\る純資産価額\end{matrix}\right] \times 42\%$$

　＊　純資産価額の80％によることができるのは、中会社の併用方式の算式中の純資産価額及び小会社の純資産価額である（大会社と中会社の株式を納税義

務者の選択により純資産価額によって評価する場合には適用されない。)。
* 1株当たりの純資産価額(相続税評価額によって計算した金額)の計算を行う場合の「発行済株式数」は、直前期末ではなく、課税時期における実際の発行済株式数である。
* 上記の「議決権の合計数」及び「議決権総数」には財産評価基本通達188-5《種類株式がある場合の議決権総数等》の「株主総会の一部の事項について議決権を行使できない株式に係る議決権の数」を含める。

裁判例の紹介⑰

いわゆるA社B社方式による節税スキームに則り著しく低い価額で現物出資された会社の出資を純資産価額方式により評価する場合には、評価差額に対する法人税額等相当額を控除しないで評価することが許されるとされた事例

(東京高裁平成13年3月15日判決・訟月48巻7号1791頁)

1 事案の概要

　X(原告・控訴人・上告人)は、平成3年11月29日、その母である亡AからB有限会社(以下「B社」という。)の出資持分(以下「本件出資持分」という。)を45億4,855万円余で譲り受けた(以下「本件譲受け」という。)ところ、税務署長Y(被告・被控訴人・被上告人)は、本件譲受けが相続税法7条《贈与又は遺贈により取得したものとみなす場合》に規定する「著しく低い価額の対価で財産の譲渡を受けた場合」に該当するとして、本件譲受けの対価と本件出資持分の時価との差額(46億8,000万円余)につき贈与税決定処分及び無申告加算税の賦課決定処分をした。主たる争点は、本件出資持分の評価に当たり、財産評価基本通達(以下「評価基本通達」という。)185及び186-2(以下、

これらを併せて「本件通達」という。）を文字どおり適用して、1株当たりの純資産価額の計算上、法人税額等相当額を控除すべきか否か等である。

2　判決の要旨

本件についてみると、高騰した不動産を所有し、相続が発生すれば多額の相続税の負担を余儀なくされることを危惧したA及びその相続人であるXは、税理士の指導を受けて、金融機関等からの巨額の借入れによりC社及びD社の2法人を設立するとともに、C社及びD社に対する出資を著しく低い価額で現物出資することによって第三法人であるB社を設立し、その後も、B社の増資をして、C社及びD社に対する出資を著しく低い価額で現物出資をし、B社に対する出資に91億4,340万円余もの巨額の評価差額を創出した上で、評価基本通達に則って法人税額等相当額を控除して算出した価額に基づき、本件出資（9万6,920口。総出資の99.9パーセント）を45億4,855万円余でAからXに売買したものである（本件譲受け）。そして、B社は、その後、C社及びD社を吸収合併するとともに、減資を実行し、Xは、その結果、B社に対して92億1,120万円の出資金払戻請求権を取得したもので、Aの死亡によって相続財産を上回る借入金債務を相続するものの、上記出資金の払戻金によって清算することができることから、Aの相続財産に対する多額の相続税の負担を免れることができると考えられたものであり、本件譲受けは、Xの相続税の負担を回避するためにとられた一連の行為の一部を構成するものであって、専ら相続税の負担を免れ又は軽減することを目的として意図的にされたものであることは明らかである。また、B社における91億4,340万円余もの巨額の評価差額は、会社の解散を待たずして、その後の減資払戻しによりXが取得することが当初から予定されていたというべきであるから、本件譲受け時点において、B社の解散により清算所得が発生することは、お

よそ考慮する必要のない状況にあったものということができる。

　以上のような事情に照らすと、本件出資の時価の評価につき、評価基本通達をそのまま適用して法人税額等相当額を控除することとすると、前記のような一連の行為の前後においてＡ及びＸが直接又は間接に所有する財産の価値にはほとんど変動がなく、かつ、吸収合併後に存続するＢ社が解散した場合に清算所得が生じることは想定されていないにもかかわらず、本件譲受けの時点において生じた財貨の移転が著しく過少に評価されることになり、取引相場のない株式等の評価につき法人税額等相当額を控除して課税標準を算出することとされた趣旨に反するばかりか、他の納税者との間での実質的な租税負担の公平を著しく害することが明らかであるから、評価基本通達の定めによって評価することが著しく不適当と認められる特別の事情があるものというべきであり、したがって、評価基本通達を形式的、画一的に適用することなく、他の合理的な評価方式によって評価すべきこととするのが相当である。

〔コメント〕

　純資産価額方式による取引相場のない株式等は、評価会社が有している課税時期における各資産を相続税評価額により評価し、この額から課税時期における債務の額と「評価差額に対する法人税額等相当額」を控除して評価する。個人が株式等を通じて会社の資産を間接的に所有しているときは、会社を解散し清算して株式数に見合う財産を手にするほかないという点を考慮して、相続税評価額への評価替えに伴って生ずる評価益（含み益）を法人税法における清算所得とみなして計算した法人税等の税額に相当する金額を控除するとしたものである（昭和47年6月20日付け改正通達）。ところが、財産評価基本通達に定める「評価差額に対する法人税額等相当額」の控除を奇貨として、①会社の経営者である株主等がその所有する株式等を低額で現物出資

して子会社、孫会社を設立し、会社の純資産価額から法人税額等相当額をその都度控除するという節税策（会社の評価額を限りなくゼロに近づけることが可能である。）や、②借入金等で会社を設立し、その会社の株式等を著しく低い価額で現物出資をして別の会社を設立し、評価額をいわば人工的に創出し、別の会社の株式について法人税額等相当額を控除するという節税策（いわゆる「A社B社方式」といい、株式等の評価額が半分程度となる。）が考え出されるようになった。そこで、国税庁では、平成2年8月3日及び平成6年6月27日の通達改正により、取引相場のない株式等を純資産価額で評価する場合において、その資産の中に、現物出資により著しく低い価額で受け入れた株式等があるときは、原則として、法人税額等相当額は、純資産価額の計算上これを控除しない旨取扱いを改めたのである（評基通186－2）。

　本件は、上記のような通達改正前において、取引相場のない株式等につき法人税額等相当額を控除しないで純資産価額方式で評価することの可否が争われたものである。本件では、Xの母Aが平成元年に90歳を迎え、やがて生じるであろう相続による税負担により、その所有する土地建物を失うことを憂慮していたところから、税理士の勧めにより、節税対策としてA社B社方式を採用したものであるが、本件において、Yは、「①まず、親が金融機関等から多額の借入れをし、これを原資として法人（第一法人）を設立する。②次いで、第一法人の株式等を著しく低い価額で現物出資して持株会社たる第二法人を設立する（この結果、第二法人の純資産価額に膨大な評価差額が意図的に創出されることになる。）。③さらに、親から子に対して、第二法人の株式等を本件通達を適用して算定される価格で売却する。④その後、第二法人が第一法人を吸収合併する。⑤最終的には、第二法人の減資払戻しにより親が出資した資金を子が取得する。」というものであり、その結果として、親の死亡によって、子は、相続財産（土地等）の価額を上回る借入金残高（上記①における借入金）を相続するため、相続税の課税を免れるほか、借入金残高は、事実上、減資払戻し金と相殺可能であるため、最終的にXは、相続税

を負担することなく財産を相続できるという相続税回避策であると主張している。これに対し、本件東京高裁は次のように判示している。

すなわち、「評価基本通達のこの規定を利用して法人税額等相当額の控除を受けて専ら相続税、贈与税等の租税回避を目的として、現物出資による会社を設立し、個人の財産を一時的に間接的な所有形態に変更することにより、ことさらに評価差額を創出して贈与財産ないし相続財産の圧縮を図り、課税時期を経過するや、減資を行うなどして再び直接的な所有形態に戻して従前と同様の財産価値を回復させ、かつ、会社を解散した場合の清算所得に対する課税も行われないことを計画するような場合において、評価基本通達をそのまま形式的、画一的に適用して、取引相場のない株式等の評価に当たり法人税額等相当額を控除して課税標準を算出することは、およそ法人税額等相当額を控除すべきものとされた趣旨に反するばかりか、他の納税者との間での実質的な租税負担の公平を著しく害することが明らかである。

したがって、このような場合における当該株式等の評価については、評価基本通達の定めによって評価することが著しく不適当と認められる特別の事情がある（評価基本通達6）ものとして、他の合理的な評価方式によって評価すべきこととするのが相当である。」としたのである。

なお、本件は上告されたが、上告審最高裁平成14年6月28日第二小法廷決定（税資252号順号9150〔確定〕）は上告棄却としている。

ヘ　特例的評価方式（配当還元方式）

取引相場のない株式を評価する場合は、それぞれの株主のその発行会社に対する支配力の強弱により評価方式を異にしており、原則として、同族株主等が取得した株式については原則的評価方式により評価し、同族株主等以外の者が取得した株式については、特例的評価方式である配当還元方式により評価する（評基通188、188-2）。

配当還元方式は、その株主が発行会社から受け取る配当金の額を基として

次の算式により評価する。

$$\frac{1株当たりの年配当金額}{10\%} \times \frac{1株当たりの資本金等の額}{50円} = 配当還元価額$$

* 「1株当たりの配当金額」は、直前期末2年間の配当金額を平均したものをいい、その金額が2円50銭未満のもの及び無配のものは2円50銭を年配当金額とする。
* 会計検査院は、令和6年11月6日付け「令和5年度決算検査報告」において、現行の還元率10%は、昭和39年の財産評価基本通達制定時の金利等を参考に算定されたものであるが、平成10年以降の金利等はほぼ2％以下の低金利水準で推移している状況にもかかわらず、一度も見直しが行われていない点を指摘している。この点についても、今後見直しがなされる可能性があると思われる。

裁判例の紹介⑱

同族株主以外の株主の保有する株式につき、純資産価額による買取りが保障されている場合には、その買取価額をもって評価すべきものとされた事例

（東京地裁平成11年3月25日判決・訟月47巻5号1163頁）

1　事案の概要

　本件は、亡Aの共同相続人であるXら（原告・控訴人）が相続税の申告をしたところ、その申告に係る課税価格の計算において株式会社の株式の価額が過少に評価されていることを理由として、税務署長Y（被告・被控訴人）がXらに対して更正及びこれに対する過少申告加算税賦課決定を行ったため、Xらが申告額を超える部分に係る各処分の取消しを求めた事案である。

そこでは、同族株主以外の株主の保有する株式の評価について配当還元方式を採用する財産評価基本通達（以下「評価通達」という。）の趣旨は本件株式には当てはまらないというべきであり、本件株式につき、評価通達を適用しないで評価した点において処分に違法があるか否かが争点とされた。

2　判決の要旨

イ　相続により取得した財産の価額は、特別の定めがあるものを除き、当該財産の取得の時における時価により評価されるが（相法22）、右「時価」とは、相続開始時における当該財産の客観的な交換価値、すなわち、それぞれの財産の現況に応じ、不特定多数の当事者間において自由な取引が行われる場合に通常成立すると認められる価格をいうと解すべきである。もっとも、すべての財産の客観的な交換価値が必ずしも一義的に確定されるものではないから、納税者間の公平、納税者の便宜、徴税費用の節減という見地に立って、合理性を有する評価方法により画一的に相続財産を評価することも、当該評価による価額が相続税法22条に規定する時価を超えない限り、適法ということができる。その反面、いったん画一的に適用すべき評価方法を定めた場合には、納税者間の公平及び納税者の信頼保護の見地から、評価通達に定める方法が合理性を有する場合には、評価通達によらないことが正当として是認され得るような特別な事情がある場合を除き、評価通達に基づき評価することが相当である。

しかしながら、評価通達に定められた評価方法によるべきとする趣旨が右のようなものであることからすれば、評価通達に定められた評価方式を形式的に適用するとかえって実質的な租税負担の公平を著しく害するなど、右評価方式によらないことが正当と是認されるような特別の事情がある場合には、他の合理的な方式により評価することが許されると解される。

ロ　本件株式のように取引相場のない株式にあっては、そもそも自由な取引市場に投入されておらず、自由な取引を前提とする客観的価格を直接把握することが困難であるから、当該株式が化体する純資産価額、同種の株式の価額あるいは当該株式を保有することによって得ることができる経済的利益等の価額形成要素を勘案して、当該株式を処分した場合に実現されることが確実と見込まれる金額、すなわち、仮に自由な取引市場があった場合に実現されるであろう価額を合理的方法により算出すべきものということになる。そして、いわゆる同族会社においては、株式が上場されるか否か及び会社経営等について同族株主以外の株主の意向はほとんど反映されないこと、会社の経営内容、業績等の状況が同族株主以外の株主の有する株式の価額に反映されないこと等からすれば、これらの株主が株式を所有する実益は、配当金の取得にあるということができる。そうすると、評価通達が、同族株主以外の株主が保有する取引相場のない株式の価額を、配当還元方式により評価することとしたことは合理性を有するということができる。

ハ　ところで、評価通達が、同族株主以外の株主の有する取引相場のない株式の評価に際して配当還元方式を採用しているのは、通常、少数株主が株式を保有する経済的実益は主として配当金の取得にあることを考慮したものであるところ、本件株式については、同族株主以外の株主がその売却を希望する場合には、時価による価額の実現が保障されており、本件株式に対する配当の額と比較して本件株式を売却する場合に保障される売却代金（時価）が著しく高額であることからすると、本件株式を保有する経済的実益は、配当金の取得にあるのではなく、将来純資産価額相当額の売却金を取得する点に主眼があると認められる。そうすると、同族株主以外の株主の保有する株式の評価について配当還元方式を採用する評価通達の趣旨

は、本件株式には当てはまらないというべきである。
　また、本件株式を配当還元方式で評価し本件借入金等を相続債務として控除した場合の相続税額は約3億円となるのに対し、本件株式が取得されなかった場合の相続税額は約21億円となり、約17億円もの税額差が生じることからすれば、形式的に評価通達を適用することによって、かえって実質的な公平を著しく欠く結果になると認められる。
　以上によれば、本件株式を評価通達を適用しないで評価した点において本件各処分に違法はない。

〔コメント〕

　前述のとおり、原則として、同族株主等が取得した株式については原則的評価方法により評価し、同族株主等以外の者が取得した株式については、配当還元方式により評価することから（評基通188）、配当還元方式は特例的な評価方式であるといわれるが、本判決はこの配当還元方式の適用の可否について判示している。すなわち、同族会社においては、株式が上場されるか否か及び会社経営等について、同族株主以外の株主の意向はほとんど反映されないこと、会社の経営内容、業績等の状況が同族株主以外の株主の有する株式の価額に反映されないこと等からすれば、同族株主以外の株主が株式を所有する実益は配当金の取得にあるといえるから、財産評価基本通達が、同族株主以外の株主の保有する株式の価額を配当還元方式により評価することとしているのは、合理性を有するといえると、本判決はいう。その上で、本判決は、財産評価基本通達に定められた評価方式を形式的に適用すると、かえって実質的な租税負担の公平を著しく害するなど、かかる評価方式によらないことが正当として是認され得るような特別の事情がある場合には、他の合理的な方式により評価することが許されると解されると判示して、本件株式の評価における配当還元方式の適用を否定している。

本件は控訴されたが、控訴審東京高裁平成12年9月28日判決（税資248号1003頁〔確定〕）は控訴棄却としている。

なお、同種の事件として、千葉地裁平成12年3月27日判決（訟月47巻6号1657頁〔確定〕）がある。

裁判例の紹介⑦

財産評価基本通達が、取引相場のない同族株主のいる大会社の株式について、いわゆる零細株主が取得した株式の評価を特例として簡便な配当還元方式によることとしたのは、一つの株式につき二つの時価を定めた趣旨ではないとされた事例

（大阪高裁昭和62年6月16日判決・訟月34巻1号160頁）

1 事案の概要

訴外A株式会社の創業者Bの妻Xら3名（原告・控訴人・上告人）はA社株式を贈与され又は譲り受けた。このうち、譲受け分について、それに支払われた額が著しく低い価額の対価として、相続税法7条《贈与又は遺贈により取得したものとみなす場合》に定めるみなし贈与に当たるとしてなされた税務署長Y（被告・被控訴人・被上告人）による決定処分及び無申告加算税賦課決定処分の違法性を争って提訴されたのが本件である。第一審大阪地裁昭和61年10月30日判決（訟月34巻1号163頁）は、Xらの請求を棄却した。

控訴審において、Xらは、類似業種比準方式、配当還元方式のほか、純資産価額方式をも定めている財産評価基本通達は、結局株主の企業支配力の有無又は強弱により、その保有株式の価値は異なるとの観点から、非上場株式の評価方式を格別に定め、一物二価に留まらず、一

物三価の原則を採用しているものであり、評価の合理性を欠くと主張した。これに対して、Ｙは、財産評価基本通達は、従業員持株などのような、持株割合が僅少で会社に対する影響を持たず、ただ配当受領にしか関心のない、いわゆる零細株主が取得した株式について、その配当金額のみに着目して、特例的に配当還元方式を採用し、その評価方式の簡便化を図ったものであり、この取扱いが十分に合理性を有するものであることは明らかであると反論した。

2 判決の要旨

Ｘらは類似業種比準方式、配当還元方式、純資産価額方式の三方式を定める財産評価基本通達は、一物三価を認めるものであって、評価の合理性を欠くと主張する。しかして、上場株式については、株式市場で取引される株価が…客観的交換価格を反映するものとして、その価格を評価することが可能であるが、本件非上場株式については右自由な取引市場は存在せず、それ故にこそ、まさにＸらの主張するように、同族株主の企業支配を行うことを前提とした株式の売買は、限定された範囲の者の間で行われる特殊な取引であり、また同族株主以外の者の右株式売買だからと言って、右時価による取引が成立したとは容易に決し難いものがある。したがって、…大会社につき、類似業種上場会社の平均株価に比準して株式評価をなす方式は、一応合理性を有するものと解し得、小会社につき、個人企業の事業規模と変らないその実態から、右株式が会社財産に対する持分的性格が強いことに着目して評価を行なう純資産価額方式もまた、右合理性を認め得るものである（評基通179、188）。

〔コメント〕

第一審大阪地裁は、「評価通達がこのように取引相場のない同族株主のいる大会社の株式について株式取得者の事実上の支配力の有無により評価方式

を異にしている理由は、右会社のすべての株式価額は本来類似業種比準方式により算定されるべきであるが、これには多大の労力を要しかつ一般的に算定価額がかなり高額になることから、持株割合が僅少で会社に対する影響力を持たず、ただ配当受領にしか関心のないいわゆる零細株主が取得した株式について右方式により算定することは適当でないため、このような株主の取得する株式の評価は特例として簡便な配当還元方式によるものとしたことにあると考えられ、1つの評価対象会社につき2つの株価を認めたわけではなく、あくまで当該株式の時価は類似業種比準方式により算定される価額によるものというべきである。なお、右のような取扱いの結果、零細株主は時価より低い評価額で課税され利益を得ることとなるが、前記のような合理的理由に基づく以上、右取扱いを違法とまでは断じ難い。」と判示しており、本判決もこの部分は原則的に維持している。

なお、本件は上告されたが、上告審最高裁昭和63年7月7日第一小法廷判決（税資165号232頁〔確定〕）は上告棄却としている。

(4) 出資の評価
イ　持分会社の出資の評価
持分会社（会社575①）に対する出資の価額は、取引相場のない株式の評価方法に準じて評価する（評基通194）。
ロ　医療法人の出資の評価
社団たる医療法人で持分の定めのあるものの出資の価額は、取引相場のない株式の評価方法に準じて評価する。ただし、医療法人は剰余金の配当が禁止されていることから、配当還元方式の適用はなく、原則的評価方法（類似業種比準方式、併用方式又は純資産価額方式）が適用される（評基通194－2）。

① 類似業種比準方式

$$A \times \frac{\frac{ⓒ}{C} + \frac{Ⓓ}{D}}{2} \times 0.7$$

※ A、ⓒ、Ⓓ、C、Dは578頁を参照されたい。
＊ 算式中の「0.7」は、中会社に相当する医療法人の場合には「0.6」、小会社に相当する医療法人の場合には「0.5」なる。

(注) 規模の判定における業種目は「その他の産業」に、業種の区分は「小売り・サービス業」になる。

② 純資産価額方式

$$\frac{\begin{pmatrix}相続税評価額に\\よる純資産価額\end{pmatrix} - \begin{pmatrix}評価差額に対する\\法人税額等相当額\end{pmatrix}}{(課税時期現在の発行済出資口数)}$$
$$= (一口当たりの純資産価額)$$

(注) 議決権割合50％以下の株主が適用する20％評価減の特例は適用されない。

(5) 株式に関する権利

イ 株式の割当てを受ける権利

その株式の割当てを受ける権利の発生している株式について、前記(1)から(3)までにより評価した価額に相当する金額から割当てを受けた株式1株につき払い込むべき金額を控除した金額によって評価する（評基通190）。

ロ 株主となる権利

①会社設立の場合の株主となる権利の価額は、課税時期以前にその株式につき払い込んだ価額により評価し、②それ以外は、その株主となる権利の発生している株式について、前記(1)から(3)までにより評価した価額に相当する金額よって評価する（評基通191）。

ハ 株式無償交付期待権

その株式無償交付期待権の発生している株式について、前記(1)から(3)までにより評価した価額に相当する金額によって評価する（評基通192）。

ニ　配当期待権

課税時期後に受けると見込まれる予想配当の金額からその金額につき源泉徴収されるべき所得税の額に相当する金額を控除した金額によって評価する（評基通193）。

* 「配当期待権」とは、配当金交付の基準日の翌日から配当金交付の効力発生日までの間における配当金を受けることができる権利をいう。

* 大阪地裁令和3年11月26日判決（税資271号順号13636）及びその控訴審である大阪高裁令和4年5月26日判決（税資272号順号13719）は、財産評価基本通達193の合理性につき、「配当決議後（取り分け配当金交付後）に相続が発生した場合、被相続人は配当金を受領して所得税等を徴収されることとなるから、配当金のうち所得税等を控除された残額が相続財産を構成することとなり、これに相続税が課されることとなる。そうであれば、配当決議前に相続が発生した場合も、予想配当の金額から源泉徴収されるべき所得税等の額に相当する金額を控除した金額をもって配当期待権を評価し、これに相続税が課されるようにすることにより、上記の場合との均衡を保ち、相続税の課税価格が不当に高額になることを回避することができる。」と判示している（72頁参照）。

ホ　ストックオプション

その目的たる株式が上場株式であり、かつ、課税時期が権利行使可能期間内にあるストックオプションの価額は、次により評価する（評基通193－2）。

$$\left(\begin{array}{c} \text{課税時期における株式の価額} \end{array} - \text{権利行使価額} \right) \times \text{権利行使により取得できる株式数}$$

ヘ　上場新株予約権（評基通193－3）

① 上場期間内にある新株予約権

（ⅰ）（ⅱ)に該当しない上場新株予約権の価額は、その新株予約権が上場されている金融商品取引所の公表する課税時期の最終価格と上場期間中の新株予約権の毎日の最終価格の平均額のいずれか低い価額によって評価する。

(ii) 負担付贈与又は個人間の対価を伴う取引により取得した上場新株予約権の価額は、その新株予約権が上場されている金融商品取引所の公表する課税時期の最終価格によって評価する。

② 上場廃止された新株予約権が権利行使可能期間内にある場合

課税時期におけるその目的たる株式の価額から権利行使価額を控除した金額に、新株予約権1個の行使により取得することができる株式数を乗じて計算した金額（その金額が負数のときは、ゼロとする。）によって評価する。

* この場合の「課税時期におけるその目的たる株式の価額」は、財産評価基本通達169《上場株式の評価》から172《上場株式についての最終価格の月平均額の特例》までの定めによって評価する。
* ただし、新株予約権の発行法人による取得条項が付されている場合には、課税時期におけるその目的たる株式の価額から権利行使価額を控除した金額に、新株予約権1個の行使により取得することができる株式数を乗じて計算した金額と取得条項に基づく取得価格のいずれか低い金額によって評価する。

(6) 公社債及び証券投資信託の受益権

イ 利付公社債（評基通197-2）

① 金融商品取引所に上場されている利付公社債

> 課税時期の最終価格又は平均値のうち低い金額 ＋ 既経過利子 － 源泉所得税相当額 ＝ 公社債の価額

* 平成25年1月1日以後の源泉所得税相当額は20.315％（所得税15％、復興特別所得税0.315％、住民税5％）となる。

② 日本証券業協会において売買参考統計値が公表されている銘柄として選定された利付公社債

> 課税時期の平均値 ＋ 既経過利子 － 源泉所得税相当額 ＝ 公社債の価額

③　上記①②以外の利付公社債

$$\text{発行価額} + \text{既経過利子} - \text{源泉所得税相当額} = \text{公社債の価額}$$

ロ　個人向け国債

$$\text{評価金額} - \text{経過利子相当額} - \text{中途換金相当額} = \text{中途換金手取相当額}$$

ハ　割引発行の公社債（評基通197－3）

① 金融商品取引所に上場されている割引発行の公社債

$$\text{課税時期の最終価格} = \text{公社債の価額}$$

② 日本証券業協会において売買参考統計値が公表されている銘柄として選定された割引発行の公社債

$$\text{課税時期の平均値} = \text{公社債の価額}$$

③ 上記①②以外の割引発行の公社債

$$\text{発行価額} + \text{券面額と発行価額との差額に相当する金額} \times \text{発行日から課税時期までの日数} \div \text{発行日から償還期限までの日数} = \text{公社債の価額}$$

ニ　証券投資信託の受益証券

① 中期国債ファンド、MMF等の日々決算型の投資信託（評基通199）

$$\text{1口当たりの基準価額} \times \text{口数} + \text{未収分配金} - \text{源泉所得税相当額} - \text{信託財産留保額及び解約手数料} = \text{証券投資信託の受益証券の価額}$$

② 上場されている証券投資信託（ETF、日経300）

上場株式に準じて評価する。

③ 上記①②以外の証券投資信託

> 1口当たりの基準価額 × 口数 − 解約請求等をした場合に源泉徴収されるべき所得税額等の相当額 − 信託財産留保額及び解約手数料 ＝ 証券投資信託の受益証券の価額

* 平成21年1月1日以後、公募株式投資信託の受益権を解約請求等をした場合には、源泉徴収されるべき所得税額等相当額が生じない（措法37の10④参照）。

(7) 貸付金債権の評価（評基通204）

貸付金、売掛金、未収入金、預貯金以外の預け金、仮払金、その他これらに類するもの（以下「貸付金債権等」という。）の価額は、次に掲げる元本の価額と利息の価額との合計額によって評価する。

① 貸付金債権等の元本の価額…その返済されるべき金額
② 貸付金債権等に係る利息の価額…課税時期現在の既経過利息として支払を受けるべき金額

裁判例の紹介⑧

同族会社に対する貸付金債権の価額は、「その回収が不可能又は著しく困難であると見込まれるとき」（評基通205）に該当しないとして、元本価額により評価された事例

（大阪地裁令和3年1月13日判決・税資271号順号13503）
（大阪高裁令和4年2月9日判決・税資272号順号13668）

（最高裁令和4年9月29日第一小法廷決定・税資272号順号13760〔確定〕）

1　事案の概要
　本件は、被相続人の財産を相続により承継した被相続人の子であるX（原告・控訴人・上告人）が、被相続人が代表者を務めていた有限会社A（以下「本件会社」という。）に対する被相続人の貸付金債権について、同会社の経営状態が悪く回収が不可能又は著しく困難であるとして、その時価をゼロと評価した上で、本件貸付金債権を計上することなく相続税の申告をしたところ、所轄税務署長が本件貸付金債権の時価は2,205万円余であると判断して相続税の更正処分等をしたため、Xが、国Y（被告・被控訴人・被上告人）を相手取り、更正処分等のうち申告税額を超える部分の取消しを求めて提訴した事案である。

2　判決の要旨
(1)　第一審判決
　評価通達204《貸付金債権の評価》及び205《貸付金債権等の元本価額の範囲》の規定の内容や、評価通達205の趣旨に照らせば、「その回収が不可能又は著しく困難であると見込まれるとき」とは、債務者が経済的に破綻していることが客観的に明白であり、そのため、債権の回収の見込みがないか又は著しく困難であると確実に認められるときをいうものと解するのが相当である。認定事実によれば、本件会社は、平成23年3月期から相続の開始日を含む平成27年3月期まで債務超過状態であり、同期間のうち平成27年3月期を除いた事業年度では、約40万円から220万円の経常損失を計上していることが認められる。しかし、本件会社は、この間、従業員数名で遊漁船業及び旅館業を継続しており、平成27年5月に旅館業における飲食業を廃業しつつも現在に至るまで事業活動を継続していること、平成23年3月期から平成27

年3月期の本件会社の負債の97％以上を占めている本件貸付金債権の債権者は、被相続人の死亡により本件会社の唯一の取締役となったXであったこと、本件貸付金債権には弁済期や利息の定めはなかったこと、相続の開始直後の、Xの本件会社に対する10万円の貸付けをはじめ、相続の開始前後において、被相続人及びXと本件会社との間で追加の貸付けや返済が繰り返し行われていたことが認められる。そうすると、本件会社は、相続の開始時において債務超過の状態が継続していたとはいえ、負債の大部分を占める本件貸付金債権に係る債務について直ちに強制執行を受けることにより、あるいは利息の支払により、運転資金を欠く可能性がある状況であったとは認められない。また、金融機関からの借入れや、その返済が滞っていたなどの事情も見当たらない。

(2) 控訴審判決

　Xは、本件貸付金債権は、その貸付けの経緯からすると、遅くとも相続開始以前に、貸主である被相続人と借主である本件会社との間において、長期間にわたり返済を棚上げする、いわゆる自然債務に近い「ある時払いの催促なし」とする黙示の合意があったのであるから、評価通達295(3)に該当すると主張する。しかし、評価通達205(3)が当事者間の債権の棚上げ等の契約につき「金融機関のあっせんに基づくものであるなど真正に成立したものである」ことを要求している趣旨に照らせば、前記契約が成立したか否かが不明確な黙示の合意では足りないというべきであり、他に、当該合意が、評価通達205(3)の「金融機関のあっせんに基づくものであるなど真正に成立したもの」と認めるに足りる証拠もない。また、この点を措くとしても、そもそも、本件会社が相続開始後にXに対し前記のとおり弁済をしていることは、前記黙示の合意と整合しないというべきであるし、本件貸付金債権の返済が不定期かつ返済額が少ないことをもって、直ちに長期にわたり

返済の棚上げを合意したことを推認することはできず、他に本件会社と被相続人との間の本件貸付金債権にかかる上記棚上げ合意を認めるに足りる証拠はない。

(3) 上告審決定

　最高裁令和4年9月29日第一小法廷決定は上告棄却、上告不受理とした。

〔コメント〕

　財産評価基本通達205では、「貸付金債権等の評価を行う場合において、その債権金額の全部又は一部が、課税時期において次に掲げる金額に該当するときその他その回収が不可能又は著しく困難であると見込まれるときにおいては、それらの金額は元本の価額に算入しない。」とし、その(3)において「当事者間の契約により債権の切捨て、棚上げ、年賦償還等が行われた場合において、それが金融機関のあっせんに基づくものであるなど真正に成立したものと認めるものであるときにおけるその債権の金額のうち(2)に掲げる金額に準ずる金額」と明記している。本件において、Xは、「本件貸付金債権は、その貸付けの経緯からすると、遅くとも本件相続開始以前に、貸主である被相続人と借主である本件会社との間において、長期間にわたり返済を棚上げする、いわゆる自然債務に近い『ある時払いの催促なし』とする黙示の合意があったのであるから、評価通達205(3)に該当する。」と主張するも、本件大阪高裁はこれを排斥している。

　この点、相続税の申告期限までに解散・清算した同族会社に対する貸付金の評価が争われた事例において、東京地裁令和5年8月31日判決（判例集未登載〔確定〕）は、「本件法人は、ほぼ継続して債務超過の状況にあったものであるが、その債務のほとんどは代表者あるいはその親族からの借入金であり、これは無利息かつ返済期限のないものであった上、本件法人の相続開始日時点の借入金は、その債権者が全て原告であったのであるから、本件法人

の代表取締役である原告が自らその返済時期や方法を調整することは可能であったといえ、直ちに返済を要するものではないことは明らかである。」と説示して、財産評価基本通達205に該当しないと断じている。

その他、同旨のものとして、青森地裁令和3年10月22日判決（税資271号順号13620）及びその控訴審仙台高裁令和4年3月23日判決（税資272号順号13691〔確定〕）がある。

(8) ゴルフ会員権の評価（評基通211）

イ 取引相場のある会員権

課税時期における通常の取引価格の70％に相当する金額によって評価する。

この場合において、取引価格に含まれない預託金等があるときは、次に掲げる金額との合計額によって評価する。

① 課税時期において直ちに返還を受けることができる預託金等……ゴルフクラブの規約等に基づいて課税時期において返還を受けることができる金額

② 課税時期から一定の期間を経過した後に返還を受けることができる預託金等……ゴルフクラブの規約等に基づいて返還を受けることができる金額の課税時期から返還を受けることができる日までの期間（その期間が1年未満であるとき又はその期間に1年未満の端数があるときは、これを1年とする。）に応ずる基準年利率による複利現価の額

ロ 取引相場のない会員権

① 株主でなければ会員となれない会員権……その会員権に係る株式について、この通達の定めにより評価した課税時期における株式の価額に相当する金額によって評価する。

② 株主であり、かつ、預託金等を預託しなければ会員となれない会員権……その会員権について、株式と預託金等に区分し、それぞれ次に掲げる金額の合計額によって評価する。

③ 預託金等を預託しなければ会員となれない会員権……イの①又は②に掲げた方法を適用して計算した金額によって評価する。

　＊　株式の所有を必要とせず、かつ、譲渡できない会員権で、返還を受けることができる預託金等がなく、ゴルフ場施設を利用して、単にプレーができるだけのものについては評価しない。

【巻末付表】

〔付表1〕 奥行価格補正率表

地区区分 奥行距離 （メートル）	ビル街 地区	高度商 業地区	繁華街 地区	普通商業・併 用住宅地区	普通住 宅地区	中小工 場地区	大工場 地区
4 未満	0.80	0.90	0.90	0.90	0.90	0.85	0.85
4 以上 6 未満		0.92	0.92	0.92	0.92	0.90	0.90
6 〃 8 〃	0.84	0.94	0.95	0.95	0.95	0.93	0.93
8 〃 10 〃	0.88	0.96	0.97	0.97	0.97	0.95	0.95
10 〃 12 〃	0.90	0.98	0.99	0.99	1.00	0.96	0.96
12 〃 14 〃	0.91	0.99	1.00	1.00		0.97	0.97
14 〃 16 〃	0.92	1.00				0.98	0.98
16 〃 20 〃	0.93					0.99	0.99
20 〃 24 〃	0.94					1.00	1.00
24 〃 28 〃	0.95				0.97		
28 〃 32 〃	0.96		0.98		0.95		
32 〃 36 〃	0.97		0.96	0.97	0.93		
36 〃 40 〃	0.98		0.94	0.95	0.92		
40 〃 44 〃	0.99		0.92	0.93	0.91		
44 〃 48 〃	1.00		0.90	0.91	0.90		
48 〃 52 〃		0.99	0.88	0.89	0.89		
52 〃 56 〃		0.98	0.87	0.88	0.88		
56 〃 60 〃		0.97	0.86	0.87	0.87		
60 〃 64 〃		0.96	0.85	0.86	0.86	0.99	
64 〃 68 〃		0.95	0.84	0.85	0.85	0.98	
68 〃 72 〃		0.94	0.83	0.84	0.84	0.97	
72 〃 76 〃		0.93	0.82	0.83	0.83	0.96	
76 〃 80 〃		0.92	0.81	0.82			
80 〃 84 〃		0.90	0.80	0.81	0.82	0.93	
84 〃 88 〃		0.88		0.80			
88 〃 92 〃		0.86			0.81	0.90	
92 〃 96 〃	0.99	0.84					
96 〃100 〃	0.97	0.82					
100 〃	0.95	0.80			0.80		

〔付表２〕
側方路線影響加算率表

地区区分	加算率	
	角地の場合	準角地の場合
ビル街地区	0.07	0.03
高度商業地区、繁華街地区	0.10	0.05
普通商業・併用住宅地区	0.08	0.04
普通住宅地区、中小工場地区	0.03	0.02
大工場地区	0.02	0.01

(注) 準角地とは、右図のように一系統の路線の屈折部の内側に位置するものをいう。

〔付表３〕
二方路線影響加算率表

地区区分	加算率
ビル街地区	0.03
高度商業地区、繁華街地区	0.07
普通商業・併用住宅地区	0.05
普通住宅地区、中小工場地区、大工場地区	0.02

〔付表４〕
地積区分表

地区区分＼地積区分	A	B	C
高度商業地区	1,000㎡未満	1,000㎡以上 1,500㎡未満	1,500㎡以上
繁華街地区	450㎡未満	450㎡以上 700㎡未満	700㎡以上
普通商業・併用住宅地区	650㎡未満	650㎡以上 1,000㎡未満	1,000㎡以上
普通住宅地区	500㎡未満	500㎡以上 750㎡未満	750㎡以上
中小工場地区	3,500㎡未満	3,500㎡以上 5,000㎡未満	5,000㎡以上

〔付表5〕
不整形地補正率表

かげ地割合 \ 地積区分 \ 地区区分	高度商業地区、繁華街地区、普通商業・併用住宅地区、中小工場地区			普通住宅地区		
	A	B	C	A	B	C
10％以上	0.99	0.99	1.00	0.98	0.99	0.99
15％ 〃	0.98	0.99	0.99	0.96	0.98	0.99
20％ 〃	0.97	0.98	0.99	0.94	0.97	0.98
25％ 〃	0.96	0.98	0.99	0.92	0.95	0.97
30％ 〃	0.94	0.97	0.98	0.90	0.93	0.96
35％ 〃	0.92	0.95	0.98	0.88	0.91	0.94
40％ 〃	0.90	0.93	0.97	0.85	0.88	0.92
45％ 〃	0.87	0.91	0.95	0.82	0.85	0.90
50％ 〃	0.84	0.89	0.93	0.79	0.82	0.87
55％ 〃	0.80	0.87	0.90	0.75	0.78	0.83
60％ 〃	0.76	0.84	0.86	0.70	0.73	0.78
65％ 〃	0.70	0.75	0.80	0.60	0.65	0.70

(注)1 不整形地の地区区分に応ずる地積区分は、付表4「地積区分表」による。
2 かげ地割合は次の算式により計算した割合による。

$$「かげ地割合」＝\frac{想定整形地の地積－不整形地の地積}{想定整形地の地積}$$

3 間口狭小補正率の適用がある場合においては、この表により求めた不整形地補正率に間口狭小補正率を乗じて得た数値を不整形地補正率とする。ただし、その最小値はこの表に定める不整形地補正率の最小値（0.60）とする。
　また、奥行長大補正率の適用がある場合においては、選択により、不整形地補正率を適用せず、間口狭小補正率に奥行長大補正率を乗じて得た数値によって差し支えない。
4 大工場地区にある不整形地については、原則として不整形地補正を行わないが、地積がおおむね9,000平方メートル程度のものについては、付表4「地積区分表」及びこの表に掲げる中小工場地区の区分により不整形地としての補正を行って差し支えない。

〔付表6〕
間口狭小補正率表

間口距離（メートル）＼地区区分	ビル街地区	高度商業地区	繁華街地区	普通商業・併用住宅地区	普通住宅地区	中小工場地区	大工場地区
4未満	—	0.85	0.90	0.90	0.90	0.80	0.80
4以上6未満	—	0.94	1.00	0.97	0.94	0.85	0.85
6 〃 8 〃	—	0.97		1.00	0.97	0.90	0.90
8 〃 10 〃	0.95	1.00			1.00	0.95	0.95
10 〃 16 〃	0.97					1.00	0.97
16 〃 22 〃	0.98						0.98
22 〃 28 〃	0.99						0.99
28 〃	1.00						1.00

〔付表7〕
奥行長大補正率表

奥行距離／間口距離＼地区区分	ビル街地区	高度商業地区、繁華街地区、普通商業・併用住宅地区	普通住宅地区	中小工場地区	大工場地区
2以上3未満	1.00	1.00	0.98	1.00	1.00
3 〃 4 〃		0.99	0.96	0.99	
4 〃 5 〃		0.98	0.94	0.98	
5 〃 6 〃		0.96	0.92	0.96	
6 〃 7 〃		0.94	0.90	0.94	
7 〃 8 〃		0.92		0.92	
8 〃		0.90		0.90	

〔付表8〕
がけ地補正率表

がけ地地積／総地積 ＼ がけ地の方位	南	東	西	北
0.10以上	0.96	0.95	0.94	0.93
0.20 〃	0.92	0.91	0.90	0.88
0.30 〃	0.88	0.87	0.86	0.83
0.40 〃	0.85	0.84	0.82	0.78
0.50 〃	0.82	0.81	0.78	0.73
0.60 〃	0.79	0.77	0.74	0.68
0.70 〃	0.76	0.74	0.70	0.63
0.80 〃	0.73	0.70	0.66	0.58
0.90 〃	0.70	0.65	0.60	0.53

(注) がけ地の方位等については、次により判定する。
1 がけ地の方位は、斜面の向きによる。
2 2方位以上のがけ地がある場合は、次の算式により計算した割合をがけ地補正率とする。

$$\frac{\left[\begin{array}{l}\text{総地積に対するが}\\ \text{け地部分の全地積}\\ \text{の割合に応ずるA}\\ \text{方位のがけ地補正}\\ \text{率}\end{array}\right] \times \begin{array}{l}\text{A方位}\\ \text{のがけ}\\ \text{地の地}\\ \text{積}\end{array} + \begin{array}{l}\text{総地積に対するが}\\ \text{け地部分の全地積}\\ \text{の割合に応ずるB}\\ \text{方位のがけ地補正}\\ \text{率}\end{array} \times \begin{array}{l}\text{B方位}\\ \text{のがけ}\\ \text{地の地}\\ \text{積}\end{array} + \cdots\cdots}{\text{がけ地部分の全地積}}$$

3 この表に定められた方位に該当しない「東南斜面」などについては、がけ地の方位の東と南に応ずるがけ地補正率を平均して求めることとして差し支えない。

〔付表9〕
特別警戒区域補正率表

特別警戒区域の地積	補正率
総地積	
0.10以上	0.90
0.40 〃	0.80
0.70 〃	0.70

(注) がけ地補正率の適用がある場合においては、この表により求めた補正率にがけ地補正率を乗じて得た数値を特別警戒区域補正率とする。ただし、その最小値は0.50とする。

〔用 語 索 引〕

い

遺言の方式	21
遺言の要式性	21
遺産課税・遺産取得課税の併用方式	32
遺産課税方式	31, 34
遺産取得課税方式	32, 34
遺産に係る基礎控除	222
遺産の分割	27
遺産分割等	4
遺産分割の遡及効	28
遺産分割前における預貯金の払戻し	29
遺贈	20
遺族年金等	90
著しく低い価額	130, 131, 132
一般障害者	238, 240
遺留分	22
遺留分権利者	22
遺留分侵害額請求	23
遺留分制度	5
遺留分に関する民法の特例	24
遺留分の計算	22
医療法人の出資の評価	592
医療法人の持分についての相続税・贈与税の納税猶予及び免除	428
医療法人の持分についての相続税の税額控除の特例	244
隠蔽・仮装行為に基づく財産	230

え

永小作権	442
Ａ社Ｂ社方式	581
延納	347
延納期間	349
延納の許可	347
延納の許可又は却下の処分	348
延納の手続	348

お

奥行価格補正	499
奥行価格補正率	490
奥行価格補正率表	603
奥行長大補正率表	498, 606
卸売業	577

か

外国税額控除	242, 277, 300
外国税額控除の適用対象者	243
開示請求者	355
家屋の評価	534
各相続人等の相続税額の計算	225
画地調整率	492
かげ地割合	496, 605
がけ地補正率表	498, 607
貸宅地の評価	534
貸付金債権の評価	597
貸付事業用宅地等	204
貸家建付借地権等の評価	530
貸家建付地	509
貸家建付地の評価	514, 533

貸家の評価 …………………………… 535
課税遺産総額 ………………………… 221
課税財産 ……………………………… 53
課税時期 ……………………………… 432
株式等保有特定会社 ………………… 556
仮換地指定 …………………………… 203
換価分割 ……………………………… 28
官公署等への協力要請 ……………… 357
鑑定評価額 …………………………… 480

き

期限内申告書 ………………………… 312
危難失踪 ……………………………… 6
教育資金の一括贈与の非課税特例を
　受けていた場合における管理残額
　………………………………………… 95
協議分割 ……………………………… 27
協議離縁 ……………………………… 8
行政区画 ……………………………… 523
兄弟姉妹 ……………………………… 9
共同相続人 …………………………… 13
寄与者の具体的相続額 ……………… 19
居住制限納税義務者 ………………… 40
居住無制限納税義務者 ……………… 40
居住用の区分所有財産（分譲マンシ
　ョン）………………………………… 543
居住用不動産と同時に居住用不動産
　以外の財産を取得した場合 …… 288
寄与分 ………………………………… 19
近年の民法（相続法）の改正 …… 3

く

国等に寄附した相続財産 ………… 106

け

契約に基づかない定期金に関する権
　利 ……………………………………… 90
結婚・子育て資金の一括贈与の非課
　税特例を受けていた場合における
　管理残額 …………………………… 96
気配相場等のある株式 ……………… 552
原則的評価方式 ……………… 554, 576
建築中の家屋の評価 ………………… 535
限定承認 ……………………………… 11
現物分割 ……………………… 28, 179
権利又は義務の承継等 ……………… 266

こ

公益事業用財産 ……………………… 157
公益信託の受託者が遺贈により取得
　した財産 …………………………… 101
公益信託の受託者が贈与により取得
　した財産 …………………………… 157
公益信託の信託財産に支出した財産
　………………………………………… 106
公益を目的とする事業 ……………… 100
公開途上にある株式 ………………… 553
公示価格 ……………………………… 487
公社債及び証券投資信託の受益権
　………………………………………… 595
控除額 ………………………………… 238
公職選挙の候補者が贈与を受けた
　財産 ………………………………… 158
更正及び決定の特則 ………………… 328
公正証書 ……………………… 125, 128
公正証書遺言 ………………………… 21
更正の請求 …………………… 317, 319
更正の請求の特則 …………………… 315
公定力 ………………………………… 66

小売・サービス業 ……………… 577
功労金 …………………………… 83
国外財産調書 …………………… 383
個人の事業用資産についての相続
　税・贈与税の納税猶予及び免除の
　特例（個人版事業承継税制）… 409
個人の事業用資産についての相続税
　の納税猶予及び免除 …………… 418
個人の事業用資産についての贈与税
　の納税猶予及び免除 …………… 411
個人の事業用資産の贈与者が死亡し
　た場合の相続税の課税の特例 … 417
個人版事業承継税制 …………… 347
固定資産税評価額 ……………… 534
個別的遺留分 …………………… 22
個別評価の原則 ………………… 463
ゴルフ会員権の評価 …………… 601
婚姻準正 ………………………… 14

さ

災害により被害を受けた
　財産 ……………………… 109, 165
財産の所在 ……………………… 47
財産評価基本通達
　……………………………… 168, 447
財産評価の原則 ………………… 463
再取得価額法 …………………… 480
在船者遺言 ……………………… 22
債務控除 ………… 213, 215, 219, 221
債務控除の対象とならない債務 … 214
債務控除の対象となる債務 …… 213
債務控除を適用できる者 ……… 213
債務免除等 ……………………… 138
錯誤無効 ………………………… 121
山林についての相続税の納税猶予等
　及び免除 ………………………… 425

し

仕入価額法 ……………………… 480
死因贈与 …………………… 20, 30
時価 ………………… 168, 433, 437, 528
時価主義 ………………………… 432
実質所得者課税 ………………… 61
失踪宣告 ………………………… 6
質問検査権 ……………………… 356
指定相続分 ………………… 13, 16
指定分割 ………………………… 27
自動確定方式 …………………… 35
支払調書 ………………………… 356
自筆証書遺言 ……………… 4, 21
死亡危急者遺言 ………………… 22
シャウプ勧告 …………………… 250
借地権の評価 …………………… 528
借地権割合 ……………………… 528
社交上必要と認められる香典等 … 159
受遺者 …………………………… 20
収益還元方式 …………………… 547
収益（配当）還元法 …………… 480
終身定期金 ……………………… 443
住宅取得等資金 …………… 159, 270
住宅取得等資金の贈与を受けた場
　合の相続時精算課税 …………… 267
受益者連続型信託等 …………… 155
熟慮期間 ………………………… 10
純資産価額方式 ………… 547, 576, 580
小会社 ……………………… 554, 576
障害者控除 ……………………… 237
障害者控除額 …………………… 239
障害者控除の適用対象者 ……… 237
障害者の範囲 …………………… 240

障害者非課税信託申告書 ………… 158
障害の程度 ……………………… 238
小規模宅地等 ……… 184, 200, 205, 207
小規模宅地等の課税価格の計算の
　特例 …………………………… 183
小規模宅地等の課税価格の計算例
　……………………………… 188, 203
上場株式の評価 ………………… 547
所有権移転請求権 ……………… 524
所有者不明土地 …………………   5
資力を喪失して債務を弁済する
　ことが困難である場合 ………… 131
人格のない社団又は財団等 ……… 41
人格のない社団又は財団等に
　対する課税 …………………… 370
申告納税制度 ……………………   32
心身障害者共済制度 …………… 102
心身障害者共済制度に基づく
　給付金の受給権 ……………… 158
信託課税 ………………………… 151
信託課税の特例 ………………… 155
信託に関する権利 ……………… 150

す

推定相続人 ………………………   10

せ

生計を一にする ………………… 192
生前贈与 ………………………… 249
精通者意見価格 ……………… 479, 487
正当な理由 …………………… 311, 312
生命保険金等 ………………… 80, 129
生命保険金等の非課税限度額 …… 102
生命保険契約に関する権利 ……… 88
節税スキーム …………………… 581

選択特例対象宅地等 …………… 185

そ

葬式費用 ………………………… 214
総資産価額 ……………………… 554
相次相続控除 …………………… 240
相次相続控除の適用対象者 …… 240
相続開始の通知 ………………… 356
相続開始の年に被相続人から贈与を
　受けた財産 …………………… 159
相続開始前7年以内に被相続人から
　贈与により取得した財産 ……… 91
相続欠格 …………………………   9
相続権 ……………………………   9
相続財産とみなされる退職手当金
　の計算 …………………………   84
相続財産法人 ………………… 12, 91
相続時精算課税 ……… 33, 93, 167, 249
相続時精算課税選択届出書 … 251, 253
相続時精算課税適用 …………… 227
相続時精算課税適用者 ……… 243, 251
相続時精算課税に係る債務控除 … 262
相続時精算課税に係る相続開始前7
　年以内の贈与加算 …………… 262
相続時精算課税に係る相続税の課税
　価格 …………………………… 260
相続時精算課税に係る贈与税の基礎
　控除 …………………………… 255
相続時精算課税に係る贈与税の税額
　に相当する金額の控除及び還付
　………………………………… 263
相続時精算課税に係る贈与税の税率
　………………………………… 256
相続時精算課税に係る贈与税の
　特別控除 ……………………… 256

相続時精算課税に係る贈与税の特別
　控除額 ……………………………… 255
相続時精算課税に係る土地又は建物
　の価額の特例 …………………… 260
相続時の年齢 ……………………… 236
相続税額の計算 …………………… 221
相続税申告書の記載事項及び
　添付書類 …………………………… 312
相続税申告書の提出期限 ………… 302
相続税申告書の提出先 …………… 303
相続税の課税価格 ………………… 167
相続税の課税価格の計算 ………… 178
相続税の期限後申告の特則 ……… 314
相続税の修正申告の特則 ………… 314
相続税の申告等 …………………… 302
相続税の総額 ……………………… 225
相続税の総額の計算方法 ………… 221
相続税の非課税財産 ……………… 76
相続・贈与の基礎知識 ……………   1
相続登記の申請義務化 ……………   5
相続土地国庫帰属制度 ……………   6
相続人の廃除 ………………………   9
相続人の不存在 …………………… 12
相続の開始 …………………………   6
相続の開始があったことを
　知った日 …………………………… 304
相続の承認 ………………………… 10
相続の放棄 ………………………… 12
相続分 ………………………… 13, 183
相続又は遺贈によって取得した財産
　……………………………………… 53
総体的遺留分 ……………………… 22
想定整形地 ………………………… 496
相当の地代 …………………… 141, 505
贈与 ………………………………… 29

贈与契約 …………………………… 117
贈与税の課税価格 ………………… 276
贈与税の期限後申告及び修正申告の
　特則 ………………………………… 340
贈与税の基礎控除 ………………… 277
贈与税の更正・決定等の期間制限
　の特則 ……………………………… 341
贈与税の更正の請求の特則 ……… 340
贈与税の申告 ……………………… 338
贈与税の申告書の記載事項及び
　添付書類 …………………………… 339
贈与税の申告書の提出期間 ……… 339
贈与税の申告書の提出先 ………… 339
贈与税の申告書の提出を
　要する人 …………………………… 338
贈与税の速算表 …………………… 296
贈与税の納税地 …………………… 339
贈与税の非課税財産 ……………… 156
贈与により取得した贈与財産 …… 110
側方路線影響加算率表 …………… 604
側方路線価 ………………………… 490
租税回避 ……………………… 138, 362

た

大会社 ………………………… 554, 576
代襲相続 ……………………………   7
代襲相続分 ………………………… 16
代償分割 ………………… 28, 179, 181
退職金支払請求権 ………………… 88
退職手当金 ………………………… 83
退職手当金等の非課税限度額 …… 104
タキゲン事件 ……………………… 571
宅地の評価 ………………………… 484
脱税犯 ……………………………… 360
単純承認 …………………………… 11

ち

地域単位 …………………………… 523
地区 ………………………………… 486
地上権 ……………………………… 442
地積 ………………………………… 490
地積規模 …………………………… 497
地積区分表 …………………… 496, 604
秩序犯 ……………………………… 361
嫡出子 ………………………………… 7
中会社 ………………………… 554, 576
調査 ………………………………… 356
調達価額法 ………………………… 480
直系尊属 ……………………………… 9
直系尊属から教育資金の一括贈与を
　受けた場合の非課税 …………… 162
直系尊属から結婚・子育て資金の一
　括贈与を受けた場合の非課税 … 164
直系尊属から住宅取得等資金の贈与
　を受けた場合の贈与税の非課税
　……………………………………… 159
直系卑属 ……………………………… 7

つ

連れ子養子 ………………………… 223

て

低額譲受け …………………… 130, 136
定期金 ……………………………… 130
定期金に関する権利 ………… 89, 443
定期金に関する権利の評価 ……… 444
定期借地権等の評価 ……………… 529
定期贈与 …………………………… 30
適用対象者 ………………………… 238
伝染病隔離者遺言 ………………… 22
店頭管理銘柄 ……………………… 553

と

投下資本法 ………………………… 480
同族会社等の行為計算の否認等 … 362
登録銘柄 …………………………… 553
特定遺贈 …………………………… 21
特定一般社団法人等 ……………… 41
特定居住用宅地等 ………………… 194
特定計画山林の課税価格の計算特例
　……………………………………… 209
特定市街化区域農地等 …………… 388
特定事業用宅地等 …………… 186, 188
特定受贈者 ……………… 93, 251, 252
特定受贈森林経営計画対象山林 … 209
特定障害者扶養信託契約 ………… 158
特定森林経営計画対象山林 ……… 209
特定贈与者 …………………… 93, 251
特定同族会社事業用宅地等 ……… 193
特定土地等及び特定株式等に係る相
　続税の課税価格の計算特例等 … 211
特定土地等及び特定株式等に係る贈
　与税の課税価格 ………………… 300
特定納税義務者 …………………… 41
特定の公益法人等 ………………… 106
特定の美術品についての相続税の納
　税猶予及び免除 ………………… 430
特定の評価会社の株式評価 ……… 556
特定物納制度 ……………………… 354
特定路線価 ………………………… 486
特別縁故者 …………………… 13, 91
特別寄与者が特別寄与料を受けた場
　合 …………………………………… 91
特別寄与料 ……………………… 5, 20
特別警戒区域補正率表 …………… 608
特別受益者の具体的相続額 ……… 18
特別障害者 …………………… 238, 240

特別の寄与 …………………………… 20
特別の法人から受ける利益に対す
　る課税 …………………………… 370
特別方式の遺言 ……………………… 22
特別養子 ………………………… 8，223
特別離縁 ……………………………… 8
特例基準割合 ………………………… 349
特例的評価方式 ……………… 554，576
土地保有特定会社 …………………… 556
取引実例比較方式 …………………… 547
取引相場のない株式の評価 ……… 553

な

内縁関係 …………………………… 7，112
難船危急時遺言 ……………………… 22

に

二重課税 ……………………………… 227
二方路線影響加算率 ………………… 490
二方路線影響加算率表 ……………… 604
２割加算 ……………………………… 226
認知 …………………………………… 329
認知準正 ……………………………… 14
認定医療法人 ………………………… 429
認定ＮＰＯ法人 ……………………… 106
認定死亡 ……………………………… 6

の

農業委員会 …………………………… 528
農業投資価格 ………………………… 388
納税義務者 ……………………… 36，40
納税義務の確定 ……………………… 35
納税義務の成立 ……………………… 35
納税の猶予 …………………………… 355
納税猶予 ……………………………… 94

納税猶予の特例 ……………………… 385
納税猶予を適用している場合の特定
　貸付けの特例 …………………… 391
農地等の評価 ………………………… 524
農地等を相続した場合の相続税の
　納税猶予の特例 ………………… 387
農地等を贈与した場合の贈与税の
　納税猶予の特例 ………………… 392
納付時期 ……………………………… 341

は

配偶者 ………………………………… 7
配偶者居住権 ………………… 4，141，186
配偶者居住権等の評価 ……………… 443
配偶者控除 …………………… 277，280，292
配偶者控除の計算 …………………… 281
配偶者の税額軽減 …………… 229，234
配当還元方式 ………………… 576，585
配当期待権 …………………………… 75
売買実例価額 ………………… 479，487
倍率方式 ……………………………… 500
罰則 …………………………………… 360
販売価額法 …………………………… 480

ひ

非居住制限納税義務者 ……………… 41
非居住無制限納税義務者 …………… 40
非上場株式等についての相続税・
　贈与税の納税猶予（法人版事業
　承継税制） ……………………… 394
非上場株式等の取得株数要件 …… 402
非嫡出子 ……………………………… 7
秘密証書遺言 ………………………… 21
秘密漏えい犯 ………………………… 362
評価会社 ……………………………… 554

| 評価対象地 …………………… 496
| 評価の原則 …………………… 431
| 評価方法 ……………………… 479
| 平等原則違反 ………………… 457

ふ

| 賦課課税方式 …………………… 35
| 複利現価法 …………………… 480
| 複利年金現価法 ……………… 480
| 不整形地 ……………………… 494
| 不整形地補正率 ……………… 496
| 不整形地補正率表 …… 496, 605
| 負担付贈与 ……………………… 30
| 普通失踪 ………………………… 6
| 普通方式の遺言 ………………… 21
| 普通養子 ………………………… 8
| 物納 …………………………… 351
| 物納財産の収納価額 ………… 353
| 物納の要件 …………………… 352
| 物納劣後財産 ………………… 352
| 不動産鑑定士 ………………… 480
| 扶養義務者 …………………… 157

へ

| 併用方式 ……………………… 576

ほ

| 包括遺贈 ………………………… 21
| 法人版事業承継税制 ………… 394
| 法定相続人 …………… 223, 224
| 法定相続分 ……………………… 13
| 法定相続分課税方式 …………… 32
| 法定相続分の計算 …… 14, 15, 16
| 法定評価 ……………………… 442
| 法律婚主義 ………………… 7, 112

| 保証期間付定期金に関する権利
| ………………………… 89, 130
| 保証債務 ……………… 215, 218
| 歩道状空地 …………………… 501
| 本来の相続財産 ………………… 53

ま

| 間口狭小補正率表 …… 496, 498, 606

み

| 未成年者控除 ………… 235, 237
| みなし相続財産 ………… 79, 151
| みなし贈与財産 ……………… 128
| 未分割 ………………………… 182

む

| 無期定期金 …………………… 443
| 無申告加算税 ………………… 312
| 無申告犯 ……………………… 361
| 無道路地の評価 ……………… 497

も

| 目的信託 ……………………… 156
| 持分会社の出資の評価 ……… 592
| 持分の定めのない法人等 ……… 41
| 持戻し計算 ……………………… 17

ゆ

| 有期定期金 …………………… 443
| 郵便局舎の敷地の用に供されている宅地等 ……………………… 194

よ

| 養子 ……………………………… 8
| 要証事実 ………………………… 52

容積率が価額に及ぼす影響度 …… 499

り

利子税 ………………… 349, 353
立証責任 ………………… 52, 79
裏面路線価 ………………… 490
立木 ……………………… 446
両罰規定 ………………… 362

る

類似業種比準価額 ………… 576
類似業種比準価額方式 …… 576
類似する地域 ……………… 523

累進課税制度 ……………… 298

れ

暦年課税分の贈与税額控除 …… 227
暦年贈与の生前加算期間の見直し
　……………………………… 33
連帯納付義務 ……………… 342

ろ

路線価 ……………………… 485
路線価地域 ………………… 486
路線価方式 ………………… 485

〔裁判例・裁決例索引〕

場　　所	年　月　日	出　　典	掲載頁
最高裁（大）	昭和29年10月20日	民集8巻10号1907頁	43
最高裁（二小）	昭和32年9月13日	集民27号801頁	43
最高裁（三小）	昭和35年3月22日	民集14巻4号551頁	43
大阪地裁	昭和37年2月16日	民集26巻10号2030頁	87
最高裁（二小）	昭和37年4月27日	民集16巻7号1247頁	14
最高裁（一小）	昭和39年10月22日	民集18巻8号1762頁	171
大阪高裁	昭和40年1月26日	民集26巻10号2063頁	87
最高裁（三小）	昭和43年12月24日	民集22巻13号3147頁	451
大阪高裁	昭和44年9月30日	判タ241号108頁	457, 472
最高裁（大）	昭和45年7月15日	民集24巻7号771頁	264
東京地裁	昭和45年7月29日	訟月16巻11号1361頁	447
東京高裁	昭和46年2月26日	訟月17巻6号1021頁	183
東京地裁	昭和46年7月15日	行集22巻7号963頁	371
東京地裁	昭和47年4月4日	税資65号691頁	304
最高裁（三小）	昭和47年12月26日	民集26巻10号2013頁	85
東京高裁	昭和48年3月12日	税資69号634頁	447
最高裁（三小）	昭和49年6月28日	税資75号1123頁	447
最高裁（三小）	昭和49年9月20日	民集28巻6号1178頁	528
東京高裁	昭和49年10月19日	行集25巻10号1254頁	371
大阪地裁	昭和52年7月26日	行集28巻6＝7号745頁	110
東京地裁	昭和53年4月17日	行集29巻4号538頁	437
京都地裁	昭和53年4月28日	税資101号292頁	487
大阪地裁	昭和53年5月11日	行集29巻5号943頁	140
東京地裁	昭和53年9月27日	行集32巻1号118頁	173
神戸地裁	昭和53年12月13日	訟月25巻4号1148頁	437, 531
東京地裁	昭和53年12月21日	訟月25巻4号1197頁	535
大阪高裁	昭和54年7月12日	税資106号7頁	490
最高裁（一小）	昭和55年2月14日	税資110号208頁	490
名古屋地裁	昭和55年3月24日	訟月26巻5号883頁	524
神戸地裁	昭和55年5月2日	訟月26巻8号1424頁	140
最高裁（三小）	昭和55年7月1日	民集34巻4号535頁	346

場　　所	年　月　日	出　　典	掲載頁
名古屋高裁	昭和55年10月29日	訟月27巻4号654頁	438
東京高裁	昭和56年1月28日	行集32巻1号106頁	173
東京高裁	昭和56年2月19日	税資116号286頁	538
浦和地裁	昭和56年2月25日	行集32巻2号280頁	366
山口地裁	昭和56年8月27日	訟月28巻4号848頁	219
名古屋高裁	昭和56年10月28日	税資121号104頁	524
神戸地裁	昭和56年11月2日	税資121号218頁	128
最高裁（三小）	昭和56年12月8日	税資121号493頁	538
横浜地裁	昭和57年7月28日	訟月29巻2号321頁	131
広島高裁	昭和57年9月30日	税資127号1140頁	219
東京高裁	昭和58年4月19日	税資130号62頁	133
東京高裁	昭和58年8月16日	税資133号462頁	366
大阪地裁	昭和61年10月30日	訟月34巻1号163頁	590
最高裁（二小）	昭和61年12月5日	訟月33巻8号2149頁	172, 477
最高裁（二小）	昭和61年12月5日	集民149号263頁	524
最高裁（一小）	昭和62年5月28日	訟月34巻1号156頁	366
大阪高裁	昭和62年6月16日	訟月34巻1号160頁	590
名古屋高裁	昭和62年7月28日	税資159号304頁	112
東京高裁	昭和62年9月28日	税資159号833頁	366
大阪高裁	昭和62年9月29日	行集38巻8＝9号1038頁	168, 442, 548
名古屋地裁	昭和63年4月25日	税資164号227頁	437
最高裁（一小）	昭和63年7月7日	税資165号232頁	592
名古屋高裁	平成元年1月31日	税資169号219頁	437
東京高裁	平成元年1月31日	税資169号219頁	533
名古屋地裁	平成元年3月22日	税資169号939頁	454
最高裁（三小）	平成元年6月6日	税資173号1頁	172, 552
東京高裁	平成元年8月30日	行集40巻8号1166頁	183
最高裁（二小）	平成2年5月11日	訟月37巻6号1080頁	125
最高裁（二小）	平成2年7月13日	税資180号44頁	367
最高裁（一小）	平成2年9月27日	民集44巻6号995頁	28
国税不服審判所	平成3年3月29日	裁決事例集41号290頁	53
国税不服審判所	平成3年4月30日	裁決事例集41号302頁	179
仙台地裁	平成3年11月12日	判時1443号46頁	136
名古屋高裁	平成4年2月27日	税資188号446頁	457

場　　所	年　月　日	出　　典	掲載頁
東京地裁	平成4年3月11日	判時1416号73頁	458
東京地裁	平成4年4月16日	税資189号78頁	113
最高裁（三小）	平成4年4月28日	民集46巻4号245頁	324
東京地裁	平成4年10月28日	判時1449号82頁	284
東京高裁	平成5年1月26日	税資194号75頁	463
東京地裁	平成5年2月16日	判夕845号240頁	470
最高裁（三小）	平成5年5月28日	集民169号99号	183
最高裁（一小）	平成5年10月28日	税資199号670頁	463
大阪高裁	平成5年11月19日	行集44巻11＝12号1000頁	307
東京高裁	平成5年12月21日	税資189号1302頁	470
千葉地裁	平成7年4月24日	税資209号155頁	520
横浜地裁	平成7年7月19日	税資213号134頁	507
東京地裁	平成7年7月20日	行集46巻701頁	433
東京高裁	平成7年12月13日	行集46巻12号1143頁	438
東京高裁	平成7年12月18日	税資214号860頁	520
最高裁（三小）	平成8年3月5日	民集50巻3号383頁	264
国税不服審判所	平成8年4月15日	裁決事例集51号12頁	289
東京高裁	平成8年4月18日	税資216号144頁	509
東京地裁	平成8年12月12日	税資221号861頁	140
東京地裁	平成9年1月23日	税資222号94頁	441
東京高裁	平成9年6月26日	税資223号1178頁	442
東京地裁	平成9年10月23日	税資229号125頁	183, 327
最高裁（一小）	平成10年2月12日	税資230号434頁	442
最高裁（一小）	平成10年2月26日	税資230号851頁	509
福岡地裁	平成10年3月20日	税資231号156頁	83
東京高裁	平成10年6月23日	税資232号755頁	369
東京地裁	平成10年6月26日	訟月45巻3号742頁	371
名古屋高裁	平成10年12月25日	訟月46巻6号3041頁	125
最高裁（三小）	平成11年1月29日	税資240号342頁	370
東京地裁	平成11年3月25日	訟月47巻5号1163頁	586
最高裁（一小）	平成11年6月24日	税資243号734頁	128
国税不服審判所	平成11年12月6日	裁決事例集58号79頁	81
東京地裁	平成12年2月16日	税資246号679頁	480
大阪地裁	平成12年2月23日	税資246号908頁	278, 300

場　　所	年　月　日	出　　典	掲載頁
大阪地裁	平成12年2月29日	税資246号1103頁	297
東京地裁	平成12年2月29日	税資246号1000頁	441
千葉地裁	平成12年3月27日	訟月47巻6号1657頁	590
福岡高裁	平成12年3月28日	税資247号37頁	83
大阪地裁	平成12年5月12日	訟月47巻10号3106頁	363
東京高裁	平成12年7月26日	税資248号445頁	441
最高裁（一小）	平成12年9月28日	税資248号868頁	83
東京高裁	平成12年9月28日	税資248号1003頁	590
京都地裁	平成12年11月17日	訟月47巻12号3790頁	108
大阪高裁	平成12年11月22日	税資249号718頁	297
東京高裁	平成13年3月15日	訟月48巻7号1791頁	124, 581
東京地裁	平成13年5月25日	税資250号順号8907	331
最高裁（二小）	平成13年6月29日	税資250号順号8937	297
東京地裁	平成13年8月24日	税資251号順号8961	232
大阪高裁	平成13年11月1日	判時1794号39頁	107
東京高裁	平成13年12月6日	訟月49巻11号3234頁	480
東京地裁	平成14年4月18日	税資252号順号9110	51
大阪地裁	平成14年6月13日	税資252号順号9132	363
最高裁（二小）	平成14年6月28日	税資252号順号9150	124, 585
東京地裁	平成14年7月11日	訟月50巻7号2192頁	205
東京地裁	平成14年9月18日	訟月50巻11号3335頁	48
東京高裁	平成14年11月27日	税資252号順号9236	329
最高裁（一小）	平成15年2月27日	税資253号順号9296	52
東京地裁	平成15年3月25日	訟月50巻7号2168頁	206
最高裁（三小）	平成15年4月8日	税資253号順号9317	363
東京地裁	平成15年4月25日	訟月51巻6号1857頁	215
最高裁（二小）	平成15年4月25日	集民209号689頁	316
大阪地裁	平成15年7月30日	税資253号順号9402	373
東京地裁	平成16年3月2日	訟月51巻10号2647頁	566
東京高裁	平成16年3月16日	訟月51巻7号1819頁	215
大阪高裁	平成16年7月28日	税資254号順号9708	373
最高裁（二小）	平成16年10月29日	民集58巻7号1979頁	19
福岡高裁	平成16年11月26日	税資254号順号9837	201
さいたま地裁	平成17年1月12日	税資255号順号9885	138

場　　所	年　月　日	出　　典	掲載頁
東京高裁	平成17年1月19日	訟月51巻10号2629頁	567
名古屋高裁	平成17年1月26日	判例集未登載	336
高知地裁	平成17年2月15日	訟月52巻12号3697頁	124
最高裁（三小）	平成17年3月29日	税資255号順号9977	206
静岡地裁	平成17年3月30日	税資255号順号9982	76
名古屋地裁	平成17年7月21日	税資255号順号10085	327
名古屋高裁金沢支部	平成17年9月21日	訟月52巻8号2537頁	344
東京地裁	平成17年10月12日	税資255号順号10156	138
高松高裁	平成18年2月23日	訟月52巻12号3672頁	122, 319
最高裁（二小）	平成18年7月14日	集民220号855頁	307, 334
最高裁（二小）	平成18年8月30日	税資256号順号10493	215
最高裁（二小）	平成18年9月8日	判例集未登載	347
大阪地裁	平成18年9月13日	税資256号順号10499	514
最高裁（二小）	平成18年10月6日	税資256号順号10525	124
大阪地裁	平成18年10月25日	税資256号順号10552	379
大阪地裁	平成18年11月17日	税資256号順号10575	177
最高裁（三小）	平成19年1月23日	集民223号53頁	200
東京地裁	平成19年1月31日	税資257号順号10622	138
大阪高裁	平成19年3月29日	税資257号順号10678	514
大阪高裁	平成19年4月17日	税資257号順号10691	379
東京地裁	平成19年5月23日	訟月55巻2号267頁	45
静岡地裁	平成19年7月12日	税資257号順号10752	292
福岡高裁	平成19年7月19日	訟月54巻8号1642頁	203
東京地裁	平成19年8月23日	判タ1264号184頁	133
大阪地裁	平成19年11月1日	税資257号順号10815	292
東京高裁	平成20年1月23日	判タ1283号119頁	45
大分地裁	平成20年2月4日	民集64巻7号1822頁	62
東京高裁	平成20年2月21日	税資258号順号10899	293
大阪高裁	平成20年3月12日	税資258号順号10916	178
東京高裁	平成20年3月27日	税資258号順号10932	146
佐賀地裁	平成20年5月1日	税資258号順号10956	196
最高裁（二小）	平成20年7月4日	税資258号順号10983	293
東京地裁	平成20年7月23日	税資258号順号10996	505
最高裁（一小）	平成20年10月16日	税資258号順号11052	379

場　　所	年　月　日	出　　典	掲載頁
福岡高裁	平成20年11月27日	民集64巻7号1835頁	62
札幌地裁	平成21年1月29日	税資259号順号11129	184
大阪地裁	平成21年1月30日	税資259号順号11134	53
福岡高裁	平成21年2月4日	税資259号順号11137	197
東京地裁	平成21年2月27日	判タ1355号123頁	317
最高裁（三小）	平成21年3月24日	民集63巻3号427頁	17
最高裁（一小）	平成21年12月10日	民集63巻10号2516頁	27
最高裁（二小）	平成22年2月5日	税資260号順号11374	197
最高裁（一小）	平成22年4月8日	民集64巻3号609頁	144
最高裁（二小）	平成22年7月16日	集民234号263頁	73, 142, 540
最高裁（二小）	平成22年10月15日	民集64巻7号1764頁	62
最高裁（二小）	平成23年2月18日	集民236号71頁	42
名古屋地裁	平成23年3月24日	訟月60巻3号655頁	154
東京地裁	平成23年6月3日	税資261号順号11697	146
東京地裁	平成23年8月26日	税資261号順号11736	197
広島地裁	平成23年9月28日	税資261号順号11773	178
東京高裁	平成23年11月30日	税資261号順号11821	76
大阪地裁	平成24年2月28日	訟月58巻11号3913頁	139
東京地裁	平成24年3月2日	判時2180号18頁	557
東京地裁	平成24年6月21日	判時2231号20頁	97
国税不服審判所	平成25年2月12日	裁決事例集90号	71
東京高裁	平成25年2月28日	税資263号順号12157	557
名古屋高裁	平成25年4月3日	訟月60巻3号618頁	152
最高裁（二小）	平成25年7月12日	民集67巻6号1255頁	541
最高裁（大）	平成25年9月4日	民集67巻6号1320頁	3, 14
神戸地裁	平成25年11月13日	税資263号順号12332	271
広島高裁	平成25年11月28日	税資263号順号12344	504
東京地裁	平成25年12月13日	訟月62巻8号1421頁	539
大阪高裁	平成26年4月25日	税資264号順号12465	271
大阪高裁	平成26年6月18日	税資264号順号12488	150
最高裁（三小）	平成26年7月15日	税資264号順号12505	155
東京地裁	平成26年10月29日	訟月63巻12号2457頁	147, 562
東京地裁	平成27年2月9日	税資265号順号10602	182
東京高裁	平成27年4月22日	訟月63巻12号2435頁	147, 562

場　　所	年　月　日	出　　典	掲載頁
東京高裁	平成27年8月6日	税資265号順号12708	307
国税不服審判所	平成27年9月1日	裁決事例集100号	113
最高裁（一小）	平成27年10月8日	集民251号1頁	139
京都地裁	平成27年10月30日	税資265号順号12750	117
東京高裁	平成27年12月17日	訟月62巻8号1404頁	539
東京高裁	平成28年1月13日	税資266号順号12781	70, 501
東京高裁	平成28年1月13日	税資266号順号12782	501
最高裁（一小）	平成28年6月2日	税資266号順号12863	72
東京地裁	平成28年7月22日	税資266号順号12889	208
最高裁（一小）	平成28年10月6日	税資266号順号12912	147, 562
大阪地裁	平成28年10月26日	税資266号順号12923	509
国税不服審判所	平成28年11月8日	裁決事例集105号	54
最高裁（大）	平成28年12月19日	民集70巻8号2121頁	29
東京高裁	平成29年1月26日	税資267号順号12970	208
広島高裁	平成29年2月8日	民集72巻4号353頁	139
最高裁（三小）	平成29年2月28日	民集71巻2号296頁	73, 500
最高裁（一小）	平成29年3月2日	税資267号順号12985	539
東京地裁	平成29年3月3日	税資267号順号12986	506
大阪高裁	平成29年5月11日	税資267号順号13019	509
東京地裁	平成29年8月30日	判夕1464号106頁	567
最高裁（二小）	平成29年12月8日	税資267号順号13098	509
東京高裁	平成29年12月20日	税資267号順号13102	506
大阪高裁	平成30年1月12日	税資268号順号13106	513
東京地裁	平成30年1月24日	民集75巻7号3283頁	320
東京地裁	平成30年4月24日	税資268号順号13148	57
最高裁（三小）	平成30年7月10日	税資268号順号13166	513
東京高裁	平成30年7月11日	税資268号順号13168	55
東京高裁	平成30年7月19日	訟月66巻12号1976頁	571
最高裁（三小）	平成30年9月25日	民集72巻4号317頁	139
最高裁（一小）	平成30年11月15日	税資268号順号13210	506
最高裁（一小）	平成31年1月24日	税資269号順号13231	57
大阪地裁	令和元年7月17日	税資269号順号13296	79
東京地裁	令和元年8月27日	民集76巻4号421頁	464
東京高裁	令和元年11月27日	金判1587号14頁	46

場　　所	年　月　日	出　　典	掲載頁
東京高裁	令和元年12月 4 日	民集75巻 7 号3313頁	320
東京地裁	令和 2 年 1 月30日	税資270号順号13376	58
東京地裁	令和 2 年 3 月10日	税資270号順号13391	263
最高裁（三小）	令和 2 年 3 月24日	集民263号63頁	12，571
東京高裁	令和 2 年 6 月24日	民集76巻 4 号463頁	465
東京地裁	令和 2 年10月29日	税資270号順号13474	174
東京高裁	令和 2 年11月 4 日	税資270号順号13476	263
東京地裁	令和 2 年11月12日	訟月69巻 3 号369頁	473
横浜地裁	令和 2 年12月 2 日	税資270号順号13489	188
大阪地裁	令和 3 年 1 月13日	税資271号順号13503	597
大阪地裁	令和 3 年 4 月22日	税資271号順号13553	61
東京高裁	令和 3 年 4 月27日	訟月69巻 3 号363頁	473
東京地裁	令和 3 年 5 月27日	訟月69巻 6 号715頁	357
最高裁（三小）	令和 3 年 6 月 1 日	税資271号順号13571	263
東京高裁	令和 3 年 6 月 2 日	税資271号順号13573	79
国税不服審判所	令和 3 年 6 月17日	裁決事例集123号	219
最高裁（一小）	令和 3 年 6 月24日	民集75巻 7 号3214頁	320
東京高裁	令和 3 年 7 月14日	税資271号順号13586	174
東京高裁	令和 3 年 9 月 8 日	税資271号順号13600	188
国税不服審判所	令和 3 年 9 月17日	裁決事例集124号	54
青森地裁	令和 3 年10月22日	税資271号順号13620	601
大阪地裁	令和 3 年11月26日	税資271号順号13636	72，594
東京高裁	令和 4 年 1 月14日	訟月69巻 6 号695頁	357
大阪高裁	令和 4 年 2 月 9 日	税資272号順号13668	597
最高裁（一小）	令和 4 年 3 月 3 日	税資272号順号13681	174
最高裁（三小）	令和 4 年 3 月15日	税資272号順号13688	188
仙台高裁	令和 4 年 3 月23日	税資272号順号13691	601
大阪地裁	令和 4 年 4 月14日	税資272号順号13701	36
最高裁（三小）	令和 4 年 4 月19日	民集76巻 4 号411頁	465
最高裁（三小）	令和 4 年 4 月19日	税資272号順号13705	473
大阪高裁	令和 4 年 5 月26日	税資272号順号13719	72，594
大阪高裁	令和 4 年 7 月20日	税資272号順号13735	61
最高裁（三小）	令和 4 年 7 月26日	税資272号順号13738	357
最高裁（一小）	令和 4 年 9 月29日	税資272号順号13760	598

場　　所	年　月　日	出　　典	掲載頁
千葉地裁	令和4年11月18日	税資272号順号13743	67
大阪高裁	令和4年12月2日	税資272号順号13781	36
最高裁（三小）	令和5年6月7日	判例集未登載	36
国税不服審判所	令和5年6月13日	裁決事例集未登載	142
東京地裁	令和5年8月31日	判例集未登載	600
東京地裁	令和6年1月18日	判例集未登載	473
東京高裁	令和6年8月28日	判例集未登載	473

〔著者紹介〕

池本征男（いけもとゆくお）

　税務大学校研究部主任教授、東京国税不服審判所横浜支所長、大和及び八王子税務署長などを経て、平成12年に退職し税理士事務所を開設
　平成19年度から21年度税理士試験委員

〔主要著書・論文〕
『裁判例からみる消費税法〔3訂版〕』（大蔵財務協会、令和5年刊）
『所得税法―理論と計算〔17訂版〕』（税務経理協会、令和5年刊）
『買換・交換・収用の税務事典〔3訂版〕』（共著、東林出版社、平成14年刊）
「申告納税制度の理論とその仕組み」（税務大学校論叢32号、平成10年刊）
　　　　　　　　　　　　　　　　　　　　　　　　　　　　　　　ほか

酒井克彦（さかいかつひこ）

　中央大学大学院法学研究科博士後期課程修了、法学博士（中央大学）、中央大学法科大学院教授
　㈳ファルクラム代表理事、㈳アコード租税総合研究所所長、㈳日本租税検定協会代表理事

〔主要著書・論文〕
『スタートアップ租税法〔第4版〕』（財経詳報社、令和2年刊）
『裁判例からみる法人税法〔4訂版〕』（大蔵財務協会、令和6年刊）
『裁判例からみる税務調査』（大蔵財務協会、令和2年刊）
『プログレッシブ税務会計論Ⅰ、Ⅱ、Ⅲ、Ⅳ』（中央経済社、平成30年刊～）　ほか

五訂版
裁判例からみる相続税法

令和6年12月13日　初版印刷
令和6年12月25日　初版発行

```
  ┌─────┐
  │ 不 許 │
  │ 複 製 │
  └─────┘
```

著　者　池　本　征　男
　　　　酒　井　克　彦

一般財団法人大蔵財務協会　理事長
発行者　木　村　幸　俊

発行所　一般財団法人　大蔵財務協会

〔郵便番号　130-8585〕
東京都墨田区東駒形1丁目14番1号
（販　売　部）TEL03(3829)4141・FAX03(3829)4001
（出版編集部）TEL03(3829)4142・FAX03(3829)4005
URL　https://www.zaikyo.or.jp

落丁・乱丁はお取替えいたします。
ISBN 978-4-7547-3280-6

印刷　恵友社